本书为山东社科院创新工程重大支撑项目成果

孙聚友 石永之 ◎ 主编

儒家大同思想的现代价值

中国社会科学出版社

图书在版编目(CIP)数据

儒家大同思想的现代价值 / 孙聚友,石永之主编 . —北京:中国社会科学出版社,2016.10(2020.6 重印)
ISBN 978-7-5161-9286-3

Ⅰ.①儒… Ⅱ.①孙…②石… Ⅲ.①儒家—大同(政治主张)—文集 Ⅳ.①D092.2-53②B222.05-53

中国版本图书馆 CIP 数据核字(2016)第 270865 号

出 版 人	赵剑英	
责任编辑	冯春凤	
责任校对	张爱华	
责任印制	张雪娇	

出 版	中国社会科学出版社	
社 址	北京鼓楼西大街甲 158 号	
邮 编	100720	
网 址	http://www.csspw.cn	
发 行 部	010-84083685	
门 市 部	010-84029450	
经 销	新华书店及其他书店	
印 刷	北京君升印刷有限公司	
装 订	廊坊市广阳区广增装订厂	
版 次	2016 年 10 月第 1 版	
印 次	2020 年 6 月第 2 次印刷	
开 本	710×1000 1/16	
印 张	30.75	
插 页	2	
字 数	502 千字	
定 价	178.00 元	

凡购买中国社会科学出版社图书,如有质量问题请与本社营销中心联系调换
电话:010-84083683
版权所有 侵权必究

前　言

"一带一路"是我国为实现中华民族伟大复兴中国梦而提出的重大战略举措，体现了"睦邻、安邻、惠邻"的诚意和"与邻为善、以邻为伴"的友善，是承贯古今、连接中外、造福沿途各国人民的事业，得到了国际社会的广泛关注和积极支持。"一带一路"的建设有助于中国与周边乃至世界的互联互通，有利于构建人类命运共同体，推动世界政治、经济和文化的进步与发展。儒家文化作为中国传统文化的核心主干，是以达致修己安人、内圣外王的价值取向为其本质特征，是以实现人的存在完善发展和推进社会的和谐进步为其价值追求，这集中体现为儒家所追求的"大同"社会理想。儒家的大同社会理想，展示了中华民族古代思想家对于人类社会的美好构建，成为历代政治家思想家为之探索和奋斗的社会目标，它对于促进国家的统一和民族的团结，对于社会的和谐发展和国家的长治久安，在古代社会产生了深远广泛的历史影响，在现代社会依然具有其独特的价值作用。因此，深入探讨"一带一路"国家发展战略与儒家大同思想的关系，成为人们关注的一个重要热点。

为此，由山东社会科学院、韩国国立安东大学共同主办，山东省人民政府外事办公室、中国孔子基金会、中国孔子研究院、韩国驻青岛总领事馆、韩国成均馆大学、韩国国学振兴院支援，山东社会科学院国际儒学研究与交流中心和韩国国立安东大学孔子学院承办的"第三届中韩儒学交流大会"，于2016年8月11日至12日在山东省济南市隆重召开。山东省政协第九届、第十届副主席、山东师范大学齐鲁文化研究院名誉院长王志民先生，韩国驻青岛总领事馆总领事李寿尊先生出席会议并致辞，会议由山东社会科学院党委书记唐洲雁主持，院长张述存作会议总结。来自北京大学、复旦大学、中国人民大学、中国社会科学院、浙江社会科学院、中山大学、山东大学、华东师范大学、中国孔子基金会、中国孔子研究院、山东社会科学院和韩国国立安东大学、韩国成均馆大学、韩国国学振兴院、韩国忠南大学等高等院校和研究机构的中韩两国60多位儒学研究专家学者，围绕着会议主题"一带一路"发展战略与儒家大同思想，进行了深入地探讨。

本次会议上，与会学者就"一带一路"发展战略与儒家大同思想的关系，从不同的国情和全新的视角出发，深入剖析了儒家大同思想的历史意义和当代价值。会议探讨的问题主要有，儒家的大同思想的历史演变和发展，儒家大同思想的时代价值，大同思想与当代世界的和平与进步，儒家大同思想对中韩两国社会和文化的影响等。

儒家大同思想博大精深、源远流长，"一带一路"发展战略展示了中国对世界和平与发展的追求和推动。本次会议对"一带一路"发展战略与儒家大同思想关系的探讨，对于实现儒家思想的创新性发展和创造性转化，深入认识国家重大发展战略和构建新型国际关系，深刻揭示儒家文化在当今世界文明发展的地位和价值，促进世界文明的和谐与发展，助推当今世界的和平与进步，都有着重要而深刻的现实作用和应用价值。为了全面展示第三届中韩儒学交流大会对"一带一路"发展战略与儒家大同思想探讨取得的学术成果，山东社会科学院决定将会议论文结集为《儒家大同思想的现代价值》出版，力求在促进儒学的研究与交流中，发挥应尽的作用。

目 录

领导致辞

山东社会科学院党委书记唐洲雁先生在第三届中韩儒学
　　交流大会上的致辞 …………………………………………（1）
山东社会科学院院长张述存先生在第三届中韩儒学
　　交流大会上的致辞 …………………………………………（4）
原山东省政协副主席、山东师范大学齐鲁文化研究院名誉
　　院长王志民先生在第三届中韩儒学交流大会上的致辞 ………（6）
韩国驻青岛总领事馆总领事李寿尊先生在第三届中韩
　　儒学交流大会上的致辞 ……………………………………（8）

会议论文

"大同"学说与传统中国的文化信仰 ………………… 杨朝明（9）
"大同"与中国近代社会理想 ………………………… 陈卫平（21）
儒家大同思想的内涵、精神及其当代价值 …………… 吴　光（26）
电影《花木兰》折射出的"天下"思想 ……………… 尹天根（31）
康有为《大同书》对国家价值的反思和
　　世界秩序的设想 …………………………………… 千春松（50）
论康有为《大同书》中的婚姻、家庭问题 …………… 曾　亦（70）
儒家大同思想与人类命运共同体建设 ………………… 孙聚友（93）
关于"《小学》对孝和人性教育产生的影响"

的相关研究 …………………………………… 尹泰厚（101）
大同世界与世界主义
　　——兼论民族主义与世界主义的关联 ………… 刘悦笛（116）
试论传统儒家制度的伦理基础 ………………… 沈顺福（132）
天下大同之新声 ………………………………… 石永之（146）
民族问题、国家认同、国际关系：儒家的新天下
　　体系及其优越性 ……………………………… 白彤东（154）
"回到孔夫子"的三大德性措施 ……………… 杨海文（178）
儒家社会中和思想与人的全面发展 …………… 涂可国（185）
致力构建理想社会的正祖的经典解释学 ……… 金庚坤（214）
忠孝，服从与不服从的变奏曲 ………………… 金德均（223）
关于儒家思想理想社会论的研究
　　——以《礼记·礼运》的大同思想为中心 … 金相贤（233）
作为大同社会哲学基础的退溪主理哲学
　　——以《礼记·礼运》的大同思想为中心 … 李致億（254）
大同理想是变法还是修养？
　　——以康有为和李承熙的大同理想为中心 … 李相虎（268）
从大一统到大同 ………………………………… 李峻岭（287）
杨倞《荀子注》的得失及评价 ………………… 张　明（297）
宗教与大同 ………………………… 翟奎凤　刁春辉（310）
栗谷大同社会论的哲学志向和认知 …………… 李钟晟（323）
孔子之梦和君子人格
　　——通过对《论语》的个人理解 …………… 李承模（340）
探赜中华文化走向的脉络
　　——兼谈复兴中华文化的基本思路 ………… 彭彦华（359）
战国时期的禅让思潮与"大同""小康"说
　　——兼论《礼运》的作者与年代 …………… 梁　涛（377）
先荀后孟的由来与兴起 ………………………… 李　玉（404）
德福一致与道德信念
　　——孔、孟、荀的思考与启示 ……………… 路德斌（411）
熊十力哲学本体论思想概述 …………………… 李　军（419）

康有为《大同书》的女性观 …………………………… 李文娟（434）

儒家孝亲敬老文化在当代社会的实践 ………………… 田　杨（444）

儒家的自由观念及其人性论基础
　　——与西方自由主义的比较 ………………………… 郭　萍（453）

孔子与《周易》的渊源述略 ……………………………… 刘云超（467）

儒商文化与企业精神 ……………………………………… 王向阳（476）

后记 ……………………………………………………………（482）

【领导致辞】

山东社会科学院党委书记唐洲雁先生在第三届中韩儒学交流大会上的致辞

尊敬的李寿尊总领事、
尊敬的王志民副主席,
各位专家、学者,女士们、先生们:

  在儒家思想的历史追溯中,尧舜是寄托儒家大同理想的代表性人物。今天我们就在大舜耕耘过的舜耕山下,在成功举办前两届儒学交流大会的基础上,召开第三届中韩儒学交流大会,继续努力促进中韩两国儒家的研究和交流,意义非比寻常。在山东省外事办公室、中国孔子基金会、中国孔子研究院、韩国驻青岛总领事馆、韩国成均馆大学、韩国国学振兴院的大力支持下,山东社科院与韩国国立安东大学共同主办了这次会议。本次会议还得到了光明日报编辑部、大众日报社等有关媒体的大力支持。作为主办单位之一,我们山东社科院倍感荣幸。
  在此,我谨代表主办方,向出席会议的各位嘉宾表示诚挚的欢迎!
下面请允许我介绍出席会议的中韩两国嘉宾,来自韩国的嘉宾有:
韩国驻青岛总领事馆总领事李寿尊先生;
韩国国立安东大学孔子学院院长、尼山学者李润和先生;
来自韩国的嘉宾还有:
韩国驻青岛总领事馆领事姜泰而女士;
韩国国立安东大学人文大学东洋哲学科教授安秉杰先生;
韩国国立安东大学教授尹天根先生;
韩国国立安东大学孔子学院中方院长潘丽丽女士;

韩国发展政策研究院人文学振兴委员会委员长尹泰厚先生；

韩国孝大学院大学校教授金德均先生；

韩国庆北大学退溪学研究所研究员金相贤先生；

韩国成均馆大学教授金庚坤先生；

韩国成均馆大学李致億先生；

韩国忠南大学哲学科教授李钟晟先生；

韩国国立安东大学退溪学研究所博士李承模先生；

让我们对他们的到来表示热烈的欢迎！

来自中方参会人员：

山东省政协第九、十届副主席，山东省齐鲁文化研究院院长王志民先生；

光明日报理论部主任、光明日报智库研究部主任李向军先生；

光明日报智库研究部副主任、理论部主编王斯敏女士；

山东省人民政府外事办公室副主任孙业宝先生；

中国孔子基金会副秘书长刘廷善先生；

中国孔子研究院院长、教授杨朝明先生；

山东社会科学院副院长姚东方先生；

华东师范大学哲学系教授陈卫平先生；

浙江社会科学院研究员、浙江儒学研究会会长吴光先生；

北京大学儒学研究院副院长、教授干春松先生；

同济大学哲学系教授、经学研究所所长曾亦先生；

中国社会科学院哲学研究所研究员刘悦笛先生；

中国孔子基金会《孔子研究》编辑部主编、教授王钧林先生；

中国孔子基金会学术部主任研究员彭彦华女士；

山东大学儒学高等研究院教授沈顺福先生。

让我们对他们的到来表示热烈的欢迎！

各位嘉宾，女士们、先生们，2000多年来，儒家大同思想倡导"大道之行，天下为公"，深刻影响了东亚文明，展示了中华民族对人类社会的美好追求。在历史上促进了东亚各国之间的友好往来。

当今的中国，正在实施"一带一路"发展战略，它贯穿古今，连接中外，倡导共商共建共享，谋求和平发展合作，为沿线国家和地区之间的交流互建、为传统文明的传承与现代文明的创新提供了新的机遇，创造了新的渠道，顺应了世界各国人民的共同追求，得到了国际社会的广泛支持。

可以说，传统的儒家大同思想与当今的"一带一路"发展战略，具有相融相通的价值理念，都是以实现人类社会的进步为追求，都是以践行公平正义的原则为职守，都是以达到共同繁荣为目的。有鉴于此，我们本次的主题"一带一路"发展战略与儒家大同思想，就在于探讨当前儒家思想的价值，就在于揭示传统文明与现代文明的关联，就在于促进人类社会的和平发展和进步。我们有理由相信，本次大会的探讨，必将会取得丰硕的学术成果，有力地推动儒家思想研究的深入发展。

最后，让我们再次以热烈的掌声，对出席本次会议的各位嘉宾表示衷心的感谢！

山东社会科学院院长张述存先生在第三届中韩儒学交流大会上的致辞

尊敬的各位来宾、各位专家，朋友们：

大家好！

由山东社科院、韩国国立安东大学共同主办，山东社科院国际儒学研究与交流中心、韩国国立安东大学孔子学院具体承办的第三届中韩儒学交流大会现在就要闭幕了。

在一天半的时间里，来自中韩两国的专家学者围绕"一带一路"发展战略与儒家大同思想这一主题，在儒家大同思想与东亚和平发展、儒家大同思想的历史演变、儒家大同思想的精神内涵与当代价值等诸多议题上，展开了多角度、多层次、深入的研讨。会议取得了丰硕的成果，达到了预期的目的，开得圆满、成功。

这次会议在筹备与举行期间，山东省人民政府外事办公室、中国孔子基金会、中国孔子研究院、韩国驻青岛总领事馆、韩国成均馆大学、韩国国学振兴院给予了全力支援，光明日报编辑部、大众日报社等媒体单位给予了大力的支持，舜耕山庄给予了热情的接待。在此，我提议，向所有关心、支持、参与本次会议的各有关单位，表示衷心的感谢！同时，向莅临本次会议的专家学者、各位来宾表示诚挚的谢意！

各位来宾，各位专家，儒家大同思想是儒家古圣先贤所设想的最美好的社会愿景，在不同时代有不同的理想表达，其中所蕴含的诸多思想智慧，比如天下为公、讲信修睦、和而不同、四海一家等，不仅在古代社会产生了深远广泛的历史影响，也能为今天国际社会的发展、合作与交流提供重要的思想启迪。

中国提出的"一带一路"发展战略，向世界表达了和平友好、讲信修睦、互利共赢、和而不同、开放包容的友善与诚意。本次会议上，中韩两国学者从不同的视角出发，充分肯定儒学大同学说中蕴含的丰富思想资源，深入研究儒家大同思想的历史演变。细心比照中韩思想家对大同思想的不同的展示，具体探讨了儒家大同思想的精神内涵，认真审视了儒家大同思想的当代价值。

总之，儒家大同思想以其丰富的思想智慧启迪当下，激励着人们为实现美好社会理想而努力追求，对于我们当今实施"一带一路"发展战略、倡导良性竞争、促进国际合作、维护世界和平，都具有重要的意义。

本次会议的成功举办，将会有力推动儒学大同思想的研究与交流，促进儒学优秀思想的弘扬与传承，展示儒学的现代价值和作用。

最后，我谨代表第三届中韩儒学交流大会的主办方，祝大家返程一路顺风，事业有成，身体健康，家庭幸福，万事如意！我们期待着和大家的再次相聚，

现在我宣布：第三届中韩儒学交流大会胜利闭幕！

原山东省政协副主席、山东师范大学齐鲁文化研究院名誉院长王志民先生在第三届中韩儒学交流大会上的致辞

尊敬的李寿尊总领事、
尊敬的李润和院长，
尊敬的各位女士们、先生们：

　　在这秋风送爽、瓜果飘香的金秋时节，来自中韩两国的专家学者和各界朋友，齐聚在美丽的泉城济南，隆重举行第三届中韩儒学交流大会，群贤毕至，其乐融融，在此我谨对大会的召开表示热烈的祝贺，对出席会议的各位嘉宾、各位朋友表示诚挚的欢迎！

　　中韩儒学交流大会从2014年举办以来，在中韩双方有关部门和单位的大力支持，尤其是在山东社科院和韩国国立安东大学的具体主持操办下，举办得一年比一年好，一年比一年精彩。会议开得主题鲜明、特色突出、研讨充分、成果丰硕，已经成为两国学术文化合作交流的重要平台，受到两国学术界及社会各界的广泛关注和高度评价。

　　在这里，我也向大会的主办方和为大会做出积极贡献的各有关单位、各位学者、各界朋友表示崇高的敬意和真诚的感谢！

　　众所周知，山东是儒学的故乡，是儒家文明的发源地，自古以来，齐鲁大地人杰地灵，硕学鸿儒众多，仁人志士辈出，孔子、孟子、墨子、管子、孙子等古圣先贤就诞生在这片热土上。由孔子开创的儒家文明，是世界上最古老、最伟大的文明之一，是中华文明的核心和主流，也是东亚文明的主干与标志。它深远而广泛地推动了中国、东亚，乃至世界的文明进步，至今仍然有其重要的现实价值。

儒家文明是中韩两国共同拥有的宝贵精神财富，在相当长的历史时期，儒家思想为两国文明发展和社会进步都起了无可替代的引领、教化、凝聚和导向作用，深入挖掘阐释、大力弘扬传承儒家文明，努力实现儒家文化在当代的创新型发展和创造性转化，是我们共同的历史责任和现实使命。

本次大会，以"一带一路"发展战略与儒家大同思想为主旨，将就儒家大同思想的历史演变、儒家大同思想与东亚和平发展、儒家大同思想的当代价值，以及"一带一路"发展战略与世界文明进步等议题，进行深入广泛的交流研讨。议题立足点高，视野广阔，洞察力强，具有很强的开拓性、现实性、针对性和前瞻性。这必将对儒学的深入研究，对中韩两国关系的向好发展和学术文化的交流起到有利的推动作用。

各位专家、各位朋友，儒家大同思想的境界是中华民族不懈的理想追求，早在商周时期，中华民族的先人就憧憬着协和万邦、共襄太平的美好理想。而儒家创始人孔子则将大同称之为至高、至上、至美的大道，勾画出了"大道之行、天下为公"的社会理想途径。

几千年来，从宋儒的"为生民立命、为万世开太平"的宏图大志到康有为的《大同书》，从孙中山的三民主义的大同世界到以毛泽东为代表的中国共产党人的社会主义、共产主义理想，都积淀着中华民族对大同思想最深沉的精神追求。

当前，世界形势纷纭复杂，动荡不安，危机四伏，甚至狼烟四起，生灵涂炭。要解决当下人类面临的众多危机和挑战，还是应该回到2000年前的孔子那里去寻找智慧，到儒家大同理念当中去吸收思想精华。孔子讲述的"选贤与能、讲信修睦"的主张与"和而不同"的思想理念，就是一副解开世界迷局、拨云见日的灵丹妙药。中国提出的"一带一路"战略也正是实践着各国协同发展、互利共赢的大同之路。

中韩两国是隔海相望、鸡犬之声相闻的邻邦，儒家文明是我们共有的精神家园，讲信修睦、合作共赢的大同思想应是我们共同的发展理念。我衷心的希望通过这次大会，进一步加强交流、增进理解，为两国的和平友好发展做出新贡献。祝本次大会取得圆满成功。祝各位学者事业发展，家庭幸福，万事如意。谢谢。

韩国驻青岛总领事馆总领事李寿尊先生在第三届中韩儒学交流大会上的致辞

韩中两国的各位嘉宾们、
儒学专家们、
女士们、先生们：大家早上好！

第三届中韩儒学交流大会今天在儒学发源地山东省隆重举行，韩中两国的儒学专家欢聚一堂，在此我谨表示衷心的祝贺！

现在，韩中两国作为战略合作伙伴，双方的交流与合作比以前都更加活跃，但是由于国内外不安定的局势，也正面临着一些困难。通过克服这些困难，开展文化等人文领域的全方位合作，会迎来两国关系的更上一层楼的转换机遇。

今天，我们以"儒家的大同思想"为主题开展研讨会。大同思想，作为现在许多国家都很关注的一个很重要的思想理念，不仅是哲学的理念，作为个人，我对这方面也是非常关注。有时间的话，我也会经常学习中国的哲学史等各方面的知识。

作为儒学的实践，这次儒学交流大会是一次非常好的交流的机会，通过儒学，中韩两国的专家进行进一步的人文交流，可以增进相互的理解，从根基上巩固两国的紧密关系，通过儒学的创新发展，解决当代社会的矛盾问题、研究新的方向。

我们大韩民国驻青岛总领事馆，今后将会促进韩国与山东省包括儒家文化在内的交流合作做出积极的努力，希望各位予以大力的关注和支持。

最后，预祝本次第三届中韩儒学交流大会取得圆满成功，祝愿山东社科院不断繁荣发展，蒸蒸日上，谢谢大家。

【会议论文】

"大同"学说与传统中国的文化信仰

孔子研究院　杨朝明

一个民族的核心价值观是支撑其整个价值信仰体系的基础所在，内在地规定着这个民族的价值判断与行为走向，指示着这个民族的历史进程与文化理想。在孔子学说的影响下，中华民族比世界上别的民族更和睦、更和谐地共同生活了两千多年，直到今天，我们仍然立足于孔子所确立和阐述的许多价值观念。在孔子那里，他理想的政治样板是夏、商、周三代"圣王"之治，此即《礼运》篇孔子所描述的"大同"社会，他的思想体系正是围绕这一"社会政治理想"阐发的。中国历代士人都"宗师仲尼"，孔子的理想遂成为中华民族的价值取向与精神追求，成就了传统中国几千年来的文化信仰。

说到"大同"理想，人们还多认为这是孔子的"假托"，是"乌托邦式的空想"。《礼运》既见于《礼记》，又见于《孔子家语》。经过综合比较，我们发现《孔子家语》中的《礼运》篇更为可靠，人们对《礼运》篇存在重大误解。孔子所说应是他心目中三代"圣王"政治的实际，而不是通常所谓"五帝时期"，更不是什么"空想"。在《礼运》篇孔子的描述中，可以归纳、提炼出"公""信""仁""和"几个主要观念。这几个概念相互并列且有内在逻辑关联，表述简洁，内涵丰富，都有"统宗会元"的功能。就像"大同"概念以及"天下为公"等等表述已经被后代赋予新的时代意义那样，这几个观念是孔子儒学基本的价值观念，影响后世既深且远。

一　孔子学说中有我们最基本的价值支撑

任何社会的进步都首先应该是观念的进步，而社会观念一定深深植根于民族文化的土壤，没有民族文化的根基，就没有民族的立足点，就缺少民族的自立与自信，从而难以真正吸纳世界上其他的优秀文化成果。在构建中国社会主义和谐社会的今天，我们应该比近代以来的任何时期都珍视祖国优秀的传统文化，应该把孔子智慧作为和谐社会构建的基本文化支撑。

一个民族的核心价值观是其价值信仰体系的基础所在，内在地规定着这个民族的价值判断与行为走向，指示着这个民族的历史进程与文化理想。有人说："一个国家，一个民族，只有强大的哲学，才能建构强大的精神；只有哲学本体论上不谬，才能在精神和行为上不谬。小知而不能大决，小能而不能大成，囿于小知而不知大论，必极变而多私，必走向荒诞与种种非理性。"中华民族要真正强大起来，"就必须首先在精神上强大起来，在哲学本体论上站住脚跟，经纶天下之大经，立天下之大本，知天地之化育，然后才能与天地参，与万物化，建成强大昌盛的民族国家。"[①] 孔子思想博大精深，它包含了先圣先王对天地之道、对人性人道的深刻思考，应该是今天我国社会发展的精神源泉。

要真正理解这一点，应该首先准确理解孔子的智慧，正确认识孔子的历史地位，理解中国历史文化的来龙去脉。价值观念、精神追求属于"文化"的范畴，而从文化学的理论上讲，文化可以分为表层的物质文化、中层的制度文化、深层的哲学文化等不同层级。哲学文化对物质文化、制度文化起着决定的作用。从这样的意义上说，作为世界观、价值观、伦理观、人生观、审美观的哲学文化才是文化最为重要、最为根本的方面。在这样的角度上，对中国文化影响至大至巨的孔子哲学便具有了非凡的价值与意义。

关于孔子与中国社会历史文化的关系，不同的人有不同的认知。英国作家贡布里希（Ernst H. Gombrich, 1909—2001）说："在孔子学说的影响下，伟大的中华民族比世界上别的民族更和睦和平地共同生活了几千年。"[②] 1989年，在孔子诞辰2540周年纪念会上，联合国教科文卫生组织干事泰勒博士则说："如果人们思索一下孔子的思想对当今世界的意义，

---

① 司马云杰：《大道运行论·〈文化价值哲学〉新序》，山东人民出版社，1995年。
② 贡布里希：《写给大家的世界史》，广西师范大学出版社，2009年。

人们很快就会发现,人类社会的基本需要在过去的两千五百多年里,其变化之小是令人惊奇的。不管我们取得进步也好,或者缺少进步也好,当今一个昌盛、成功的社会,在很大程度上仍然是立足于孔子所确立和阐述的很多价值观念。这些价值观念是超越国界和超越时代的,它属于中国也属于世界,属于过去并照耀着今天和未来。"[1] 西方人士的这些看法,对于我们今天正确理解孔子的意义具有特别的启示。

中国学者的认识更加深刻,越是对中国文化具有全局把握的学者,越是看重孔子在中国文化史上的地位。柳诒徵先生说:"孔子者,中国文化之中心也;无孔子则无中国文化。自孔子以前数千年之文化,赖孔子而传,自孔子以后数千年之文化,赖孔子而开。"[2] 钱穆先生说:"孔子为中国历史上第一大圣人。在孔子以前,中国历史文化当已有2500年以上之积累,而孔子集其大成。在孔子以后,中国历史文化又复有2500年以上之演进,而孔子开其新统。在此五千多年,中国历史进程之指示,中国文化理想之建立,具有最深影响最大贡献者,殆无人堪与孔子相比伦。"[3] 梁漱溟先生说:"孔子以前的中国文化差不多都收在孔子手里;孔子以后的中国文化又差不多都从孔子那里出来。"[4] 孔子与中国历史文化之间的内在联系,孔子在中国文化史上无与伦比的位置,由这些论说可见一斑。

人们一致说孔子对他以前历史文化的继承,这一点十分重要!长期以来,由于疑古思潮的消极影响,仿佛孔子时代是中国文明形成的初期,就像钱穆先生在所著《国史大纲》最前面曾经批评的那样,有人以为今人"站在以往历史最高之顶点",对本民族的历史文化"抱一种偏激的虚无主义",持一种"浅薄狂妄的进化观",从而严重制约了中国学术文化的进步,阻碍了人们对古代文化面貌的认识。好在现在学术研究取得了重大进步,面对大批的早期地下材料,人们不再盲目疑古,而是力求正确地解读历史文献。在理解孔子思想时,人们也认识到孔子思想不是凭空产生的,他思想的形成有一个广阔的文化背景,或者说,孔子系统总结了他以前的中国文化,深刻反思了历史与现实,才使得孔子的学说具有了"集

---

[1] 《孔子研究》1990年第1期。
[2] 柳诒徵:《中国文化史》上册,东方出版中心,1988年版,第231页。
[3] 钱穆:《孔子传·序言》,三联书店,2002年版。
[4] 梁漱溟:《东西文化及其哲学》,商务印书馆,1999年版,第150页。

大成"特征,具有了空前的深度与高度。

人类文明形成后,就有人思考社会的稳定与和谐问题。数千年来,社会和谐问题一直是中国人的不懈追求。尧舜时期如此,三代更是这样。到西周时期,人文理念高涨,人们更加重视人文教化。在继承前代的基础上,周公"制礼作乐",从而奠定了中国礼乐文明的基调。按照周初制礼时的指导思想,周初统治者一方面要继承前代,建立起一套完整的国家管理制度;另一方面特别强调社会管理中人的因素。从现有材料看,西周的社会管理系统已经空前完备,他们把官僚机构分为天官、地官、春官、夏官、秋官、冬官六个部门。天官冢宰总管百官、朝廷以及国家大政,是王的直接辅佐;地官司徒主管教化以及分封土地、处理民事。春官宗伯主管祭祀鬼神和礼仪活动,夏官司马主管军队和战事,秋官司寇主管诉讼和刑罚,冬官司空主管手工业及其工匠。在这六个部门之下,各分设几十个属官,形成一个比较细密的管理体系。

西周时期的历史文化是孔子思想学说的基础。从社会管理的角度上讲,整个周官系统都是为了追求社会的稳定与发展。在社会政治与人际和谐方面,《周礼》就有许多具体的规定,例如,地官司徒"帅其属而掌邦教",大司徒的职责之一是"施十有二教"。具体说来:一曰以祀礼教敬,则民不苟;二曰以阳礼教让,则民不争;三曰以阴礼教亲,则民不怨;四曰以乐礼教和,则民不乖;五曰以仪辨等,则民不越;六曰以俗教安,则民不偷;七曰以刑教中,则民不虣;八曰以誓教恤,则民不怠;九曰以度教节,则民知足;十曰以世事教能,则民不失职;十有一曰以贤制爵,则民慎德;十有二曰以庸制禄,则民兴功。除了教民懂得敬、让、亲、和,自觉遵守社会规范,还对出现的种种问题做了周到的考虑,如地官司徒中有负责排解调和民众纠纷或有怨恨而相与仇恨的官员。这种官员称为"调人",拥有一定的属员,掌理调解百姓之间的仇怨,有一套调解的原则。

对于《周礼》所反映的管理制度,前人论述已多。由于种种原因,我们以前对周代社会管理的水平估价严重不足,人们对《周礼》成书时代的后置便是最为具体表现之一。实际上,《周礼》是我国先人追求社会和谐的思想成果,《周礼》不仅不像现在许多人想象的那样成书很晚,而且在此之前,它已经过了上千年的历史积累,是周初思想家继承夏商以来的社会管理经验，从而斟酌损益、抉择去取的结果。①

周代礼乐文明是中国传统文明的基石，就像周礼乃是"损益"夏、商之礼而来那样，周礼对后世中国的影响既深且远。孔子"述而不作"（《论语·述而》），他"祖述尧舜，宪章文武"（《礼记·中庸》），继承先圣先王，形成了他系统的儒学思想体系，他的思想观念成为历代中国人共同遵循行为规范与普遍法则。孔子以后，中国历代都追求政治稳定，上下协同，因而也就不断调整制度，推陈出新，但是，万变不离其宗，这个宗旨都如周公所说"用咸和万民"（《尚书·无逸》）。

二 孔子的"大同"思想与社会和谐

历代对于和谐社会的追求，集中体现在孔子的"大同"社会政治理想上。春秋时期，周王室衰微，诸侯征战不断，在这样的岁月里，人们自然更加向往和谐与"大顺"（《孔子家语·礼运》），希望战争停息，邦国和平安宁。孔子认为，礼崩乐坏、政治失序带来了严重的恶果，因此，他总结历史，反思现实，希望重整社会秩序，恢复古代圣王之治。他对于社会政治的最终追求或最高追求，就是《礼运》中他论说的"大同"。

有关孔子"大同"思想的记载见于《孔子家语》和《礼记》两书的《礼运》篇。以前，由于对《孔子家语》的记载心存怀疑，人们谈论孔子政治理想时往往依据《礼记》，其实，我们认真研究后发现，《礼记》的记载经过汉人整理改编的痕迹非常明显，相比之下，《孔子家语》的记载更为真实可靠。

据《孔子家语》，孔子关于"大同"理想的表述为：

> 大道之行，天下为公，选贤与能，讲信修睦。故人不独亲其亲，不独子其子。老有所终，壮有所用，矜寡孤疾皆有所养。货恶其弃于地，不必藏于己；力恶其不出于身，不必为人。是以奸谋闭而不兴，盗窃乱贼不作，故外户不闭。谓之大同。

---

① 详见杨朝明：《关于〈周礼〉成书的"举证责任"》，载杨朝明：《出土文献与儒家学术研究》，台湾古籍出版有限公司，2007年。

这里，孔子关于"大同"的论述，可以理解成他在诠释或描述着一个"和谐"的社会。在这样的社会里，"圣道"大行，天下为公，社会管理者唯贤是举，选才任能；人与人之间平和相处，互相扶持；彼此没有争斗，各尽其力；社会上的每一个人生活都能够得到保障，而且物尽其用，人人各尽所能，盗贼不作，夜不闭户。很显然，没有"和"，就没有这一切，人与人之间就不能相互扶持，就没有人人各得其所，就没有社会风气的井然有序。可以说，人人都希望生活在这样的和谐社会里。

但是，说到孔子的"大同"理想，人们还几乎一致认为这是孔子的"理想"而已，是一种"假托"，是"乌托邦式的空想"。但是，我们最新的研究结论却完全不同。我们认为，孔子所说的"大同"社会，是他心目中三代"圣王"政治的实际，而不是通常人们认为的所谓"五帝时期"，更不是什么空想。我们还发现，长期以来人们对该篇的疑而不信，乃是由于文献版本以及人们对其中关键字词的误读造成的。[①] 经过反复的研究，我们坚信，再对该篇简单地进行排斥一定是失之简单！

《礼运》篇是孔子与他的弟子子游对话的记录。如果按《史记·仲尼弟子列传》所言子游"少孔子四十五岁"，则当时子游不到十岁，由此，人们不能不质疑该篇记载的可靠性，对该篇的种种曲解也随之产生。其实，《孔子家语》明确记述子游"少孔子三十五岁"，只是由于人们对《孔子家语》的价值认识不清，而且《孔子家语》本身版本不一，致使这一问题长期没有得到解决。二者孰是孰非，经过认真分析比对，《史记》的记载是错误的。[②]

另外，《孔子家语·礼运》记孔子说："昔大道之行，与三代之英，吾未之逮也，而有记焉。"其中"与"字十分关键。实际上，这里的"与"不是通常人们认为的连词，应该当动词讲，是"谓"、"说的是"的意思。该字之训，清人王引之《经传释词》已经有说。前人也已经指出《礼运》此字应该从释为"谓"。[③] 这句话应当译为："大道实行的时

[①] 详见杨朝明：《〈礼运〉成篇与学派属性等问题》，《中国文化研究》2005 年第 1 期；杨朝明、卢梅《子游生年与〈礼运〉的可信性问题》，《史学月刊》2010 年第 7 期。

[②] 杨朝明、宋立林主编：《孔子弟子评传》，中国社会出版社，2012 年版。

[③] 据说，四川师范大学教授徐仁甫先生早年发表文章指出这一点。见永良：《〈礼记、礼运〉首段错简应当纠正》，载《西南民族学院学报》1996 年"汉语言文学专辑"。

代,说的是三代之英"。所谓"三代之英",指的是夏、商、周三代的开国"圣王"禹、汤、文、武、成王、周公。

作为儒学名篇,《礼记》与《孔子家语》中的《礼运》篇存在不少字词表述上的差异,恰恰就是这些差异,令人很直观地看到了彼此之间真实性的不同。经过认真比较过,《孔子家语》中的《礼运》更为真实可靠,明显要优于《礼记》的记载。[①] 人们以后引用、使用《礼运》(自然也包括引用、使用其中的"大同"说)时,应该用《孔子家语》中的该篇。

原来,在该篇中,孔子并没有说到"三皇五帝",也没有说到"小康",那种以此来论证孔子主张回复到"原始共产主义"时代,认为孔子思想倒退的看法是不对的。孔子所理想的"大同"社会乃是指夏、商、周三代"圣王"时期,并不是指一般所认为的所谓"三皇五帝时"。孔子所说"大道之行"的时代具体是指禹、汤、文、武、成王、周公时期,在孔子看来,三代"圣王"之后,就是"大道既隐"的时期。

孔子认为,"大同"是曾经存在的社会,它存在于三代圣王禹、汤、文、武、成王、周公时期。孔子认为,这是一个十分理想的社会状态。"大同"的"同",郑玄注《礼记·礼运》曰:"同,犹和也,平也。"郑玄以"和"、"平"释"同"非常正确,"大同"社会正是人类之间"和"的理想状态。据《论语·子路》,孔子还说过:"君子和而不同,小人同而不和。"《论语》此处的"同"是苟同、无原则的趋同,与"和"有别,不过,这并不意味着"同"与"和"的矛盾,它只是说明"同"并非在任何情况下都是"和"而已。

孔子的大同理想是社会富足前提下的和谐,它与不少小国寡民的社会政治主张不同。先秦时期,诸子百家都有自己的政治主张,例如,道家所主张的便是小国寡民的模式,《孟子·滕文公上》记载农家代表人物许行的理想是"贤者与民并耕而食,饔飧而治";《尉缭子》记载兵家人物尉缭的主张是"使民无私",认为"民无私则天下为一家,而无私耕私织,共寒其寒,共饥其饥";《墨子》记载墨家主张"各从事其所能","赖其力者生,不赖其力者不生";《吕氏春秋》则记载了杂家的均平主张,认

[①] 见杨朝明:《〈礼运〉成篇与学派属性等问题》,《中国文化研究》2005年第1期。

为"公则天下平"。社会的公平与公正是中国历代的追求,然而,社会的公平与公正应当以物质财富对人们基本生活的满足为前提,而不能仅仅满足于片面的"公平",只是共寒共饥不是真正的和谐。孔子的认识就是如此,他希望各尽其力,也希望"各从事其所能",但他并不认同狭隘的"公平",否则,"老有所终,壮有所用,矜寡孤疾皆有所养"就无从谈起。

孔子也曾经谈到"贫"与"寡"的问题。《论语·季氏》记曰:"丘也闻:有国有家者,不患寡而患不均,不患贫而患不安。盖均无贫,和无寡,安无倾。夫如是,故远人不服,则修文德以来之。既来之,则安之。"孔子相信,有封国、封地的人,最重要的是要注意均平,注意安定。因为平均就不觉得贫穷,和睦就不觉得人少,安定就没有什么危险。孔子所言,着眼于"有国有家者",他们富有治理家、国的责任,孔子说"不患寡而患不均,不患贫而患不安",却未必肯定"寡""贫",相反,孔子其实是否定"寡""贫",因为他是以之作为参照,来说明"不均""不安"更为可怕。在孔子的论说逻辑中,"不均"与"不安"是互相联系的,"不均"往往会引发"不安"。孔子所说"均无贫,和无寡,安无倾",其中的"均平"是财产分配,要达到好的结局,一定要使各方处于"和"的状态,这样才能消弭动荡的根源,可见,"均平"原则其实是一个"和"的原则,以"均平"治国便是以"和"治国。

孔子的"大同"思想,追求的不是局部的和谐,而是整个社会的和谐,这一点十分重要。按照孔颖达《礼记·礼运》疏的解释:"'是谓大同'者,率土皆然,故曰'大同'。"孔子有家国天下的胸怀,由此,他的思想影响了无数的中国人。例如,晋代的陶渊明曾经虚构了一个世外桃源,他的《桃花源记》描述道:"林尽水源,便得一山……有良田美池桑竹之属,阡陌交通,鸡犬相闻。其中往来种作,男女衣着,悉如外人;黄发垂髫,并怡然自乐。"这是陶渊明理想中的和谐社会,其中既有孔子思想的影子,也有道家的思想因素,显然,这种超脱虽有对美好生活的超然向往,而更多地透露了人们被世事所累时的逃避与解脱。

为了政治理想的实现,历史的仁人志士都在不断努力着、思想着。宋代的李纲以"病牛"作比,他写道:"耕犁千亩实千箱,力尽筋疲谁复伤?但愿众生皆得饱,不辞羸病卧残阳。"明代的吕坤则追求一个"清平世界",《呻吟语》卷五《治道》记载了他的说法:"六合之内有一事一物相陵夺假借,而不各居其正位,不成清世界;有匹夫匹妇冤抑愤懑,而不得其分愿,不成平世界。"

但是,"众生皆饱""清平世界"的到来是艰难的,直到近代,人们仍然在不断为这样的理想而奋斗,太平天国时期,洪秀全提出"天国"理念,向往天下男子尽兄弟,天下女子皆姐妹,颁布《天朝田亩制度》,希望天下人共耕天下之田,他们认为应当"天下一家,共享太平"。后来,康有为继承孔子的"大同"思想,提倡"世界大同",主张在《礼记》中取出《礼运》篇,与《儒行》《大学》《中庸》合为"四记",以代替宋儒的"四书",作为儒家的基本典籍。再后来,孙中山也曾以"大同"理想作为自己的最高政治追求。

三 "大同"说的核心理念:公、信、仁、和

依照《孔子家语·礼运》篇中孔子对"大同"社会的描述,结合前面的论说,我们可以提炼出公、信、仁、和四个基本的价值理念:

1. 公

孔子说:"大道之行,天下为公。"这里的"公"内涵丰富,可以是国家、社会、大众,也可以是公理、公式、公制;有正直无私、为大家利益着想之意,也有公正、公心、大公无私之意。早期儒家、历代学人都论证过人的自然性与社会性的关系,认为"人之所以为人",应当遵守社会的规范,这些也可以包含在"公"的概念之内。作为社会的人,人不能只考虑个人,不能总是想一己之私,应当考虑自己属于一个民族、一个国家、一个集体。有"公"的意识,才能做一个更好的"社会人"。从这样的意义上,"公"是一个极其重要的概念。

孔子在说"天下为公"以后,首先说到"选贤与能",这与当今时代的民主趋势正相符合。"公"的"公平""公正""公理"等意涵,与传统中国的极其重要的"礼"的观念正相呼应。传统上的所谓"礼",从本质上讲,就是孔子所说的:"礼也者,理也"(《礼记·仲尼燕居》);"礼也者,理之不可易者也"(《礼记·乐记》);"礼也者,合于天时,设于地财,顺于鬼神,合于人心,理万物者也"(《礼记·礼器》)。

孔子在对"大同"理想的描述中还说："货恶其弃于地，不必藏于己；力恶其不出于身，不必为人。"这些，也可包括在"公"之中。人有"公"心，才能货财尽其用，人各尽其力。

更重要的是，孙中山先生十分推崇"天下为公"，为孔子的学说注入了新的意义。中国共产党以"立党为公、执政为民"，忠实履行全心全意为人民服务为其宗旨。所以，"公"既有民族特色与历史底蕴，而且含有丰富的现代意义，并且集中体现了社会主义制度的优越性。

2. 信

在《礼运》中，孔子说"讲信修睦"，虽然简短，内涵丰富。孔子还说："人而无信，不知其可也"（《论语·为政》）；"自古皆有死，民无信不立"（《论语·颜渊》）。他希望人们能够"言忠信"（《论语·卫灵公》），信，恰是历代中国人共同的观念。《说文解字》中说："信，诚也。"信，就是诚实、不欺，就是守信用；还是真实，不虚伪等。人与人之间需要"信"，古今相同。在传统的"五常"中，"信"正是其中之一。

3. 仁

孔子说："人不独亲其亲，不独子其子，老有所终，壮有所用，矜寡孤疾，皆有所养。"这些，都属于"仁"的范畴。

在郭店楚墓竹简出土以后，大家惊喜地发现，楚地战国文字中的"仁"字，从身从仁，上下结构，原来古文的"仁"，其本意是修身、克己、反躬自省，这与曾子所说"吾日三省吾身"（《论语·学而》）相应，与《中庸》所说的"成己，仁也"相应。原来，"仁"是以修己开始，然后推己及人。

孔子之"道"就是仁爱之道。据《论语·卫灵公》记载，孔子说："吾道一以贯之"，按照曾子的理解，孔子的一贯之道就是"忠恕"。朱熹《论语集注》解释说："尽己之谓为忠，推己之为恕。""尽己"就是"修己"，"推己"就是将内在的修养外推，就是"推己及人"，就是"己所不欲，勿施于人"（《论语·卫灵公》）。"修己以安人"正是孔子儒家思想的精髓所在。

孔子曾说："立爱自亲始"，"立敬自长始"（《孔子家语·哀公问政》），孔子此言十分重要。孔子说："仁者，人也。亲亲为大。"（《礼记·中庸》）一个人具有仁德，最基本的表现就是"亲亲"，就是孝敬父母亲。有"亲亲"这个前提，才能"不独亲其亲，不独子其子"，才能"老吾老以及人之老，幼吾幼以及人之幼"（《孟子·梁惠王上》），进而"泛爱众"（《论语·学而》）。

儒家的"仁"作为一种道德范畴，指人与人之间的相互友爱、互助与同情等等，具备了"仁"的品质，才能仁爱正义，才能通情达理，为他人着想。"仁"是一个开始于"修己"的过程，是一个由"孝亲"而"仁民"进而"爱物"的逻辑推演过程。人修己的表现是"亲亲"，从最基本的"亲亲"之爱出发，然后推演爱心，完善人格，影响民众，改善人心，最终使社会"止于至善"（《礼记·大学》）。

4. 和

孔子说："奸谋闭而不兴，盗窃乱贼不作，故外户而不闭。"阴谋诡计被遏制而不能施展，劫掠偷盗、叛逆犯上的事也不会发生，所以外出也不用关门闭户。看起来这是不高的要求，但却是千百年来人们的共同追求，这就是"和"。

所谓"和"，含有相安、协调、和谐、平静、和平、祥和等意义。"和"包含有"和而不同"，《国语·郑语》中说："夫和实生物，同则不继。以他平他谓之和，故能丰长而物归之。"和，可以处理不同国家、不同民族、不同文化之间的关系，也可以处理人与自然、人与社会、人与集体、人与人之间的关系，也同样适用于处理人自身与内心的关系，即"自身的和谐"。

中国人向来都以"和"为贵，几千年来，中华民族"更和睦更和平地"相处与生活，与"和"的价值追求密不可分。

不难理解，"和"的内涵十分丰富，在传统的"五常"观念中，有"义"、有"礼"、有"智"，一个"和"字，可以包"义"、统"礼"、含"智"。

其一，"和"与"义"。"义者，事之宜也"，事情应当这样做，就是"义"。事当为而为，这就做到了"义"，也就达到了"和"的要求。

其二，"和"与"礼"。"和"是"礼"之"用"，是"礼"的目标。所以孔子说："礼之用，和为贵"（《论语·学而》），又说："知和而和，不以礼节之，亦不可行也。"（同上）"礼"以节"和"，"和"离不开

"礼"。

其三,"和"与"智"。"和"是中和,《中庸》说:"致中和,天地位焉,万物育焉。"社会不仅要稳定,更要发展。而发展以和谐为基础,更离不开智慧。孔子说:"夫礼,所以制中也。"(《礼记·仲尼燕居》),"中"是时中,是一种极高的智慧。《中庸》说:"君子尊德性而道问学,致广大而尽精微,极高明而道中庸。"达至"和"的目标离不开智慧。

以上公、信、仁、和的概念彼此有内在的联系,在特定的情况下,在概念的内涵或外延上也有大小的不同。然而,就像传统的"五常"之间同样存在这种情形一样,总体上看,公、信、仁、和四者之间完全可以并列而互补。在孔子"大同"社会理想的那些表述中,情况也大致如此。

孔子的理想是他思想体系的核心价值指向,对中华民族精神产生了极其重要的影响。民族精神是一个民族长期形成的民族意识、习俗、性格、信仰以及价值观念和价值追求,孔子思想影响中国两千多年,业已沉淀而成为中华民族的共同价值追求,无论是历史的实际,还是时代的需要,其中"公""信""仁""和"这几个概念都十分重要!

"大同"与中国近代社会理想

华东师范大学哲学系 陈卫平

当代中国特色社会主义建设所指向的理想社会，我们以"全面建成小康社会"和"求大同"为社会理想。这并非偶然，而是对于中国近代社会理想的继承和发展。近代中国遭受了深重的民族灾难，"中国向何处去"成了时代课题。回答这个课题显然需要提出近代中国的理想社会是什么。传统儒家的"大同"正是由此而被激活，即以"大同"来诠释新的社会理想。

一 太平天国：小农经济为基础的大同

在近代中国，最先使大同理想复苏的是太平天国。它鼓动农民群众在地上建立"天国"，实现"天下一家，共享太平"的大同境界。传统儒学的大同存在于原始的太古，社会愈向前演变则离其愈遥远，即理想社会在于过去，因此，太平天国借助基督教的思想，包含了理想社会在未来的观念。这是不同于传统"大同"的新思想的萌芽。但是，它的大同理想以小农经济为基础，不合乎中国社会已经开始了的以大工业为基础的近代化发展方向，因而在实际上并未能够提供走向未来的理想蓝图。但是，这意味着"大同"理想从缅怀远古转向了在地上构建"天国"的现实追求。

二 维新派：由发展资本主义而走向大同

不过，真正鲜明地指出"大同"理想在未来的是康有为等维新派。康有为以进化论为依据提出"三世说"，认为社会进化是从据乱世到升平世（小康）再到升平世（大同），即朝着至善尽美的大同世界不断进步的必然过程。由此出发。理想的大同境界自然是在未来的。梁启超在评价康有为的大同理想时说：古已有之的大同理想"以为文明世界在于古时，日趋而日下。先生独发明《春秋》三世之义，以为文明世界在于他日，日进而日盛。盖中国创意言进化学者，以此为嚆矢焉。"确实，康有为设计的大同世界指示了中国的未来：资本主义近代工业的充分发展和资产阶级自由、平等、博爱原则的充分贯彻。这样的大同理想虽包含有社会主义的内容（如财产公有），但主要是以理想化的西方资本主义为底本的。

　　根据社会进化就是向善之进步的理论，维新派以为西方资本主义比中国封建主义要美妙，因而在中国发展资本主义，在社会日趋向善的进化程序中是必然的；然而他们发现西方资本主义并非是理想化的至善王国，因此，比资本主义更完善的社会主义的兴起，在日趋向善的社会进化程序中也是必然的。严复指出，"夫自今日中国而视西洋，则西洋诚为强且富，顾谓其至治极盛，则又大谬不然之说也。"维新派认为西方资本主义最主要弊端有两个方面：一是贫富两极分化；二是极度的自私自利；这两个方面背离了传统大同"天下为公"的价值追求；而社会主义被称作"大同学"，就因为"天下为公"正是其价值追求，因此，社会主义取代资本主义是无可怀疑的。梁启超说，社会主义有医疗资本主义贫富不均的药方，因而"社会主义其必将磅礴于二十世纪也明矣。"但是，维新派以为社会主义虽然高尚美妙，但不可立即在中国实行。梁启超明确地对主张中国应早日实行社会主义的美国社会主义者表示："进步有等级，不能一蹴而几。"他强调中国的当务之急是"以奖励资本家为第一义"，可见，维新派把发展资本主义作为达到大同理想的必由之路。这表明了"大同"理想由以小农经济为基础的"桃花源"转向以西方资本主义工业文明为蓝图的"太平世"。

三　革命派：由后来居上的"突驾"而"一跃"为大同

　　孙中山等革命派同维新派一样，把大同理想设定为社会进化最终的至善目标，因而也认为比资本主义更完善的社会主义的兴起是无可怀疑的，孙中山说："国家富强、民权发达如欧洲列强者，犹未能登斯民于极乐之乡也。"革命派也认为社会主义的"天下为公"能够救治西方资本主义贫富两极分化和极端自私自利的弊病。他们指出:"民生主义(Socialism),日人译名社会主义,……自二十世纪开幕以来,……吐露锋芒,光焰万丈。"其之"发达何以故?曰:以救贫富不均";"社会主义者,无自私自利,专凭公道真理,以图社会进化。"

不同于维新派的是革命派的大同直接与社会主义相联系。孙中山说:"民生主义就是社会主义,又名共产主义,即是大同主义。"这样的社会主义"大同"理想社会,一方面以发展近代大工业和实现近代人道主义为基础,"提倡实业,实行民生主义,而以社会主义为归宿"。认为"社会主义者,人道主义也。人道主义,主张博爱、平等、自由,社会主义真髓就不外此二者"。另一方面消除了西方资本主义发展造成的弊病,反对"欧美日本伪文明推行于中国"。于是,社会主义就成了"真文明"的大同理想:"社会主义革命……实行科学的进化,求世界之真文明,于是以人道之大同、世界极乐为其究竟。"

近代中国面临的历史课题是:在尽可能短的时间里,走完西方几百年走过的路程,后来居上。革命派"一跃"而为社会主义的大同,正是对于这个问题的回答。康有为也意识到这个问题,因而十分强调循序渐进,但也表露了后来居上的愿望:"天道,后起者胜于先起也;人道,后人逸于前人也。"不过,认真回答中国如何后来居上的是革命派。孙中山指出,世界上有的国家曾由弱"一跃而为头等强国",有的则"由野蛮一跃而为共和"。他把这种后进赶上先进的飞跃称为"突驾",认为中国可以"突驾"日本,超胜西方。这种"突驾"说和中国一跃实现社会主义的信念有着内在的逻辑联系,即前者是后者的前提,后者是前者的演绎。"突驾"说的核心,是以为社会的进化在某种条件下可以跳越某些环节而实现跃进,中国作为后起的近代化国家,无须将西方走向近代化过程中的每一环节都加以充分的展开,这就犹如发明机器和仿造机器的关系:"各国发明机器者,皆积数十百年,始能成一物,仿而造之者,岁月之功已足。中国情况犹是耳。"以此为前提,那么既然已看到社会主义能够消除资本主义的恶果,中国就完全应当跳越西方经历过的资本主义充分发展的环节而一跃实行社会主义,从而在社会进化的道路上把西方资本主义国家抛在后面。革命派将此称为"毕其功于一役"。这诚然是主观的空想,但在这空想中包含了有现实内容的信念：近代中国可以超越资本主义充分发展的阶段而跃为社会主义，唯有如此，中国才能后来居上。尽管革命派要"一跃"而成的社会主义并未超出国家资本主义的范围，但是他们以立即实行社会主义作为通过大同理想的正确道路，意味着近代中国的社会理想发生了又一次的转折，即开始以社会主义为旗帜。

四　马克思主义中国化：科学与价值相统一的大同

"五四"时期，中国近代的思想主流由进化论转向马克思主义，马克思主义中国化的一个重要标志，就是依然把社会主义理想和大同联系在一起。但是，与维新派和革命派不同，中国化的马克思主义不只是从大同的"天下为公"的价值维度去认识社会主义，而是将社会主义的价值维度建立在注重生产力发展的科学维度上，达到了两者的统一。

这首先表现在"五四"时期，李大钊提出的社会主义大同需要对于旧社会经过"物心两面的改造"。"物"的层面的改造，就是从科学维度阐明社会主义是生产力发展的必然产物，而生产力落后的中国之所以必须选择社会主义才能在世界上"立存"，而不是"按人家的步数走"，即跟着西方资本主义国家亦步亦趋。这就使孙中山跨越资本主义而进入社会主义"大同"的预见具有了科学性。"心"的层面的改造，李大钊指出在封建传统深厚的中国，社会主义的价值理想是"大同团结和个性解放"，这是对于马克思的人的自由全面发展的中国化。

毛泽东的新民主主义理论进一步指明了经过人民共和国"到达大同的路"。这就是通过"中国式的民主主义"革命，解放和发展生产力，由新民主主义转变为社会主义。这是从科学的维度反对了"一跃"而为社会主义的"毕其功于一役"，也反对了把资产阶级专政横插在新民主主义和社会主义之间。同时，毛泽东从价值维度指出：若没有"广大人民能够自由发展其在共同生活中的个性"，而"要在半殖民地半封建的废墟上建立起社会主义社会来，那只是完全的空想"。这是在全面分析中国国情的基础上，论述科学与价值相统一的社会主义"大同"。

但是，1949年以后，在建设社会主义的道路上遭遇了曲折。这主要表现为以阶级斗争为纲的"全面专政"，既离开了社会主义注重发展生产力的科学维度，又否定了人的全面发展的价值维度。这使得社会主义"大同"理想倒退了。改革开放以来形成的中国特色社会主义理论扭转了这样的倒退。这个理论从弄清楚"什么是社会主义、怎样建设社会主义"为起点，认识到社会主义的本质是发展生产力和促进人的全面发展。由于形成发达的生产力还需要相当长的历史时期，这样的社会主义还不那么"合格"，所以把全面建成小康社会作为求大同的最初阶段。表面上，社会主义理想从大同退到了小康，实际上是更为突出地强调了发展生产力这个社会主义的科学维度。同时，把人的全面发展的价值理想作为社会主义的本质要求，意味着在社会主义本质的层面上统一了科学和价值。如果说毛泽东的新民主主义理论是在以"革命逻辑"为中心的范式中，达到了社会主义大同的科学和价值两个维度的统一，那么中国特色社会主义理论就是在以"建设的逻辑"为中心的范式中，对社会主义大同理想的两个维度作了统一。

儒家大同思想的内涵、精神及其当代价值

浙江省社会科学院哲学所　吴　光

一　儒家"大同"思想的基本内涵

儒家经典《礼记·礼运篇》首次借孔子之口提出了儒家"大同"理想。文曰：

> 昔者仲尼与于蜡宾。事毕，出游于观之上，喟然而叹。仲尼之叹，盖叹鲁也。言偃在侧曰："君子何叹？"孔子曰："大道之行也，与三代之英，丘未之逮也，而有志焉。"

这是说孔子参与宗庙祭祀大礼之后，出游观上，颇有感慨地说：在大道通行的尧舜禹三代，选举出最好的人才来治理国家，我没有赶上那个好时代，但愿意正确地记载它、描述它。

那么，儒家"大同"理想的具体内涵是什么？《礼运篇》记者藉孔子之言，对"大同"与"小康"社会的两种情景作了具体的描述，文曰：

> 大道之行也，天下为公。选贤与能，讲信修睦。故人不独亲其亲，不独子其子，使老有所终，壮有所用，?有所长，矜寡孤独废疾者皆有所养。男有分，女有归。货恶其弃于地也，不必藏于己；力恶其不出于身也，不必为己。是故谋闭而不兴，盗窃乱贼而不作，故外户而不闭。是谓大同。
>
> 今大道既隐，天下为家。各亲其亲，各子其子。货力为己，大人世及以为礼，城郭沟池以为固，礼义以为纪，以正君臣，以笃父子，

以睦兄弟，以和夫妇，以设制度，以立田里，以贤勇知，以功为己。故谋用是作，而兵由此起，禹、汤、文、武、成王、周公由此其选也。此六君子者未有不谨于礼者也，以著其义，以考其信，著有过，刑仁讲让，示民有常。如有不由此者，在势者去，众以为殃。是谓小康。

应当指出，先贤关于《礼记·礼运篇》的注疏，指称的"大同"时代是含糊不清的，或以为"大道之行"的时代是指五帝时代，而以"与三代之英"的"三代"为尧舜禹三王时代。实际上，这是对"大同"所指时代的误解。

我认为，按照子思《中庸》的说法，孔子是"祖述尧舜，宪章文武"的，故《论语》从不言"五帝"。《礼运篇》篇首所谓"大道之行也，与三代之英，丘未之逮也，而有志焉"所指称的，显然都是指尧舜禹三代，而非分别指五帝与三王两个时代。所谓"与三代之英"的"与"是推举、选举之意，"英"是指精华、英才，是呼应"大道之行"的，全句意谓在尧舜禹三代能选举出治理国家的英才。而该篇所谓"小康"时代，则是指"大人世及以为礼，城郭沟池以为固……谋用是作而兵由此起，禹、汤、文、武、成王、周公由此其选也"的时代，即"夏、商、周"三代。

那么，《礼记·礼运篇》所描述的"大同"理想的基本涵义究竟是什么？我认为，其基本涵义有四点：

第一，"大同"社会是"天下为公"的"大公"社会。所谓"大公"者，是指国家政权和天下财富为天下人民所共同拥有，而非一家私有，所以尧舜的王位是传贤不传子。如果要讲所有制的话，则这个社会的所有制应是公有制，所谓"货恶其弃于地也，不必藏于己；力恶其不出于身也，不必为己"的描述，就显示了"大同"社会所有制的主体是公有制；

第二，"大同"社会的政治制度是"讲信修睦，选贤举能"的制度，即保持社会的和谐，人与人之间讲求诚信，邻里乃至国家之间和平共处，友好相处，选举贤能的人治理国家；

第三，"大同"社会的人际关系相亲相爱，人们不仅爱护自己的亲人与孩子，而且关爱别人的亲人与孩子，社会上所有的人都能安定生活，老人得到赡养送终，壮年人能充分施展才华，儿童能顺利成长，鳏寡孤独、残疾之人所养,其社会福利制度确保人人都能安居乐业。

第四,《礼运篇》的"大同"社会是否就是上下齐同、没有差异、大公无私的社会呢?或者说,"大同"社会是否有私有财产呢?这是历来被忽视但却是必须澄清的关于"大同"理想基本涵义的一个认识。过去有不少人就认为大同社会是大公无私、没有差异的共产主义社会。康有为就认为"大同"社会是一个无国家、无阶级、无刑罚、无私产甚至无家庭夫妇之分的社会,其《大同书》写道:"大同无邦国故无有军法之重律,无君主则无有犯上作乱之悖事,无夫妇则无有色欲之争、奸淫之防……无爵位则无有恃威、估力……无私产则无有田宅、工商、产业之讼。"显然,康有为的"大同"理想完全是不切实际的乌托邦。

在我看来,《礼记·礼运篇》所描述的"大同"社会并不是没有差别、完全平等的大公无私社会,而是存在私有财产的和而不同的"太和"社会。其理由有三:

第一,有东汉经学家郑玄《礼记注》为证。郑玄在该篇"是谓大同"句下注曰:"同犹和也,平也。"按此注解,则所谓"大同",就是"大和""大平"。古音"大"读为"太",如《周易》"保合大和"读为"保合太和"。因此,我们可以将"大同"解释为"大和"即"太和",其意即"最高级的和谐境界"。

第二,有宋儒张载的《正蒙》为证。其开门见山第一句话就是"太和,所谓道",即以"太和"为最高级别的"道"。又说:"语道者知此谓之知道,学《易》者见此谓之见易。"所谓"此"者,即"太和"之道也。清儒李光地注解说:"此节以'和'言道。所谓'和也者天下之达道也'……在人为和为静,在天则为太和、太虚。和者其大用,虚者其本体也。"这也证明了所谓"太和"即最高境界的"和"。

第三,有《礼运篇》本身内容的证明。《礼运篇》说"选贤与能,讲信修睦",与篇首孔子之言"与三代之英"前后一致。这个"选贤与能"本身就是以有贤愚、能与不能的差别为前提的,"讲信"是相对于"无信"而言,"修睦"是相对于"不睦"而言。尤其值得注意的是,该篇说"男有分,女有归",即指男性有不同的社会分工,妇女则要嫁人找归宿,即有家庭存在。既然有家庭存在,就有人口多寡的差异,就有占有生产、生活资料的差异,也就有家庭私产的存在。因此,我们可以断言,《礼运篇》所谓的"大同"社会理想虽然是"天下为公"即公有制为主体的社会，但却是存在家庭差异和家庭私有财产不均的社会，即大公有私、和而不同的和谐、和平社会。

二 儒家"大同"理想的人文精神与时代意义

如上所说，《礼记·礼运篇》说描述的儒家"大同"理想，即大公有私、和而不同的"太和"社会理想。根据这一基本认识，我们可以概括儒家的大同理想，蕴含着深厚的人文精神，即以人为本、廉洁奉公、和而不同、选贤举能的精神。其"不独亲其亲，不独子其子，使老有所终，壮有所用，幼有所长，矜寡孤独废疾者皆有所养"的理想体现了"以人为本""以民为本"的精神，其"天下为公""货恶其弃于地也，不必藏于己；力恶其不出于身也，不必为己"则体现了"克己奉公"的廉洁传统，其"选贤与能，讲信修睦""谋闭而不兴，盗窃乱贼而不作"的理想则体现了儒家公正选举、和而不同的精神。

那么，在当今时代，我们提倡"大同"即"太和"的理念有些什么现实意义呢？我认为主要有四点：

一是有助于人们实事求是地认识大同社会的"大公有私"性质，这是可望而又可即的社会理想，而非可望不可即的乌托邦空想。认识了这一点，人们就不会再去鼓吹那种所谓"一大二公"的共产主义乌托邦，而实实在在地为实现这个可望而可即的社会主义理想而奋斗。

二是有助于培养君子人格。我们这个时代，正人君子实在太少，而唯利是图、利欲熏心的小人和钩心斗角、工于权谋的奸徒太多，许多大好的发展机会都因内耗而丧失殆尽。故亟须培养君子人格，表彰君子和而不同的精神，提倡为人处事要树立宽松、宽容的和谐包容品格，反对小人的结党营私、阴谋争斗。

三是有利于促进企业、社会、国家间的良性竞争。毋庸讳言，市场经济体制是以竞争求生存的体制。竞争好比是企业发展的发动机，是企业的活力与动力所在。但过度竞争也会导致企业之间和企业内部各种关系的高度紧张乃至崩溃，所以需要提倡良性竞争，需要通过建立和谐机制来平衡和引导竞争。和谐就像一部机器的润滑剂，如果没有这个润滑剂来调节，机器就会烧坏。对于企业而言是这样，对于国家、社会而言也是这样。一个文明社会，一个文明国家，需要保持和谐共处的良性竞争。这就需要执政者有把握全局、"和而不同"的大智慧来处理各种矛盾与利益的冲突，摆正竞争与和谐的关系，使国家、社会建立在一个良性竞争的制度之上。

四是有助于扩大国际合作、维护世界和平。自改革开放以来，中国在经济、社会、文化等各个领域取得了长足的进步，成为世界第二大经济体。然而可以预见的是，中国在未来一段时间里仍处于建设"全面小康"社会的时代，还达不到"大同"即"太和"的理想阶段。而且整个世界也将是以"小康"为目标的时代。在这样的时代，必然存在国家之间的利益争夺而"谋用是作，兵由此起"。然而尽管如此，我们仍然需要以"大同"即"太和"的理想精神去处理中国与各国的关系，坚持"远交近和"的和平外交理念，应"谨于礼"，"以著其义，以考其信，著有过，刑仁讲让，示民有常"，能行乎此，则离"大同"即"太和"的境界"虽不中也不远"了。因此，我们现在应该提倡的"大同"即"太和"的精神，实质上是一种以承认多元化为前提的、和而不同的"多元和谐"精神。在多元和谐精神指导下，既要摒弃西方文明中心论，也要拒绝东方文明中心论，而坚持多元文化兼容互补、和谐共生的文化和谐主义，用"多元和谐"文化观去化解"小康"时代可能出现的"文明冲突"。

总之，儒家"大同"社会理想不是一个可望不可即的乌托邦空想，而是一个可望可及的社会理想。"大同"并非完全的同一，而是有差异、有私产、和而不同的和谐和平社会。

电影《花木兰》折射出的"天下"思想

韩国国立安东大学　尹天根

一　迪士尼电影的变迁与"花木兰"

电影《花木兰》具有特殊的地位。同名电影有三个版本，比较鲜见。其中，两部是动画电影，一部是实拍电影。据说台湾还把它改编成了电视剧[1]，但我没看过，因此在此不做评价。商业电影的运作严格遵循资本主义规则，根据预判利益进行投资。迪士尼电影公司制作了两部《花木兰》，从这点可以看出，其故事本身蕴含着吸引大众的魅力。

迪士尼电影公司制作了无数的动画电影，但大部分题材或内容是给儿童们展现白人成人的幻想世界。不属于这个范畴的当从《风中奇缘》说起——这部电影之后是《花木兰》。但这两部电影不同之处多于相同之处。《风中奇缘》描述的是印第安少女 Pocahontas 与侵入她生活世界的英国开拓者之间发生的故事，以分属两个世界的少女与小伙之间的爱情为主线。故事情节本身以白人的历史为基础，将其开拓时代浪漫化了。印第安少女 Pocahontas 拒绝了与本族勇士 Kokum 的婚姻，爱上了侵略者中的一员英国船员史密斯。两人的爱情超越了种族和文化——这是电影创作的中心思想，但对两个主人公来说其意义是完全不同的。一方是被侵略者；另一方是侵略者。如果说种族的不同在爱情面前显得无足轻重，但再加上侵略和掠夺这个变量，状况就完全不一样了。对掠夺者阵营的史密斯来说，少女的爱情具有战利品性质；而对被掠夺者阵营的少女来说，其爱情具有

---

[1]　周成哲："赵薇的电影《花木兰：战士的归来》"，*cine21 review*，2010 年 9 月 1 日。

背叛和投降的意味。

　　白人掠夺者的后裔制作出来的美国历史，通过印第安少女 Pocahontas 的故事，以传奇的形式流传开来。1995 年迪士尼长篇动画电影《风中奇缘》上映并取得巨大成功后，迪士尼马上制作了《伦敦之旅》，于 1998 年发布。《伦敦之旅》于 2005 年又被改编为实拍电影《新世界》（*The New World*），但已与迪士尼公司无关。此外，还可以找到无法获知制作时间和制作公司的名为 *Pocahontas The Legend* 的录像电影。

　　Pocahontas 的故事有其缺点，那就是将大航海时代之后西欧列强的殖民地掠夺史进行包装并冠上爱情的美名。但是以白人优越主义为基础，将西方人的童心包装打造成幻想世界，以此为主要套路的迪士尼长篇动画电影，制作了以印第安少女为主人公的 *Pocahontas*，这本身就可以看作是 20 世纪 90 年代末期美国共同体意识的外延比以前时代扩张了，并滋生成为一般情感。

　　Pocahontas 虽选取的是美国历史上被极端排斥的印第安种族故事，但这个故事的叙事结构已经内含于美国的历史之中了。因此电影并不是展示对新世界的接纳，只是将隐藏在美国人无意识之中的一段历史再次展现出来。但是《花木兰》就完全不一样了。《花木兰》是他们走出自己的历史，用他们的方式讲述他们之前并不知晓的与他们分属不同世界的人们的故事。

二　中国现代史概况与"花木兰"

　　在鸦片战争之后的世界历史中，以中国为代表的东方处于世界之外的领域。鸦片战争是西方世界试图进入东方世界并把其纳入自己主导的世界中而做出的努力，但他们的努力以部分成功、部分失败告终。部分失败指的是，中国仍然处于西方世界之外的领域。这样的情况在冷战时期的世界秩序中更加强化。冷战时代结束以后，中国选择了改革开放的道路，逐步步入资本主义世界秩序中，中国重新定位自己，从"西方世界的他者"的地位中摆脱出来，成为人类世界的一部分。这也为西方世界与中国学习互相接受对方打下了坚实的基础。其政治上的表现是 1979 年中国和美国的建交。

政治条件的成熟以文化条件为基础，文化条件的成熟和发展又伴随着政治条件的有力支持。现代中国政治方面以毛泽东主义为代表，经济、文化等方面以邓小平路线为主导。前者是区分西方世界和中国的领域；后者是西方世界和人类世界的混合领域。这里所说的人类世界，不包括政治意义或是以价值论为前提的东西。因为我并不认为世界主义或资本主义世界的价值观是优越的。

如果说中国仍然固守毛泽东主义下的社会主义经济体制的话，就不会有电影《花木兰》的制作了。社会主义社会中，电影是煽动宣传的重要手段；但在资本主义社会中，电影意味着巨大资本投资的文化产业。宣传煽动虽然不创造利润，但却可以根据国家共同体的需要继续投资，但文化产业如果不创造利润就不可能再进行投资。迪士尼利用"中国主人公"和"中国故事"投入巨大资本制作了动画片《花木兰》，这表明他们有强烈的自信，认为在这个领域的巨额投资可以创造出巨额的利润。迪士尼公司一向以制作最高水平的长篇动画片为荣，其投资规模要比制作同等程度的实拍电影更大，所以事先一定进行了精密的市场调查。

迪士尼动画电影善于将童心和幻想世界形象化，其主要需求层是少年儿童。动画片《花木兰》的制作前提是，西方世界具备可以消费中国故事的少年儿童以及中国的众多少年儿童已经步入可以观看这部电影的阶段。这意味着能够充分保障迪士尼利益的基础——大规模的市场的形成。以上是在两个不同方向需要进行说明的事情。

首先，西方世界需要可以将中国形象进行魅力解读的亲和过程。可以看出，在邓小平复权之后，采取改革开放路线、进入资本主义世界，通过与美国建交收起"人的帐幕"等一系列过程，其结果就是在动画片《花木兰》得以制作的 1995 年前后，西方世界在很大程度上已经进入可以流通中国形象的阶段。

其次，从中国内部来看，可以说邓小平追求的改革开放的成功在很大程度上体现为创造出了巨大的消费市场。邓小平想要完成的挑战是，在社会主义政治体制不变的前提下追求资本主义的市场经济体制。想要兼得鱼和熊掌，这绝对不是一件易事。1976 年 1 月的周恩来去世，邓小平的"农业、工业、军事、科技等四个现代化路线"推行，1976 年 4 月 5 日的第一次天安门事件，4 月 7 日的邓小平肃清，9 月的毛泽东去世，10 月的四人帮倒台，直到1977年邓小平的复权，这两年事件不断，同时也是邓小平路线成为时代命题的具有决定性意义的时间。

1977年复权①之后，推行"四个现代化路线"的邓小平面临最大的难关。10年之中遭遇了两次肃清和两次复权，邓小平如履薄冰，非常谨慎。邓小平将自身路线提高到政治高度的过程，2014年中国CCTV曾播放过，2015年韩国举办的"首尔国际演技大赏"中提名的吴子牛导演的电视剧《邓小平》进行了很好的诠释。邓小平以缓慢但坚定的脚步将自身的路走下去，邓小平路线也被他的后继者们很好地继承下去。在他的引领下，中国的市场经济不断发展，文化市场规模也不断扩大。

我们不难发现，创作《花木兰》的20世纪90年代的世界经济地图中，中国占据着不可小觑的地位。

"上世纪90年代开始，中国在世界经济中所占的比重急剧增长，现在中国的贸易位次已经跃居世界前十。"②

这意味着中国逐步富裕起来，人们的购买力也在增长。中国那些具有购买力、新阶层的孩子们成为动画片《花木兰》创作者关注的对象。

"在挖掘中国市场并使其充满大陆特色的努力中，已经很难找到'东方主义'这样的批判了。这意味着西欧文化产业市场并不满足寻找文化憧憬和神秘性的素材，而是重视市场法则以及创新观念。这是瞄准亚洲市场的迪士尼的新尝试，以及为了开拓新兴的中国市场而做的铺路石。无论意图为何，《花木兰》是无法回避的今年夏天迪士尼最具可能性的诱惑。"③

李明仁的这一评论，将东方主义与市场法则进行对比，虽有很难理解的部分，但是从中国作为迪士尼瞄目的文化产业市场的角度来理解《花木兰》的创作这一点，我也持相同意见。

如此，以中国为中心，内部世界和外部世界发生的变化成为《花木兰》得以创作的条件。电影产业需要大规模的市场。美国电影产业繁荣发展的原因在于美国在对资本主义世界巨大的市场的把握比其他任何国家做得都好。市场的大小决定投资的规模，投资规模又决定了市场掌控力，

---

① 《邓小平复权》，载1977年7月20日《东亚日报》。
② 朴政亮："中国经济真相的系统分析"（尼古拉斯·拉迪著，《爆发的中国市场经济的未来》介绍），吴世英翻译，每日经济新闻，1996年3月6日。
③ 李明仁："李明仁的电影纵览：《花木兰》"，《韩民族新闻》，1998年7月17日。

这种相生关系再没有比电影产业更能清晰体现出来的了。长篇动画片更是如此。因为这一领域只能全部依靠儿童，而能吸引儿童注意的只有"有趣"。要想在长篇动画领域做出高水准、有趣的作品，需要投入的资金犹如天文数字。如果不具备大市场，这样的投资难以实现。问题在于，这并不是单纯局限在掌握儿童市场这方面。因为孩子会长大成人。也就是说，掌握全世界规模儿童文化产业市场，意味着要具有将全世界人的梦想和理想都创作出来的力量。

三 动画片《花木兰》的故事结构和"天下"

1998年迪士尼公司在自己长篇动画电影制作历史上迈出了新的一步。瞄准亚洲市场，讲述亚洲人的故事。虽然说中国文化市场已经得到一定程度的发展，但对需要投入巨资的长篇动画领域来说，开拓新的市场是一项颇具风险的巨大挑战。因此，迪士尼需要更加慎重地选择故事。

我也不太清楚，迪士尼选择的源于《木兰辞》的"花木兰"这个民间故事，在汉语圈有多少人知晓。如果知道的人不多，那该称赞迪士尼公司为挖掘素材付出的努力；即使广为人知，在有着数千年历史、多如繁星的中国的故事中选出了《木兰辞》，也说明他们具有很厉害的分辨能力。

花木兰的故事该放在南北朝的时代背景下去分析。这个混乱的时期与以前的混乱有所不同——因为这是中国民族与北方诸多民族共同造成的混乱。秦始皇时期开始修筑的万里长城，经过历朝历代不断完善，成为横亘在中国民族与北方民族之间的屏障，也是一种象征性存在。同时，这也将中国大陆分为内部和外部，从政治史角度来看，是中国式天下意识的具体体现。以领土为中心的中国式天下思想，正是通过这一巨大建筑表现出来。以万里长城为表现形式的中国式天下意识与儒家思想中以修身、齐家、治国、平天下的扩张结构的天下意识性质有所不同。

儒家思想中的天下意识意味着道德主义的扩张关系。其逻辑原理为："我"的道德完成一定要扩张到与"我"相关的世界中去。"我"的道德感化力可以影响到的世界，现在与"我"存在直接或间接关系的世界都是扩张的外延。但是儒家的道德相互关系是以"我"的视角来评判的，是"我"认为发生在他者心中的实际感化，并不是"已经存在的"。不是

"已经存在的他者"，是伴随着"我"的努力的"我"的道德影响了他者并发生了关联。因此，这种道德意识下的天下思想具有双重结构。既具有"已经存在的他者领域"的最大外延，也正在向着"还没发生关联的他者领域"拓宽外延。这正是向着他者领域扩展自我领域的表现。

不局限在"已经存在的他者领域"，向着"还没发生关联的他者领域"扩张自己的道德性，很难想象在儒家的天下思想结构中，自我领域与他者领域之间存在明显且坚固的壁垒。界限周围存在的也不是敌对意识，而是相关干涉的融合意识。在这种关系下，虽然自我领域向着他者领域不断扩张，但这并不意味着自我领域吞噬了他者领域，只是对他者领域进行校正和帮助的过程，并因此而满足。因此，儒家的天下思想崇尚的是，他者领域是"潜在的自我领域"，是"需要进行教化将其转化为自我领域"。自我领域和"潜在的自我领域"之间自然也不存在坚固的壁垒。

动画片《花木兰》中有两种天下思想。一种是存在于《花木兰》故事结构之外的；另一种是存在于故事结构内部的。

存在于《花木兰》的故事结构之外的天下思想是当代的、存在于中国和西方之间的。它随着电影所处的文化产业领域的资本主义现象而产生。文化产业领域中，迪士尼代表的资本主义市场经济领域进军社会主义市场经济体制的中国，这是一种资本主义文化权力的扩张。资本主义市场经济以资本为主导。在长篇动画电影领域，迪士尼的文化权力在全世界发挥着作用。可以说，在这个领域，迪士尼是兼具资本权力和文化权力的当代社会的最强者。中国在社会主义计划经济的坚固外壳下，是迪士尼的"他者领域"。但是选择社会主义市场经济的中国打开了大门，不得不面对迪士尼这个具有世界最高水平的、文化产业的强者。

站在资本主义市场经济角度，天下的领域是由资本主导的。只要能带来利益，资本主义市场经济可以毫无顾忌地向所有地方扩张。在这个领域，市场经济的强者是资本，弱者是市场。不是市场决定资本，而是资本决定市场。资本具有可以变身的能力，为了获取市场的芳心，变得更为有魅力。虽然说对资本而言，市场也具有一定的优越位置，但那只是在资本装扮自己时发生作用。

资本主义市场经济体制下，天下的领域被无限扩张。不存在"我们的"领域和"他者的"领域的壁垒。因此天下是包含所有的"最大的一个"。从这点而言，这与不断扩展界限的儒家思想中的天下思想具有类似性。儒家思想中的天下思想不断吸收界限外的他者，从而不断扩张天下的领域。儒家的天下思想，发挥着将扩张领域中的他者变成一个一个的自我的作用。因此，从原则上说，儒家的天下思想是区分界限内的自我和界限外的他者的。但是资本主义市场经济体制下，自我从来都是资本，天下只是资本的天下。所以在这个领域，资本的天下无论如何扩张，资本外的他者都无法成为自我。

迪士尼制作动画片《花木兰》，意味着将中国包容进他们资本的天下之中。但这只是迪士尼资本的利益扩张世界。天下越广阔，利益也跟着扩张，但自我领域不会有变动。因此，这种天下领域可以划分为不会变动的少数的自我与扩张的无数的他者两大阵营。

《花木兰》的故事结构中，天下思想通过种族与国家领土的对立展现出来。动画片《花木兰》故事的开端，是 Hun 族越过万里长城侵犯魏国的疆域。烽火燃起，王被告知出事了。通过韩语字幕可以看到大臣与王之间的如下对话。

"陛下！Hun 族侵犯北方国境。"

"怎么可能！万里长城不可逾越……"

在我看来，迪士尼动画电影的出色之处在于其绚烂的色彩。绚烂的色彩在变化，但是慢慢地发生变化。在电影开始的部分，险峻的山岭上，之字形、暗灰色的长城之上燃起了黄色、红色的烽火，点明了故事发生在中国的舞台上。在暗灰色巨大建筑的烽火之间，突然出现了 Hun 族头领"单于"的身影，站在他肩上的鹰的眼睛发出黄色、闪烁的光，透出一份凶猛和威严。

我在前面说过，万里长城是以领土为中心的中国天下思想的象征。换句话说，万里长城是区分"内"和"外"、"我们"和"他们"的"壁垒"。因此万里长城象征的世界里天下思想的界限是"内"，而"外"与"内"是绝缘的，是"敌方"的世界。这个壁垒，或者说"敌方"意识从上边魏王说的"万里长城不可逾越"中可以看出来。

然而仔细琢磨这句话，就会发现里面包含着二律背反的内容。北魏本来不是长城内的民族建立的，是长城北部鲜卑族的一支拓跋氏越过长城后建立的国家①。对北魏来说，长城并不是"不可逾越的壁垒"，也不是将长城内部民族和外部民族的世界一分为二的根源性阻断。他们是鲜卑族的一员，在386年建立北魏之后，北方依然存在着鲜卑族的众多分支，与他们有历史矛盾的"柔然"也是鲜卑族的一支。因此，将万里长城作为划分内部世界和外部世界的壁垒，将长城以内的世界视为"天下"的动画片《花木兰》描述的故事世界并不是当时的历史情况，迪士尼是以汉族的中国为理念设计的，这反映出西方人的观念。

当然，拓跋氏的北魏王朝与汉族之间也存在民族问题，但逐渐被汉化了。494年孝文帝将国都从北方的大同迁到洛阳，之后更是努力推行汉化政策，甚至将王姓改为元。

我们且不论当时的历史是怎样的，再来看一下动画片《花木兰》中的故事情节。Hun族单于带领族人越过长城，"越过"的意思是破坏了内部的"天下"世界，电影中的情节是阴郁的夜空下四处燃起的烽火。长城上依次燃起的烽火也点燃了墙内"天下"的神经。紧绷的神经一直延续到魏王的塌前，他对内部的"天下"下了一道命令。王要求每家出一名男丁参战，这道冲击波也传到花木兰所在的村子。

野丫头木兰是为后面故事的展开埋下的重要伏笔。喜欢骑着爱马Kan到处奔跑的木兰，家里人为她的终身大事伤透了脑筋。木兰惹恼了媒婆，被评价说做不了一个好媳妇。木兰总对自己不能自由自在地做一个假小子，而要装扮得像淑女一样极为不满。

"看看我的样子。我可不是贤妻良母。我也不是一个好女儿。我天生就不是那种性格的人。要是由着我的性子，可能会给家门抹黑。水中倒映出的那个女孩是谁？直直看着我的那个女孩——我也不了解我自己。不管我怎么努力，我都不能欺骗自己。我什么时候才能从心生活？什么时候能遂我心愿？"

木兰跳着舞，唱着歌，倾诉着自己挣扎的内心。从这儿可以感受到，《花木兰》电影中，除了领土上划分这边和那边的实际耸立的长城，还有一道长城横亘在那里，那就是男女角色分担这个厚重的文化长城。

很明显，在《花木兰》故事中，对于男女的社会分工这道文化长城，木兰是极为不满的。但是，木兰也没有勇气正面突破这道不满。在她的意

---

① 参考柳田圣山《达磨》，首尔：民族社1991年版，第37—38页。

识中,"闯入男人为中心的天下是一件给家门抹黑的事"。

实际上在中国的世界观中,男性的天下就是依靠男性后代延续香火的家门的历史。这也是"儒家的世界观",南北朝时期在魏国这种儒家的世界观有多大影响无从知晓。但与男性—家门捆绑在一起的文化层次的天下意识绝对是不可忽视的存在。之后制作的实拍电影《花木兰》中也有体现,在动画片《花木兰》中更是叙事的核心。以此为基础,女扮男装的花木兰的故事才具有了英雄美学的条件。

英雄美学最单纯并且最关键的条件便是"忍受磨难"。经历种种痛苦、一切难以克服的困难,战胜常人无法忍受的磨难,这便是英雄美学的本质。花木兰故事结构中,英雄性体现在"女扮男装,前线立功"上。这包含了两种函数关系。即"女性立了战功"与"女扮男装偷上战场"。前者是故事结构的核心,后者是将故事的英雄色彩进行渲染的条件。

"在战争中立了战功"意味着花木兰挽救了那个时代的"实际天下"。"女性立了战功"则意味着花木兰超越了那个时代的"文化天下"。"挽救"和"超越"都是"英雄的行为"。而促使花木兰涉足英雄领域的动力则是非常中国特色的"孝"思想。魏王下令每家每户都要出一名男丁奔赴战场。花木兰家中唯一的男丁便是腿脚不好的父亲。父亲极具出战的意志。但那只是意志不是现实。花木兰偷偷看着独自练剑的父亲——父亲掉了剑,摔倒在地上。

傍晚,家人齐聚一起喝茶,花木兰开口说,"您不能去,有很多年轻人呢……"

父亲强辩道,"能为国家和家门而战是一种荣誉。"

"那您是要为荣誉而死吗?"

"这是大丈夫当为之事,也是我的本分。你也应该做好自己的本分之事。"

父亲的天下包含了大丈夫、名誉、祖国和家门、本分、当为之事等等。对父亲的天下而言,不便的身体、死亡等都不值得一提。这与花木兰的天下——率性生活,既有矛盾又有重叠。就像父亲想要做好自己的本分之事,花木兰也希望能做好自己。在这一点上,两个人的天下是不一样的。父亲为了守卫自己的天下打算牺牲自己的性命。对花木兰而言,像父亲那样做好自己的本分并不需要赔上性命,她根本没有这种机会。但她比起做好自己的本分，更担心父亲的性命，对她来说，保住父亲的性命才是当下应做的选择。家门和孝德伦理要求她跳出自己的世界进入父亲的世界。最终，她骑上爱马准备代父参军。

放弃自己的天下选择守护父亲的天下，但世界不会因此为她喝彩。她需要隐藏自己的身份"变成"一个男人。这也正是迪士尼体现在希望率性而活的花木兰身上的二律背反现象。将父亲的天下和世界的天下接受为自己的天下，这也充分体现了花木兰的英雄献身精神。

决定代父从军的那晚，风雨交加，花木兰从守护石像底下走到雨中向着祠堂走去，这也是这部电影最具迪士尼色彩的部分。四周碑石林立的祠堂中，花木兰焚上一炷香，然后跑去房间把父亲的剑拿出来。剑面上倒映出她的表情，严肃又坚决。挥剑斩断发丝，穿上父亲的战服，从马厩牵出爱马，随着马蹄清脆地敲打在雨中，家里乱成了一团。奶奶、父亲、母亲都起来了，香已经烧尽，祠堂石碑上的字开始发亮，祖先爷爷显灵了。祖先爷爷唤醒"被剥夺资格的守护神"，召开了祖先会议，谋划帮助花木兰的计策。这种热闹的场景，再没有比迪士尼更能表现得如此有魅力和顺畅的了。幻想和夸张、色彩和动作、多元化的角色共同演绎的热闹场景，将我们完全带进迪士尼的世界。

祖先会议决定派出最强的守护神帮助花木兰，但是未能实现。因为，祖先会议上决定召唤的龙石像并没有变成真的龙，反而碎了，倒是小龙木须保证会安全带木兰回来，带着幸运物蟋蟀陪着花木兰一起上路了。花木兰女扮男装在男人堆里保守着自己的秘密，像男人一样成为一名优秀的战士；木须龙的各种搞笑行为；花木兰和将军李翔之间慢慢展开的恋情——这几条线索混合在一起，增添了电影的趣味性和故事性。

花木兰利用雪崩摧毁了单于的军队，救出了李翔，立下了赫赫战功，但是因为女儿身被发现，被赶出军中，未能参加皇宫举办的凯旋活动。虽然知道了单于部队要攻打皇宫的消息并告诉了大家，但是因为是女人，没有人相信她。直到单于的军队俘虏了魏王，花木兰才能重新回到军队对抗单于。最终，王被救了出来，单于被打败，花木兰再次立下大功。

在木须龙的帮助下，花木兰以柔弱的女子之躯对抗强悍的敌人，在历尽千难万险之后最终获得了胜利，这样的故事情节正是其深受迪士尼的主要受众群体小孩子们的欢迎的原因。随着中国特色的烟火在夜空中美丽的绽放，不知不觉中电影已经到了尾声。所有的事情都浮出水面，最后通过魏王将所有的情节都联系起来整理出来。

"我听说了你的故事。你偷走了父亲的盔甲，从家中逃走去参了军。你欺骗了指挥官，有损军队的名誉，还破坏了皇宫。但最重要的是你救了我们大家的性命。"

魏王向着花木兰深鞠一躬，旁边的李翔以及在场的百姓们都跪下了。至此，想要突破男人和女人之间的墙壁的花木兰的愿望实现了。两个世界合二为一，天下的范围更广了，花木兰并未给家门抹黑反而带来了荣誉。长城以内王统治的世界，这个实际的天下也迎来了和平。分裂的天下得到了缝合，危机的天下迎来了安定。然而这只是在"扩张的自我"天下领域内的结束，还不是最终的结尾。因为假小子和好妻子之间的分裂，这个花木兰家中的问题还未得到解决。

花木兰拒绝了魏王对她的官位封赏，只接受了魏王的项链和单于的剑，带回家献给了父亲。坐在鲜花盛开的庭院中的父亲将木兰带回的荣耀的礼物扔到一边，说：

"对我来说，最好的礼物和荣誉就是有像你这样的女儿。"

花木兰的脸上流下了泪水，父亲为女儿拭泪。在这个时候，穿着战服的李翔拿着木兰的头盔找过来了。接过头盔的花木兰邀请他一起吃饭。一向是迪士尼电影主线的爱情也这样完美收尾。如此一来，假小子和好妻子分裂的两个角色在"缩小的天下—自我领域"中得到统一，花木兰的人生也迎来了和平。

天下永远都是共同体的最广领域。儒家的天下思想是这样，动画片《花木兰》的故事世界也是这样。共同体是由一个一个的成员组成的，没有成员就没有共同体，共同体的稳定和和平发展就难以实现。因此，动画片《花木兰》想要表达的天下安定，如果没有当事人花木兰的和平和稳定也难以最终实现。这个问题也在故事的完美结局中得到了解决——花木兰嫁给了大将军的儿子、国家栋梁李翔。

四 实拍电影中的花木兰故事和"天下"

动画片《花木兰》在迪士尼的文化产业领域立了大功。就像迪士尼的战略一样，他们选择的中国形象在全世界少年儿童的心中产生了极大的影响。为了达到这样的效果，迪士尼在使用中国技法进行画风处理，以及将女主人公花木兰的脸打造成中国形象方面下了大功夫。

"画面颇具中国画特点。被雾气笼罩的远山，散发出宣纸上的水墨画的感觉，成群的鹤，鬼神和龙的形态，风吹过的竹林，这一切都掩盖了迪士尼原本的画风。"①

可以说，迪士尼为了成功打造中国形象，选择了东洋画风。在塑造女主人公脸庞时，迪士尼也努力使其具有中国特色。据说是在女演员 Mingna Wen 的脸型基础上，稍微做了加宽，故意突出其颧骨。Mingna Wen 的父母都是地道的中国人，作为中国人的代表脸型非常合适②。

不管怎么说，通过这样的努力，迪士尼将中国形象成功移植到电影中，并达到了拓宽动画电影产业领域的目标。这也无形中帮助中国将自身的形象以更加亲和的形态走向全世界不同国家的孩子。《花木兰》给迪士尼带来了巨大的收益。因此迪士尼在 2004 年又制作了《花木兰 2》。迪士尼一向本着"有收益才会有投资"的战略，其续篇制作具有的意义不想而知。

进入 2010 年以后，迪士尼的文化产业战略有了一定变化。那就是，为那些看着迪士尼动画电影长大的成人制作实拍电影。这样本身就有观众基础，迪士尼可谓创造出一片很容易收益的文化产业新天地。作为这种战略的变化或是说进化的结果，拍出的第一部电影是 2014 年的 *Maleficent*。这部电影改编自我们熟悉的"睡美人"故事，森林的守护神 Maleficent 成为主人公。之后的 2015 年，《灰姑娘》也被翻拍为实拍电影。迪士尼决定将《花木兰》作为第三部实拍电影，目前好像还在制作之中。

但实际上我们可以找到关于花木兰故事的实拍电影。2009 年中国和美国合作制作了电影《花木兰：战士的归来》。这部电影虽是美国投资，但却是中国导演根据中国人的文法制作的。导演马楚成如是说：

"如果说动画片《花木兰》反映了西方人眼中的东方主义并以人物为

---

① 权起泰，"迪士尼电影《花木兰》，中国少女形象深受喜爱"，《东亚日报》，1998 年 6 月 1 日。

② 权起泰，"迪士尼电影《花木兰》，以华裔女演员 Mingna Wen 的脸为创作原型"，《东亚日报》，1998 年 9 月 9 日报道内容。

中心展开故事情节,我们的实拍电影更强调战争的真实性和壮观色彩。"①

"东方主义"和"战争的真实性"的对比,含蓄地反映出两部电影的不同之处。前者意味着对神话色彩的消费,后者意味着对实际事件的再建构。在后者中,我们看到的是去除了幻想世界和色彩、美丽的歌舞以及非现实性的角色的,在现实空间内发生的现实状况。前者是超现实的角色在无限自由的空间内活动,只要发挥无穷的想象力即可,后者是现实的人物在战争的舞台上开展的系列活动,因此在表现方面有诸多制约。再加上马楚成导演选择的是写实主义基调的制作风格,因此熟悉动画片《花木兰》的人很难接受马楚成制作的花木兰。

马楚成制作的《花木兰》以赵薇为主人公,既是一部战争叙事诗又是一部带有淡淡女性英雄色彩的故事。它不像电影《英雄》那样的武侠大片,更像《赤壁》,以战争叙事诗的方式将故事娓娓道来。电影《花木兰》拍摄手法和表现方式与动画片《花木兰》完全不同,角色和叙事结构方面更具现实主义色彩。

赵薇饰演的花木兰,虽然在假小子这一点与迪士尼动画片中的形象有些类似,但她从小就是具有武术功底的少女,这一点又不一样。迪士尼动画片中花木兰立下了赫赫战功,是偶然、奇迹、祖先的照护和守护神的帮助,但赵薇在电影中完全是依靠自身的武功能力。在电影中,赵薇虽然也遇到了因为是女子而产生的不便,但赵薇饰演的花木兰具有军事能力,这一点就打乱了将世界分为男人和女人世界的章法。因此电影表达的不是男人女人的问题而是人类的天下。

在迪士尼电影中爱情可以成为众多线索中的一条,但在赵薇的电影中爱情成为剧情开展的动力。虽是以爱情为基调的电影,马楚成并未将其表现为肉体形式。肉体的表现好像只有一处,在剧情开始部分,两人尚未产生爱情之前,花木兰和文泰在如深夜般黑漆漆的水中洗澡的场面。这个场面比迪士尼的描述更有现实感,一男一女赤身共处一处,花木兰虽然避开了文泰的接触,文泰隐约可以感觉到背后女人的气息,但仅此而已,他并不知道潭水中的女人便是花木兰。可以说,这个场面是整部电影中两人最浓烈的爱情戏。

---

① 参考 cine21《花木兰:战士的归来》介绍部分。

文泰知道花木兰是女儿身是在共同洗澡戏之后，根据花木兰的告白。与花木兰同村的小虎虽然帮她隐瞒了女儿身的事实，但却因一个玩笑使得花木兰深陷困境。小虎将一个讨人厌的士兵在训练中掉的东西踢到水中，那人说有人偷了他的东西，要大家都脱掉衣服找一下，花木兰拒绝了，被认为是小偷，并被关进了仓库。花木兰对前来仓库安慰她的文泰诉说了自己是女儿身，替父从军的实情，请求说如果自己被处死的话要告诉她的家人她是战死的。恰巧这时柔然军来犯，混乱之中，文泰打开仓库放了花木兰让她逃回家中。但是花木兰走到一半又回来并攻击了敌军的后方。

迪士尼电影中以 Hun 族越过长城作为入侵的设定，但在赵薇的电影中，只是提到柔然军入侵，并未特意提到长城。

"柔然大军入侵边境。"

这是花木兰村子中张贴的布告中的一句。字面上并未提到长城，只是用了"边境"一词。在这部电影中，天下并不是以长城为象征的具体的领土，而是以国家为象征的抽象的领土范畴。花木兰也是为了守卫国家的天下，作为魏国百姓的一员替父出征的。

这当然是从魏国的立场来说的，柔然的立场就完全不一样了。柔然王在众部落首领面前这样说：

"草原上好久没有这样的喜庆事儿了。我们九族团结一致扫荡中原，大大提高了军队的威望。"

由众多部落组成的草原世界是他们的天下。虽然侵略中原，柔然王并不想放弃草原天下。

"剩下的时间不多了，我们务必在下大雪之前回到草原。"

这是柔然王对大肆杀害俘虏的王子 Mun dok 说的话。这也透露出，他们的天下在于草原，应该回去。

但是 Mun dok 王子有不一样的想法。

"父王！每年掠夺中原都没有长期的计划。这次集合了诸多兵力，不如趁此气势将魏国变为我们的新牧场。"

对柔然王来说，他们的天下是草原，中原只是他们掠夺的对象，是他者领域，但王子希望在此基础上前进一步，将中原变为草原的天下。王子的理想是，通过战争改变当前草原和中原两分的格局，合二为一。

这与电影《英雄》中折射出的秦始皇的天下主义一脉相承。电影《赤壁》中的天下思想也与此类似。通过战争结束对立和分裂的局面实现统一，以此迎来和平和安定，这也是所有战争电影的基本架构。这是强者的天下主义。

最终 Mun dok 弑杀了意见不一致的父王，自己成为了柔然的君主。妹妹即柔然公主对此表示抗拒，Mun dok 说道：

"你母亲是 Wuyeum 氏，我们应该联姻。我们要生下纯粹血统的柔然王子，以后他将成为天下的帝王。"

Mun dok 的天下主义是以战争和血亲主义为基础的，就像秦始皇一样，他为实现自己的欲望不断扩张。他的内心奉行弱肉强食的掠夺思想。

柔然王子 Mun dok 奉行的强者的天下主义，为花木兰的回击给予了正当的理由。文泰帮助花木兰隐瞒其女子身份，花木兰在多次战斗中取得胜利成为带兵的将军。在赵薇饰演的花木兰中，最为感人的场面不是兵戈相见的激烈战场，而是收集战争中死去兵士的军牌，将染在上面的血迹擦干的场面。这本来是文泰负责的事情，花木兰会帮助他一起做，文泰诈死躲藏起来后，花木兰独自继续做下去。这样的场面中隐含着对战争的反省——战争是带来悲伤和死亡的事情。

对文泰的爱情成为花木兰在战场奋斗的精神支柱，也成为一种毒液。为了救文泰，花木兰损失了众多部下，她遭受了打击，也惹怒了文泰。"战场上没有感情"，这是在电影开始部分花木兰的父亲对他的朋友们说的话，通过文泰的口再次说了出来。花木兰失去了力量，陷入挫折之中。

"我将就此打住，只是平凡地活着。如果可以用我的生命结束这场战争……"

花木兰在堆积如山的兵士尸体中，产生一种利他主义的正义感。实际上没有比战场更能体现出人文主义色彩的地方了。旁边不断倒下的兵士增强了这种人文主义色彩。因为那很可能就是我的死亡。

然而文泰并未安慰花木兰。

"我们没有选择，这儿没有个人。"

没有个人只有天下，这就是战场。因为没有个人的死亡，就无法为了保护他人而付出自己的生命。拿自己生命来换战争的结束，这不仅是花木兰的想法，也是战场上所有人的想法。这当然也是文泰的想法，是柔然公主的想法。

柔然公主曾经对其父王这样说过：

"我想成为魏国的皇后。这样可以增强我们与中原人的友好关系。"

她的这种愿望，在其父王被其哥哥弑杀之后萧然无踪。但是这种不是通过战争实现领土扩张而是通过联姻实现友好关系的新形态的天下主义通过柔然公主的口透露了出来。这也是马楚成导演的《花木兰》与动画片《花木兰》不一样的地方，他提出了现实主义的解决方法，这在电影结尾处得以实现。在文泰和花木兰的协助之下，柔然公主的想法变成了现实。

在花木兰经历挫折的时候，独自作战的文泰受了重伤，他让小虎将沾满血迹的自己的军牌带给木兰并告诉木兰他死了。花木兰的挫败感更强了，但最终还是振作起精神，告诉自己的部下：

"保护好自己身边的人。"

将文泰的军牌与自己的军牌一起绑在腰间，对花木兰来说，战争中她要做的只是保护好自己的部下而已。花木兰率领的军队取得了胜利，但由于其他将军的背叛，被敌军包围起来，无路可走。这时隐藏在队伍之中的文泰站出来，要求与柔然王会面，并告诉他自己是魏国的王子，愿意成为对方的俘虏。他用自己换回了花木兰和她部下们的性命。

混入敌方打探文泰消息的花木兰，无意中也得知了柔然公主的想法。

"如果我成为魏国的皇后，那么柔然百姓就不用饱受战争之苦了。"

她听到了柔然王 Mun dok 与公主的对话。柔然王要公主做自己的王后，公主说了上面一番话。

明白状况的花木兰偷偷潜入公主的帐幕，把剑架在她的脖子上，说：

"我也同意结束两国战争的意见。我会帮助你实现这个愿望。"

赵薇的电影中，花木兰的故事走向结尾。天下意识的女性主义理念与友好合作关系的架构方面，赵薇的电影与迪士尼中的表现存在差异，更确切地说是得到扩张和增强。这两方面有力地结合在一起。

天下意识的女性主义理念在赵薇的电影中得到很好地反映。

"实现愿望？你太高估我了。我只是一个女人。哥哥害死了父亲登上王位，我虽然很生气但什么都不敢做。"

柔然公主的女性性源于其对男性天下的附属意识的身份认同。赵薇饰演的花木兰则在摘掉头盔露出长发的瞬间显示其女性。在男性天下的战场中叱咤风云的北魏将军花木兰阐明自己是女儿身，将被关在男性主导的天下世界中的柔然公主释放出来。

"公主！只有处置了战争的主谋者才能结束这场战争。天下百姓和公主的命运都掌握在公主你的手中。"

在这句话中，女性主义和天下主义合二为一。天下并不是通过战争实现的而是在战争的终结中在和平中实现的，女性并不是天下的客体而是与男性一样是天下的主体。

花木兰与柔然公主联手，在激烈的搏斗之后杀死了 Mun dok。文泰得知花木兰来救他，喊了木兰的名字，但两人的感情只能停留在互相凝视和噙满泪水的眼神里。这部电影虽然讲述的是爱情故事，但表现的不是自私的爱情而是利他的爱情。花木兰被封为大将军，隐瞒女性身份参战的事情得到了宽恕，但她还是选择与相爱的人辞官返回故乡照顾父母。文泰以 Balgyueng 世子的身份与柔然公主结婚了。虽然文泰深爱着木兰，但为了天下的太平他不得不选择与相爱的人分离。

文泰也显示出在天下太平与自己的爱之间的挣扎。他找到花木兰的故乡，提出两个人远走高飞，但被花木兰拒绝了。

"放弃自己的生命很容易，但放弃自己的爱情真的很难。"

文泰的爱热烈又深情。花木兰的爱也是如此。

"再也不要有人像小虎那样白白牺牲，再也不要有家人苦苦等到最后等来的确是沾血的军牌。"

花木兰回想起死去的小虎和无数沾血的军牌，这种战争的悲惨使她试图摆脱自己自私的爱情。两人拥抱在一起，都在对方的背上流下了一缕泪水。虽然文泰告诉木兰忘记他，但是木兰知道自己永远不会忘记。拥抱过后，文泰默默地走了，木兰陷入了沉思。

"有谁曾说过这样的话，离家远行会慢慢忘记故乡，伤害的人多了就忘了自己是谁。战场上的死亡就像雨水一样，滋润大地后看不到痕迹，生命最终也不会留下一丝痕迹。如果那时爱上一个人，一定要从泥土中钻出来拼命保护他。"

可以说，最后一幕花木兰的这番独白也是马楚成导演在自己的实拍电影《花木兰》中想要表达的思想。

五　花木兰故事折射出的天下思想

儒学提到修身、齐家、治国、平天下。在这之中，修身是最基础的层面和世界。从修身到平天下的过程是依次的还是同时的，这是个难以回答的问题，也是没有意义的问题。因为人类只能是"照样生活的存在"。但是如果在修身过程中丧失了道德情操，无论是依次的还是同时的，它在哲学世界里都无法发挥作用。

人类从有历史开始就一直在斗争。较大规模的斗争我们称之为战争。战争以多元化的方式存在于人类的历史之中。萌发儒学思想的春秋时期也是如此。春秋战国时期是中国大陆分裂状态中最早出现悬而不决的问题，但又必须在政治和文化等所有领域进行解决的时期。从道德文化层面对这个问题寻求解决之道的是儒学的天下思想，从政治军事层面寻求答案的是秦始皇。前者强调自律性，后者强调强制性。

花木兰的故事抛出了一个问题：在战争中，为了恢复世界的和平，个人可以发挥什么样的作用？

动画片《花木兰》，一方面阐明女性作为一分子，也是需要对历史尽自己责任的主体；但另一方面，停留在将天下限定在自我领域，把他者排除出天下的境界。即，为了天下，个人付出的努力虽有一定回报，但未能体现出将天下作为存在矛盾的所有主体的存在领域的智慧。

实拍电影《花木兰》继承了迪士尼的已有思想，并做了进一步的升华。在迪士尼电影中，花木兰代表的是一种孤独的存在，即只有花木兰这种英雄女性才能作为主体参与天下，但马楚成的实拍电影中，这种英雄性也扩展到其他女性身上。不仅如此，从马楚成的实拍电影中可以发现，天下是包括了自我领域和他者领域、魏国和柔然国的广阔世界。

迪士尼电影中，战争是打败侵略的英雄的手段，战争反人性的一面并未予以表现。作为他者的 Hun 族或是 Hun 族的首领单于被描述为缺乏现实性的恶魔般的存在。他者是被逐出的排他性存在。但是马楚成的实拍电影中，对他者群体有具体的描写，揭示出战争是发现他者的手段，通过与他者的和解可以实现和谐的天下。

实拍电影中，马楚成把爱情作为重要的电影线索。在你死我亡的战场上通过保护对方的生命发现自己的爱情，这种爱情超越了男女之间的关系，上升到人性的本质。花木兰的爱情以文泰为初始对象，慢慢转向小虎，又扩展到在战场上共生死的战友，最后蔓延到战争的对方——柔然老百姓的死亡。可以说，对文泰的爱越深，对内来说对自己的爱也越深，对外来说对天下所有人的爱也越深。虽然将主观的爱情扩展为普遍的爱情的历程轻描淡写，但却表现得淋漓尽致——从这点来说，马楚成的《花木兰》是极具儒学特色的。

儒学中，修身意味着对自身的爱。对自己爱到极致，就会将自己打造成美丽的存在，最终成为为提高自己的道德而努力的自我。儒学是一个不断开拓的领域。如果说对自身的爱可以从表面上升到本质，我们在这个过程遇见的不仅是自己。我们必然会发现与我们相关的所有事物，直接或间接的与我们相关的整个世界。对自身的爱从表面上升的本质的过程，儒学采取的是从与我密切相关的领域开始逐渐向外扩张的方式。通过渐进的过程，儒学最终扩张成的自我领域的关系网便成为我认识的整个世界，即天下。儒学将对自身的爱与对天下的爱放在同一座天平上。马楚成在他的实拍电影《花木兰》中将男人和女人放在同一座天平上，花木兰和文泰的爱情与对天下的爱放在同一座天平上，这就是儒学天下思想具体表现形态中的一种。

康有为《大同书》对国家价值的反思和世界秩序的设想

北京大学儒学研究院　干春松

在中国步入全球性的时刻，儒家该如何继续拥有普遍性的价值？这对先于时代而觉醒的康有为而言既是迫切的问题，也是十分棘手的问题。中国在近代的失败，意味着在一个以胜负作为评判标准的现实格局中，儒家丧失了其普遍性。因此，在康有为看来，仅仅是从信念上来确信儒家伦常的永恒性并不能真正解决儒家所面临的危机。由此他选择了更加具有开放性的公羊学作为改变儒家形态的框架；这既可以使儒家的话语与传统的经学产生关联，也可以为儒家的新形态获得"腾挪"的空间。

在重构儒家普遍性话语的过程中，孔教的论说和孔子教主形象的建立是康有为的着力点，康有为要借此为孔子在现代文明格局中确立一个超越于民族性局限的新的角色，即"大地教主"，而并不仅仅是汉族或中国的"制法"者。所以，他在1892年之后撰写的《孔子改制考》的序言中，就强调孔子"为神明，为圣王，为万世作师，为万民作保，为大地教主"，并批评汉儒之后的儒生掺杂霸杂之道于孔子的思想，致使孔子改制而求大同的思想暗而不彰。[①] 然而，以孔教论述为基础的康有为重建儒家普遍性格局的努力，在现实中亦遇到十分巨大的困难，对此需要专文讨论。而康有为在此基础上进行的《大同书》的写作，则体现了其在制度层面对于普遍性的一种探索，而对于"国家"这一新生事物的批评和"去国界"论的提出，既可以反映康有为对于现代民族国家体制的不满，

---

① 康有为：《孔子改制考》序，载姜义华、张荣华编：《康有为全集》第三集，第3页。中国人民大学出版社2007年版。（下文兼注为：《康有为全集》以及集数和页码。）

亦可以看作是基于儒家天下观而描绘的新世界的蓝图,本文则主要从这个角度展开。

一 "国家"价值的批判以及"公理"世界的展开

学界一般认为康有为是现代中国最早具有"国家意识"的人,在他对于中国危机的认识论中,危机最大来源在于中国不再是一直以来自己所认定的世界中心,而只是世界的一个组成部分,即是中国身处"万国竞逐"的时代,这样的变化是如此之大,以至于当时的人们共同认识到这是一个"三千年未有之大变局"。在写于1895年的《上清帝第四书》中,康有为指出,目前的西方与古代曾经统治过中国的周围民族不同,他们的手段是建立在"智学"基础上的"法治文学",康有为认为竞争的关键在于要透过那些坚船利炮,认识到在物质产物背后的精神性因素。

康有为对于国家的认识,以及如何建立一个现代国家的想法,我在《保教立国》一书中,做了一些初步的整理,[①] 但是从康有为思想的整体格局来看,对于"国家"问题的思考只是康有为对切近于当时中国实际需要而展开的,即使到中华民国成立、他试图纠正民国初期的政治设计的时候,他的思考依然是清楚地区分"切时"和"未来"两个维度的。他在写作于1912年的《中华救国论》中说:"重民者仁,重国者义;重民者对内,重国者对外。虽然,重民者无所待于外,天下一统策也;重国者无不对于外,列国竞争策也。今吾国已无君主,无君民之争,法国重民之义已为过去矣。今为列国,非复一统之制,古者天下之义,更不切矣。力征经营,心摹力追,日不暇给,少迟已失,稍逊即罢。然而以国为重,乃方今切时之义。则吾中国欲生存强立于大地间者,应知所择矣。"[②]

固然,康有为明确当下的中国应该从救国入手,不过在价值的评判上,国家依然不是一种高阶次的价值。按照康有为依据公羊学而建立起来的由"据乱世"向"升平世""太平世"转化的历史阶段中,"国家"的

[①] 关于康有为的建立现代中国的相关思考可参看干春松:《保教立国:康有为的现代方略》,北京三联书店2015年版。

[②] 康有为:《中华救国论》,《康有为全集》第九集,第311页。

正当性是阶段性和暂时的，只有在据乱世和升平世阶段，国家的价值才会被人推崇。

这一指向来自于儒家的"公"思想。儒家所讨论的公自然有其层次，比如对于个体而言，家即是公；对于国家而言，家即是私；那么对于天下而言，国家便会成为私。康有为在流亡期间对此所进行的系统性的经典解释，① 就是试图通过对于经典的重新理解，发展出儒家的"天下学"。

要确立天下学，康有为首先要重新厘定"人"的角色和地位。在《中庸注》中解释"天命之谓性"这一章的时候，康有为提出，"人非人能为，天所生也。性者，生之质也，禀于天气以为神明，非传于父母以为体魄者，故本之于天。"②

康有为在《论语注》中，就着重强调了通行本的《论语》是由曾子一派的学者所编定，主要所反映的是孔子因时立说而展开的"小康"时期的一些思想，在康看来，这不能反映孔子思想的全貌，更为严重的是，曾子系的学生将孔子大同论的面相遮蔽了。③ 这样，为了突出春秋公羊托古改制的思想，被认为最为集中体现孔子思想的《论语》在康有为的体系中却被边缘化了。

所以，康有为着力阐述孔子仁学中的普遍性面相，在写于1901年的《春秋笔削大义微言考》一书中，他以仁为基础，对儒家的精神做了重新阐述：

> 孔子之道，其本在仁，其理在公，其法在平，其制在文，其体在各明名分，其用在与时进化。夫主乎太平，则人人有自主之权；主乎文明，则事事去野蛮之陋。主乎公，则人人有大同之乐；主乎仁，则

---

① 康有为在离开日本之后，有一段时间进行经典解释，包括《中庸注》（1901）、《孟子微》（1901）、《礼运注》（1901—1902）《论语注》（1902）和《大学注》（1902），这个时期的经典解释活动，一方面是要将公羊三世说融贯到这些宋以后的儒家核心经典中。另一方面是要将阐发儒家的万物一体之境界，并突出了礼运，而来与他同时期所集中完成的《大同书》的精神相一致。

② 康有为《中庸注》，见《康有为全集》第三集，第369页。对于《中庸注》中人本于天对于康有为孔教思想的影响的问题，受宫志翀启发，特此说明。

③ 康有为认为"《论语》只为曾门后学辑纂，但传守约之绪言，少掩圣仁之大道。"所以《论语》，不足以反映孔子思想的全貌。《康有为全集》第六卷，第377页。

物物有所得之安；主乎各明权限，则人人不相侵；主乎与时进化，则变通尽利。故其科指所明，在张三世。其三世所立，身行乎据乱，故条理较多，而心写乎太平，乃神思所注，虽权实异法，实因时推迁，故曰孔子圣之时者也。①

在这段话中，我们可以看到，由仁为起点，其政治秩序体现为"公""平""文""分"，在进化的原则下，康有为将现代社会中的"自主其权"和"各明权限"等来表明他对于儒家精神本质的重新定位。

康有为对于儒家精神的重新定位，引发了一个极其重要的论断，就是他将现存的儒家经典视为孔子为"小康"时期所立的法，而未来世界的构想，则在孔子的口说中。

> 我国从前尚守孔子据乱之法，为据乱之世，然守旧太久，积久生弊，积压既甚，民困极矣。今当进至升平，君与臣不隔绝而渐平，贵与贱不隔绝而渐平，男与女不压抑而渐平，良与奴不分别而渐平，人人求自主而渐平，人人求自立而渐平，人人求自由而渐平。其他一切进化之法，以求进此世运者，皆今日所当有事也。此董子所谓'以奉仁人'。虽以据乱之法不同，乃正以救其弊，子思所谓'并行而不悖'。若守旧法，泥古昔，以为孔子之道尽据乱而止，是逆天虐民，而实悖乎孔子者也。《春秋》三世之法，与《礼运》小康、大同之义同，真孔子学之骨髓也。②

沿此逻辑而言，尊奉传世的经典，反而是对孔子思想的背离。在康有为看来，刘歆等人伪造古文经典，导致公羊学有书无师，否则，中国在魏晋时期，就已经可以进入升平世，而到现在则可能已经是太平世了。③

在流亡期之后的最初几年里，康有为试图通过重新解读经典的方式来发现孔子的"口说"，所以，他对《论语》《孟子》《中庸》等作品的解

---

① 康有为：《春秋笔削大义微言考序》，《康有为全集》第六集，第3页。
② 康有为：《春秋笔削大义微言考》，《康有为全集》第六集，第17—18页。
③ 同上书，第18页。

读侧重于两个方面，一是将一些西方的价值灌注到经典解读中；二是以大同的价值作为儒家价值排序的基准。这两点的结合，使他对儒家价值的定位中，尤其关注"仁"和"礼"作为不同"世"的价值规范，并突出"仁"作为普世性的"爱"。后一点，他在《中庸注》和《孟子微》中都有特别强调。他说孟子以不忍人之心，是隐然自任地默默传播孔子的大同思想，而不是如其他的儒家传人一般只是传递孔子的小康之教。① 而小康之教，与老子的以天地为不仁的态度接近。"孔子以天地为仁，故博爱，立三世之法，望大道之行。太平之世，则大小远近如一，山川草木，昆虫鸟兽，莫不一统。大同之治，则天下为公，不独亲其亲，子其子，务以极仁为政教之统，后世不述孔子本仁之旨，以据乱之法，小康之治为至，泥而守之，自隘其道，非仁之至，亦非孔子之意也。"② 虽然，康有为流亡初期的经典注释，并不如《新学伪经考》时期那样，将许多儒家的经典直接判定为刘歆伪造的，但是这样的解读，本质上依然会贬低许多儒家经典的意义，从而对经典的神圣性产生消解。

在仁本论的基础上，他对于"天下国家"的理解并没有像以往儒家那样天下国家不分，并以国家的视野来理解"天下"。在康有为那里，"天下"与"国家"是两个不同阶段的行为准则。

> 国土之所为，仅私其国，而圣人之所为，乃为天下。当国界分明之时，众论如饮狂泉，群盲共室，但知私其国，不知天下为公。至国界既平时，即觉其私愚可笑。今欧美诸国并立，其论议行事，自私其国，而不求天下公益，与战国同，故有议孔孟为天下学，而无国家学者。夫圣人以天下为一体，何为独亲一国，而必独私之哉？③

在仁本论的思路之下，康有为突出了人有自主之权，并从公理的角度指出，一个人的身体虽然由父母生养，但如果因此失去了人生的自主权利，这就是与公理相违背的。而未来的世界必将是公理的世界："至于平

---

① 康有为《孟子微》，《康有为全集》第五集，第505页。
② 康有为：《中庸注》，《康有为全集》第五集，第379页。
③ 康有为：《孟子微》，《康有为全集》第五集，第499页。

世,则人人平等有权,人人饥溺救世,岂复有闭门思不出位之防哉?若孔子生当平世,文明大进,民智日开,则不必立纲纪,限名分,必令人人平等独立,人人有权自主,人人饥溺救人,去其塞,除其私,放其别,而用通、同、公三者,所谓易地则皆然,故曰'礼时为大'"①

康有为在讨论孟子的思想时,用"乱世"和"平世"来梳理孟子的思想,认为在乱世,人们不免会有家和国的观念,但这并不是圣人之大道。因此,针对大家所肯认的欧美国家,他亦提出了自己的反思,认为这些新型的"民族国家"自私其国,不求天下公益。

儒家一旦讨论超越父母和家庭的爱,必然要面对儒墨之别,因为这也是孟子所不得不然的事情,对此,康有为的态度就比较含混。他肯定墨子的观点。"就老、墨二教比,墨子'非攻'、'尚同',实有大同太平之义,与孔子同,胜于老、杨远矣。但倡此说于据乱世,教化未至,人道未立之时,未免太速。犹佛氏倡众生平等,不杀不淫之理于上古,亦不能行也。盖夏裘冬葛,既易其时以致病,其害政一也。凡'非攻'、'尚同'、'兼爱'之义,众生平等戒杀之心,固孔子爱所有,但孔子无所不有,发现因时耳。"②

但是,在此问题上,康有为较为犹豫,兼爱是否是要否定差等之爱,或者在将仁理解为万物一体的普遍之爱的情况下,亲亲之理该如何安顿?在试图将儒家的价值根基立足于更为现代的价值之时,如何安顿儒家之理?因此,他肯定兼爱,但反对墨子爱无差等的观点。"爱无差等,与佛氏冤亲平等相近。平等之义,但言人类平等则可。孔子所以有升平太平之说。若爱,则虽太平大同亦有差等。盖差等乃天理之自然,非人力所能强为也。父母同于路人,以路人等于父母,恩爱皆平,此岂人心所忍出乎?离于人心,背于天理,教安能行?故孟子以墨子为无父也。孟子直指礼教之本,发明其天良,于是夷子怃然。盖亦知其教不可行矣。"③

在这里康有为所采用的证明方式是诉诸"天良",而他之反复强调的"公理"在某种程度上却是要规避"天良"这样的内心情感的。

---

① 康有为:《孟子微》,《康有为全集》第五集,第 422 页。
② 同上书,第 493 页。
③ 同上书,第 497 页。

为了阐发大同小康的思想，康有为尤其重视《礼运》篇，他在大众所熟悉的四书之外，特别强调"礼运"篇对于理解孔子思想的重要性。与对《论语》被指为仅仅传小康之道所不同的是，康有为认为《礼运》所提供的是一种孔子的"大同之道"。在《礼运注》的序言中，康有为以一种他擅长的略带夸张的语气说，他在读周世孔氏遗文和各种经传作品，乃至宋儒的作品，觉得其内容是"拘且隘""碎且乱"，直到读到《礼运》，才觉得孔子"三世之变，大道之真"都在这本书里。由此，他甚至做了进一步的结论："吾中国二千年来，凡汉、唐、宋、明，不别其治乱兴衰，总总皆小康之世也。凡中国二千年先儒所言，自荀卿、刘歆、朱子之说，所言不别其真伪、精粗、美恶，总总皆小康之道也。其故则以群经诸传所发明，皆三代之道，亦不离乎小康故也。"[①] 康有为做这番总结的核心意图是，中国已经是小康世了，现在所要做的是进化，从小康进入大同，这就意味着对于荀子以后儒家所撰作，包括朱熹的思想，甚至三代之治，都不再是我们所需要重视的，而真正需要发掘的，则是从孔子的口说中，获得他为未来世界所制之法。

为此，康有为甚至提出了五德之运的说法，也即仁义礼智信各应时而行运，由此，礼运只是小康之道，而仁运才是大同之道。我们知道，康有为区分礼运和仁运的关键是小康和大同之别，他进一步将数千年来的儒家理想归之于小康的范畴。在康有为看来，既然我们面对的是三千年未有之大变局，那么我们所要建构的就是三千年所未曾有过的儒家理想。

在《礼运》的叙述框架中，虽然将尧舜单列，但认为禹汤文武是要解决"大道既隐，天下为家"的状况，其本意是指圣王提出了一套应对天下为家局面的社会价值规范，而在康有为的解释中，圣王因为所面对的是据乱世的社会混乱、风俗不善、人种不良的局面，所以只能提出与这种状况相对应的治理之道。"故禹、汤、文、武、周公，所谓治化，亦不出此，未能行大道也。不过选于乱世之中，较为文明而已。"[②] 因为这些圣王注重礼，所以不但没有达到"仁运"，连智、义、信运都没到。虽然康有为并没有具体地描述他心目中的义、智、信运的状况，但似乎都要高于

[①] 康有为：《礼运注》，《康有为全集》第五集，第555页。
[②] 同上书，第556页。

礼运。

但《礼运》中，康有为认为家、国和个人因为有其边界即为"私"，因为其爱和亲的范围受到限制，而建立在这些私的范围内的伦理规范，危害着公理世界的建立，阻碍社会进化。在这里他提出了与《中庸注》中对天命的解释，即天为生人之本，进而完成了由天理向公理的转变，并为公天下的观念建构起形上的基础。他说："天下国家身，此古昔之小道也。夫有国、有家、有己，则各有其界而自私之。其害公理而阻进化，甚矣。惟天为生人之本，人人皆天所生而直隶焉。凡隶属天之下者皆公之，不独不得立国界，以至强弱相争。并不得有家界，以至亲爱不广。且不得有身界，以至货力自为。故只有天下为公，一切皆本公理而已。"[①]

在这段话中，康有为采用了与传统儒家所不同的论证方式，这一论证方式的基础在于"天为生人之本"，这就把人的生命意义做了一个转换，即"人人皆天所生"，就人的本性而言，不应该归属于某一个国、某一家。在家国的理解之下，人的爱心就被界限所局限。因此，要突破这样的限制，就要回归天下为公的"公理"。

康有为的公，并非是原有儒家范畴系统中的公，即对于个人而言，家就是公，对于国家而言，家就是私，这一公私的范畴问题，其实是通过某种比较范围的变化而建立起来的，而康有为的公，则是要排斥所有现实中存在的秩序，而要建立没有贵贱、贫富，甚至人种差异的"无差别"的世界。康有为进一步解释"公"的概念说："公者，人人如一之谓，无贵贱之分，无贫富之等，无人种之殊，无男女之异。分等殊异，此狭隘之小道也。平等公同，此广大之道也。无所谓君，无所谓国，人人皆教养于公产，而不恃私产，人人即多私产，亦当分之与公产焉。"[②]

就此而论，国家、家族和自身，皆是陷于私而不及公。康有为认为国家的存在是战争和争夺的根源，而父子兄弟夫妇之亲情，虽较之乱世的不明人伦也是一种进步，但是这样的进步并非已经达至社会之理想状态，而只是"自营其私"而已。但是圣人缘情制礼，不能超越时代，只能应其俗，顺其势，整齐而修明之。按照这样的标准，为历代儒家所推崇的三代

[①] 康有为：《礼运注》，《康有为全集》第五集，第555页。

[②] 同上。

之治，在康有为这里也只能算是小康之道，而未能进于大同之道。当然，小康起码可以让百姓得到安定，因此在没有实现大同的目标之前，小康的秩序也是一个必要的过渡。"礼运之世，乃当升平，未能至大同之道，然民得以少安。若失之，则祸乱繁兴。故次于大同，而为小康也。"①

升平世作为一个人类进化的一个环节，康有为对其通过礼制来制约人的欲望的社会治理原则表示有限度的接受。在这里康有为依然采用"天生人"的证明方式，肯定了人的情欲的合理性，所以，圣人会顺情而不去禁止，只是会反对纵欲。

"夫圣人岂不欲人类平等哉？然而时位不同，各有其情，各有其危。礼者，各因其宜而拱持其情，合安其危而人已各得矣。夫天生人，必有情欲。圣人只有顺之，而不绝之。然纵欲太过，则争夺无厌。故立礼以持之，许其近尽，而禁其逾越。尽圣人之制作，不过为众人持情而已。夫与人生危险，常人日求自安，不知所以合之。然自保太过，侵人太甚，故立礼以合之。"②

传统儒家对于社会制度的设计中，最有影响的当数《礼运》篇中的大同和小康之别。康有为亦是通过孟子对于乱世和平世的区别来弥合三世与大同小康两分之间的不对应。他的做法是将小康视为乱世，大同视为平世。

> 《礼运》记孔子发大同小康之义，大同即平世也，小康即乱世也。故言父子之义，平世不独亲其亲，子其子。乱世则各亲其亲，各子其子。言夫妇，平世则男有分，女有肖，分者有所限，肖者能独立，男女平等自立也。乱世则以和夫妇。言君臣，则平世天下为公，选贤与能。乱世则大人世及。言兄弟，平世则老有所终，壮有所用，幼有所长，矜寡孤独废疾有所养，乱世则以睦兄弟而已。言货力，则平世货恶其弃于地也，不必藏于己，力恶其不出于己身也，不必为己，乱世则货力为己。反此道皆相反，而尧、舜大同，禹、汤、文、武小康，亦易地皆然也，《中庸》所谓'道并行而不悖'也。……

---

① 康有为：《礼运注》，《康有为全集》第五集，第556页。
② 同上书，第569页。

《春秋》三世，亦可分而为二。孔子托尧、舜为民主大同之世，故以禹、稷为平世，以禹、汤、文、武、周公为小康君主之世，故以颜子为乱世者，通其意，不必泥也。①

这个划分有一个致命的问题即，将传统中国的理想社会三代之治一分为二，尧舜时期是平世，而禹汤文武却成为乱世。

无论是采用三世的框架，还是乱世、平世的框架，康有为基于其天生人的基础，建立起超越所有基于血缘、性别或其他的利益共同体，这其中包括国家。因此，他在对国家建制进行批评的同时，亦对如何建构一种超越国家的"公"体制进行了设计。

从国家存在的必要性的角度，康有为亦认为只有在乱世的时候，才需要有国家。然到治平之世，国家应该改变为类似于公司的组织，每个人都拥有股份。然后到太平世，虽然大公司也仍然存在，但是所有的一切尽为公有。"故乱世之封建曰国，平世之封建曰公。乱世之封建以兵力，平世之封建以财力。乱世之封建在据地，平世之封建在聚人。有国大公司，皆小民所托以为食，孔子封建井田之意，固不能废也。今仅萌芽耳，积久则举大地尽归大公司，而成一新封建之世。于是纷纷为均贫富之说以散之，然必至太平大同世，天下为公，始能变之。"②

或许从目前世界的结构来看，全球化的公司在某种程度上超越于国家管理权限，但是在康有为的设计中，公司和国家代表着两种不同的治理原则，即以武力还是以经济手段来进行治理，不过经济的竞争依然存在着不合理的地方，只有以井田制原则而建立的分工合作的公司，才能消灭剥削和垄断，而达到人类的平等。

二 《大同书》对于未来公理世界的构建

从康有为接受公羊学的基本立场起，他就开启了一种以开放的态度对待儒学的任务，在现实的层面，他以一种保国态度，力图将中国转变为一

---

① 康有为：《孟子微》，《康有为全集》第五集，第422页。
② 同上书，第470页。

个现代意义上的国家，从而实现保教和保种的"强国"任务。而从价值层面，他又试图以一种更为宏阔的价值基础，使儒学不仅仅停留于对于民族困境的解决，指向全体的人群、以致更大。

除了通过经典诠释的方式，来确立儒学的"全球性"视野之外，他更以《大同书》的撰写，来集中反映他对国家和超国家的新秩序的思考。

按照康有为自己的叙述和梁启超等人的追忆，康有为的大同思想至早可以追溯到1884年，在万木草堂时期，他亦跟梁启超等人讲起大同的理想。但一般而言，主体部分的写作应该成书于1902—1903年，大约与前述对儒家四书和《礼运》篇的注释时间重合，从前述对于四书的解释我们亦可以看到这些解释的指向与《大同书》的呼应之处。但亦有人认为"康有为对《大同书》的思考、撰述、修订、增补持续了二三十年的时间，这一事实说明该书既是他的思想的出发但，也是他最终抵达的目标。"[①] 汪晖的结论自可以从康有为思想的逻辑中找到根据，不过就对国家的思考而言，康有为的确具有一种"反国家"的国家观。

康有为对"公"的强调，可见于在1888年前的《实理公法全书》中：人立之法，本无一定，惟有最有益于人的法则，才堪称"公法"。他在解释人的时候，所强调的是人的"自然属性"，即"人各分天地原质以为人"，因此，人所立之法，惟有平等才是符合"公理"的。[②] 基于对西方政治哲学中的个体观念和平等观念的吸收，康有为在其经典诠释活动中，有明确的呈现，并系统化地体现在《大同书》这样一本对未来社会所做的设计作品中。

《大同书》中对国家问题的思考主要集中在第五部中，他首先就对"国家"的存在之"害"做了梳理。其害之最烈者乃是国家之间的战争。

> 夫自有人民而成家族，积家族吞并而成部落，积部落吞并而成邦国，积邦国吞并而成一大国。凡此吞小为大，皆由无量战争而来，涂炭无量人民而至，然后成今日大地之国势，此皆数千年来万国已然

[①] 汪晖：《现代中国思想的兴起》上卷，第二部，《帝国与国家》，三联书店2004年版，第759页。

[②] 康有为：《实理公法全书》，《康有为全集》第一集，第148页。

之事。①

与同书中对"家"所产生的负面作用的批评的逻辑相一致，即这样的团体因为其"私"而必然产生争夺，目前世界上成立的国家，都是经由无数次战争而后形成的。国家具有更大规模后，就可以动员更多的力量，进而国家之私为害更甚。"然国域既立，国义遂生，人人自私其国而攻夺人之国，不至尽夺人之国而不止也。或以大国吞小，或以强国削弱，或连诸大国以攻灭一小国，或联诸大国以抗一小国，其究也，卒并于一大国而已。然因之相持之故累千百年，其战争之祸以毒生民者，合大地数千年计之，遂不可数，不可议。"②

在更高的价值衡量之下，国家的合法性因为建立在对于国家内部的利益的强调基础之上，所以在国与国的矛盾发生冲突的时候，国家的利益就为成为衡量利弊的最高标准，那些试图吞并别的国家，积极扩展自己的领土的政治和军事领袖就会被视为是国家英雄，而且在当时的国际格局之下，国家内部的秩序可以由法律所制约，国家之间的争夺却难有真正的制约力量。"国者，人民团体之最高级也，自天帝外，其上无有法律制之也。各图私益，非公法所可抑，非虚义所能动也。其强大国之侵吞小邦，弱肉强食，势之自然，非公理所能及也。"③康有为意识到在以民族国家为基础的国与国之间并没有有效的机制来制约大国对于小国的侵凌，因此需要在意识和制度上进行转变。

在意识上，首先要反思国家的正当性。康有为认为，以国家利益视为最高的错误认识在数千年中为人所习焉不察，而不知反省。这就是因为人们不能超越国家的局限。康有为认为，站在"大同"的立场上，国家的正当性需要重新思考，即国家只是据乱和升平时期的"自保之术"。

> 是故国者，在乱世为不得已而自保之术，在平世为争杀大害之道。而古今人恒言天下国家，若人道不可少者，此大谬也。今将欲救

---

① 康有为：《大同书》，《康有为全集》第五集，第118页。
② 同上书，第119页。
③ 同上书，第128页。

生民之惨祸，致太平之乐利，求大同之公益，其必先自破国界而去国义始矣。此仁人君子所当日夜焦心弊日以图之者也，破除国界外，更无救民之义矣。①

由此，康有为对《中庸》和《孟子》中对于"天下国家"合用的方式提出了异议，他认为国家并非是"人道不可少"，要摒弃基于国家利益而发生的争杀，这就要"破国界"。

在制度设计方面，康有为认为破除国界的构想并不是一种难以实现的乌托邦，而是"实景而非空想"，其理由有如下，其一，世界进化是一个由分而合的过程。康有为认为国家的数量是随着社会的发展而不断减少的，因此，大国不断兼并小国并最后定于一是可能的。其二，民权进化也会促使公益意识的建立。康有为说，如果是君主制国家，因为国家属于君主私有，所以难以合一。而到了民权时期，则人们容易建立起公益意识。"民权之起，宪法之兴，合群均产之说，皆为大同之先声也。"②

康有为的逻辑在于，国家的形态是由君主制国家向民权国家发展的，在君主制度下面，国家是君主的私产，所以国家之间的争夺实际上是君主之间的私利的体现。到了民权社会，国家成为百姓的公产，因此，大家所关注的是如何改善生活，而不是其侵害别人的利益，所以，这时候的国家有类于股份制的公司，合作共赢的意识就可以达成，并成为向大同发展的阶梯。

康有为梳理了在当时的世界中建立大同世界的步骤，这是根据国家发展历史总结而成，

"今欲至大同，先自弭兵会倡之，次以联盟国缔之，继以公议会导之，次第以赴，盖有必至大同之一日焉。"③ 可能是受到当时俄罗斯倡议成立万国和平会的启发，康有为特别看重"弭兵会"，即各国限制自己的军事开支和军事活动，然后逐渐建立起一个国与国之间的联邦，成立"公议政府"，最后过渡到"公政府"。

---

① 康有为：《大同书》，《康有为全集》第五集，第 128 页。
② 同上书，第 129 页。
③ 同上书，第　页。

康有为概括说联合邦国之体有三类：有各国平等联盟之体；有各联邦自行内治，而大政统一于大政府之体；有消除邦国之号域，各建自由州郡而统一于公政府之体。在康有为看来，各国平等联盟是联合的据乱世之体，其例子是春秋战国时期的诸侯国结盟。而联邦内自治的则属于联合升平世之体，例子是德国的联邦制。康有为认为美国和瑞士属于联合太平世，这种体制以"公政府"作为治理中心，

> 公政府既立，国界日除，君名日去。渐而大地合一，略如美、瑞。于是时，无邦国，无帝王，人人相亲，人人平等，天下为公，是为大同。①

将美国和瑞士作为未来联合政府的范型多少有一些违背了康有为此前对于国家的批评，而且他对于公政府和公议政府的设计上也多少有一些混杂，但是，很显然，康有为更多是从趋势的角度来看待国家间联合的可能性，并最终提出他的以"度"为基础的未来政体安排。

在达到大同世界之前的国家间联合体，还不能视之为是理想的联合体，因此，需要有一个公议政府来作为过渡。在康有为看来，这是大同的初级阶段。他提出：

> 初设公议政府为大同之始
> 一、各国力量同等，体制自同等，则联邦政府之体，自当如美不如德也。以不设统领，但设议员也，故不可谓之公政府，但谓之公议政府。且各国主权甚大，公政府不过为遣使常驻常议之体。……
> 二、公议政府执政议事者，其始必从各国选派，或每国一人，或每国数人，或视国之大小为派人之多少，如德制。然恐大国益强，此制或未能行也，此为第二三等国言也。……②

这个公议政府的设计，十分接近于当下世界的最大的国际间组织——

---

① 康有为：《大同书》，《康有为全集》第五集，第130页。
② 同上书，第133页。

联合国，即在理论上各国地位平等，各国派代表参与这个组织，而联合国的秘书长则不同于国家首领，只是一个协调各国关系的人员而已。不过康有为开始担心各国之间因为力量不均衡而导致的国际组织的"国家化"。这一点其实康有为在不同的地方的表述有所差异，比如有时他会认为大国合并小国，是走向大同世界的必须的步骤。

因各国主权很大，公议政府主要讨论的问题就在于国际间的语言文字、计时方式的统一，还有包括交通方式的统一，这有类于书同文、车同轨的大一统的思路。所不同的是，他认为在这个阶段保持国家的主权是十分必要的。"公议政府专议万国交通之大同：公议政府当各国主权甚大之时，则专议各国交通之大纲，其余政事，皆听本国之自主，略如德国之各邦万国交通同一之议。"①

这个阶段比较复杂的问题在于，如果有一些国家违背了国家间关系之间的一些原则，或者有的国家内部出现了不公平不文明的举动时该如何处置？在这个问题上，康有为赋予了公议政府比较大的权力，即首先可以通过"责备"等方式让其改正，但如果依然无效的话，则可以集合不同国家的兵力进行武装干涉，直到改变其政府。康有为认为，公议政府的一个重要的工作是进行武器控制和削减兵力的工作。所以他在设计中提出：

> 公议政府以弭各国兵争为宗旨，各国现有兵数、军械及械厂、战舰，皆应报告公政府。除其国必应自保外，有议增者，公议政府得干预之，太多者得禁止之，并岁议减兵之法。其两国交界，彼此重兵严防者，公政府既有公地公民，当练公兵代为镇守两界之间，以免两国之疑争防严，则兵数可以日减矣。②

很显然，康有为赋予了公议政府更大的干预权，甚至认为可以对一些破坏公共安全和幸福、违背万国公约的国家进行攻伐和颠覆。他说：

"第六，各国有不公平、不文明之举动，公议院得移书责之，令

---

① 康有为：《大同书》，《康有为全集》第五集，第135页。
② 同上书，第135页。

其更改。

第七，各国有大破坏文明及公共之安乐，背万国之公法者，公议院得以公调合各国之兵弹禁之，若仍不从，则得攻伐其国土，改易其政府。①

公议政府的财政来自于各国的交纳和一些尚未归属于一个具体国家的地球公共土地和资源的产出。他提出：

公议政府有预算之资费，当由各国分力供给，各国当依岁定之，供给拨给之。

康有为的设想中比较有特点的是他预想了一些小国自愿加入公政府的状况，以及所谓并不属于某一个具体国家的国际"公地"的管理问题。他说：

第九，公议政府既有公地，其人民来住公地者，许脱其国籍，准其为世界公政府之人民。
第十，各小国有愿归公议政府保护者，其土地人民，皆归公议政府派人立小政府。
第十一，各国瓯脱之地，皆归公政府派人管理。
第十二，大地之海，除各国三十里海界外，皆归公政府管理，其海作为公政府之地。凡未辟之岛，皆为公地，居者即为公民。其渔于海者，其舟之自此诣彼经过公海者，皆纳税焉。②

康有为未必能够想到一百年之后地球上的公共区域所可能带来的争端问题，比如南极洲和北极冰盖融化之后的土地归属问题。甚至地球之外的星球和国际空间的权益问题都成为我们目前世界的重大争端问题。即使在今天，如何处理超国家的公共空间和大气层的保护问题，依然是以国家利

---

① 康有为：《大同书》，《康有为全集》第五集，第135页。
② 同上。

益为基准当下的国际游戏规则中的"制度空白"地带。

既然公议政府只是由民族国家发展到大同世界的必要的过渡，康有为必然有一个更为理想的制度设计，这就是"公政府"和"度政府"。

所谓的度政府，主要是要针对现实中国家所产生所依据的地理环境的决定性影响。客观地说，一个国家所处的地理环境，亦是人类不平等的原因之一。如果你身处一个地理环境优越，资源丰富的国家，你就有更大的可能获得幸福生活的机会。然后如果你居住在资源匮乏、自然条件恶劣的区域，则要承受更多的艰苦。这样的先天的不公平，也是不同的国家之间为争夺资源而进行战争的重要原因。康有为提出，现在的国家的存在主要是依据其所处的地理环境，因此造成了人种、物产等不平等，因此他设想的未来政治架构是"度"政府。这个度是将地球按经纬度东西南北各分为一百度，以度为单位设立一些管理机构，即所谓的度政府。

以大地圆球剖分南北，赤道南北各五十度，共为百度。东西亦百度。每度之中分为十分，实方百分，每分之中分为十里，实方百里。每度、每分、每里皆树其界，绘其图，影其像。凡生人皆称为某度人，著其籍可也。即以里数下引为量，每里之中，分为十量，每量之中分为十引，每引之中分为十丈，每丈之中分为十尺，每尺之中分为十寸。古衡容皆以寸金之轻重大小起算焉，凡全地共为一万方度，一兆方分，一垓方里，一壤方量，一涧方引，一载方丈，一恒方尺，一沙方寸，每度约将倍今度之二。一切称谓界限之主，皆以度为差。若大地人满时，既无分国之争，亦无阴阳之别，各自治政府即以度为主。①

在这个度政府之下的行政机构是"州"：

"分大地为十州：欧罗巴自为一州；中国及日本、高丽、安南、暹罗为一州，曰东亚洲，南洋属焉；西伯利部为一州，曰北亚洲；里海东印度、缅甸为一州，曰中亚州；里海西俾路芝、爱乌汗、波斯、

---

① 康有为：《大同书》，《康有为全集》第五集，第137页。

阿刺伯、西土耳其为一州，曰西亚州；南、北、中美各为一州；澳洲自为一州；阿非利加南北为二州，共十州。每州置一监政府焉，令其州内各旧国公举人充之。若国已灭尽，不立监政府亦可矣。"① 这个设计看上去并没有完全消除"国"的痕迹，"每旧大国，因其地方形便自治之体析为数十小国，每国因其地方自治之体而成一小政府焉。皆去其国名，号曰某界。每州大概百数十界。"②

只是将国的界限虚化为州，而且康有为也没有说明各州的人口是否可以互相流转。

在康有为对公政府的思考中，他依然十分看重军事力量，毕竟现代国家与传统国家的最大差别就在于其有更强的军事组织能力。所以，彻底消除军事设施是公政府的首要任务。他的公政府大纲中，前三条就是关于如何处置军事力量的。

第一，岁减各国之兵，每减必令各国同等，减之又减，以至于无。计每年国减一万，不及数十年，可使各国无兵矣。夫各国并争，兵税之费最重，若能去兵，其利有六。一、移万国之兵费，以为公众兴学、医病、养老、恤贫、开山林、修道路、造海舰，创文明之利器，资生民之乐事，其利益岂可计哉？二、既减兵费，可轻减各税，又可省全世界人民之负担，其仁无量。三、全世界数千万之兵，移而讲士农工商之业，其增长世界之利益不可穷议。四、全世界人不须为兵，可无阵亡死伤、"一将功成万骨枯"之惨，全地球皆为极乐世界，无战场可吊矣。五、全世界人无战争之惨，无兵燹之祸，不知干戈枪炮为何物，不知屠焚凶疫流离之苦，其保全地之人命不可以数量，保全世界之事业器物不可以数量。六、全世界枪炮军械厂皆废而无用，移其杀人之工而作文明之器，移其杀人之料以为有益世界之料，其大仁大益又无量。古今第一仁义慈悲之政未有比于是者，必如是，乃可为济世安民也。

---

① 康有为：《大同书》，《康有为全集》第五集，第137页。
② 同上。

第二，各国之兵既渐废尽，公兵亦可渐汰，及于无国，然后罢兵。

第三，各君主经立宪既久，大权尽削，不过一安富尊荣之人而已。其皇帝、王后等爵号，虽为世袭，改其名称，曰尊者，或曰大长可也。或待其有过而削之，或无嗣而废之，无不可也。且至此时，平等之义大明，人人视帝王君主等名号为太古武夫、屠伯、强梁之别称，皆自厌之恶之，亦不愿有此称号矣。①

在大同世界，一切可能阻碍人类公共认知和公共利益的机构和观念都要逐步改变，比如日历、宗教信仰。在康有为的思考中，大同世的时期，基督教、伊斯兰教和儒家思想因为其理念有太多涉及世间法的内容，所以不再有实际的作用。按他的说法，基督教以原罪为基础，而到大同世，因为自能爱人，自能无罪，就无需末日审判。而伊斯兰教以国家、君臣、夫妇为纲统，所以至大同世，也无有发挥作用的空间。"大同太平，则孔子之志业，至于是时，孔子三世之说尽行，惟《易》言阴阳消息，可传而不显矣。"②

但神仙之学和佛学则可以大行，"而仙学者长生不死，尤世间法之极也。佛学者不生不灭，不离乎世而出乎世间，尤出乎大同之外也。至是则去乎人境而入乎仙佛之境，于是仙佛之学方始矣。"并最后发展到他的天游之学。

在这样的背景下，所有与国有关的观念和文字都要尽行消除。"禁'国'之文字，改之为'州'或为'州'或为'界'可矣。盖大地自太古以来，有生人而即有聚落，有聚落而渐成部众，积部众而成国土，合小国而成一统之霸国。盖有部落邦国之名立，即战争杀人之祸惨。而积久相承，人人以为固然，言必曰家国天下，以为世界内外之公理不能无者；陈大义则必曰爱国，故自私其国而攻人之国以为武者。在据乱世之时，地球未一，为保种族之故诚不得不然。"③

---

① 康有为：《大同书》，《康有为全集》第五集，第136页。
② 同上书，第188页。
③ 同上书，第136—137页。

结语

康有为对于大同世界的思考，是其对于人类处境及如何解脱世界的困境的方法论上的系统性和整体性的思考。这一思考的基点是儒家公羊的三世说和《礼记》的礼运篇，并结合了进化论等一系列思想资源。然而其思考又是超越现实的，建构与批判的结合构成了他对于中国的制度史和儒家价值观的重新思考，同样也展开了对于西方价值和秩序的重新思考，在这样的批判性的立场下，康有为的价值追寻，既超越了儒家传统的家国天下的伦理秩序，也解构了现代民族国家以及西方现代性传统中最为重视的国家利益和国民幸福的问题。也正因此，康有为将自己置身于一种复杂的视野下，他既不能被追寻现代性的国人所接受，也不能被儒家价值的坚守者引为同道。所以从某种意义上康有为属于他自己，而非一个既定的"名"之下。

就本文所涉及的"国家"价值以及"国家间秩序"而言，康有为首先否定了国家的终极价值，这样的否定，从某种层面上是对西方殖民压力的一种抗争，从更进一步的思考中，我们却可以看到康有为对于人类所当为的理想社会做出了他自己的设计，也就是说，如果我们将我们的视野建立在人类的利益的基础上的时候，人类所设计的一切以私有观念为基础的制度和伦理秩序，都不具备终极性，从而构成他对于未来社会的新的理解，由此，康有为的思考由政治走向了哲学。

论康有为《大同书》中的婚姻、家庭问题

同济大学哲学系　曾亦

据康有为《自编年谱》，光绪六年（1880），南海时23岁，即已治公羊学，尝撰《何氏纠缪》。十四年（1888），南海31岁，"发古文经之伪，明今学之正"，此后，南海逐渐开始其自述的"得《易》之阴阳之变，《春秋》三世之义"。《春秋》三世说中之"太平世"，即相当于大同[①]，故就此而论，则南海之大同思想当始于光绪十四年，或许更早。戊戌后，南海成《春秋笔削大义微言考》、《孟子微》诸书，始尊《礼运》，其后，《论语注》、《大学注》及《礼运注》更以《礼运》为旨归，盖以为能明大同理想故也。[②]

不过，南海之大同思想似别有渊源。据其《自编年谱》，光绪十年（1884），南海始"演大同之义"。十一年，"手定大同之制，名曰《人类公理》"。十二年，"作《公理书》，依几何为之者"。显然，此处提到的《人类公理》或《公理书》，即《实理公法全书》，不仅其形式来自西人之书，至其内容，亦不能不受西书之影响。关于《实理公法》与《大同书》的关系，萧公权认为，《实理公法》预告了《大同书》，只不过前者

[①] 毛泽东早年颇受康有为之影响。1917年8月23日，毛泽东曾致信黎锦熙，其中有云："孔子知此义，故立太平世为鹄，而不废据乱、升平二世。大同者，吾人之鹄也。"可见，毛泽东亦认识到大同与《公羊》三世说之关系。

[②] 对此，萧公权认为，南海之儒学历程分为三个阶段，"第一阶段自他幼年开始到大约光绪九年当他从古典转治汉学止，他大致顺从传统。第二阶段大约始于光绪十四年，他叛离传统，重返古典，歧视古文经以为伪，以公羊《春秋》作重心的今文经为真。第三阶段大约始于光绪十八年，到光绪廿八年结合《春秋》三世说与《礼运》大同升平说为其社会哲学指标止，他从事全面性的研治儒家经典"。（萧公权：《近代中国与新世界：康有为变法与大同思想研究》，江苏人民出版社1997年版，第49页）

采取个人主义观点,即谴责一切违反个人欲望的制度,后者则可称为社会主义或共产主义的思想。① 其后,梁启超在《大同书》题辞脚注中说道:"辛丑、壬寅(1901—1902)避地印度,乃著为成书"。此大概为《大同书》之最后成书时间。②

然据《大同书》题辞、《大同书》甲部《入世界观众苦·绪言》,南海皆明言 1884 年撰《大同书》。其弟子陆乃翔、陆敦骙亦谓"盖自二十七岁悟道,即创《大同书》,依几何法撰《人类公理》"③。

可见,康南海大同思想之来源,大致有二:其一,源于《公羊》三世说。其二,受到西方思想的影响。民国以后,共产主义假俄国革命之余波传入中国,遂成为现代中国大同思想的另一来源。即便如此,新中国在五十年代从事共产主义实践时,依然将其渊源追溯到了康有为的《大同书》。④

一 《春秋》尚质与公羊家的大同理想

汉代公羊家认为,《春秋》"尚质"。何谓"质"呢?按照《公羊传》的解释,一般将基于血缘关系的亲亲之情视为"质"。至于周代的制度,

---

① 参见萧公权:《近代中国与新世界:康有为变法与大同思想研究》,第 386 页。
② 汪荣祖认为,《大同书》可能早在 1896 年即已脱稿。钱穆以为,1895 年南海尚未言《礼运》大同之说,而 1897 年谭氏之《仁学》不过偶及大同、小康而已,故推知稍早之乙未时康门不过稍稍言及大同而已。(参见钱穆:《中国近三百年学术史》,下册,商务印书馆 1997 年版,第 775、776 页)
③ 陆乃翔、陆敦骙:《南海先生传》,《康有为全集》(以下简称《全集》)第十二,中国人民大学出版社 2007 年版,附录二,第 444 页。汤志钧力辩此说不确,以为《大同书》系 1901—1902 年间所撰,至后来游欧时犹有增补。(参见汤志钧:《改良与革命的中国情怀——康有为与章太炎》,第 93—110 页。又参见汤志钧:《论〈大同书〉的成书年代》《〈大同书〉手稿及其成书年代》,载《康有为与戊戌变法》,中华书局 1984 年版,第 108—133 页)。
④ 《大同书》最初仅发表甲、乙二部,毛泽东显然读过此书。1919 年 12 月,毛泽东在《湖南教育月刊》上发表其《学生之工作》一文,明显可以看到《大同书》的影响。此文描画了毛泽东对于新村的构想,颇近于《大同书》的一些提法。正因如此,1958 年人民公社运动开始时,中央农村工作部干部到徐水县,除携带马克思的《哥达纲领批判》外,尚有康有为的《大同书》。1949 年,毛泽东撰写《论人民民主专政》时,再次提及此书,"康有为写了《大同书》,他没有也不可能找到一条到大同的路"。然而,恰恰是毛泽东自负找到的这条道路,最终依然证明是失败了。

公羊家以为"尚文",即主要表现为政治关系中的尊尊之义。譬如,桓十一年,郑忽出奔卫。何休《解诂》云:

> 王者起,所以必改质文者,为承衰乱救人之失也。天道本下,亲亲而质省;地道敬上,尊尊而文烦。故王者始起,先本天道以治天下,质而亲亲。及其衰敝,其失也亲亲而不尊。故后王起,法地道以治天下,文而尊尊。及其衰敝,其失也尊尊而不亲,故复反之于质也。

可见,周为"文家",崇尚"尊尊";而殷为"质家",崇尚"亲亲"。文、质迭相为用,因此,继周者则鉴于周人尚文之敝,必"反之于质",而效法殷人"亲亲"的办法。

而在董仲舒那里,文、质两个概念似乎有着更具体的内容。《春秋繁露·三代改制质文篇》云:

> 王者以制,一商一夏,一质一文,商质者主天,夏文者主地,《春秋》者主人,故三等也。主天法商而王,其道佚阳,亲亲而多仁朴;故立嗣予子,笃母弟,妾以子贵;昏冠之礼,字子以父,别眇夫妇,对坐而食;丧礼别葬;祭礼先臊,夫妻昭穆别位;制爵三等,禄士二品;制郊宫,明堂员,其屋高严侈员;惟祭器员,玉厚九分,白藻五丝,衣制大上,首服严员;鸾舆尊,盖法天列象,垂四鸾,乐载鼓,用锡舞,舞溢员;先毛血而后用声,正刑多隐,亲戚多讳;封禅于尚位。主地法夏而王,其道进阴,尊尊而多义节,故立嗣与孙,笃世子,妾不以子称贵号;昏冠之礼,字子以母,别眇夫妇,同坐而食;丧礼合葬;祭礼先亨,妇从夫为昭穆;制爵五等,禄士三品;制郊宫,明堂方,其屋卑污方,祭器方,玉厚八分,白藻四丝,衣制大下,首服卑退;鸾舆卑,法地周象载,垂二鸾,乐设鼓,用纤施舞,舞溢方;先亨而后用声;正刑天法;封坛于下位。

这段话颇为详备地概括了文与质的具体内涵。譬如,夫妻对坐而食、昭穆别位、丧礼别葬等,都属于"质"的内涵,体现了夫妻平等的精神,而这恰恰成了康南海所描画的大同社会之主要内涵之一。

到了康南海那里,对文、质的理解与传统公羊家有很大的不同。一方面,南海延续了公羊家以情感来理解"质"的倾向;另一方面,则从物质文明演进的角度,认为西方是"文",而中国不过是"质"。对此,南海说道:

> 天下之道,文质尽之。然人智日开,日趋于文。三代之前,据乱而作,质也。《春秋》改制,文也。故《春秋》始义法文王,则《春秋》实文统也。但文之中有质,质之中有文,其道递嬗耳。汉文而晋质,唐文而宋质,明文而国朝质,然皆升平世质家也。至太平世,乃大文耳。后有万年,可以孔子此道推之。①

可见,南海一方面用公羊旧说,以为王朝之更迭乃文、质之循环;另一方面,则认为人类社会最终愈益趋于文,以为孔子为文王,正因制定"文明之法"而已,"盖至孔子而肇制文明之法,垂之后世,乃为人道之始,为文明之王。盖孔子未生以前,乱世野蛮,不足为人道也。盖人道进化以文明为率,而孔子之道尤尚文明。……盖为孔子上承天命,为文明之教主、文明之法王,自命如此,并不谦逊矣"。②

不过,南海又从董仲舒对"质"的理解中,发挥出了"平等"的内涵,并视为未来文明的发展前景,即大同时代的理想。可以说,无论后来南海对男女平等观念的阐发,还是其民权、立宪诸说,多少都可从《春秋》"尚质"之说中推衍而出。

二 婚姻与性自由

南海早期关于物质文明的看法,更多强调其社会方面的内涵,即消除了人类欲望的限制,这构成了其大同理想的重要内容。马克思关于共产主义的设想,常常是将物质财富的极大涌流与"人之自由而全面的发展"联系在一起,可见,这种说法与南海并无根本不同。区别仅仅在于,生活在资本主义工业高度发展的马克思宣称找到了一条使物质财富得以充分涌

---

① 康有为:《春秋董氏学》卷5,《康有为全集》第一集,第370、371页。
② 康有为:《论语注》卷9,《康有为全集》第六集,第445、446页。

流的道路，至于浸染在数千年农业文明中的南海，自然是虑不及此。

盖人类欲望之大端，不过有二：其一为物欲，另一则为情欲。与之相应，马克思主义同样把人类的生产分成两个方面，即人类自身的生产与物质的生产。因此，物质文明的发展，亦即物质生产的变革，则解除了对物欲的限制；另一方面，不论是在马克思那里，还是在南海那里，则试图通过对人类自身生产的变革，即彻底推翻文明时代的婚姻、家庭结构，而消除对情欲的限制。此外，马克思与南海似乎同样采取一种唯物主义一元论的立场，即认为物质文明的发展将为妇女解放、男女平等从而家庭的消亡，准备了前提条件。不过，他们似乎都回避了这样一个事实，情欲与物欲的放纵或充分发展，对人类的生活未必都是有益的，且往往是有害的。

南海与马克思主义一样，首先肯定了情欲的必然性：①

> 人之生而有生殖之器，则不能无交合色欲之事者，天也。以天欲之故则必不能绝，必不能绝则必有奸淫之事。……虽有万亿婆罗门、佛、耶稣欲救之而欲绝其欲，而必不能使全世界人类绝交合之欲也。……故大同之世，交合之事，人人各适其欲而给其求。……固又有好男色者，虽索格拉底已有之矣。虽非阴阳之正，或于人身有损，然好色亦未有不损者。人情既许自由，苟非由强合者，则无由禁之。②

南海对男女交合的称许，与恩格斯在《家庭、私有制与国家的起源》中对性爱自由的歌颂，实无有二致。③

---

① 不过，我们在现实的共产主义运动中，通常看到的是一种清教徒般的情欲观，甚至上升为某种普遍的无产阶级道德。其实，这种带有禁欲主义色彩的道德，并不符合马克思主义对未来社会男女关系的设计。一般来说，革命者纯粹出于军事的需要，而克制自己的情欲，自古及今，历来都如此，并非只有无产阶级革命者才是特殊材料制成，能够抵御这种小资般的情欲。问题在于，革命成功之后，取得天下的无产阶级却始终未能放下以前作为革命者的戒律。

② 康有为：《大同书》第7，《康有为全集》第七集，第179—181页。

③ 对南海来说，这不过是大同社会之理想而已，因此，如果这种幸福时代尚未来临之时，还是必须遵守现行的种种限制人欲的道德与法律。这两者在南海的个人生活中，并不那么显得矛盾，萧公权称其"尽管雅不欲节奢，事实上却过着与放任主义相左的规律生活。他虽欣赏声色，然其行为仍不失为一彬彬儒者"。（萧公权：《康有为思想研究》，新星出版社2005年版，第21页）可以说，南海在个人操守上，还是完全遵循礼俗的，虽然其思想是那么勇于开拓。

因此，南海同样把婚姻亦看作两性之间基于爱情的结合，此结婚所以自由也。南海曰：

> 若太平世则人人独立，人人平等，男女皆为天生之人，各听其相得而立约，则非独无妾媵之可言，并无夫妇之可言矣。①

又曰：

> 假令果有永远欢合者，原听其频频续约，相守终身，但必当因乎人情，听其自由。故不可不定期限之约，俾易于遵守，而不致强其苦难，致有乖违也。约限不许过长，则易于遵守，即有新欢，不难少待。约限不得过短，则人种不杂，即使多欲，亦不毒身。两人永好，固可终身；若有新交，听其更订；旧欢重续，亦可寻盟。一切自由，乃顺人性而合天理。②

男女既因爱情而结合，那么，一旦爱情消失，便当离婚。南海曰：

> 凡男女如系两相爱悦者，则听其自便，惟不许有立约之事。倘有分毫不相爱悦，即无庸相聚。③

又曰：

> 太平之世，人皆独立，即人得自由，人得平等；若强苦难之，损失自由多矣。既不如乱世之俗立夫妇以正父子之亲，则何不顺乎人情，听其交欢，任立期限，由其离合？相得者既可续约而永好，异趣者许其别约而改图。爱慕之私可遂，则欢者益欢；厌恶之意已生，则去者即去。法律所许，道德无讥，人人皆同，日月常见。④

---

① 康有为：《春秋笔削大义微言考》卷三，《康有为全集》第六集，第83页。
② 康有为：《大同书》第2，《康有为全集》第七集，第76页。
③ 康有为：《实理公法全书·夫妇门》，"公法"，《康有为全集》第一集，第149页。
④ 康有为：《大同书》第2，《康有为全集》第七集，第77页。

否则，婚姻既无益于两人之感情，又平添彼此痛苦，"夫妻为终身之好，其道至难，少有不合，即为终身之憾，无可改悔"，"古者夫妇不合，辄自离异，夫无河东狮吼之患，妻无中庭相哭之忧，得人道自立之宜，无终身相缠之苦"。① 康氏在《大同书》中极力渲染男女婚姻百年好合之误，种种论调皆今人习闻。因此，南海批评宋儒之"守节"观念，谓"宋儒好为高义，求加于圣人之上，致使亿万京陔寡妇，穷巷惨凄，寒饿交迫，幽怨弥天，而以为美俗"②。

南海以男女基于感情而聚合乃"公法"，或聚或散，完全自由；其次者为"人立之法"，虽许立婚约以固结之，然犹强调感情为之基础，故必有期限，否则不免为感情之限制矣。③ 南海曰：

> 凡男女相悦者，则立约以三月为期，期满之后，任其更与他人立约。若原人欲再立约，则须暂停三月，乃许再立。亦许其屡次立约，至于终身。④

又曰：

> 凡男女立约久暂，听其自便。约满则可更与他人立约，亦可再与原人换约。⑤

---

① 康有为：《大同书》第2，《康有为全集》第七集，第59、60页。
② 康有为：《大同书》，中华书局1935年版，第241页。
③ 梁启超以"男女同栖当立期限"为《大同书》之第一眼目，且深许之，以为"陈义之高"，乃过于今之世界主义、社会主义者。钱穆则以为康氏不过"偶感于西人婚姻自由之制，而故为此扬高凿深之言耳"，又谓康氏之毁家灭族之说，绝非"无依傍"，其思想来历，"在中国则为庄子之寓言荒唐，为墨子之兼爱无等，又炫于欧美之新奇，附之释氏之广大，而独以孔子为说"。（钱穆：《中国近三百学术史》，下册，第737、738页）钱氏此说甚不客观，盖中国社会之演进，愈趋于男女平等，而血缘之联属，益进于地域之联合，中国社会之演化实渐趋于西方也，是以南海谓"中国数千年政治虽不进化，而社会甚进化。政治不进化者，专制政体为之梗也；社会进化者，政府之干涉少而人民自由发达也"。（梁启超：《南海康先生传》，《康有为全集》第十二集，附录一，第430页）
④ 康有为：《实理公法全书·夫妇门》，"比例"，《康有为全集》第一集，第149页。
⑤ 同上。

又曰：

> 婚姻期限，久者不许过一年，短者必满一月，欢好者许其续约。①

至于后世西人之婚姻，乃"终身之约"，虽许离婚，男女之自主权有限，常致男女相互怨恨而后已，南海以为"不合实理，无益于人道"②。若中国古代之婚姻，则又次之，"男女之约，不由自主，由父母定之。立约者终身为期，非有大故不离异。男为女纲，妇受制于其夫。又一夫可娶数妇，一妇不能配数夫"，南海以为"更与几何公理不合，无益人道"③。

南海甚至主张共妻共夫之制：

> 其有数人同时欲合立一约者，询明果系各相爱悦，则许之，或仍不许。④

若此，则与人类泰古群婚之俗无别矣。其实，马克思主义亦有此理论，然出于阶级斗争之现实需要，不过深讳之而已。

其实，不论是康南海，还是后来的共产主义婚姻观念，以及今世之女性主义者，都分享了一个共有的前提，即视感情为婚姻之基础。基于此种对婚姻本质的理解，必将导致某种性的自由，以及一切契约关系的废弃，从而最终消灭家庭。其后，人民公社时期许多消灭家庭的举措，其根源实在于此。

三 对传统家庭及伦理的批评

基于此种婚姻观念，南海对传统的专偶制家庭进行了批判，"今医学家

---

① 康有为：《大同书》第2，《康有为全集》第七集，第77页。
② 康有为：《实理公法全书·夫妇门》，"比例"，《康有为全集》第一集，第150页。
③ 同上。
④ 同上书，第149页。

已考明，凡终身一夫一妇，与一夫屡易数妇，一妇屡易数夫，实无所分别"①。因此，南海主张婚姻自主，"既两相爱悦，理宜任其有自主之权"②，又批评基于父母之命的终身婚姻制度及纳妾制度乃"与几何公理不合，无益人道"③，又认为男尊女卑乃据乱世之法，"故以公理言之，女子当与男女一切同之；以实效征之，女子当与男子一切平之。此为天理之至公，人道之至平，亘宇宙而莫易，质鬼神而无疑，亿万世以待圣人而不惑，亿万劫以待众议而难偏"④。南海又借《春秋》中哀姜与庄公立约一事，论曰：

> 据乱世男尊女卑，夫妇听命于父母媒妁，本无立约义。然有约亦是人情，故不为恶；至其所约为远媵妾之事，尤非大恶。盖据乱之世男尊女卑，故一夫数妻，乃因于太古极多妻而裁节之，以从其时俗，未得其平，非正道也。至升平之世则一夫一妻，乃为平等之正道。鲁夫人当据乱世而立远媵妾之约，虽非其时，亦不为恶。至升平时则夫妇必以立约，必以远媵妾为义矣。若太平世则人人独立，人人平等，男女皆为天生之人，各听其相得而立约，则非独无妾媵之可言，并无夫妇之可言矣。此立约实为非常异义，今欧美之俗始行之，孔子已先立之。⑤

案，庄公即位二十四年始娶夫人，然前尝有宠于内，至是夫人哀姜与公立约，要胁其远媵妾。盖据乱之世，男尊而女卑，一夫数妻乃其礼也，哀姜要公不为大恶者，何休以为夫妻本有朋友之道，不可纯以君臣之义责之。南海则甚至以为，哀姜要公的行为，实符合平世之道。⑥

---

① 康有为：《实理公法全书·夫妇门》，"实理"，《康有为全集》第一集，第 149 页。南海对专偶制之批评，着重在男子对女子的私有，此说亦近于马克思主义。（参见康有为：《大同书》第 2，《康有为全集》第七集，第 69—74 页）
② 康有为：《实理公法·夫妇门》，"公法"，《康有为全集》第一集，第 149 页。
③ 康有为：《实理公法·夫妇门》，"比例"，《康有为全集》第一集，第 150 页。
④ 康有为：《大同书》第 2，《康有为全集》第七集，第 53 页。
⑤ 康有为：《春秋笔削大义微言考》卷 3，《康有为全集》第六集，第 83 页。
⑥ 何休论此立约事曰："夫人要公不为大恶者，妻事夫有四义：鸡鸣缞笄而朝，君臣之礼也；三年恻隐，父子之恩也；图安危可否，兄弟之义也；枢机之内，寝席之上，朋友之道，不可纯以君臣之义责之。"南海亦曰："女子与男子，同为天民，同隶于天，其有亲交好合，不过若朋友之平交者尔，虽极欢爱，而其各为一身，各有自立、自主、自由之人权则一也。"（康有为：《大同书》第 2，《康有为全集》第七集，第 57 页）至于今日，男女成婚之前，多立约以相要矣。

不过，诸如此类看法，与一切自由主义者及其变态形式的女性主义者，实无甚分别。因此，儒家关于男女有别的规定，南海却视为孔子据乱世之法，而非大同理想。南海曰：

> 盖乱世男女无别，故父子不正；父子不正，则种乱而弱。今非洲尚然，故不能传种族。凡大地能夫妇合婚生子者，其种强明。孔子生当乱世，特重此义，以为拨乱法。推之升平世，人皆有教，女亦有权，又经合婚俗定之后，则女道不妨宽其出入宴飨，如欧西是也。至太平世，则教化纯美，人人独立，可不必为男女大别，但统之曰人类而已，其出入飨宴从人道之同同。①
>
> 其所为抑女之大因，据以为义所自出者，则以为夫妇不别则父子不亲，父子不亲则宗族不成。故欲亲父子，先谨夫妇。故据乱世之制，为礼始于谨夫妇，为宫室必别内外。②

盖上古之女子，婚前性关系极是随意，男子常不能辨认己子，至于有"杀头胎"之习俗，若然，父子焉能有亲？其后谨严女子之外交，盖以父子之道至重，不可不防，实非纯出于男子私有之心理。至于男子无贞洁之要求，其缘由并非出于维护男子纵欲好色之心理，实因男子纵然普施雨露，虽莫知己子，然女子必知之，故犹能全父子之道也。到了升平、太平之世，南海则以为不必为男女大别，然诚若如此，遂致婚前性关系极是随意，颇有害于家庭。

南海又曰：

> 升平之世，必一夫一妻相平。然如今欧美之制，仍复妻从夫姓，妻居夫室，以夫为家，仍未平也。若太平之世，则凡人类只能谓之为人，不别男女，人人独立，人人平等，其为夫妇，如交友然，固无相从，只有合好而已。盖大道循环，太平世之制，去据乱最远，而去原

---

① 康有为：《春秋笔削大义微言考》卷3，《康有为全集》第六集，第59页。
② 康有为：《大同书》第2，《康有为全集》第七集，第71页。

人最近；然其制虽相近，而其理实最远也。①

南海以太平世之制"去原人最近"，而马克思主义则有"原始共产主义"之说，实颇相近。南海又曰：

> 太平大同之世，男女各有独立之权，有交好而非婚姻，有期约而非夫妇。期约所订，长可继续而终身，短可来复而易人。凡有色欲交合之事，两欢则相合，两憎则两离，既无亲属，人人相等。……大同之世，交合之事，人人各纵其欲而给其求，荡荡然无名无分，无界无垠，惟两情之所属。②

太平大同之世，男女唯遂其情，各纵其欲，或合或离，彼此皆无责任。又曰：

> 据乱世别男女，故立男不亲求、女不亲许之义。周时旧俗，男女不甚别，婚姻自由，亲订姻好而亲求之，与今欧、美同俗。盖治道循环，太古狉獉，俗与太平近。惟据乱与太平，则如东西极之相反，理势然也。若至升平、太平世，女学渐昌，女权渐出，人人自立，不复待人，则各自亲订姻好。③

据乱之世，亲相授受犹不可，遑论亲求亲许乎！故以父母之命、媒妁之言为中介，其意在男女远别也。今日恋爱自由，则常亲订姻好矣。又曰：

> 男女之事，但以殉人情之欢好，非以正父子之宗传，又安取强合终身以苦难人性乎？即使强合，亦为无义。假令果有永远欢合者，原听其频频续约，相守终身，但必当因乎人情，听其自由。故不可不定

---

① 康有为：《春秋笔削大义微言考》卷3，《康有为全集》第六集，第78页。
② 康有为：《大同书》第7，《康有为全集》第七集，第180、181页。
③ 康有为：《春秋笔削大义微言考》卷4，《康有为全集》第六集，第114页。

期限之约，俾易于遵守，而不致强其苦难，致有乖违也。约限不许过长，则易于遵守，即有新欢，不难少待。约限不得过短，则人种不杂，即使多欲，亦不毒身。两人永好，固可终身；若有新交，听其更订；旧欢重续，亦可寻盟。一切自由，乃顺人性而合天理。①

男女之结合既不重父子之亲，则自能殉人情之欢好矣。南海又论"齐高固与子叔姬来"一事曰：

> 春秋旧俗，男女相悦而定姻，偕行而游，见如今欧美。然在据乱世之义，以重父子而繁人类，当男女有别，故负教戒。若升平之世，则男女渐平，则不以为嫌矣。至太平世，则女权一切与男子平，且皆谓之人，同为执事，并无男女之异，更不能以此例绳之。②

人类由乱世渐于升平、太平世，男女之间亦不再相隔，而得自由往来。南海又借《论语》中"子见南子"事，谓小康世男女须有别，是以子路怪之，盖笃守小康"男女授受不亲"之道者也；而孔子行大同之道，故其见南子，犹今日西俗以男女社交为文明耳。③ 其后，南海则谓"美国女权最昌而淫风最甚，讼案居十之九，隳胎居十之八，人类将日少，则可畏莫大焉"④。可见，在南海看来，大同理想若施行于据乱之现实，则鲜不为祸矣。

虽然，据乱世当立男女之大妨，至有七出、五不娶、三不去之法，皆所以严夫妇之道。盖因男女之道不严，夫妇之道亦乖，彼此虽能随意好合，然常轻视之，离弃之事常多。不独夫可出妇，妇亦可出夫，《韩非子》谓姜太公乃"出夫"是也。南海曰："至宋以后，渐少出妻，则夫妇之道愈严凝，而离弃之法不便行矣，此拨乱之法。若升平世男女渐平，各有自主之权，自有离异之事，始则出妇，渐则出夫，今法国岁至千万。道若循环，至太平，则与乱世远，男女之事益行自由矣。"⑤

---

① 康有为：《大同书》第2，《康有为全集》第七集，第76页。
② 康有为：《春秋笔削大义微言考》卷6，《康有为全集》第六集，第170页。
③ 康有为：《论语注》卷6，《康有为全集》第六集，第423页。
④ 康有为：《欧美学校图记、英恶士弗大学校图记》，《康有为全集》第八集，第124页。
⑤ 康有为：《春秋笔削大义微言考》卷3，《康有为全集》第六集，第88页。

其时，谭嗣同甚至有更为激进之论，认为男女之淫不过名耳，非实也，无所谓善恶。其《仁学》有云：

> 恶莫大淫杀。……男女构精名淫，此淫名也。淫名亦生民以来沿习既久，名之不改，习谓为恶。向使生民之始，即相习以淫为朝聘宴飨之巨典，行诸朝庙，行诸都市，行诸稠人广众，如中国之长揖拜跪，西国之抱腰接吻，则孰知为恶者？①

可见，谭氏干脆否定了传统道德关于男女有别的规定。

南海认为，男女之结合若只是殉人情之欢好，则家庭必将消失矣。因论家庭之害曰：

> 虽然乡人之酬酢，里妇之应接，儿童之抚弄，宗姓之亲昵，耳闻勃谿之声，目睹皆困苦之形。或寡妇思夫之夜哭；或孤子穷饿之长啼；或老夫无衣，扶杖于树底；或病妪无被，卧于灶眉；或废疾癃笃，持钵行乞，呼号而无归。其贵乎富乎，则兄弟子姓之阋墙，妇姑娣姒叔嫂之勃谿，与接为构，忧痛惨悽。号为承平，其实普天之家室，皆怨气之冲盈，争心之触射，毒于黄雾而塞于寰瀛也。呜呼！人患无家，有家之害如此哉！②
>
> 吾居乡里之日殆三十年，所闻无非妇姑诟谇之声，嫂叔怨詈之语，兄弟斗阋之状。③

南海甚至条列家庭之害至十数条，曰：

> 家者，据乱世人道相扶必需之具，而太平世最阻碍相隔之大害也。④

---

① 引自梁启超：《清代学术概论》，《梁启超论清学史二种》，复旦大学出版社1985年版，第76页。
② 康有为：《大同书》第1，《康有为全集》第七集，第3页。
③ 康有为：《大同书》第3，《康有为全集》第七集，第88页。
④ 同上书，第91页。

南海又以家庭为自由之最大压制，以为烦恼之根，苦难之根源，至将来家庭消亡，"人人皆独立于世界之上，不受他之牵累，而常得非常最大之自由也"①。否则，家庭将是人类进入太平世的最大妨害，"故家者，据乱世、升平世必须之要，而太平世最妨害之物也。以有害而欲至于太平，是泛绝流断港而欲至于通津也。不宁唯是，欲至太平而有害，是犹负土以潜川，添薪以救火也，愈行而愈阻矣。故欲至太平独立性善之美，惟有去国而已，去家而已"②。

不难看到，南海对家庭及传统伦理的批评，实构成了"五四"以后启蒙思潮的先导，此后数十年间，无论是消灭家庭的主张，还是对封建道德的批判，都可以溯源于南海的《大同书》。就此而言，《大同书》中关于婚姻、家庭的论述，构成了南海思想中最为激进的部分。

四 平等观念

在南海看来，家庭之害如此，因此，大同社会必将消灭家庭，即便尚有某种家庭形式，亦不过同居男女之二人关系而已，至于其他伦理关系，尤其是父子间的天伦关系，则可以通过社会对子女的抚养来解除。盖古代家庭成立之关键，主要不在于夫妻关系的维系，而在于父子之间的自然情感，以及由此而来的种种责任。因此，欲消灭家庭，必须要抹杀这种自然情感。目前，我们不难看到，人们生活方式与节奏的变化，以及社会化手段的高度发展，此种自然情感已渐趋淡薄矣。

南海先从理论上论证父子关系实出偶然，曰：

> 原质是天地所有，非父母之所生，父母但能取天地之原质以造成

---

① 梁启超：《南海康先生传》，《康有为全集》第十二集，附录一，第432、433页。萧公权认为，南海这种对家庭的态度大概来自几方面因素的影响：其一，光绪五年（1879）以来佛教给他的启示；其二，其姊妹婚姻的不幸，其自言寡母之苦曰："吾既少孤，寡母育我。姊嫁百日，夫即病亡。妹有三子，夫丧中年，以贫自伤，数载遂殒。呜呼！寡之酷毒，人道所无，盖天上人间所无者焉。"（康有为：《大同书》第1，《康有为全集》第七集，第26页）其三，对许多家庭生活的观察。因此，南海"虽然信奉儒家伦理，但家庭毕竟不是纯粹幸福的"。（参见萧公权：《近代中国与新世界：康有为变法与大同思想研究》，第13、14页）

② 康有为：《大同书》第3，第91页。

子女而已。……子女之魂与父母之魂，其性大约不相同者为多，久处则其魂亦各不相合，其相爱之性亦易变。①

因此，南海断然否定传统伦理对子女的责任要求，"公法于父母不得责子女以孝，子女不得责父母以慈，人有自主之权焉"②，"父子天性，鞠育劬劳，然人非人能为，人天所生也，托藉父母生体而为人，非父母所得专也，人人直隶于天，无人能间制之。盖一人身有一人身之自立，无私属焉"③。

盖人既为父母所生养，则父母有慈爱之情，子女有思慕之心，皆出于自然，若一旦弃之，不仅背德，亦非人情所愿，因此，南海主张借助社会的力量，以渐次消除家庭，"令人无出家之忍而有去家之乐也"。至于政府，则应当承担公养、公教、公恤之责任，如此，"养生送死皆政府治之，而于一人之父母子女无预焉。父母之于子女，无鞠育顾复之劬，无教养糜费之事。且子女之与父母隔绝不多见，并且展转不相识，是不待出家而自然无家，未尝施恩受惠，自不为背恩，其行之甚顺，其得之甚安"④。并且，政府为了补偿父母生育之劳，应当给予适当的报酬，以清偿子女欠父母之债，从而达到了"长幼平等"的公法。

虽然，南海在《大同书》中依然肯定父子亲情之可贵，曰：

故夫父子之道，人类所以传种之至道也；父子之爱，人类所由繁孳之极理也；父子之私，人体所以长成之妙义也。不爱不私，则人类绝；极爱极私，则人类昌。故普大地而有人物，皆由父子之道。至矣！极矣！父子之道蔑以加矣！故父母之劳，恩莫大焉！身由其生也，体由其育也，勤劳顾复，子乃熟也；无父母则无由生，无为育无能成熟……受恩之重大莫过于父母，故酬报之重大当责之于人子矣。⑤

---

① 康有为：《实理公法·父母子女门》，"实理"，《康有为全集》第一集，第150页。
② 康有为：《实理公法·父母子女门》，"公法"，《康有为全集》第一集，第151页。
③ 康有为：《大同书》第1，《康有为全集》第七集，第36页。
④ 康有为：《大同书》第3，《康有为全集》第七集，第92、93页。
⑤ 同上书，第82、83页。

至于西人则不然，子女于父母，"绝无有同居迎养之事，无问寝视膳之仪，无疾痛疴痒之义"①，而父母于子女之未成年也，有生养之劳，亦有嬉戏之乐，与中国人无异，然颇不愿产子，至其死也，亦常以财产遗公，而不传与子女。

在南海看来，西人不甚重视家庭，故距人类理想更为接近。不过，既有家庭，则犹存私有观念，西方亦只进于升平世而已。若太平世，则须尽破一切之私，家庭必须消亡。显然，这种把家庭与私有制联系起来的看法，颇与恩格斯《家庭、私有制与国家的起源》的立论相同。

南海进而认为，欲消灭家庭，不仅要消除人类之自然情感，而且必须实现男女间之平等。其曰：

> 全世界欲去家界之累乎？在明男女平等、各有独立之权始矣，此天予人之权也。全世界乎，欲去私产之害乎？在明男女平等、各自独立始矣，此天予人之权也。欲去国界之争乎？在明男女平等、各自独立始矣，此天予人之权也。全世界人欲去种界之争乎？有明男女平等、各自独立始矣，此天予人之权也。全世界欲致大同之世、太平之境乎？在明男女平等、各自独立始矣，此天予人之权也。全世界人欲至极乐之世、长生之道乎？有明男女平等、各自独立始矣，此天予人之权也。全世界人欲炼神养魂、不生不灭、不增不减乎？在明男女平等、各自独立始矣，此天予人之权也。欲神气遨游、行出诸天、不穷不尽、无量极乎？在男女平等、各自独立始矣，此天予人之权也。吾采得大同太平、极乐长生、不生不灭、行游诸天、无量无极之术，欲以度我全世界之同胞而永救其疾苦焉，其惟天予人权、平等独立哉！吾之道早行早乐，迟行乐，不行则有苦而无乐。哀哉！全世界人生之苦也，其宁甘之而不求乐欤？②

在此，南海甚至以人类之一切问题，包括社会、政治、人生诸方面，皆系于男女平等之实现。今日政府、学者视男女平等为"政治正确"，以

---

① 康有为：《大同书》第3，《康有为全集》第七集，第83页。
② 康有为：《大同书》第6，《康有为全集》第七集，第163、164页。

为莫辩之真理；至于消灭家庭之理想，以悖于数千年传统故，则深讳若罪然，避而不谈。

南海甚至认为，至太平之世，同性恋也是允许的，其性质与异性恋无二，皆体现了男女之自由、平等与独立。① 南海曰：

> 太平之世，男女平等，人人独立，人人自由，衣服无异，任职皆同，无复男女之异，若以淫论，则女与男交，男与男交，一也。……其有欢合者，不论男女之交及两男之交，皆到官立约，以免他争。惟人与兽交，则大乱灵明之种以至退化，不得不严禁矣。②

时至今日，颇有学者喧嚣此等论调，然南海能发于百年前，可谓先见之明也。

在南海那里，男女平等又构成三世进化的重要标准。南海曰：

> 我国从前尚守孔子据乱之法，为据乱之世，然守旧太久，积久生弊，积压既甚，民困极矣。今当进至升平，君与臣不隔绝而渐平，贵与贱不隔绝而渐平，男与女不压抑而渐平，良与奴不分别而渐平，人人求自主而渐平，人人求自立而渐平，人人求自由而渐平。其他一切进化之法，以求进此世运者，皆今日所当有事也。③

人类由据乱而至于升平、太平，不独君臣、贵贱之间渐趋平等，至于男女之间亦然。又曰：

> 《穀梁传》：妇人不会，会非正也。此据乱世之制，崇男女之别，以谨种族之传。升平世人类渐至平等，且教化既明，则人类皆可相通，皆可相会矣。至太平世则不论男女，人人独立自主，更可相会。

---

① 康氏主张同性恋尚有一理由，"五官有废疾，若塌鼻、缺唇种种人体不完及肺痨者，不许结男女交合之约，以淘汰其种。其有人欲者，听其报官，结男子互交之约可也"。（康有为：《大同书》第3，《康有为全集》第七集，第112页）
② 康有为：《大同书》第7，《康有为全集》第七集，第181页。
③ 康有为：《春秋笔削大义微言考》卷1，《康有为全集》第六集，第17页。

论康有为《大同书》中的婚姻、家庭问题　87

盖太平世与太古原人相同，而与据乱世最相反，此实人道循环之理也。……此皆据乱之义，无论何国，必经此制乃得进化，虽未至于升平，然亦人道必由之路也。自升平世人视之，则以为妇女独苦，而实教化需时，有不得已者也，圣人不过因时出之。若未至升平之世而逾防，则为淫佚；若既至升平世而强禁，则为压抑。①

盖男女之别本据乱之制，女子压抑于内，不得外交，所以笃父子之亲也。至升平、太平世，男女渐趋平等，女子乃无内外之隔，虽有外交，亦不视为淫佚之举矣。②

是以人类自家至国，皆当渐次臻于平等，"盖乱世之法，人王总揽事权；升平之世，人主垂拱无为；太平之世，一切平等，贬及天子，无王可言"③，又谓"每变一世，则愈进于仁；仁必去其抑压之力，令人人自立而平等，故曰升平。至太平，则人人平等，人人自立，远近大小若一，仁之至也"④。

古人防隔内外，虽为淫佚之防，亦以女子体力与智力皆不若男子，故处于据乱之世，自不应当使女子参预国事。然南海以为，至升平、太平世则不然，其曰：

升平之世，女学大开，女智大发，国体立宪，人主无责任，既不患椒房、宦寺之窃柄，并不能徇私纵欲以乱国。……此易世易俗之义，不得以据乱论也。若至太平世，男女皆至平无别，学识亦同，为

---

① 康有为：《春秋笔削大义微言考》卷3，《康有为全集》第六集，第65、66页。
② 古代亲迎礼正是男女平等的体现，故南海认为，《春秋》改定亲迎之礼，乃"《春秋》一王之法，先正夫妇，而婚礼下达，男先乎女。此孔子著男女平等之义，力反乱世之压抑也"（康有为：《春秋笔削大义微言考》卷1，《康有为全集》第六集，第19页），"古未尝有亲迎之礼，尊男卑女，从古已然。孔子始发君聘于臣，男先下女，创为亲迎之义。……后世行亲迎之礼，是用此制。通于此制，而后敬之如宾，夫妇之道乃不苦"（康有为：《孔子改制考》卷9，《康有为全集》第三集，第120页），"墨子亦称三代先王，而讥儒者亲迎，袗裪若仆，盖孔子创制托古耳"。（康有为：《孔子改制考》卷11，《康有为全集》第三集，第144页）又批评古代媵妾之制有悖男女平等之道，"旧制男女平等，自后世尊阳抑阴，乃广备妾媵以繁子姓。泰西一男一女，犹中国古法也"。（康有为：《孔子改制考》卷9，《康有为全集》第三集，第121页）
③ 康有为：《春秋笔削大义微言考》卷1，《康有为全集》第六集，第15页。
④ 同上书，第17页。

长、为师、为议国事之员,与据乱世乃反至极端,自然之理也。①

此说与马克思主义亦同。恩格斯在《家庭、私有制与国家的起源》中即认为,资本主义大工业的发展将泯除男女在体力乃至智识上的分别,从而为男女真正实现平等准备了前提条件。

不过,南海认为,男女平等乃大同之法,若行于今世将极有害,"若今女学未成,人格未具,而妄引妇女独立之例,以纵其背夫淫欲之情,是大乱之道也。夏葛冬裘,各有时宜,未至其时,不得谬援比例。作者不愿败乱风俗,不欲自任其咎也"②。若马克思主义则不同,则将共产主义理想化为现实之革命运动,且自诩其科学性所在,然而,一旦共产主义运动遭受挫折,遂致其理想亦因而受人诟病矣。

南海且认为,人类至升平、太平世,"男女衣服齐同,并薙须发,无所别异焉"③,观乎今世,不独男子无须,女子发亦短少,颇以中性为美矣。凡此,皆男女平等观念之体现。

五 余论

正因为传统中国社会重视家庭伦理的特点,南海撰成《大同书》后,一直没有出版。出于其学生的屡屡请求,乃于民国二年发表了其中一小部分,不过仅涉及一般性原则和政治理想的甲、乙二部。其他部分,亦即其最激烈的社会理想,直到民国二十四年,即他死后八年才出版。然而,有着类似主张的马克思主义已然占据了中国思想的主导地位,而康氏之著述遂不为人重视矣。

南海与马克思主义有诸多相似之处,尤其是有关婚姻、家庭等社会问题上,更是如此。盖马克思主义追求超越自然之自由,故以社会化为最终鹄的,物质生产及人自身的生产,乃至个体生活的诸多方面,皆须社会化,通俗言之,这就是共产与共妻。不过,人类毕竟未能进入共产主义社

---

① 康有为:《春秋笔削大义微言考》卷4,《康有为全集》第六集,第110页。
② 康有为:《大同书》第3,《康有为全集》第七集,第78页。
③ 陆乃翔、陆敦骙:《南海先生传》,《康有为全集》第十二集,第468页。

会，共产共妻亦不可能实施于当下，然而，马克思主义者似乎无法抵挡这种理想的巨大诱惑，因此，作为科学的社会主义，不仅视共产主义为理想，而且又将之化为现实的革命实践：一方面在物质生产领域推行彻底的公有制；另一方面则试图摧毁传统家庭及其伦理。不过，我们也看到，革命的马克思主义者又极忌讳其反对者对共妻制的批评，是以坚持认为，自由的性爱必然是专偶制的。然而，这只是一种假设。因为从人类曾经有过的历史来看，母系社会中的性爱自由毕竟是与群婚制联系在一起的。

南海又主张公有制，以为"今欲致大同，必去人之私产而后可。凡农工商业，必归之公。举天下之田地皆为公有，人无得私有而私买卖之"①，又批评资本主义的经济剥削，"若夫工业之争，近年尤剧。盖以机器既创，尽夺小工。……而能作大厂之机器者，必具大资本家而后能为之。故今者一大制造厂、一大铁道轮船厂、一大商场乃至一大农家，皆大资本家主之，一厂一场，小工千万仰之而食，而资本家复得操纵轻重小工之口食而控制之，或抑勒之。于是富者愈富，贫者愈贫矣"②。南海亦谓其主张与马克思主义相同，然此大同理想尚不足行于当时，而俄国挟武力乃至恐怖以推行之，孰不足取，而中国效之，适足以亡中国也。③

南海又主张消灭阶级，"阶级之制，最与平世之义至相反者也，至相碍者也。万义之戾，无有阶级为害之甚者。阶级之制不尽涤荡而汛除之，是下级人之苦恼无穷，而人道终无由至极乐也"④。此与马克思主义追求无产阶级之自我解放的宗旨，尤为相近。

至于国家之消亡，南海亦与马克思主义相同。南海列举古今中外战争之惨剧，谓"有国者，人道团体之始，必不得已，而是生人之害，未有宏巨硕大若斯之甚者也"⑤，是以，"今欲救生民之惨祸，致太平之乐利，求大同之公益，其必先自破国界去国义始矣"⑥，"凡大同之世，全地大

---

① 康有为：《大同书》第6，《康有为全集》第七集，第156、157页。
② 同上书，第154页。
③ 参见康有为：《致吴佩孚等书》，1926年2月，第417页。
④ 康有为：《大同书》第1，《康有为全集》第七集，第38页。
⑤ 康有为：《大同书》第5，《康有为全集》第七集，第127页。
⑥ 同上书，第128页。

同，无国土之分，无种族之异，无兵争之事"①。对此，南海设想了世界政府的可能性，至于列国，则犹美之联邦耳。南海曰：

> 削除邦国号域，各建自主州郡而统一于公政府者，若美国、瑞士之制是也。公政府既立，国界日除，君名日去。渐而大地合一，诸国改为州郡，而统于全地公政府，由公民公举议员及行政官以统之。各地设小政府，略如美、瑞。于是时，无邦国，无帝王，人人相亲，人人平等，天下为公，是谓大同。此联合太平世也。②

至于人民，则皆成为"世界公民"，"据乱世为爱种族之世，升平为争种族合种族之世，太平则一切大同，种族不分，无种族之可言，而义不必立"。③ 对此，梁启超认为，"小康为国别主义，大同为世界主义"④。

谭嗣同亦有类似论调，谓"《春秋》大一统之义，天地间不当有国也"，又谓"不惟发愿救本国，并彼极盛之西国与夫含生之类，一切皆度之……不可自言为某国人，当平视万国，皆其国，皆其民"⑤。

南海又以消灭家庭为国家消亡的首要步骤：

> 欲去家乎，但使大明天赋人权之义，男女皆平等独立，婚姻之事不复名为夫妇，只许订岁月交好之和约而已。行之六十年，则全世界之人类皆无家矣，无有夫妇父子之私矣，其有遗产无人可传，其金银什器皆听赠人。若其农田、工厂、商货皆归之公，即可至大同之世矣。全世界之人既无家，则去国而至于大同易易矣。⑥

人类自有家庭，遂导致私有制之形成，最终瓦解了氏族，正是氏族废墟的基础上，国家得以建立起来。因此，欲消灭国家，必然首先要消灭

---

① 康有为：《大同书》第7，《康有为全集》第七集，第164页。
② 康有为：《大同书》第5，《康有为全集》第七集，第130页。
③ 康有为：《春秋笔削大义微言考》卷三，《康有为全集》第六集，第68页。
④ 梁启超：《南海康先生传》，《康有为全集》第十二集，附录一，第428页。
⑤ 引自梁启超：《清代学术概论》，《梁启超论清学史二种》，第77页。
⑥ 康有为：《大同书》第6，《康有为全集》第七集，第163页。

家庭。

可以说，马克思主义的社会理想与政治理想的共通处在于，使个体成为真正的自由人，国家生活中如此，家庭生活中亦如此；然后在此基础上，实现自由人的自由联合，国家与家庭皆是此种联合体。人之自由既如此，则其联合亦极松散，故国家终归消亡，家庭亦终归解体。未来之人类生活，个体或因不同性别间无法泯除的自然欲求而偶然聚首，至于国家之存在，其可能的偶然联合则不知出乎何种缘由，殆未可知也。

今日人权之说大兴，卑幼者执之以抗尊长，常使家庭伏解体之忧矣。美国又高标"人权高于主权"之说，盖欲秉世界政府之权也，然不免启无穷战争之祸矣。大同乃人类万古之理想，马克思以经济问题之解决为前提，南海则期以家庭问题之解决矣。

因此，梁启超认为康氏为"社会主义派哲学"。对此，梁氏说道：

> 理想之国家，实无国家也；理想之家族，实无家族也。无国家、无家族则奈何？以国家、家族尽融纳于社会而已，故曰社会主义派哲学也。故其一切条理，皆在于社会改良。①

又论《大同书》曰：

> 其最要关键，在毁灭家族。有为谓佛法出家，求脱苦也，不如使其无家可出；谓私有财产为争乱之源，无家族则谁复乐有私产？若夫国家，则又随家族而消灭者也。有为悬此鹄为人类进化之极轨，至其当由何道乃能致此？则未尝言。……有为著此书时，固一无依傍，一无剿袭，在三十年前，而其理想与今世所谓世界主义、社会主义者多合符契，而陈义之高且过之。呜呼！真可谓豪杰之士也已。②

其实，梁氏本人亦颇倾向社会主义，尝发表《干涉与放任》一文，其中对社会主义的前途充满了期待："社会主义者，其外形若纯主放任，

---

① 梁启超：《南海康先生传》，《康有为全集》第十二集，附录一，第433页。
② 梁启超：《清代学术概论》，《梁启超论清学史二种》，第67页。

其内质实主干涉者也。将合人群便如一机器然，有总机以纽结而旋掣之，而于不平等中求平等。社会主义其必将磅礴于二十世纪也明矣。故曰：二十世纪为干涉主义全胜时代也。"① 梁氏以"干涉"论社会主义之实质，可谓深刻。

不过，萧公权并不同意这种看法，他认为，康有为只能是个社会主义者，不过较之孙中山的"三民主义"、陈独秀在《新青年》中的空想社会主义倾向，以及胡适的"自由社会主义"，则显得更激进，大概可以称做"民主共产主义"，而与马克思主义不一样。然而，无论如何，二十世纪前后的中国思想都有着共同的倾向，即毛泽东所说的"向西方求真理"②。不过，萧公权仍然认为，南海"也可能为共产思想与体制之兴，铺了路"③。

---

① 载《新民丛报》第 17 号，1902 年 10 月 2 日。
② 萧公权：《康有为思想研究》，第 331—336 页。
③ 转引自汪荣祖：《康章合论》，新星出版社 2006 年版，第 63 页。

儒家大同思想与人类命运共同体建设

山东社会科学院国际儒学研究与交流中心　孙聚友

儒家的大同社会理想，是中华民族古代思想家对于理想社会的美好构建，是历代政治家为之奋斗的社会目标。这一理想追求，对于促进国家的统一和民族的团结，对于社会的和谐发展和国家的长治久安，对于人类的和谐相处和文明进步，在古代社会产生了深远广泛的历史影响，在现代社会依然具有其独特的价值作用。

当代社会，随着全球化进程的发展，人类面临着许多突出的难题需要解决。特别是世界各个文明之间如何和睦相处，和平与发展如何得以实现，成为人们共同关注的问题。中国提出的"一带一路"发展战略，体现了"睦邻、安邻、惠邻"的诚意和"与邻为善、以邻为伴"的友善，是承贯古今、连接中外、造福沿途各国人民的事业，得到国际社会的广泛关注和积极支持。它强调共商、共建、共享原则，是促进共同发展、实现共同繁荣的合作共赢之路，是增进理解信任、加强全方位交流的和平友谊之路。"一带一路"发展战略，其目的在于，秉持和平合作、开放包容、互学互鉴、互利共赢的理念，全方位推进务实合作，其目标是要构建一个政治互信、经济融合、文化包容的人类利益共同体、命运共同体和责任共同体。人类命运共同体意识，是以儒学为核心的中华文化自信的重要体现，是寻求与其他多元文明取长补短，合作共进的积极探索，它承载了对人类命运的历史思考，也是对当前全球化深入发展的现实回应。

人类命运共同体意识，具体表现为"五位一体"的布局和路径。政治上，要建立平等相待、互商互谅的伙伴关系。安全上，要营造公道正义、共建共享的安全格局。经济上，要谋求开放创新、包容互惠的发展前景，打造兼顾效率和公平的规范格局。文化上，要促进和而不同、兼收并蓄的文明交流。生态上，要构筑尊崇自然、绿色发展的生态体系。打造人类命运共同体，就是要建立合作共赢新型国际关系，它包括价值共识、制度实践和文化认同三个相互联系的层面。与西方全球主义的模式不同，人类命运共同体在价值共识上提倡真正的全人类价值，而不是所谓的普遍化的西方价值；在制度设计上尊重当前以联合国宪章为基础的秩序和规则，强调主权平等，反对帝国霸权；在文化上，主张尊重多样性，各文化间和而不同，包容互鉴，反对文明优越论和普世论。这一观念的提出，与儒家的大同思想有着历史的相联，观念的相通，更有着价值上的相融。如果说儒家大同思想是古代思想家对于人类美好社会的理想追求，那么人类命运共同体意识，则是现代中国对于当今世界进步发展的理想追求。

因此，深入探讨儒家大同思想的当代价值，推动当今世界人类命运共同体的构建，对于实现儒家思想的创新性发展和创造性转化，深入认识和构建新型国际关系，解决当代人类社会面临的难题，促进世界文明的和谐发展，揭示儒家文化在当今世界文明发展的地位和价值，有着重要而深刻的现实意义和实践作用。

一 儒家大同思想的内容及其历史演变

大同社会展示了儒家对人类美好社会的理想构建，这一理想社会首先是在《礼记·礼运》篇提出的。关于大同社会的具体特征，《礼记·礼运》载：

> 昔者仲尼与于蜡宾，事毕，出游于观之上，喟然而叹。仲尼之叹，盖叹鲁也。言偃在侧曰："君子何叹？"孔子曰："大道之行也，与三代之英，丘未之逮也，而有志焉。大道之行也，天下为公。选贤与能，讲信修睦，故人不独亲其亲，不独子其子，使老有所终，壮有所用，幼有所长，矜寡孤独废疾者，皆有所养。男有分，女有归。货恶其弃于地也，不必藏于己；力恶其不出于身也，不必为己。是故，谋闭而不兴，盗窃乱贼而不作，故外户而不闭，是谓大同。"

大同社会，就是孔子所说的尧舜尚且没有达到的"博施于民，而能

济众"的圣德境界的社会。这一尽善尽美的理想社会,主要具有这样一些特点:

"天下为公"的社会制度,大同社会是天下为天下人所共有的社会,在这个全民公有的社会制度中,既包括权力的公有,又包括财物的公有。选贤与能的管理体制,也即管理社会的人是被公正选举出来的贤能,而选举贤能的权力在于全社会的民众。在这一公有的社会中,社会的管理者是由人们所共同推选出来的,选举的标准是以人的道德修养和管理能力为依据的。讲信修睦的人际关系,在"天下为公"的大同社会中,人们之间是以讲求信睦来协调和构建良好的人际关系。在社会的管理中,管理的规范准则是道德,而不需要外在强制的其他准则,人们之间讲信修睦,和谐相处。人得其所的社会保障,在这一公有的社会中,人人皆有"所终""所用""所长""所养",为社会发展贡献能力,并拥有社会保障的权力。人们视他人父母如自己父母,视他人子女如自己子女。男有室,女有家,社会和谐,人民安居,任何人都能得到社会的关怀,任何人都主动关心社会。各尽其力的劳动态度,在这一社会中,劳动已经成了人们高度自觉而又十分习惯的活动。在这一人人生存得到保障的社会中,人们依据自身的年龄性别而具有相应的社会分工,担负相应的社会职能,各尽其力,而不必为己。在这一不必为己的社会中,社会财产属于公有,人们所担心的是财产不能得到充分利用,而出现无为的浪费。安定祥和的社会,在这个社会中,既没有尔虞我诈的阴谋诡计,也不存在杀人越货的盗贼和战争,整个社会处于安定祥和之中,人们过着丰衣足食的太平生活。大同社会,就是儒家所追求的"安人"管理目的的完美实现。

大同社会,在儒家思想中占有重要的地位,它是儒家关于治国理政所应追求的美好理想,是历代政治家思想家所向往的社会目标。在古代社会中,许多有为的政治家思想家都对理想的大同社会进行了新的阐发,成为贯穿于中国传统社会的重要政治目标和社会理想。近现代以来,儒家的大同社会理想依旧为人们所关注和重视,围绕着如何实现大同社会理想,许多政治家和思想家结合社会的发展,对儒家大同社会进行了新的探讨,在促进中国社会和文明的进步中,产生了重要的作用和影响。

儒家大同思想追求的是人类的和平相处,倡导的是人类的共同进步,这一价值观与当今世界的发展主题和人类命运共同体的建设,是相互贯通的。

二 儒家大同思想与人类命运共同体的建设

儒家大同思想作为儒家思想的集中表现，具有着重要的现实价值。人类命运共同体意识，是超越民族国家和意识形态的"全球观"，表达了中国追求和平发展的美好愿望，体现了中国与各国合作共赢的目标追求。

1. 儒家大同思想与人类命运共同体具有着"天下为公"的价值共识。

与西方全球主义的模式不同，人类命运共同体在价值共识上提倡真正的全人类价值，而不是所谓的普遍化的西方价值。儒家的大同社会追求的是天下为公的社会，实现的是天下人共同的利益。

当今世界，人类生活在不同文化、种族、肤色、宗教和不同社会制度所组成的世界里，各国人民形成了你中有我、我中有你的命运共同体。虽然仍然存在着不同国家利益、不同宗教信仰、不同意识形态、不同社会制度的分歧甚至对立，但无论怎样，我们是共同的人类，有着共同的利益。人类命运共同体的建设，需要有共同准则，共同的准则才能保证人类整体利益的实现。而儒家的大同思想，可以为这一准则的确立提供重要的思想基础，这一思想基础就是天下为公。

儒家的天下为公思想，是建立在对人之所以为人的认识基础上的，是建立在人类应当如何生存发展的人文之道基础上的，是建立在对人的生存价值充分尊重和全面保护基础上的。儒家指出，仁是人的存在的本质属性的规定，"仁也者，人也；合而言之，道也"（《孟子·尽心下》）。仁，既是指人之所以为人应具有的仁爱道德，又是社会运行发展所应实施的仁政德治人道。它表现于人的存在的各个方面，贯穿于社会活动的所有领域。无论是儒家对于人的存在的本质属性阐发，还是对于社会运行发展的人道揭示，都是围绕着仁德而展开的，都是以尊重和保护人的生存为目的的。由此仁德出发，儒家指出，实现社会的和谐进步，尊重人的生存权利，保障民众的生存发展，是为政者所应持守的仁德，是人道社会的基本特征。因此，儒家主张，为政必须实行以民为本、重民爱民的政策，重视对于弱势群体生存权利的落实和保障。孟子曾以周文王为例，指出文王之所以能够为周朝政权的创建奠定下厚实的根基，就是由于其在政治活动中实行了保民爱民的仁政,能够重视保证弱势群体的生存。他说:"老而无妻曰鳏,老而无夫寡,老而无子曰独,幼而无父曰孤。此四者,天下之穷民而无告者,文王发政施仁,必先斯四者。"(《孟子·梁惠王下》)所以,为政者必须实施仁政德治,保证民众的生存发展。由此可见,儒家以民为本的理论价值在于,它指出了社会中的每一个人,都有其不可剥夺的生存权利,保护每个人的生存发展,这既是为政者所应担负的职能和义务,是仁德的实践,更是人道社会所具有的特征。

儒家对于人的生存价值的尊重,对于和谐社会进步发展的追求,与人类命运共同体的价值追求,是相互贯通的。可以说,人类命运共同体意识的提出,就其价值追求而言,正是对儒家大同思想的继承发扬。以"和谐相处、合作共赢、和平发展"作为构建人类命运共同体的核心原则,与儒家"仁者爱人""天下为公"的思想有着紧密的联系。中国坚定不移走和平发展道路,中国也希望世界各国都走和平发展道路,世界各国也应把和平发展的理念落实到各自的政策和行动之中。所以,国际社会应该携手努力,一起来维护世界和平、促进共同发展。只有这样,和平才有希望,发展才有希望。而要实现世界的和睦相处、和谐发展,共谋和平、共护和平、共享和平,其中很重要的一个方面就是要从思想上确立天下为公、和平发展的理念。儒家大同思想追求的是人类的和平相处,倡导的是人类的共同进步,人类命运共同体理论是以相互依赖、利益交融、休戚相关为依据,以和平发展与合作共赢为支柱,二者在价值观上是相互贯通的。

2. 儒家大同思想与人类命运共同体贯穿着"公平正义"的治理理念。

维护当今世界的和平,实现人类的共同发展,正确处理好国家之间的关系,促进世界文明的全面进步,是当今社会共同的话题。儒家大同思想倡导的公平正义的理念,与人类命运共同体所追求的全球治理观是相互一致的。

儒家大同思想追求的是整个天下人类的共同发展和进步,在大同社会中,政治上讲求选贤与能,经济上追求共同发展,人们之间彼此和睦相处,尽职尽能,整个社会安定祥和。这一公平正义的社会制度和理想追求,与人类命运共同体意识有着相互一致的目标趋向。人类命运共同体意识,在政治上主张要建立平等相待、互商互谅的伙伴关系,营造公道正义、共建共享的安全格局,在经济上谋求开放创新、包容互惠的发展前景,打造兼顾效率和公平的规范格局,在生态上构筑尊崇自然、绿色发展的生态体系,它追求的是世界各国在和平中走出一条和衷共济、合作共赢的新路子,推动构建以合作共赢为核心的新型国际关系,保证国际秩序朝着更加公正正义、合理有序的方向发展,更好地造福于世界人民。

儒家的大同思想,特别重视尊重和保障人的生存权利,主张人不独亲其亲,不独子其子,老有所终,壮有所用,幼有所长,矜寡孤独废疾者,皆有所养。这一仁者爱人、推己及人、博施于民而能济众的思想,也同样适应于国与国之间的关系。当今世界,贫国与富国之间的经济差距在不断拉大,发达国家和发展中国家以及不同发展中国家之间分配的不均衡现象继续加剧,这是导致整个世界动荡和混乱的原因之一。因此,从全球治理观出发,建立一个公平正义,共赢共荣的国际新秩序,实现世界各国的共同发展,才能有利于解决当今世界出现的各种问题。

而人类命运共同体意识,主张国际社会要本着相互尊重和相互信任的原则,通过积极有效的国际合作,共同构建和平、安全、开放、合作的世界秩序,建立多边、民主、透明的国际治理体系。全球治理理论的核心观点是,由于全球化导致国际行为主体多元化,全球性问题的解决成为一个由政府、政府间组织、非政府组织、跨国公司等共同参与和互动的过程,这一过程的重要途径是强化国际规范和国际机制,以形成一个具有机制约束力和道德规范力的、能够解决全球问题的"全球机制",而公平正义就是实现全球治理所应遵循的原则。

世界各国应当真正从全人类长远利益出发来考虑当今社会所面临的各种问题,而不是从短期国内政治需求出发来制定政策。各国之间的合作共赢,就是要倡导公平正义的理念。各个国家在世界关系中,树立双赢、共赢的新理念,在追求本国利益时兼顾他国合理利益,在谋求本国发展中促进各国共同发展,建立更加平等均衡的新型全球发展伙伴关系,同舟共济,权责共担。要尊重各国自主选择的社会制度和发展道路,尊重彼此核心利益,客观理性看待别国发展壮大和政策理念,努力求同存异、聚同化异。因此,全球治理体系的建设,一是应创造一个"各尽所能、合作共赢的未来",摈弃"零和博弈"狭隘思维,推动各国尤其是发达国家多一点共享、多一点担当,实现互惠共赢;二是应创造一个"奉行法治、公平正义的未来"。要提高国际法在全球治理中的地位和作用,确保国际规则有效遵守和实施,坚持民主、平等、正义,建设"国际法治";三是应创造一个"包容互鉴、共同发展的未来"。所以,人类命运共同体意识超越种族、文化、国家与意识形态的界限,为思考人类未来提供了全新的视角。政治上要坚持正义、秉持公道、道义为先,经济上要坚持互利共赢、共同发展,积极主动参与全球治理,构建互利合作格局,承担国际责任义务,打造人类命运共同体,这是推动世界和平发展、合作共赢的一个理性可行的行动方案。

3. 儒家大同思想与人类命运共同体蕴涵着"和而不同"的文化理念。

儒家大同思想,体现了儒家对于理想社会的追求,展示着人类对于美好生活的向往。而大同社会的实现,是以儒家思想贯穿始终的,是儒家所追求的治国平天下的价值目标。儒家关于人与人之间、国与国之间的相处之道,是以持守"和而不同"的原则为其鲜明特点的,它强调"己所不欲,勿施于人",主张"己欲立而立人,己欲达而达人"。儒家提出的"己所不欲,勿施于人"的忠恕之道,至今仍是国际社会公认的伦理准则。而在历史上,中国也是真诚地把"忠恕之道"作为国际关系的处理准则。这些思想,同样也适用于人类命运共同体的构建。人类命运共同体的构建,离不开对人类各种优秀文明成果的吸收,儒家"和而不同"的思想,可以为人类命运共同体的构建,提供有益的启示。

人类命运共同体意识,倡导的是和平发展、和谐相处、合作共赢的国际观,主张世界各国人民应当和睦相处、和谐发展。构建人类命运共同体,在文化上,应当持守和而不同、兼收并蓄的文明交流原则,尊重不同文明的特点,维护文化的多样性,正确地学习借鉴、传承人类所创造的优秀文明,不断赋予其新的时代内涵,以适应当今世界的进步发展。

儒家文化崇尚和谐,倡导天人合一的宇宙观、协和万邦的国际观、和而不同的社会观、人心和善的道德观。在5000多年的文明发展中,中华民族一直追求和传承着和平、和睦、和谐的坚定理念。仁者爱人,以和为贵,己所不欲、勿施于人等思想,深深植根于中华民族的精神之中,构筑了中华民族为人处事、治国理政的行为方式特点。儒家所追求的大同社会理想,是儒家思想的集中体现。协和万邦、和而不同的思想,正是人类命运共同体构建所应持守的原则。因此,维护当今世界的和平,实现人类的共同进步，构建人类命运共同体，世界各国必须坚持相互尊重、平等相待；必须坚持合作共赢、共同发展；必须坚持不同文明兼容并蓄、交流互鉴；必须正确处理好国家之间的关系，实现文明的对话，寻求多元文明交流互鉴的新局面，寻求人类共同利益和共同价值的新内涵，寻求各国合作应对多样化挑战和实现包容性发展的新道路，做到以合作谋和平、以合作促安全，以和平方式解决争端。

儒家大同思想可以为人类命运共同体的构建，提供有益的借鉴，是促进当今世界和平与发展的重要思想资源。人类命运共同体意识兼顾了现实针对性与长远方向性，具有深远影响与巨大生机。大同社会的实现，是儒家修己安人思想的最终价值追求。这一理想社会的实现，是建立在修身的基础上的。惟有做到修身，始能齐家、治国、平天下。同样，人类命运共同体的构建，需要坚持"天下为公"的价值观，需要坚持公平正义的原则，需要坚持"和而不同"的理念，需要各国政府和团体共同的努力。尽管各国的政治体制、意识形态、经济策略、文化传统各有不同，但这并不妨碍人类命运共同体的构建。而如能持守儒家所主张的修身思想，做到个人道德的完善，拥有关爱众生的理念，实践"仁者爱人"的行为，那么，人类命运共同体的建设就会有着更为踏实的根基。

关于"《小学》对孝和人性教育产生的影响"的相关研究

韩国国家发展策略研究院人文学振兴委员会　尹泰厚

一　序论

现代社会由于"个人主义、物质万能主义、小家庭化主义"的出现破坏了传统，损坏了精神价值。随着科学的发展，我们的思想也都变成了统一化，甚至于连曾经自由的生活也逐渐丧失了人际关系的本质。这种现象就使得互相帮助的思想变得淡薄了。

所谓的人性（Personality 或者 Character）是根据时代和集体的不同而有着不同的定义的。即使是在同一个时代和同一个集体里面也会因为文学体系和伦理的不同而有着不同的定义。虽说不能用简单的一句话来定义，但是人性从"个人角度"和"他人·集体·自然"的关系的立场上看，它具有比较人性化的品格和"力量"的含义。在韩国是通过人性教育振兴法律而实施义务性的人性教育的，现在这个时期是可以具备正确的成熟的人性，并且要实践它的最重要的时期。

为了克服由于物质文明和科学技术的副作用导致的人性丧失的问题，需要在人性教育上找到解决方案。有子说"君子务本 本立而道生 孝弟也者其为仁之本兴（《论语·学而篇》）"也就是说所有事情都要从根本上努力，从根本上确立的话，那么那个"道"就会自然而然的产生。了解做人之基本，具备端正的人性，并兼具两者一起生活下去的这种时代状况和强化人性教育的必要性，是最基本的认知。要认识到以实施全方位的人性教育作为人生的方向和意义的重要性，并且迫切需要成就自我实现的教育。

孔子从 2500 多年前就曾经说过"夫孝 德之本也，教之所系繇生

(《译注古文孝经》)"的重要性。"孝是平生要坚持的伦理"。不管是《小学》教材中接触到的孝道教育,还是作为人性教育的书籍都是非常恰当的。因此,首先看一下关于研究中的传统的《小学》的概念,然后,从全人类教育实践的侧面上分析《小学》的内容,再来观察下它和人性教育之间的关系。从这样的观点来看,本文尝试提出当今《小学》对孝道和人性教育的影响。

二 《小学》的概念理解

1. 形成过程和教育目的

朱熹和他的弟子刘子澄本着把三代的《小学》修复完整的目的,于1187年成功重新编辑改版。(《小学》"御制小学序"东洋古典国译业书)。把基本礼节和在学习六书中学到的"三纲五伦"作为日常生活中实践具体的行为指针,它的目的就是要成为儿童的启蒙教育教材。

幼时的学习,转变为智慧和教化,实现为成功的教育。以此揭示出"而必使其 讲而习之於幼幼稚之时,欲其习,与智长,化与心成,而无扞格不胜之患也"(《论语集注》"小学书题")。这就是儿童启蒙的标准方面的教育性质和方法的含义。传统的初等教育和今天的生活适应教育有所不同,洒扫、应对等是进入儿童启蒙的真理世界的第一步。

《大学》序文里的可以看到"三代之隆 其法 寖备 然后 王宫国度 以及间巷 莫不有学 人生八岁 则自王公以下 至於庶人之子弟 皆入小学 而教之以洒扫应对进退之节礼乐射御书数之文"的章句。这是因为有个叫作小学的学校,它按照年龄的大小的顺序分成正规的教育来实施的,是"事"或者"行"各自对应领域的指南书。

人性本善,它的本性的线索可以在孟子的四端和事物结合的时候找到。即:爱父母,尊敬兄长,忠诚于君王,恭敬长辈,这是人类原有的本性。人类的这种本性在《小学》里面可以了解到,它是对青少年在日常中可以得到礼节实践的理论书。

2. 内容构成和含义的关系

《小学》共由内/外篇6卷,386章组成。序文和通论是根据对应的

"小学书题"和"小学题辞"中的序头来说明编撰这本书的意义的。"小学书题"是对为什么制作成《小学》而进行的说明。"小学题辞"里面介绍了朱熹的教育观点。本文内篇由13章构成的"立教"介绍的是教育的原则。由108章构成的"明伦"介绍的是人间必须具备的5种伦理，由46章构成的"敬身"介绍的是通过古代的经典叙述具有虔诚举止的重要性。由47章构成的"稽古"介绍考察的是汉代以前的贤者的行迹，并见证了"立教"·"明伦"·"敬身"的话语。由外篇91章构成的"嘉言"记录摘选的是汉朝以来贤者记录的语句，是对"立教"·"明伦"·"敬身"的扩展。由81章构成的"善行"是记录贤者们的一些善行。内篇中的"立教"·"明伦"·"敬身"是引用经书相对应的概论，内篇"稽古"和外篇的"嘉言"·"善行"是通过实际生活中古人一些言行而重新对"立教"·"明伦"·"敬神"做了见证。"稽古"和外篇的"嘉言"·"善行"是相对应排列，内篇布局和外篇布局不同的原因是，内篇的布局处理的是汉朝以前贤者们的行迹。

内篇引用的主要文献借用的是《礼记》·《论语》·《孟子》，全书共214章，从其中的162章可以了解到朱熹四书的中心思考方式。介绍行为的外篇，全书共172章，其中的110章揭示的是宋代士大夫的一些模范事例行为。尤其是借用程颢、程颐两兄弟，张载、司马光、吕氏的《童蒙训》等事例，可以看出大都对以道学为天命之北宋时代士大夫是非常尊敬的。

"夫孝 德之本也"可以理解为传统时代家庭教育的出发点最根本的内容，孝·德·教育的关系成为了人性教育的理论性基础与实践的学习方法的连接纽带。《小学》以伦理教材来养心，以圣贤的素质来启蒙儿童教育，即"授之蒙，资其讲习，庶几有补於风化之万一云尔（《小学集注》"小学书题"）"。这是人际关系要遵守的最基本的风俗和文化的伦理行为，作为为了传授实践的方法·礼节·道理而完成的教训书，可以说它已经完成了五伦的实行。

3. 朝鲜时代的《小学》

《小学》是进入明代时期以后被广泛普及了的，在普及这本书的过程中出现了很多的译注书。何士信的《小学集成》，程愈的《小学集说》，陈祚的《小学正误》，陈选的《小学句读》，吴訥的《小学集解》等等，都是代表性的例子。

朝鲜时代使用的《小学集注》是把朱熹的《小学》和诸家来一起用本国语言懸吐翻译的。15、16 世纪的《小学集成》、《小学集说》被广泛地普及并发行了。进入 16 世纪以后，在《小学》被集中研究的时期里，恰巧栗谷李珥把中文的《小学集成》、《小学集说》、《小学集结》、《小学正误》、《小学增注》和《小学秀集》汇集起来，加以选择取舍后，又增加了本人的解释。他在 1579 年编著了《小学诸家集注》，（《栗谷全书》卷三十四 附录二 年谱 下 己卯七年 先生四十七岁），在他死后的 1612 年，由他的后辈们继续编著，同时在朝鲜社会里和《小学集成》有着不同性格的《小学》又有了新的翻译版本。《小学集注》的编撰是朝鲜社会对《小学》的学习和教育进行的一次新的教育改革。

《小学》是朱子学的初学者的入门书。在《小学集注》的原版注释翻译中，对于初学者的知识范围没有进行明确的说明。所以，考虑到朝鲜的现实，就把新的翻译版本中不好理解的地方都删除掉了，记录了急需要熟练掌握的内容和比单纯自求理解的内容更深化了的内容。在朝鲜时代，当时判断出有好多注解非常复杂难懂，并且有错误现象，把众多的翻译家的观点公正的评论，在性理说的基础上的解释扩大以及把上下规范意识扩散，比如说，把家长制秩序意识强化并放在心里，建立起新的翻译体系。《小学集注》超越文章原有的质朴含义的句子和语言表面的原有含义，把和事实相关联的内容更深化，这是它特有的特征。

三　《小学》和人性教育的关系

传统的教育方式就是从自己可以开口说话的时候就开始通过实践教育来熟悉掌握人类的本性的。正如"小学题辞"里面阐述的，《小学》是以性善说为立场的，和人的想法和行动有着直接影响就是感情，本性是隐藏在心灵深处的良知本性的一种，所以，为了培养这个良知需要反复地把行动习惯化。

1. 人性教育的指南书《小学》

作为小学教育的指南书，这本书介绍了在日常生活中要怎样举止，以及要保持什么样的心理状态，进一步推进了学问。增加智慧的方法就是把某种行动熟练，并重新振作精神，端正心态。它作为这样的一本基础的教科书，里面的内容是现代人性教育中必须学习而且必须熟练掌握的。

对于小学生的本性和心性，不但要顺从他们，而且要尊重、顾及他们的兴趣和动机后，再对他们进行教育。建议教师们使用一些可以引起他们兴趣的教学原理。

教育方法要在孩子小时候开始，他们虽然听不懂，但是需要每天都对儿童进行格言和言论提示。即使他们不能领悟，但是随着时间的推移他们也会像一种习惯一样来实施，自己熟悉的内容是自身判断是非并作出行动的方法。

三节四道的礼仪，通过学习来了解到端正道理，事物的法则，身体的修养，学问的伟大性，天性和品德，本性和善良，仁义礼智，本性的不足和有余等等，都通过"小学题辞"详细地提出来了。这是熟练把握小学生们的人性教育的基本原理，作为领悟人格发育和修养以及完善人格教育的原理，它是为学习者、教育者等所有人准备的卓越的修心养身的教育方法。

《小学》的教育成为了儿童日常生活的基本，并且成为所有事情的根本，养成自我卫生和清洁周围，端正的饮食生活等重要的健康生活习惯。以尊敬父母和长辈的态度来为人处事，重视使用文明礼貌用语。以穿着饮食礼节为尊敬精神为根本，防止心理上和礼节脱节的表面题材。即：和注重外表相比，更要重视衣食的内在礼节和道理。再就是强调个人生活要始终如一，强调自身修养和道德修养。

2.《小学》中出现的人性教育的相关内容

1）教育和人类的方向

"立教"中对儿童进行了在《小学》本质上的教育，它的重要意义部分是在"2章"里面：六年教之数与方名，七年男女不同席，不共食，八年出入门户，及即席饮食，必后长者。始教之让，九年教之数日，十年出就外传，居宿于外，学书记，礼节和礼仪，十又一年与于音乐，诗歌，舞蹈，15岁以上开始学习舞蹈，射箭，演说。事事都恭敬，或者把恭敬放在优先位置，这种最简单的恭敬就是对仪容的尊重。礼仪的开始是指仪容端正，色彩整齐，语言和命令中要有顺从，举止端正不仅是维持恭敬心的礼节，也是实施孝道的基本，是调节人际关系秩序的最完善的礼节教育方法。

"明伦"揭示了关于五伦的内容。在第"7章"里面显示：凡为人子者，居不主奥，坐不中席，行不中道，立不中门，引用《曲礼》中的学业和言行相关的礼节内容。再就是在第"6章"中曾说道："孝子之有深爱者 必有和气 有和气者 必有愉色 有愉色者 必有婉容，孝子如持玉 如奉盈 洞洞属属然 如弗胜 如将失之 严威严格 非所以事亲也"。愉，就是和悦的模样；婉，就是温柔美丽的模样；盈，就是充满的模样；洞洞，就是迫切的模样；属属，就是专注的模样。和气和愉色是所有爱心流露出来的无限的恭敬的孝道。这就是孝子对父母的奉养态度，要用温顺的表情或者端正的脸色，以及虔诚的心来奉养父母，教育人们不管是在什么情况下都不要对父母用虚假方式进行奉养。媳妇和公婆之间的礼节在第"4章"中曾讲到："在父母舅姑之所 有命之 应唯敬对 进退周旋 慎齐 升降出入 揖游不敢哕噫嚏 咳欠伸跛倚睇视 不敢唾洟，寒不敢袭 痒不敢搔 不有敬事 不敢袒裼 不涉不撅 亵衣衾 不见里"。这里讲的关于声音和模样的礼仪规矩全都是为了唤醒不恭敬的礼法，即：揭示了回应的礼节和进退的礼，以及活动的生理状态上的实现礼节的实践方法。明确提出了监督容仪和品行的相关礼节，婆媳之间穿戴礼节。以及提到"父母唾洟不见 冠带垢 和灰请漱衣裳垢 和灰请浣 衣裳绽裂 纫箴请补缀 少事长 贱事贵共帅时"，认为，把肮脏的部分去除并且不让别人看到，以及晚辈要瞻仰长辈都是理所应当的。第"70章"中讲的"徐行后长者 谓之弟 疾行先长者 谓之不弟"揭示了走路姿势相关的礼节。

2）修养的方法

"敬身篇"和"明伦篇"实行的内容没有脱节。作为礼仪的事例在第"14章"中讲到："毋侧听，毋噭应，毋淫视，毋怠荒。游毋倨，立毋跛，坐毋箕，寝毋伏，敛发毋髢 冠毋免 劳毋袒 暑毋褰裳"。这里是指"不要侧耳探听，不要用大声叫喊来应答，目光不要游移不定，不要放散身体。走路时不可态度傲慢，站立时不要像跛脚的人般斜放着腿，坐着时不可将两脚张开有如簸箕，睡觉时不可趴在床上。头发束敛好披散着，帽子不要随意脱下，干活不要袒衣露体，热天不要撩起衣裳。"等礼节。"敬身15章"中讲到："将上堂 声必扬 户外 有二屦 言闻则入 言不闻则不入 将入户 视必下 入户奉扃 视瞻毋回 户开亦开 户阖亦阖 有后入者 阖

而勿遂 毋践屦 毋踖席 抠衣趋隅 必慎唯诺"。进入房间的时候一定让主人听见声音；发现门外面有两双鞋的话，听见有说话的声音再进去，没有听见说话的声音就不要进去；为客入主人之室，手不乱动物品，目不左右回顾，恐犯主人之忌，或疑其察主人之隐私也。通俗点说，到别人家里做客，不要乱翻别人的东西，别乱看，主人会猜忌和怀疑你是否别有用心；如果门开着就让它开着，如果敞着就让它敞着；后面如有跟着进来的人，关门不能完全关上；也不能踩别人的鞋子，不能踩别人的座位；一定要端正郑重的坐在一处，谨慎的回答。也就是说，出入行动之前和出入时，首先要观察室内的动静之后再出入，提示有长辈在的时候一定要注意姿势和行动礼节。

再就是"敬身16章""君子之容 舒迟 见所尊者 齐遬．足容重 手容恭 目容端 口容止 声容静 头容直 气容肃 立容德 色容庄"，这里面的舒迟就是指闲雅的意思，齐就是指要小心谨慎的恭敬，遬就是不要随便的恭敬，遇到值得恭敬之处的人要更加的恭敬，站着的姿势敦厚，以下都是敬的条目。这是要从根本上来涵养的。即：长有值得尊敬容貌的君子出入的修养的方——手、脚、眼睛、嘴、声音、呼吸等等的严肃，和厚德的姿势及容貌气色，可以从儒家礼节上面看出来。

见到除了父母以外的长辈或者上级领导的相关礼节在"明伦70章"中有体现出来。在"嘉言"·"善行"中提出了古代的贤者们的实践事例等的影响。关于君子的行动在"敬身18章"中提出了"不窥密 不旁狎 不道旧故 不戏色 毋拔来 毋报往 毋渎神 毋循枉 毋测未至 毋訾衣服成器 毋身质言语"，不要在隐蔽的地方偷窥，不要侵入别人的领土，不要揭露朋友的缺陷，不要以戏弄的脸色对待别人，不要到处来来去去，不要亵渎神，不要听从错误的话，对于还没有来临的事情不要预先猜测。不要对服装和已经完成的器皿进行非难，对于寸有疑惑的语言不要擅自决定。"稽古"中子路说道："无宿诺（《小学集注》"稽古40章"）"，意思就是说小时候学到的东西一定要熟练把握，并且要有智慧地成长。把教化解释为和心理一起实现，并且追溯到把不可抵挡的忧虑去除掉。"孟母三迁之教"的相关内容中提到：不管是任何人，日常生活中的一个微小的行动，如果持续时间久了就都会变成一种自身的、熟练的、习惯化的。这种观点在现代生活中要更进一层，这是以后的所有的活动或者生活都必须具备的心理态度。这种心理态度是人性教育中不可缺少的重要内容。

3）善行和嘉言

从汉朝以后，嘉言就成为了启蒙儿童人性的必要内容。在"嘉言63章"中提示到的内容来看"贤圣千语万语 只是欲人将已放之心约之 使反复入身来 自能向上去 下学而上达也"，圣贤的千言万语只是为了把已经放下的心重新收回来，那样做的话，就能提高自己，并且只有从底层学起才能贯通到高层位置。因此，从这个意义上来讲，人性本善，但是会被邪恶而迷惑失去心智。也就是说行动也都有可能和道理分开的。再就是在"嘉言80章"中说道："夫所以读书学问 本欲开心明目 利于行耳（"嘉言80章"）"的含义就是，学习仅仅是"知"和"行"两种，只知而不行动的话就跟没学一样，但是如果要行动的话必须要先知才行。从这个含义来看，学问就是观察事物的时候需要擦亮眼睛，揭示出有利于行动的语言。

上面的内容没有一个不是天下（放之四海而皆准）的道理的，因此在自己人生中发生的所有事情实现之前，找到了一些相关书籍来参考并深深的思考之后，强调观察行动的反应后形成的人性的学习。

把"善行1章"中圣人的教导作为自身的学问和行为的指针，学习的模范。即：在"内无贤父兄 外无严师友 而能成者少矣"，一个人家里没有贤明的父母，外面没有严厉的老师朋友，岂能够成为成功的人呢？揭示出贤明的父母和严厉的老师是成就一个成功的人的训诫。

《小学》中通过古籍可以实现把圣人作为我的心灵和思想的依据。"善行1章"中说到的"行步出入 无得入茶肆酒肆 市井里巷之语 郑卫之音 未尝一经于耳 不正之书 非礼之色 未尝一接于目．足下妄行 耳不妄听目不妄视也"，就是脚不要随便走动、耳朵不要随便听信、眼睛不要随便观看，一切都要慎重的意思。揭示了从行步、出入开始到所见、所闻时都需要注意的礼节问题。"小学集注总论"中讲到"教之以事 便自养得他心 不知不觉自好了 到得渐长 更历通达事物 将无所不能 今人 既无本领 只去理会许多闲汩董 百方措置思索 反以害心"的教训以及醒悟的话语，并根据伴随成长的事物的经验和想法，学习的精神态度等。这样的内容在反复的日常生活中，是指在认知发达度的同时实现的教育的意思，强调了依次展开思考的儿童成长阶段需要考虑的精神态度和阶段性的学习。

四 《小学》对孝道和人性教育产生的影响

行动实践学习是朱熹的《小学》中的核心内容，它是根据各年龄层可以熟练并且养成的一种生活习惯来确立的，他认为不但要亲身体验而且要理解别人的立场，养成照顾别人的心理。家庭理论正在走向正规，在学校教育中也不要仅仅履修教育课程而忽视了人性教育。需要强调基础，并且在家庭、学校、社会、国家中执行。把知行合一和基本的生活习惯作为一种生活习惯，要在培养孝道和人性的方面努力。

1. 《小学》在现代教育中的含义

1）最基本的就是要忠诚于家庭教育

《小学》对基本教育的重要性，它重视以父慈子孝为基本的五伦的生活实践化等礼节。即：家庭教育的基本出发点就是忠实于本立道生。孟子说过"设为庠序学校以教之（《孟子·滕文公上》）"，设立庠序学校，教训就是为了指明所有的人际关系。以这样的方法在家庭中实行孝道和礼节的结果就是可以造就一个和睦的家族，当然一定要怀着恭敬父母和长辈的心，再就是延伸到爱左邻右舍的社会的基本教育。

当今社会中，家庭教育严重缺乏，而对青少年有害的环境却增加了很多。应对信息化时代，在适应现代社会的同时，需实现成熟的精神文化指导，将伦理意识或是利己主义用健全的价值观去吸收，是以孝道为中心的人性教育的必要时期。从这样的观点上看，施行《小学》的教育方法，把实践学习，自我教育，阶段性的学习，榜样学习等作为本文重新思考的对象。

2）尊重个人素质的阶段性学习

《小学》中的阶段性的学习强调不躐等的原则和尊重个人素质。孔子教导他的弟子的时候，是根据他们的水平不同而给予不同的指导的。

"小学集注总论"曾提到"教之以事 便自养得他心 不知不觉自好了 到得渐长 更历通达事物 将无所不能"，这样的内容在日常生活中重复着，并且和认知发展程度一起实现教育，依次展开思考的儿童发展阶段强调要考虑个人素质。在端正青少年的人性和理解青少年心理状态的同时，还要照顾到从整个家族的圈子逐渐实践扩散到外面去，这种观点说明了基本教育的迫切性和必要性。

3）通过榜样学习来管理自己

《小学》中提到的例子，它作为必要的感化，通过自我管理，通过榜样学习而实现它的效果。"敬身10章"中讲到要管理好自己的心，把自己的私人欲望放下，整顿好自己的心态是为了端正严肃。看、听、说、行动的时候，需要警戒并自我调节成一种基本的活生生的教育实践。孔子古语有云"爱亲者，不敢恶于人，敬亲者，不敢慢于人（《孝经》"天子"）"，正如所说的父母和子女的关系是上天安排的关系，孝道就是遵照天意的一种行为。以尊重、沟通、敬爱的心来爱左邻右舍，爱人类。

穿梭于尖端领域的现代社会中的道德，它是治愈由于没有秩序造成的荒废化的人际关系的方法。它是五伦的内在的实践孝行品德，应该把它作为人性教育的计划，具体的适用于家庭、学校、社会教育的标杆来看。

4）观察，模仿，反复学习

《小学》的教育方法是深度思考道理，或者在事物上添加一些行动，然后观察它的反应并且强调重新构成的学习。"嘉言"中提到"圣贤千言万语只是欲人 将已放之心约之 使反复入身来（63章）""夫所以读书学问 本欲开心明目 利于行耳（80章）"，即，之所以要读书做学问，就是想要心境和眼界开阔，有利于研究学问。

"嘉言41章"中提到"早婚少聘 教人以偷……"，"善行1章"提到"内无贤父兄 外无严师友 而能成者少矣"，是说既存世代的端正生活可以使儿童们用亲眼所见去行动实践，必须有仁慈的父母和诚实的老师以及忠实于自我实践，教育可以让人成为品德高尚的圣人。通过观察、模仿、反复，以圣人所思所想为准据，"立教1章"中提到"目不视邪色 耳不听淫声 夜则令瞽 诵诗 道正事"，强调了反复学习和举止仪态。由于儿童时期正处于不成熟阶段，因此遇到不道德的行动的时候，多数不仅会做出无知的行为，而且更严重的是意志不足成为了一种习惯。考虑到这一点，为了强化儿童的实践意志，《小学》精神教育是非常必要的。

2. 现代的孝道和人性教育的相衡点和界限

没有家庭教育，就会造成子女教育失败，学校教育和青少年的问题正蔓延成为一种整体性社会危机，正在走向歧路，传统的门风正在被西方的物质文明教育侵蚀着，这样一系列的问题由于伦理的不适应而导致了自我价值观的夭折，进而也就对人生的目标和价值失去了信心。这就是导致传统的价值观和素质伦理受到伤害的原因。要找到价值观以及可以摆脱危机的方法，以实践人性的孝为根本，并重新找回家庭所应该起到的正常化作用。根据传统价值观来实现修身教育之时，在我们生活的现代社会，就是我们的子孙后代作为具有良好价值观的民族开启未来的时刻。但是从现代孝道的含义来看，韩国社会传统的孝道在现代社会中很难适应，并且有一定的局限性。

1）男尊女卑思想

性理学本身就是以性情论，尊重人类的思想为基础的。但是朱子和朝鲜的士大夫把女性看得比男性低下卑贱，尤其是朝鲜时代的儒家思想观念在社会中已经根深蒂固，男尊女卑思想、三从之道：(《小学集注》"明伦篇"三从之道：在家从父，适人从夫，夫死从子.")，出嫁外人，七去之恶：(《大戴礼记》"本命")，"不顺舅姑，无子，淫行，嫉妒，恶疾，口舌，盗窃"，《小学》"明伦篇""夫妇之别"，"七去之恶：不顺父母出者，无子者，淫僻者，嫉妒者，恶疾者多口舌者，窃盗者"）也变得更深刻了，更严重的是西洋的 Aristotele（亚里士多德）认为女性连残疾的男性都不如。

虽然认为由于社会文明的发展，父系中心主义社会有所改变，随之产生了法度，但是这种根本精神，对端正家庭的秩序和确立社会理论有一定意义。不管是从当时孝的情况，还是从端正的人性的侧面上看，现代人虽然难以接受，但是终究还是不能打破男尊女卑思想的束缚，必须认识到它已经融入到了传统的孝道和人性教育里面。这就迫切需要去探索实践传统又现代的孝和人性理论，以便摸索出孝和人性之实践方法的新典范，并急需去探寻解决以家庭为中心的孝和人性教育的实践不足的方案。

2）迂腐的孝道和宠惯

传统的孝道是站在"忠"的角度出发的，从侧面上可以看出孝道的绝对的正当性，也可以看出君臣关系统治目的的意图。朝鲜社会的特征是推翻了曾是佛教社会的高丽王朝，把崇尚的儒家思想灌输给了老百姓，因此，需要不断地摸索以便确立国家统一和王权确立。

人出生以后第二次遇见的人有朋友和前辈，这里又引出了长幼，君臣等关系。他们之间的关系需要讲情义和信任。夫妇有别的含义有两层：一个是身体上和精神上都有所不同,"别"不是指的差别而是指意思上有所区别的;另一个就是另外有别的事情的意思。五伦里面包括了所有的人际关系。

从上面的内容看,出生后最初次面对的就是父母关系,所以需要优先孝顺父母。第二位就是以忠而确立的关系,不做违背孝道本质的事情。孔子曾说到"克己复礼",战胜自我而恢复社会的礼就叫作仁。孝就是通过父子间的道德规范而查明自身的存在,并使其适应社会和国家。即使是这样,在东方古典性理学中,过度的将孝公式化为忠,强调了向忠转移,对这一点还是需要重新考虑的。

3)家长制的权威主义

朝鲜时代的孝道里面隐藏了以男人为中心,以及隐藏着家长制的权威主义。正如《古文孝经》中的"资于事父以事母,其爱同。资于事父以事君,其敬同。故母取其爱,而君取其敬,兼之者父也。故以孝事君则忠,以弟事长则顺。"("士章")所蕴含的传统社会的家长制的思想内容,将父亲作为人伦之根本的观点和当今时代的现状是不一致的。父亲掌握着家庭的所有权限,有权威的家长的所有行动是模范,初始与家庭和睦甚至到子女的教育都可以实现。但是,在现在看来,家长制无疑是含有一些权威主义的内容的。

再就是,传统的孝道和人性理论思想 是维持农耕社会的家长制社会而构造的一种社会道德秩序。在这种社会里面,所有个体都需归属于家长制而生活,最终的权限被集中起来,造就了对实践性父权的依赖性的命运。为了实现家长权以外的人的欲望,构成一些人为的组织中造成的利害关系的对立,并对引起纠纷的状况而无力解决,再就是造成了一种倾向于依靠力量的优势来解决问题。

4)时代变化中浑厚的传统孝道思想的理论观

传统的孝道和人性理论思想的继承发展课题,随着现代发展变得更加困难的同时,它在现实的理论和实践,学问和现实之间的连接点上,是一件要彻底实现而不能中断的问题。传统的孝道和人性理论思想不是人类的自由思想和选择思想的结果,而是已经作为一种道德法则把人间和社会的秩序里面的内在认识作为了前提。因此传统的孝道和人性理论思想和根据这个观点而做出的行动的人的意志无关,不能保证赋予义务性的客观认识的可能性，所以，结果就和社会的集体力量的理论的正当化产生了矛盾性。

崇拜祖先和传统教育的过程中，与时代的节奏和变化相断绝或钝化的话，最终不能形成使后代们继承传统的孝和人性理论思想的扎根教育。这是从传统的孝道和人性理论的含义变化上出发，过渡到顺应社会氛围，也是要修改和补充完整并树立可以适应现代社会的方案的理由。

当今社会的职业复杂多样，因而造成了社会的分化和人生的价值观的变化。由于这种原因而导致了以家庭中心的伦理方面浓厚的浸入了社会之中。活动舞台越大，随着时代的推移，执著于家庭中心的孝道和人性伦理，就会变得越来越背道而驰。但是也不能连孝道和人性伦理的根本精神都丧失掉，那么社会伦理规范就会动摇，就有可能变成危机四伏的非人类化和非道德化的状况。孝道和人性理论思想是韩国人刻骨铭心保存下来的财产，非常珍贵地保存下来的传统美德。从教育的侧面来看，作为伦理德目的孝是人性教育的核心，从结论上看，也可以说是获得交流和关怀和智慧的渠道。

五　结论

孝道和人性伦理在我们的社会中占据了一定的位置，建立明朗的社会、幸福的社会的教育是带着儒生精神的概念，并且要把我们的优秀的文化资产灵活运用好。值得庆幸的是，现在的政府通过人性教育振兴法和孝行奖励以及相关的支援法律，来实施孝心和人性涵养的义务实施。

熟练把握《小学》中提到的基本礼节和五伦之后，教育具有孝道和人性的儿童的事情就是为了继承儒生精神，建设涵养明朗的社会。儒生精神终究要为了创建精神文明，是为了涵养儒生精神的方案，最终归结于要怎么来培养的问题。

下面关于这个问题提出几点提议。

第一，为了达成国民的共识这一作业是需要先行的。所有人为了具备孝心和人性涵养在认同儒生的优秀精神的同时，还要明确概念，不能停留在一个很小的抽象观念上。在《小学》中根据提示到的基本礼节和五伦的指针就是为了孝心和人性涵养，关于儒生精神的实践方案要讲究用书册发刊，言论宣传，学术讨论，电视剧制作等多种多样的实践方法。

　　第二，现代社会如果不竞争的话就很难生存下去。在竞争的社会里，人性的重要性和自身的幸福有着密切直接的关系。未来的时代里只有幸福的人才能发挥自己最大的能力。用这样的幸福经营带动发展的有能力的人，是不会退缩的。教育创造了人类，它的效果只能是在很久的未来才能体现出来的。因此不要寄希望于在短期内解决人性教育问题，而是要设计一个长期性的计划，并且把幸福教育持续彻底地开展下去。尤其是，我们社会的知识分子和领导阶层人士们必须要实行严格的道德性以及先行自身反省。

　　第三，要创造出儒士精神的国家品牌。具备孝心和人性涵养的基本，把儒士精神涵养成国家品牌，在全民的立场上推广为"新思路运动"，全国民都需要认识到拥有孝心和人性的重要性，因为国家的主人是国民，只有所有的国民都达成共识才能成功。再加上提高国家的共同语言、实现明朗社会的事情不是一个人的力量，而是需要国民共同努力来完成的，从这一点上看，每个国民的作用都是很重要的。

　　第四，要持续性的阅读经典文章。（直译：牛也要有可以蹭磨的山坡才可以蹭磨；"知道的话就有力量。"同"知识就是力量"）养育拥有孝道和人性的儿童的事是灌输儒士精神的事情。对于自己民族的财产没有自豪感的民族是不可能成为先进的国家的，不能爱自己的人更谈不上去爱别人。我们如果想实现什么不能只依靠单纯的主张。通过反省自己而懂得事情的目的和含义，才能发挥出超出自己想象的力量。所以，必须要明确知道依靠别人来完成的事情是绝对没有的，必须要依靠自己才能来完成。

　　英国哲学家伯特兰·罗素（Bertrand Russell 1872—1970）在其著作《中国的问题（The Problem of China）》中说过，在西欧国家中比起"某个人对部队的忠诚心而引发的爱国主义"，儒教的孝道是更适合经营政治的体制（伊曼努尔 专刊. 韩国中央日报（2016.04.16），它是以孝道扎根的血缘关系而形成的集体，比任何爱国主义思想的概念都要强烈，作为维持、管理、营孝道思想体制的统治制度的含义，它有着很深层的含义。孝道为把个人领域和国家联系成一个统一哲学提供了可能性。孝道的哲学不是过度的单纯化的理念，也不依靠利用军国主义简单变质而成的爱国主义。这是所有领域核心价值中孝道的最基本含义。

当今的教育有点倾向于轻视基本的伦理教育，结果就造成了社会秩序崩溃，家庭和谐被破坏，再加上由于一部分领导者的腐败而导致了国家的前途变得阴暗。要回到基本上去，重新开始并需要充实那个基本。把优先顺序先放在实施完善孝心和人性上。家庭·社会·国家和学生·父母·教师等家庭教育同心协力，面向未来生活，为学生们量身定做教育，最基本的教育便是把孝道为首的人性教育，要关心全面教育并为此找出解决方案。

大同世界与世界主义

——兼论民族主义与世界主义的关联

中国社会科学院哲学所　刘悦笛

当今欧美流行的"世界主义"(cosmopolitanism),要被置于历史纵深与多元文化的视野当中来加以审视,它并不是当代才出现的一种西化思潮。这是由于,有一种预设的观念认定,世界主义既是当代的又是西方的,事实恰恰相反,世界主义既有古代的渊源又有东方的对应。从这种更广阔的视角观之,中国儒家的"大同思想"提供了一种同样具有普世性的世界主义东方版本,而这种返本开新的思想版本既是植根本土的也可以翻身为世界的。

从西方思想发展来看,欧洲早期思想家如狄奥根尼和犬儒学派都提出了一种"世界公民"(Citizen of the world)的观念,这可以被视为西方世界主义的滥觞。但实际上,世界主义不仅在哲学家那里,而且在许多宗教思想家那里皆得以确认,很多宗教都有类似的确信:认定所有的个体都具有平等的道德价值,这种取向是世界主义化的,尽管其重点在于每个个体同时所要承担的道德责任。在西方世界主义研究者看来,世界主义的"类似观念也在其他文化当中可以找到","中国哲学家墨子,就认知性地维护'世界主义'的理念。墨子是一个具有当代性的对于孔夫子的批判者。他维护了一种公平的(impartial)和作为广义的结果主义(consequentialist)的道德性,这种道德性通过他们的成就的实践来加以判断。'兼爱'(univeral love)的原则就是其哲学的基础。这种兼爱的原则的一个方面,就是对偏爱(partiality)的拒绝和批评。"[1]然而,遗憾的是,当今西

---

[1] Simon Caney, *Justice Beyond Borders: A Global Political Theory*, Oxford: Oxford University Press, 2005, p. 4.

方思想家只观照到了墨子兼爱思想与世界主义的表面上的类似性,却没有关注到儒家的"大同思想"对于世界主义的真正推进。

一 从"人失之,人得之"的儒家胸怀谈起

研究中国化的世界主义思想,可以从一个历史掌故谈起。根据《说苑》记载:"楚共王出猎而遗其弓,左右请求之。共王曰:'止!楚人遗弓,楚人得之,又何求焉?'"① 这则逸事是说,楚王打猎不慎丢失了爱弓,却不让左右侍从去寻找,他给出的解释理由便是:反正都是楚人得到它,为什么还要去找呢?

所谓"楚人失之,楚人得之",这近似于一种"国家主义"的逻辑,就像当今的民族国家仅从自身立场来考量得失一样。然而,国家主义却是相对封闭的一种政治思想,它典型地具有利己而不利他的本性。譬如,气候问题如今应由世界各国共同承担全球责任,而许多发达国家却将污染严重的工业转到第三世界国家去了,只要本国没有污染问题,而不去考虑他国的污染问题,这便是国家主义的偏狭之处,反之亦然。

然而,中国的儒学家并不如此这般狭隘,他们有着独特的"天下关怀"。《孔子世家》里又衍生出这样的故事:"楚王出游,亡弓,左右请求之。王曰:'止,楚王失弓,楚人得之,又何求之!'孔子闻之,惜乎其不大也,不曰人遗弓,人得之而已,何必楚也。"②这掌故是说孔子听到楚王逸事后,叹息其心胸不大,不如说人丢弓,人得之,何必一定要说楚呢?这恰恰说明,儒生们早就有了回归人类本身的"世界主义"的立场,楚王失弓从楚国的利益考虑,不若从人类的角度出发,"人失之,人得之",这岂不能走向更为宏大之心胸吗?

故事还没有完,《吕氏春秋》续写了楚王失弓的故事:"荆人有遗弓者,而不肯索,曰:'荆人遗之,荆人得之,又何索焉?'孔子闻之曰:'去其荆而可矣。'老聃闻之曰:'去其人而可矣。'故老聃则至公矣。"③这

---

① 《说苑·至公》。
② 《孔子世家·好生》。
③ 《吕氏春秋·孟春纪·贵公》。

个续写的故事说的是孔子只是看到了"人",老子听到后则说连"人"都可以去掉,所谓"失之,得之",这样才能符合天道呀!

如此说来,孔子还是个"人类主义者",老子的智慧似乎更高明,他才是真正的"宇宙主义者"。实际上,世界主义这个术语之英文 cosmopolitanism,前半部分 cosmos 原意就是"宇宙的",而后半部分 polita 原意则为公民权,难道世界主义者就是"宇宙公民"吗?这其实倒符合了中国道家的本意,不过庄子说得更超脱——"天地与我并生而万物与我为一"也!

二 《礼记·礼运》大同观的"人情"根基

儒家大同思想,在《礼记·礼运》当中得以集中表述,但过去对于大同思想的阐释,却过于政治化了,反倒忽视了原本所论的"人情"的内在支撑。众所周知,大同思想的最核心表述为:"大道之行也,天下为公。选贤与能,讲信修睦,故人不独亲其亲,不独子其子,使老有所终,壮有所用,少有所长,鳏寡孤独废疾者,皆有所养。男有分,女有归。货恶其弃于地也,不必藏于己;力恶其不出于身也,不必为己。是故谋闭而不兴,盗窃乱贼而不作,故外户而不闭,是谓大同。"①

的的确确,《礼记·礼运》的大同篇描述了儒家的理想世界。《礼运》的题目之意,大概就是在"礼"之道上"运"行,所以才说"大道之行也",此大道应该是人人遵循的,也就是"天下为公"之道。天下为公,乃为一种至大之公,对内选贤任能,对外睦邻友好,对待别人亲人就像自己的亲人,不因是自己的子女而施以慈爱,使得老、壮、少及鳏寡孤独废疾的人们皆有所安顿,包括男人有男人的本分,女人有女人的归宿。这些都是从正面的角度来说,但其中有个潜台词那就是"情",大同的积极方面皆"有情",这种情不是私人之情,而是可以推展为从消极的方面而言,走向社会的"丧情"否则从负面的角度而言的就会出现路见财货藏于己,只为自己谋私利而不尽公众之力,奸邪之谋就会发生,偷盗造反和之事就会兴起,谈不上夜不闭户路与不拾遗了。这是一种后果主义的论述,这可以与柏拉图的理想国相比较,柏拉图更多希望社会秩序通过外在

---

① 《礼记·礼运》。

规约来约束，而《礼记·礼运》的运思方式则是由内而外的，希望人人皆有大同之情。当然，柏拉图这位希腊哲学家所设想的理想国由三个层级——统治者、卫国者和生产者——的各归其位与各谋其事来构建，它们乃是按照"智慧""勇敢"与"节制"的理性原则而执行的，由此形成的各居其位与各守其责的和谐状态，这才符合理性化的"正义"。相形之下，儒家大同世界所追去的人人公平，同时也是人人和乐，从而达到天下太平，其中"情"起到了和谐的重要功用，这显然与《理想国》那种"无情主义"是殊途的。

这种中西思想的差异，也体现在《礼记·礼运》"天下一家"的观念当中："故圣人耐以天下为一家，以中国为一人者，非意之也，必知其情，辟于其义，明于其利，达于其患，然后能为之。"① 这意味着，圣人能使得天下成一家，全体民众就好像是一人，那也是要凭着对"人情"的掌握而达成的。按照这种逻辑，由"人情"才能达成"人义"，《礼记·礼运》较早给人定义："何谓人情？喜怒哀惧爱恶欲七者，弗学而能。何谓人义？父慈、子孝、兄良、弟弟、夫义、妇听、长惠、幼顺、君仁、臣忠十者，谓之人义。讲信修睦，谓之人利。争夺相杀，谓之人患。故圣人所以治人七情，修十义，讲信修睦，尚辞让，去争夺，舍礼何以治之？饮食男女，人之大欲存焉；死亡贫苦，人之大恶存焉。故欲恶者，心之大端也。人藏其心，不可测度也；美恶皆在其心，不见其色也，欲一以穷之，舍礼何以哉？"② 实际上，人所修的"十义"，也就是由父慈、子孝、兄良、弟弟、夫义、妇听、长惠、幼顺、君仁、臣忠所形成的伦理关系，它们都是不离于喜、怒、哀、惧、爱、恶、欲这七者的，十义不离于七情，"情义"兼备才是正道，这恰是原典儒学的特质所在。

《礼记·礼运》还反复强调了"人情乃圣王之田"的基本观念。第一处出现得比较明显，是说："故唯圣人为知礼之不可以已也，故坏国、丧家、亡人，必先去其礼。故礼之于人也，犹酒之有蘖也，君子以厚，小人以薄。故圣王修义之柄、礼之序，以治人情。故人情者，圣王之田也。修礼以耕之，陈义以种之，讲学以耨之，本仁以聚之，播乐以安之。故礼也

---

① 《礼记·礼运》。
② 同上。

者，义之实也。"①这意味着，唯有圣人才知礼不可须臾或缺，凡是国亡家破身败的人定是由于失了礼，所以说，礼对人而言就好比是酿酒用的曲，君子德厚如酒便醇厚，小人德薄也便寡味了。所以圣王牢持"义之柄"与"礼之序"这两端，目的都是为了"治人情"。这人情就好比田地，圣王则好比田主，圣王用"礼"来耕耘田地，用"义"的陈说当作播种，用讲"学"当作除草，用施"仁"当作收获，传播"乐"以来安民，由此，礼才成为义之"实"也。

第二处"人情以为田"出现得比较隐含，则是说："故圣人作则，必以天地为本，以阴阳为端，以四时为柄，以日星为纪，月以为量，鬼神以为徒，五行以为质，礼义以为器，人情以为田，四灵以为畜。以天地为本，故物可举也；以阴阳为端，故情可睹也；以四时为柄，故事可劝也；以日星为纪，故事可列也；月以为量，故功有艺也；鬼神以为徒，故事有守也；五行以为质，故事可复也；礼义以为器，故事行有考也；人情以为田，故人以为奥也……"②在这段最后，说圣人以五行为实体，所以事皆可终而复始；把礼义作为器具，所以事才能办得有所成就；把人情当作田地，所以圣人就成为田地的奥主，既然情所走的乃血气心知之路，所以就要以之做田，从而来耕之、种之、耨之、聚之与安之。

这也关系到《礼记·礼运》对人的基本理解。所谓"人者，天地之心也，五行之端也"，"故人者，其天地之德，阴阳之交，鬼神之会，五行之秀气也。"③按照这种原典儒家的极嫩理解，人从来不是与环境脱离的独立的自我（self），而本身就是感天覆地载之德、交合阴阳二气、结合形体和精灵、吸纳五行精华而生。在这个意义上所生成的儒家大同观，其实与道家有类通也有迥异之处，也就是与庄子所谓"以天地为准则，养育万物，调和天下，恩泽百姓"的那种大同观有共通出。④与之迥异，当今西方世界主义的观念也是建基于现代的个体观念基础上，自古希腊开启的哲学传统往往将人视为本体固有的，恰恰不如儒道这般看待作为如此情境化的生成的人，这一点已经为中西比较哲学研究所公认。

---

① 《礼记·礼运》。
② 同上。
③ 同上。
④ 《庄子·天下篇》。

更深入的中西差异在于，儒家思想还关注到了通过身体的体认："故礼义也者，人之大端也，所以讲信修睦而固人之肌肤之会、筋骸之束也。所以养生送死事鬼神之大端也。所以达天道顺人情之大窦也。"[1]在此，《礼记·礼运》为了强调礼义乃人的端绪，用了身体来做隐喻，认为讲求信义与维持和睦就好似肌肤相联、筋骨相接一般。如此而来，一面是"达天道"，另一面则是"顺人情"，二者恰恰是天然沟通的。所以，天地人三才当中作为"心"的人，经由身而与心互动的人，才成为了儒家大同观当中的那个参与者。更关键的是，其中参与的潜在要素乃以"情"参之，由此才能造就出"天不爱其道，地不爱其宝，人不爱其情"[2]的太平盛世，当然这里的"爱"意味着吝惜，其意也在于倡导人要不吝其情也，大同世界也是充满人情的。

无独有偶，再来看近代对于大同观的新阐释，其实也深受《礼记·礼运》这种思路的影响。康有为的《大同书》将大同思想套入到"三世"进化当中，"生平世"相当于小康社会，"太平世"就是大同社会，"据乱"之后易入小康，小康之后必达大同。但有趣的是，与《礼记·礼运》类似，康有为也不是空论大同社会如之何，而是将之与人的本性沟通："人生而有欲，天之性"，[3]人道即"去苦而求乐"，[4]"因天道而行之者也，有以发挥舒畅其质则乐"。[5]由此而来，尽管这种苦乐观有近代自然人性论的要素，但是，康有为仍将"大同之道"视为人道之呈现，求"大同之世"乃人性的自然诉求，所以他才说："大同之道，至平也，至公也，至仁也，治之至也"。[6]这其实，也是部分把握到了《礼记·礼运》从人情出发论大同的内在实质，尽管所论的是"治之至"，排在前面的"至平"与"至公"乃为外在规定，而最终的"至仁"则相当内在化了。所谓"以天地为仁，立三世之法，望大道之行"，[7]也就是一面抓住儒家的"性命之

---

[1]《礼记·礼运》。
[2] 同上。
[3] 康有为：《大同书》甲部第五章。
[4] 康有为：《大同书》甲部绪言。
[5] 康有为：《大同书》甲部第三章。
[6] 康有为：《大同书》甲部绪言。
[7] 康有为：《中庸注》。

原；另一面则求"平世大同之义"。

三 取大同而舍天下："天下大同"绝非"一天下"观

与"礼运大同"观相勾连的，还有儒家的天下观，那么，大同观与天下观，到底是什么关联呢？这也是一个值得深入思考的问题。大同与天下，两种观念后来有所结合，大同所指就是天下大同，否则就是小同了。但是，从表面上看，二者似乎又是矛盾的，大同是不以本我文化为中心的，而天下则预设了中土的本我。

这在"一天下"的观念当中，体现得就更为凸显。这种"一天下"思想的雏形，可以在《论语》的"一匡天下"与"天下归仁"那里当中找得到。夫子在《宪问篇》赞管仲"相桓公，霸诸侯，一匡天下，民到于今受其赐"；①但在《颜渊篇》却又有记："颜渊问仁。子曰：'克己复礼为仁。一日克己复礼，天下归仁焉！为仁由己，而由人乎哉？'"②，这两处"天下"涵义显然是不同的。

"一匡天下"更多是就政治一统而言的，而"天下归仁"则将公域归之于私域问题，紧接着孔子又说"为仁由己"，"这也说明孔子将实践外在礼制化作内心欲求、融理欲于一体而成为情（人性，即仁）的具体过程。"③由此可见，从"克己复礼为仁"的基本主张来看，在孔子天下观那里公私本来未分，孔子的天下观乃是一种"有情"的世界观，他希望天下人人归仁，天下人心淳朴，由此，方能世道清明，天下终归于仁。

沿着孔子的思路，孟子一面也在《梁惠王上》中主张天下"定于一"："'天下恶乎定？'吾对曰：'定于一。''孰能一之？'对曰：'不嗜杀人者能一之。'"④但是，孟子认为如何天下为一呢？只能通过"施仁政"的道路，而仁政又归于"仁心"，这似乎又回到了"天下归仁"的理路："以善养人，然后能服天下。天下不必服而王者，未之有也"。⑤这表

---

① 《论语·宪问》。
② 《论语·颜渊》。
③ 李泽厚：《论语今读》，中华书局2015年版，第217页。
④ 《孟子·梁惠王上》。
⑤ 《孟子·离娄下》。

面差异在于，孟子论善而孔子说仁，但皆是从人到天下的思路，而更微妙的差异则在于，孟子是从劝诫君子的立场出发，希望从人服到天下能服，而孔子则是直接诉诸仁端，天下归仁竟是如此的心悦诚服。

荀子尽管与孟子路数迥然，但是仍然持"一天下"的观念，或者说更明确地主张"天下归一"，但仍是从"服"的角度做出政治思考："一天下，财万物，长养人民，兼利天下，通达之属，莫不从服"。①这其实倒与墨子"一同天下"观近似了："察天子之所以治天下者，何故之以也？曰：唯以其能一同天下之义，是以天下治。"②在这个意义上，荀子与墨子的差异，似乎倒比与孟子的更大，因为孟子仍是希望从内在的仁心推出仁政，而荀子则直接诉诸于"隆礼重法"的外在化路，所谓"一天下，振毫末，使天下莫不顺比从服，天王之事也。故政事乱，则冢宰之罪也；国家失俗，则辟公之过也；天下不一，诸侯俗反，则天王非其人也"，③而之所以能达到一天下，前提就是要"全道德，致隆高，綦文理"④！

在现时代，世界主义思潮全球勃兴的时代，当今的世界主义者似乎更青睐于墨子之路，荀子之道也是可以接受的。问题在于，"天下大同"与"一天下"的观念，哪个更可取呢？因为天下大同中的天下的本质规定是"天下为公"的，而"一天下"当中天下则是必有偏私地，这一点恰恰被人们所忽视了。进而观之，无论是当今的世界主义背后所预设的欧美中心主义，还是古典的墨荀所主张的"一同天下"或"一天下"背后隐匿的本土中心主义，其实皆非中正之论，对于天下观及其当代阐释其实要做出深刻地批判。

四 从杜赞奇的"复线历史"出发：
   对"天下观"的四点批判

汉学家与历史学家杜赞奇从来不认为历史是单线发展的，对于欧美与东亚而言都是如此，在其"复线历史"的独特观念当中，对"天下主义"

---

① 《荀子·非十二子》。
② 《墨子·尚同中》。
③ 《荀子·王制》。
④ 同上。

也有所批判，其中有四点值得提将出来，对于由古至今的天下观均有警醒作用：

第一，天下主义与"相对主义"之辩。

杜赞奇认定，"天下观念的提倡者是心照不宣地在倡导一种中国式的天下观念，而这种普遍主义无非便是一种隐蔽的相对主义"。①

这意味着，当今中国式的"天下主义"似乎已成为擎着世界主义面具的当代民族主义，中国统领世界往往会成其内在诉求。在"天下"观念这种中国式普遍主义的背后，仍深藏着文化相对主义的密钥。当今中国的天下主义的兴起，历史情境当然是中国经济崛起（由此生发出民族化情绪），这与从康有为到孙中山向往"大同世界"的世界主义畅想的背景根本不同，当时无论从经济还是文化中国都是弱势。按照李泽厚近期的观点，天下主义虽不成立，但也不会消亡，天下论本就是民族主义情绪，并想中国统治世界。

第二，天下主义与"文化主义"之辩。

杜赞奇认定，"把'文化主义'（或天下主义）视为'中国文化主义'，就不是把它看作一种文化意识本身，而是把文化——帝国独特的文化和儒家正统——看作一种界定群体的标准。群体中的成员身份取决于是否接受象征着效忠于中国观念和价值的礼制，而这些观念和礼制是以皇帝为中心的。"②

这意味着，天下主义，不仅诉诸于一种民族情感，而且，其背后为文化主义的支撑。但是，这种文化确实"帝国文化"与"儒家正统"的，所谓"普天之下，莫非王土"，天下观念与制度的古典核心是"皇帝"！当今中国的天下主义的兴起，就需要对传统进行创造性转化。如今许多政治学者如刘擎等主张以新世界主义整合天下主义，将天下的理想性观念（尊重包容、和谐、和而不同、求同存异）"抽离"出来加以继承，但更多的论者进行翻新之时，却忽视了天下主义背后的制度动因，文化与制度难以相互剥离。

第三，天下主义与"汉族中心主义"之辩。

---

① 杜赞奇：《从民族国家拯救历史》，王宪明等译，江苏人民出版社2008年版，第57页。
② 同上。

杜赞奇认定,"尽管此种对于政治群体的表述看上去可能与民族主义距离较远,但是,应该考虑到,当代中国的疆界与民族大体上相当于清朝的疆界与民族,而清朝在意识形态方面当时基本上也就是用这些礼仪制度来维系的。"①

这一点似乎近似个悖论,近代中国民族主义的兴起,恰恰是反清为"消极目的"的,但中华民族的现代性建构基本继承自晚晴基本架构。而孙中山1919年便走出了"驱逐鞑虏"的早期诉求,而1921年五族共和、大中华民族之民族主义"积极目的"则更为彰显,天下主义背后也深藏着汉族中心主义! 当今中国的天下主义的兴起,更应该是"复线式发展"的民族主义,并不囿于所谓"五族"(满、蒙、藏、回、汉)共和,而是各个少数民族与多数民族的共生协进,大汉族主义的"文化同化主义"也要相对弱化。孙中山认定中华民族所具有的最完美的民族结构之五重标准(血缘/种族、语言、习惯、宗教和生计)实乃出于大汉族中心主义。

第四,天下主义与"华夷之辩"。

杜赞奇认定,"同样重要的是,在12世纪金人入侵时,部分士大夫完全放弃了天下帝国的发散型的观念,而代之以界限分明的汉族与国家的观念,夷狄在其中已无任何地位可言"。②

这意味着,不仅近代中国民族主义继承自异族,而且,中国的天下主义在历史上并不是"传承有序"的,在元金入住中原的时候,知识分子所秉承的天下观念都曾是被中断了的,这才是历史的事实(元清初建之际天下传统都曾被暂时破坏,但后由逐渐形成了将异族包含在内但更广义之天下观)。这意味着,在民族强盛的时候,天下主义往往得势,而在民族衰微的时候,天下主义却被迫收敛。当今中国的天下主义的兴起,除了必须接受内部的复线化,同时也要接纳外部的复线化。且不说中华民族以"文化同化主义"对满族的整合,"华夷之辩"似乎在历史上就是相当复杂的,但这种天下结构显然无法用于当今世界中华民族对异族的关联,还是走儒家既能推爱、又有等差的路径,才能形成一种富有弹性的全球互动格局,这一点我们在结论当中会再度重申。

---

① 杜赞奇:《从民族国家拯救历史》,王宪明等译,江苏人民出版社2008年版,第57页。
② 同上。

五 以孙逸仙思想为例：中国民族主义与世界主义的合流

还有一个问题，那就是民族主义与"世界主义"及其"天下主义"的关联。民族主义如完全融入世界主义就丧失了自身，还是要与世界主义之间保持"必要的张力"。

换个提问方式，当今中国是否需要民族主义？需要何种民族主义？民族主义对于当今思想界的整合功能何在？另一个问题则是民族主义与当今正在兴起的"世界主义"之间的关联。世界主义经常探讨诸如"全球正义"与"反人类罪"这些前沿话题。如果说，民族主义通常是以民族与国际为本的，那么，世界主义则是以人类为本的，这就使得二者之间形成了一种必要的张力，也就是说，民族主义与国家主义是基本"并流"的。

然而，一种与"世界主义"合流的民族主义是否可能呢？孙逸仙先生独特的民族主义就展示出这样一种可能，因为他的民族主义可以实现三步走：第一，国内各民族一律平等；第二，世界压迫民族的全体解放；第三，世界各民族共进大同世界。[①]按照这种理解，民族主义就不是狭隘的民族主义了，而是融化为广义的世界主义了，第一条也是民族主义的基本主张（内在统一），第二条基本就走向反帝主义了（民族解放），第三条更是基于本土的"世界大同"思想了。或者说，孙逸仙的民族主义乃是一种"世界主义的民族主义"，但问题在于，走向"全盘世界化"的民族主义是否可能？走向"大同世界"乌托邦化的民族主义如何可能？

当今的本土民族主义，实际上内在走向"相对主义"之路，似乎走到了当年孙逸仙式的民族主义的反面。如今再来反思孙逸仙的思想，恰恰可以纠当今之偏，尽管其本身难逃理想化的指摘，但是过去相对化的民族主义，自然就会脱离世界主义的轨道，从而偏离了普遍价值的圆心，如今世界，脱离了世界主义的民族主义仍走的是闭门造车之路。

具有悖谬意义的是，19世纪的欧洲民族主义，曾起于反帝主义，但终于成为帝国主义。孙逸仙的民族主义，既一面强调了国内各民族融合而

---

① 吴鼎：《民族主义与中国伦理》，中央文物供应社1981年版，第17页。

终成中国民族，也一面强调了反对帝国主义从而全世界民族解放。

1919年可以被视为孙逸仙民族主义思想成熟的一年，因为他走出了早期"驱逐鞑虏"的那种政治策略性思维，认为民族主义要从"消极目的"走向"积极目的"——"夫汉族光复，满清倾覆，不过只达到民族主义之一消极目的而已，从此当努力猛进，以达民族主义之积极目的也。积极目的为何？即汉族当牺牲其血统、历史与夫自尊自大之名称，而与满、蒙、回、藏之人民相见于诚，合为一炉而冶之，以成一中华民族之新主义，如美利坚之合黑白数十种之人民，而治成一世界之冠之美利坚民族主义，斯为积极之目的也。五族云乎哉。夫以世界最古、最大、最富于同化力之民族，加以世界之新主义，而为积极之行动，以发扬光大中华民族，吾决不久必能驾美欧而为世界之冠。"①复汉反清，那只是民族主义的消极目的（也是短期政治目标），而（以五族为代表的）民族融合才是民族主义的积极目的（也是长期政治理想），即便这是这个时期的孙逸仙，仍不忘加上"世界之新主义"，不仅使得中华民族屹立于世界民族之林，而且还要"驾美欧而为世界之冠"！从经济发展来看，直到如今，中国才逐渐接近驾欧洲、接近美国的程度，孙逸仙的理想在如今才有接近的可能。

到了1921年，五族共和、大中华民族的观念在孙逸仙那里变得更为深入："吾国今日既曰五族共和矣，然曰五族，固显然犹有一界限在也。欲泯此界限，以发扬光大之，使成为世界上有能力、有声誉之民族，则莫如举汉、满等名称尽废之，努力于文化及精神的调洽，建设一大中华民族"。②孙逸仙在《五族共和之真义》当中也强调："中国境内各民族一律平等"，这毫无疑义是民族主义的内在基本规定。

关键是孙逸仙民族主义的世界化要素，对于境外，也就是在国际范围内，"要中国与外国平等"，"世界人类各族平等"，这是他在《中国国民党第一次全国代表大会宣言》上所讲的。如透见现象的背后可以发现，这种世界主义的提出，根底仍是一种民族主义，要将中华民族提升到与世界各民族（尤其是发达民族国家）平等的地位上去，这是孙逸仙更大的

---

① 孙中山：《孙中山全集》第五卷，中华书局1981年版，第187—188页。
② 孙中山：《集外集》，上海人民出版社1990年版，第29页。

政治抱负。

然而，非常具有本土特色的是，孙逸仙仍强调是"王道之治"，而非"霸道之治"，前者是以德服人，后者是以权压人，这就与儒家的传统可以接卯了。孙逸仙在《民族主义》当中就说，"中国人几千年来酷爱和平，都是出于天性"，"这种特别好的道德，便是我们的民族精神"。这意味着，本土化的民族主义也可以走"和平之路"，而且这也恰恰是华夏民族的基因所致。从历史上看，中国的扩张起码有两种模式，我认为可以称之为——"唐代模式"与"元代模式"。前者是"文化纵横天下"的模式，以开放的胸怀接纳外来者并使其为我所整合，当然也不拒绝小规模的战争（如唐朝击败突厥后又利用突厥经营作为自己边疆的西域地区）。后者则是通过大规模的长年战争而实现的，这种"武力征服天下"模式，尽管在空间上占有了更多的土地，但是在时间上却无法长期延续，因为缺乏文化的"播种生根"。

"大同世界"的中国式理想，"天下主义"的中华化情怀，也成为了从孙逸仙那一代到而今倡导天下观念的知识分子的某种共识。天下主义虽未必能成立，但目前也不仅并未消亡，反而愈演愈烈，其实早在孙逸仙那里，这种思想就已经存在了。不同在于历史情境，当今的"天下主义"的支撑背景乃是中国经济崛起后的一种表面理性却内在含情的反应，表达了一种缺乏现实依据而只有学理论证的自大情绪。然而，天下观念，既深藏文化相对主义的观念，又有中国化的普遍主义之嫌，杜赞奇早有评议"天下观念的提倡者是心照不宣地在倡导一种中国式的天下观念，而这种普遍主义无非便是一种隐蔽的相对主义"。①

孙逸仙的民族主义的终极目的，就是大同世界的理想之实现。可是，到了大同世界实现，那恐怕就没有民族主义存在的必要了。从礼记的"大同之世"到孙逸仙的《中国革命史》，可谓是道通为一的，所谓"余之民族主义，特就先民所遗留者，发扬而广大之"。孙逸仙的一篇文章的题目就是表征——《五族协力以谋全世界人类之利益》，其中提出"用固有的和平道德做基础，去统一世界，成一个大同之治。"当来自中土的"和平道德"，被运用于世界政治关系的时候，"大同之治"在孙逸仙看来

---

① 杜赞奇：《从民族国家拯救历史》，王宪明等译，江苏人民出版社2008年版，第57页。

似乎也不太遥远了。

质言之，孙逸仙的民族主义思想，以民族独立作为现实起点，以世界大同作为最终目标，始终是出于民族与世界的张力关系之间的。这个起点，乃是狭隘的民族主义，甚至曾是激进的民族主义（反清），但其终点则是广义的世界主义，然而，这两者究竟该如何调和呢？

从《五族协力以谋全世界人类之利益》这篇名文就可以看到，孙逸仙以民族主义融入世界主义的基本倾向始终被坚守："现今世界日趋于大同，端非闭关自守所能自立。"这就是说，要向在世界民族之林"自立"，就不能闭关锁国，而要面向世界。该文还指出，"主张大同，使地球上人类最大之幸福，由中国人保障之，最光荣之伟绩，由中国人建树之，不止维持一族一国之利益，并维持全世界全人类之利益。"而问题在于，全球幸福和利益如何由中国人（或者由世界上某一民族）来保障呢？起码美国人并不是保障全球幸福吧，从伊拉克到叙利亚的战争都是如此，而今叙利亚难民接收上美国却退到了后台。从当前的情况来看，中国经济倒是可以影响全球了，这几月的股市大跌带来全球经济波动就是明证，但是全球人民的幸福，究竟该谁来负责呢？

六　余论：走儒家"等差爱"还是墨家"兼相爱"之路？

最后一点，则是关于如何融民族主义到世界主义的——如何既不失于民族本色，又融入世界格局？不仅儒家的外在的"王道"观自有其用，而且，"爱有等差"观也有价值。这也涉及"温和的民族主义"所要走内敛而不争的道理：不秀肌肉的民族主义，是否可能？走王道的民族之路，能否可能？一种中国式的爱有等差而又能博爱的民主主义是否可能？

如所周知，除了王道思想，儒家思想还有另外的重要一面，强调乡亲故里的亲缘关联，这构成了儒家孔门的血缘与地缘根基。这是由于，儒家明确表示"爱有等差"，与你亲近的人更能分享到你的情义。由此外推，就像一个个同心圆一样将"儒家之爱"层层推将出去，这结构纵轴的核心就是父母与子女，横轴的核心则是夫妻，前者是通过生育来实现的，而后者则是通过婚姻来造就的，社会学家费孝通称之为"差序格局"。

然而，当今的西方学者在大谈所谓"世界主义"的时候，一方面超越了儒家的亲亲序列；另一方面也忘却了伦理的情感根源。他们在构造世界主义理论的时候，往往呼吁的是全球正义的西化理念，但是，正义的全球化在民族国家间的政治博弈里，实在是难有实现的可能。西方学者对已归入反人类罪的种族灭绝与大屠杀的伦理基础进行了世界主义化的哲学证明，这毫无问题，但将某个小的种族群体的被迫害（只要出于种族迫害的主观意图）归入其中，则显得"小题大做"而太过牵强了。

我们不能给世界主义以某种"应该做什么"的乌托邦目标，而只能设定"不能做什么"的伦理底线。墨子虽极端实用主义但却又有无等差的"大爱"观："大夫各爱其家，不爱异家，故乱异家以利其家。诸侯各爱其国，不爱异国，故攻异国以利其国。天下之乱物，具此而已矣。察此何自起？皆起不相爱。"①然而，问题便在于，人与人之间、国与国之间的"爱的距离"都是相等的，这是可能的吗？我们还是要回到孟子所说的"恻隐之心"，以这种道德情感作为全球伦理的基源，以期待重建一种全球性的伦理。

这就是说，在民族主义向世界主义的融汇当中，从现实的角度看，儒家都更胜墨家一筹，从理想的角度看，中国式的爱有等差而又能博爱的民主主义也是可能的，也是拥有着未来前景的！由此出发，中国人的民族主义可以走出一条中国式的民族主义新路，当然是以儒家作为自本生根的传统的，但亟须范本而开新。

对内的中国式的民族主义，应该是"复线式发展"的民族主义，并不囿于所谓"五族"（满、蒙、藏、回、汉）共和，而是各个少数民族与多数民族的共生协进，大汉族主义的"文化同化主义"也要相对弱化。

这意味着，孙逸仙先生认为，中华民族中国具有世界上最完美的民族结构的五重标准——血缘/种族、语言、习惯、宗教和生计——实乃出于大汉族中心主义，因为中华民族间的血缘与种族大有差异（汉族内部也是同化了诸多血统），少数民族语言与习惯各有差异（目前所确定的56个少数民族的确定，从史实上看更多具有政治身份给定的意味，如摩梭人与纳西人被同归入纳西族），就连汉族内部的儒道释迦也是多元的，农耕中原与边疆地区的生计更是迥异。所以，民族主义必须接受内部的复线

---

① 《墨子·兼爱上》。

化，就像也要接纳外部国际间的复线化一样。

对外的中国式的民族主义，乃是儒家的"等差爱"为准则的民族主义，而不是以墨家的"兼相爱"为标准，更不同于以欧美为中心的那种看似平等等爱、实则差之远矣的国际地缘政治体系。

这意味着，在民族主义向世界主义的融汇当中，起码有两种思路：一种是墨家通过"兼相爱"的路途从民族主义融入世界主义；另一种则是儒家通过"等差爱"的途径从民族主义融入世界主义。儒家似乎更能胜墨家一筹（必须承认国与国之间的等差存在），中国式的爱有等差而又能推爱的民族主义，更能与世界主义之间保持一种更具有弹性的关联。

所以，笔者始终坚持一种"温和的民族主义"的观念。[①]我们可以再重申一遍，这种"中国化"的温和民族主义包括对外与对内的两种节制：

对外的节制，表现为掌握适度地融入世界主义的"度"，尽管完全融入则民族主义将不会存在，但温和的民族主义绝不是拒绝世界主义的民族主义，而是试图融入全球体系并作出本民族该做的，从而融入世界主义的拼图架构当中。

对内的节制，表现为掌握适度地收敛民族锋芒之"度"，变成为民生与民权所限制的民族主义，如果没有民生为根基，民族主义就会牺牲民生（如为不必要的战争而消耗经济），如果没有民权为前提，民族主义就会伤害民主（以虚假民族大义为名牺牲个体自由）。

所以说，中国式的民族主义，对内是实行"仁政之治"，对外实施"王道之治"，仁政就不是"苛政"，王道就不是"霸道"，这才是具有中国性的民族主义的积极内核所在。如此一来，民族主义的温和形态，就可以警惕内部独裁的"大一统"观念与实施，外部则反对那种"天下帝国"的发散型的观念与践行，这种民族主义难道不可取吗？

[①] 刘悦笛:《中国需要的是"温和民族主义"》，见共识网思想者博客 http://liuyuedi.blog.21ccom.net/? p = 132 [2015 年 11 月 1 日]。

试论传统儒家制度的伦理基础

山东大学儒学高等研究院　沈顺福

儒家是一门经世之学。政治从来就是儒者们的思想焦点。故，《庄子》将儒家的思想概括为"内圣外王"，其中的"外王"便指儒家的政治。那么，儒家政治的伦理基础是什么？假如我们设想儒家政治最终落实为系统的制度，那么，儒家的这些制度的伦理基础是什么？或者说，什么是儒家的制度伦理？这是本文所关心的主要问题。

一　率性与非心：对人的自主能力的不信任

仁政说是孟子的政治哲学。孟子认为："夏后、殷、周之盛，地未有过千里者也。而齐有其地矣。鸡鸣狗吠相闻，而达乎四境。而齐有其民矣。地不改辟矣，民不改聚矣；行仁政而王，莫之能御也！"（《孟子·公孙丑上》）仁政能够王天下。仁政是最好的政治方式。这个最好的政治方式即仁政的基础，孟子曰："人皆有不忍人之心。先王有不忍人之心，斯有不忍人之政矣。以不忍人之心，行不忍人之政，治天下可运之掌上。"（《孟子·公孙丑上》）仁政的基础是人的"不忍人之心"。而所谓"不忍人之心"便是人性。孟子曰："所以谓人皆有不忍人之心者：今人乍见孺子将入于井，皆有怵惕恻隐之心；非所以内交于孺子之父母也，非所以要誉于乡党朋友也，非恶其声而然也。由是观之，无恻隐之心，非人也；无羞恶之心，非人也；无辞让之心，非人也；无是非之心，非人也。恻隐之心，仁之端也；羞恶之心，义之端也；辞让之心，礼之端也；是非之心，智之端也。人之有是四端也，犹其有四体也。有是四端而自谓不能者，自贼者也；谓其君不能者，贼其君者也。凡有四端于我者，知皆扩而充之矣。若火之始然，泉之始达。苟能充之，足以保四海；苟不充之，不足以事父母。"(《孟子·公孙丑上》) 修身、成人、王天下无非是由性而为。这种由性而为的形式，《中庸》称之为"道"："率性之谓道。"(《礼记·中庸》) 道即率性。由此，孟子为儒家人道理论确定了基调，即，"在正统儒家看来，人天生有仁义、道心、良知等德性。成人即由仁义行、人心由道心，及由心做事"①，这便是率性自然。

率性的伦理精神成为儒家政治或人道理论的基础。率性或顺性自然是成人之道。那么，对于人来说，顺其自然便可以了。人无需任何的主观的故意，即，对于普通人来说，我们无需自己去思考、去判断和去选择。这一立场集中体现在孟子的养勇论中。孟子剖析了北宫黝与孟施舍二者之后说："北宫黝之养勇也"(《孟子·公孙丑上》) 在于无惧，即，无知者无畏之"勇"，而"孟施舍之所养勇也，……虑胜而后会"(《孟子·公孙丑上》)，他懂得取舍之策略，意在思考。孟子对此也不以为然："孟施舍之守气，又不如曾子之守约也。"(《孟子·公孙丑上》) 在孟子看来，能够持守本性（"约"）、顺应本性之然的曾子才是真正的勇敢。故，孟子曰："舜明于庶物，察于人伦，由仁义行，非行仁义也。"(《孟子·离娄下》) 任由仁义之性而行才是正道。孟子的这种率性论，不仅仅无视或忽略了人类的自主的、理性的能力，而且褫夺了个体的独立判断和选择的权利。我们顺性自然，无需思考，也不应该自己思考、判断和选择。

孟子的这种认识直接影响到他的政治学说。孟子仁政哲学的核心便是顺性而为。任何故意的政治活动比如行政，孟子皆不以为然："'我能为君辟土地，充府库。'今之所谓良臣，古之所谓民贼也。君不乡道，不志于仁，而求富之，是富桀也。'我能为君约与国，战必克。'今之所谓良臣，古之所位民贼也。君不乡道，不志于仁；而求为之强战，是辅桀也。"(《孟子·告子下》) 单纯的行政者无异于"民贼"者、"富桀"者，因为这是一种有意的行为。孟子反对有意的作为。对有意行为的消极态度体现了孟子对人类自主的、理性的选择能力的不信任。孟子的这种不信任态度为儒家的人道理论设定了基调。传统儒家从来就不相信百姓能够依靠自己的力量如理性去做出正确的判断、产生正确的想法、并用以指导自己

---

① 沈顺福：《自然与中国古代道德哲学纲领》，《伦理学研究》2014年第1期。

的行为。

在对人的认识能力等问题上，荀子继承了孟子的相应立场。荀子曰："心者，形之君也，而神明之主也，出令而无所受令。自禁也，自使也，自夺也，自取也，自行也，自止也。故口可劫而使墨云，形可劫而使诎申，心不可劫而使易意，是之则受，非之则辞。故曰：心容，其择也无禁，必自现，其物也杂博，其情之至也不贰。"（《荀子·解蔽》）心乃形身之主，它能够无限制地自由活动，这很危险。比如，"心未尝不臧也，然而有所谓虚；心未尝不两也，然而有所谓壹；心未尝不动也，然而有所谓静。人生而有知，知而有志；志也者，臧也；然而有所谓虚；不以所已臧害所将受谓之虚。心生而有知，知而有异；异也者，同时兼知之；同时兼知之，两也；然而有所谓一；不以夫一害此一谓之壹。心卧则梦，偷则自行，使之则谋；故心未尝不动也；然而有所谓静；不以梦剧乱知谓之静。未得道而求道者，谓之虚壹而静。"（《荀子·解蔽》）从今天的角度来说，"未尝不臧"影响到人们的善恶价值判断，"未尝不两"影响到人们的理性判断，"未尝不动"则体现了人类的意识活动。三个"未尝"充分体现了荀子对个体之心认知能力的不信任。于是，"虚壹而静"与改造心灵便是必然的选择。

孟子的率性而为的成人之道，暗示了他对人类理性的自主能力的忽视与自主抉择的权利的褫夺。荀子的虚心论则进一步阐释了人类自主抉择行为的风险与危害。于是，个人的独立自主的理性认识便被贴上了危险或邪恶的标签，即，"人心惟危"。既然自己之心靠不住，那就只能够听从他人的意见。于是，道德说教、礼法制度便成了养民之道。故，孟子曰："上无道揆也，下无法守也；朝不信道，工不信度；君子犯义，小人犯刑；国之所存者，幸也。"（《孟子·离娄上》）对于君子来说，自发之义可以约束自己。但是对于平民来说，外在的刑、法是不可缺的。荀子曰："故先王圣人为之不然：知夫为人主上者，不美不饰之不足以一民也，不富不厚之不足以管下也，不威不强之不足以禁暴胜悍也，故必将撞大钟、击鸣鼓、吹笙竽、弹琴瑟，以塞其耳；必将锎琢刻镂、黼黻文章，以塞其目；必将刍豢稻粱、五味芬芳，以塞其口。然后众人徒、备官职、渐庆赏、严刑罚，以戒其心。使天下生民之属，皆知己之所愿欲之举在是于也，故其赏行；皆知己之所畏恐之举在是于也，故其罚威。赏行罚威，则贤者可得而进也，不肖者可得而退也，能不能可得而官也。"(《荀子·富国》)只有礼法制度才能够约束民心、治国安邦。

孟子和荀子在此问题上完全一致：个人不能自己独立地思考、判断和选择，不能够自行其是。这是我们的第一个结论：孟子和荀子等经典思想家都不信任人的理性能力和自主能力。对个体能力的不信任直接影响到儒家的制度学说。

二 制度的起源与个体意愿

那么，礼仪制度等人道的基础是什么呢？在这个问题上，传统儒家有两种不同的观点，分别以孟子和荀子为代表，并因此形成两种不同的传统。

在孟子看来，仁义礼智等人道（似乎不包括法律等）起源于人类自身之性。孟子曰："人皆有不忍人之心。先王有不忍人之心，斯有不忍人之政矣。以不忍人之心，行不忍人之政，治天下可运之掌上。……恻隐之心，仁之端也；羞恶之心，义之端也；辞让之心，礼之端也；是非之心，智之端也。"(《孟子·公孙丑上》)王政源自仁心、礼仪本自辞让之心等。故，孟子曰："君子所性，仁义礼智根于心；其生色也，睟然见于面，盎于背，施于四体，四体不言而喻。"(《孟子·尽心上》)本心是仁义礼等制度的本原。"本心即性。"[①] 故，制度源自人性。或者说，人性或德性是某些制度或人道的基础。这便是以孟子为代表的性本论的基本立场。

孟子似乎不太讨论法等制度问题。荀子则直面这一问题，并提出了和孟子不同的观点，即，礼法制度源自圣王："古者圣王以人性恶，以为偏险而不正，悖乱而不治，是以为之起礼义，制法度，以矫饰人之情性而正之，以扰化人之情性而导之也，始皆出于治，合于道者也。今人之化师法，积文学，道礼义者为君子；纵性情，安恣睢，而违礼义者为小人。"(《荀子·性恶》)远古的圣人看到世人出于性情而好利、争夺，导致悖乱，便发明了仁义礼法等一系列的社会规范与制度，从而约束人性、治理社会。针对孟子的性善论或性本论，荀子明确批判曰："凡礼义者，是生

---

① 沈顺福：《人心与本心——孟子心灵哲学研究》，《现代哲学》2014 年第 5 期。

于圣人之伪,非故生于人之性也。故陶人埏埴而为器,然则器生于陶人之伪,非故生于人之性也。故工人斲木而成器,则器生于工人之伪,非故生于人之性也。圣人积思虑,习伪故,以生礼义而起法度,然则礼义法度者,是生于圣人之伪,非故生于人之性也。"(《荀子·性恶》)礼法制度与人的本性无关,而是出于圣人的创造。荀子曰:"故圣人化性而起伪,伪起而生礼义,礼义生而制法度。然则礼义法度者,是圣人之所生也。"(《荀子·性恶》)制度是圣王的产物。圣王创立制度,并将其灌输给百姓。故,依荀子之见,制度的基础是外部的灌输即教化。这便是教化论传统的基本立场。

孟荀的制度本源论,分别阐述了制度的本原或基础。孟子以为制度源自本性。本性是类的本性,与个体想法无直接的关系。荀子以为制度源自圣王,与民众无关,民众只需接受并照办即可。由此看来,无论是孟子制度人性论还是荀子制度圣王论,他们的制度理论均没有体现群体成员或个体的意愿和想法。

在孟子那里,有限的制度源自本性。从本性到礼仪制度,是一个自然的过程,比如交往之礼。"万章问曰:'敢问交际何心也?'孟子曰:'恭也。'曰:'却之却之为不恭,何哉?'曰:'尊者赐之,曰其所取之者,义乎,不义乎,而后受之,以是为不恭,故弗却也。'曰:'请无以辞却之,以心却之,曰其取诸民之不义也,而以他辞无受,不可乎?'曰:'其交也以道,其接也以礼,斯孔子受之矣。'"(《孟子·万章下》)交际之礼便是一个自发的、自然的过程,无关乎行为人的独立的、理性的思考。如果此时反思"合适与否",这便是不恭敬、不合礼。交际之礼,自然成就,无待思维。即便是仁政中的战争,也是自然的。比如,《尚书》中的"葛伯仇饷"所引发的汤征葛伯事件也是自然的:"为其杀是童子而征之;四海之内,皆曰:'非富天下也,为匹夫匹妇复雠也。'汤始征,自葛载;十一征而无敌于天下。东面而征,西夷怨,南面而征,北狄怨,曰:'奚为后我?'民之望之,若大旱之望雨也;归市者弗止,芸者不变;诛其君,吊其民,如时雨降,民大悦。……不行王政云尔,苟行王政,四海之内,皆举首而望之,欲以为君;齐、楚虽大,何畏焉。"(《孟子·滕文公下》)发自本心的行为,即便是杀戮,孟子认为也是仁政、王政:它出于本心的自发,或者是君王的本心自发,或者是百姓的本心自发。这种战争是自发的、自然的。

所以，在孟子看来，人类制度、政治行为等，都是本性之自然，无关乎个人的思考或想法。也就是说，这些源自本性的礼仪等仅仅是人性自然发展的结果，而不是人类理智思考、理性选择的产物。它既然无关乎理性思考，便不能说它表达了作为参与者的个体成员的意愿和想法。故，孟子的礼仪制度并不在意于成员的想法。依照荀子的制度起源论，礼法制度源自圣王，更与普通个体意愿无关。相反，荀子认为个体天生有自己的想法，这些想法在未被教化之前是靠不住的，即"人心惟危"。这便是我们的第二个观点，即，无论是孟子的性本论，还是荀子的圣人本源论，都将礼法制度等看作是与个体成员的意愿、想法几乎无关的事情，或者说，礼法制度并没有表达广大个体的意愿或想法。制度不是其成员个体自己想的事情。

三 君、群与牧：制度中的人

在制度设定的群体中，君民各自分享什么样的角色呢？具有怎样的地位呢？

群体之群，本义为羊群。它由羊与君组成。这意味着：群内含两类角色，即，羊与君。其中，君是管理者，羊是被管理者。羊与君合成群。这基本反映了早期人们对待群体的基本认识。荀子基本保留了这种认识："君者，善群也。群道当，则万物皆得其宜，六畜皆得其长，群生皆得其命。故养长时，则六畜育；杀生时，则草木殖；政令时，则百姓一，贤良服。"（《荀子·王制》）君主即统治者，其角色是统治、管理万物、六畜和群生。百姓也是其中之一。在群体中，有充当统治者的君主，还有被统治的百姓、民众。荀子曰："人之生不能无群，群而无分则争，争则乱，乱则穷矣。故无分者，人之大害也；有分者，天下之本利也；而人君者，所以管分之枢要也。"（《荀子·富国》）君主是管理者、统治者，是群体制度建设的重要部分，具有重要的功能。它统领百姓："君者仪也，民者景也，仪正而景正。君者盘也，民者水也，盘圆而水圆。君者盂也，盂方而水方。君射则臣决。楚庄王好细腰，故朝有饿人。故曰：闻修身，未尝闻为国也。君者，民之原也；原清则流清，原浊则流浊。"（《荀子·君道》)在政治团体中,君主的言行能够决定性地影响到民众的举止。荀子将君主比作民众的父母:"故天地生君子,君子理天地;君子者,天地之参也,万物之揔也,民之父母也。无君子,则天地不理,礼义无统,上无君师,下无父子,夫是之谓至乱。"(《荀子·王制》)君主是民众的父母、决定者。这一思维后来演化为中国传统政治思维,即,代表君主的官员为自己的父母。

君主依靠制度管理群体。这个制度便是道。荀子曰:"道者,何也?曰:君之所道也。君者,何也?曰:能群也。能群也者,何也?曰:善生养人者也,善班治人者也,善显设人者也,善藩饰人者也。善生养人者人亲之,善班治人者人安之,善显设人者人乐之,善藩饰人者人荣之。四统者俱,而天下归之,夫是之谓能群。不能生养人者,人不亲也;不能班治者,人不安也;不能显设人者,人不乐也;不能藩饰人者,人不荣也。四统者亡,而天下去之,夫是之谓匹夫。故曰:道存则国存,道亡则国亡。"(《荀子·君道》)君主以道治国,具体为生养、班治、显设和藩饰等方面。这四个方面分别要求不同的人员配置与制度安排:"省工贾,众农夫,禁盗贼,除奸邪:是所以生养之也。天子三公,诸侯一相,大夫擅官,士保职,莫不法度而公:是所以班治之也。论德而定次,量能而授官,皆使人其事,而各得其所宜,上贤使之为三公,次贤使之为诸侯,下贤使之为士大夫:是所以显设之也。修冠弁衣裳,黼黻文章,雕琢刻镂,皆有等差:是所以藩饰也。"(《荀子·君道》)在这些人员配置中,既有与君主(天子、诸侯)接近的三公、宰相等,也有工商业者、农民等民众,甚至还包括盗贼与奸邪之徒等小人。其中,广大的民众(包括那些小人、坏人等)如同牲畜一般需要生养。这便是荀子等儒家给民众的基本定位。

在荀子看来,人天生分享一致的本性:"材性知能,君子小人一也;好荣恶辱,好利恶害,是君子小人之所同也。"(《荀子·荣辱》)这种一致的本性,便是人的生物本性:"凡人有所一同:饥而欲食,寒而欲暖,劳而欲息,好利而恶害,是人之所生而有也,是无待而然者也,是禹桀之所同也。目辨白黑美恶,耳辨声音清浊,口辨酸咸甘苦,鼻辨芬芳腥臊,骨体肤理辨寒暑疾养,是又人之所常生而有也,是无待而然者也,是禹桀之所同也。"(《荀子·荣辱》)这些本性,简单地说,便是趋利避害、近乎人的动物性本能。这些生物性本性，荀子以为恶："人之性恶，其善者伪也。今人之性，生而有好利焉，顺是，故争夺生而辞让亡焉；生而有疾恶焉，顺是，故残贼生而忠信亡焉；生而有耳目之欲，有好声色焉，顺是，故淫乱生而礼义文理亡焉。然则从人之性，顺人之情，必出于争夺，合于犯分乱理，而归于暴。"(《荀子·性恶》) 人天生性恶。如果不予以教化与改造，邪恶之性会导致政体灭亡。

在荀子看来，邪恶之性是人的生存的基本事实。荀子曰："凡贵尧禹君子者，能化性，能起伪，伪起而生礼义。然则圣人之于礼义积伪也，亦犹陶埏而为之也。用此观之，然则礼义积伪者，岂人之性也哉！所贱于桀跖小人者，从其性，顺其情，安恣孳，以出乎贪利争夺。故人之性恶明矣，其善者伪也。"(《荀子·性恶》) 人天生具有成为小人的基质、倾向或条件。化性起伪者可以成为君子、圣人，成为统治者。而那些纵性任情、不待教化者，则沦为小人。在整个社会中，成为君子、圣人者毕竟是少数。多数人，尽管努力化性起伪，却终究未能如愿。在儒家看来，占绝对多数的民众并没有被教化好，依然是小人。故，民众是缺乏教化或教化不够的小人。荀子曰："君子以德，小人以力；力者，德之役也。百姓之力，待之而后功；百姓之群，待之而后和；百姓之财，待之而后聚；百姓之执，待之而后安；百姓之寿，待之而后长。"(《荀子·富国》) 在此，小人之力即百姓之力，百姓等同于小人。

孟子也有类似的观点：民众是小人、野人。孟子将人分为大人和小人两类："从其大体为大人，从其小体为小人。……耳目之官不思，而蔽于物；物交物，则引之而已矣。心之官则思，思则得之，不思则不得也。此天之所与我者，先立乎其大者，则其小者不能夺也；此为大人而已矣。"(《孟子·告子上》) 顺从本性者便是大人。"放心"者便是小人。民众便是这等小人："然则治天下独可耕且为与？有大人之事，有小人之事。且一人之身，而百工之所为备。如必自为而后用之，是率天下而路也！故曰：或劳心，或劳力；劳心者治人，劳力者治于人；治于人者食人，治人者食于人，天下之通义也。"(《孟子·滕文公上》) 民众是劳力者，是小人。民众又叫"野人"："子之君，将行仁政；选择而使子，子必勉之。夫仁政必自经界始；经界不正，井地不均，谷禄不平。是故，暴君污吏，必慢其经界。经界既正，分田制禄，可坐而定也。夫滕，壤地褊小；将为君子焉，将为野人焉；无君子莫治野人，无野人莫养君子。"（《孟子·滕文公上》）"野人"即在荒郊野外劳作的民众。

小人、野人的重要特征是依仗生物本能，唯利是图。故，孟子提出："无恒产而有恒心者，惟士为能。若民，则无恒产，因无恒心。苟无恒心，放辟邪侈，无不为已。及陷于罪，然后从而刑之，是罔民也。焉有仁人在位，罔民而可为也！是故，明君制民之产，必使仰足以事父母，俯足以畜妻子；乐岁终身饱，凶年免于死亡。然后驱而之善，故民之从之也轻。"（《孟子·梁惠王上》）对于小人来说，利益是主导其行为的主要动力，即，有恒产者有恒心。这些小人或民众需要教化与约束。制度因此必要："至道大形：隆礼至法则国有常，尚贤使能则民知方，纂论公察则民不疑，赏克罚偷则民不怠，兼听齐明则天下归之；然后明分职，序事业，材技官能，莫不治理，则公道达而私门塞矣，公义明而私事息矣；如是，则德厚者进而佞说者止，贪利者退而廉节者起。……夫是之谓政教之极。"（《荀子·君道》）制度能够确定秩序、归化民心，然后百姓能够修身止行。这便是政、教的目标。

其中，政侧重于刚性的制度，比如刑罚制度，教化侧重于软性的制度，比如礼乐规范等。礼法制度的功能便是改造天生邪性的民众、小人。在荀子看来，民众、小人几乎类似于畜生，需要政教来改造："请问为政？曰：贤能不待次而举，罢不能不待须而废，元恶不待教而诛，中庸不待政而化。分未定也，则有昭缪。虽王公士大夫之子孙也，不属于礼义，则归之庶人。虽庶人之子孙也，积文学，正身行，能属于礼义，则归之卿相士大夫。故奸言、奸说、奸事、奸能，遁逃反侧之民，职而教之，须待之，勉之以庆赏，惩之以刑罚。安职则畜，不安职则弃。五疾，上收而养之，材而事之，官施而衣食之，兼覆无遗。才行反时者死无赦。夫是之谓天德，是者之政也。"（《荀子·王制》）教化、规范和改造民众是政治活动的重要内容。

在荀子等眼里，庶人、民众类似于牲畜。因此，对待这些民众，要和对待动物一般，比如生养："不违农时，谷不可胜食也；数罟不入洿池，鱼鳖不可胜食也；斧斤以时入山林，材木不可胜用也；谷与鱼鳖不可胜食，材木不可胜用，是使民养生丧死无憾也；养生丧死无憾，王道之始也。"（《孟子·梁惠王上》）民如同动物一般需要养。"省工贾，众农夫，禁盗贼，除奸邪：是所以生养之也。"（《荀子·君道》）农夫、工商业者以及盗贼等需要养。故，荀子强调"富国"："不富无以养民情，不教无以理民性。故家五亩宅，百亩田，务其业，而勿夺其时，所以富之也。立大学，设庠序，修六礼，明七教，所以道之也。诗曰：'饮之食之，教之诲之。'王事具矣。"（《荀子·大略》）富国以养民，再而教之，王事成矣。事实上，荀子等将民众几乎等同于动物。他常常以动物来类比民众："臣以政知之。昔舜巧于使民，而造父巧于使马；舜不穷其民，造父不穷其马；是以舜无失民，造父无失马。"（《荀子·哀公》）民等同于马等牲畜。对于动物来说，感性需求是第一位的。故，"圣王之制也：草木荣华滋硕之时，则斧斤不入山林，不夭其生，不绝其长也。鼋鼍鱼鳖鳅鳝孕别之时，罔罟毒药不入泽，不夭其生，不绝其长也。春耕、夏耘、秋收、冬藏，四者不失时，故五谷不绝，而百姓有余食也。污池渊沼川泽，谨其时禁，故鱼鳖优多，而百姓有余用也。斩伐养长不失其时，故山林不童，而百姓有余材也。"（《荀子·王制》）民众如动物一般，满足生理需求是第一位的。

故，在儒家制度中，民众始终是被管理者、被统治者。只有极少数的平民可能会通过自己的努力上升至统治阶层，成为统治者，但是绝大多数人终生是平民。这意味着绝大多数平民终生是庶人、小人，几乎不参与制度管理活动。它们仅仅是被管理、被统治的对象，如同牲畜一般。这便是民众在儒家制度设计中的角色和地位。

四 制度的目的

儒家制度建设的目的是什么呢？在荀子看来，制度建设的直接目的是为了秩序，其最终目的是政体的存在与稳定。

首先，荀子指出了社群对于人类生存的意义："水火有气而无生，草木有生而无知，禽兽有知而无义，人有气、有生、有知，亦且有义，故最为天下贵也。力不若牛，走不若马，而牛马为用，何也？曰：人能群，彼不能群也。人何以能群？曰：分。分何以能行？曰：义。"（《荀子·王制》）人因为能够形成群体或团体，故而能够战胜群雄。因此，群体形式对人类生存有用。

其次，荀子以性恶论为基础，提出了制度建设的必要性。荀子曰："然则从人之性，顺人之情，必出于争夺，合于犯分乱理，而归于暴。故必将有师法之化，礼义之道，然后出于辞让，合于文理，而归于治。"（《荀子·性恶》）人天生之性好利。如果不进行有效的控制或改造，人性的滋生繁衍会引发争夺、从而乱理，并最终导致灭亡。故，制度是矫正人情、安治天下的最好的方式。即，只有制度才能够确保群体的秩序。荀子指出："故人生不能无群，群而无分则争，争则乱，乱则离，离则弱，弱则不能胜物；故宫室不可得而居也，不可少顷舍礼义之谓也。能以事亲谓之孝，能以事兄谓之弟，能以事上谓之顺，能以使下谓之君。君者，善群也。群道当，则万物皆得其宜，六畜皆得其长，群生皆得其命。故养长时，则六畜育；杀生时，则草木殖；政令时，则百姓一，贤良服。"（《荀子·王制》）群体需要制度来维护秩序，否则会乱。"川渊深而鱼鳖归之，山林茂而禽兽归之，刑政平而百姓归之，礼义备而君子归之。故礼及身而行修，义及国而政明，能以礼挟而贵名白，天下愿，令行禁止，王者之事毕矣。……无土则人不安居，无人则土不守，无道法则人不至，无君子则道不举。故土之与人也，道之与法也者，国家之本作也。君子也者，道法之摠要也，不可少顷旷也。得之则治，失之则乱；得之则安，失之则危；得之则存，失之则亡，故有良法而乱者有之矣，有君子而乱者，自古及今，未尝闻也。"（《荀子·致士》）令行禁止、制度严明是确保政体稳定的基本手段。

那么，维护秩序的目的是什么呢？首先可以肯定的是：在古代制度体系中，民众从来就不是目的。这不仅是儒家政治理论，而且也是数千年来的历史事实。从儒家理论来看，制度产生的基础决定了它不以民众为目的。制度或者出自圣王，或者出自本性，与民众的想法几乎无关。这些制度并没有直接体现民众的意愿和想法，即，制度不是民众自己想的事情。只有出于自己的想法与心声、自己想的事情，才是自足的目的、最终的目的。故，一个忽略了民众的心声的制度，我们很难说它能够真正地为其服务。

在儒家哲学体系中，制度不是为个体之人服务的。人不是目的。从伦理来看，它表现为无视人的尊严。无视民众心声的制度，必定无视民众的个体尊严。尊严，按照康德的观点，"人类的以及所有的理性自然物的尊严的基础是自律",它不仅体现在意志自我立法上,即,"人性的尊严存在于人具有能够普遍立法的能力上",而且表现于自我对"自己给出的法则(即道德律)的遵从",即,"我们不是出于害怕它,也不是因为喜欢它,而是因为我们尊重法则,并因此给我们的行为带来的道德价值。"①所以,立法和守法是自律的基本内容,也是人的尊严的基础。"在康德理论的基础上,我们形成了关于尊严的伦理意义,并成为后来《人权的普世宣言》的基本框架"②或基础。也就是说,通常认为,尊严的基础在于:自己立法、自己守法。对民众心声的无视,便剥夺了民众的(自我)立法权(社会制度立法和个体道德立法)。无论是社会制度如法律等,还是道德规范等,按照儒家的逻辑,皆与个体意愿无关。故,个体没有立法权(制度立法和道德立法)。对于民众来说,他只有守法的义务,却无立法的权利。缺少了立法权、无法表达自己的意愿,显然谈不上尊严。因此,在儒家传统文化中,民众几乎没有尊严可言。从法律的角度来看,儒家化的法律制度的目的并不主张民众的利益。故,中国传统法律即中华法系的主要内容是刑律,而无民法。后者关注于民众的私利。

儒家制度不以人为目的,即,它不仅仅不以民众为目的,而且即便是统治者,也不是它的目的。在早期儒家体系中,君主并没有绝对权威的地位。如孟子曰:"民为贵,社稷次之,君为轻。"(《孟子·尽心下》)君轻于政体。在孟子看来,君主不合格,完全可以更换。荀子甚至说:"天之生民,非为君也;天之立君,以为民也。故古者,列地建国,非以贵诸侯而已;列官职,差爵禄,非以尊大夫而已。"(《荀子·大略》)君主是上天为了民众而安排的。即便是汉代的董仲舒,在将君主、天子神话的同时,也强调:"天之生民非为王也,而天立王以为民也。故其德足以安乐民者,天予之;其恶足以贼害民者,天夺之。"(《春秋繁露·尧舜不擅移汤武不专杀》)君主不合格,老天也会废除的。因此,在儒家体系中,君主也不是目的,至少不是直接的目的。

因此,从形式上来看,儒家倡导的制度既不以民众为目的,也不以统

---

① Immanuel Kant, *Kritik der Praktischen Vernunft und andere kritische Schriften*, Koenemann, 1995, p. 234、p. 240、pp. 232 – 233、p. 239.

② Milton Lewis, *A Brief History of Human Dignity*:*Idea and Application*, *Perspectives on Human Dignity*:*A Conversation*, Edited by Jeff Malpas and Norelle Lickiss, 2007, Springer. p. 95.

治者为目的。如果要说有目的的话，政体自身可能是其目的，即，它的目的是为了政体的稳定和持久存在。这便是儒家的大学之道：修齐治平。荀子曰："听政之大分：以善至者待之以礼，以不善至者待之以刑。两者分别，则贤不肖不杂，是非不乱。贤不肖不杂，则英杰至，是非不乱，则国家治。"（《荀子·王制》）好的政治即王道政治、王者之事，它的目的是为了国治家安。尤其是国家的安定与存亡，乃是第一要务。荀子曰："凡古今天下之所谓善者，正理平治也；所谓恶者，偏险悖乱也：是善恶之分也矣。今诚以人之性固正理平治邪，则有恶用圣王，恶用礼义哉？虽有圣王礼义，将曷加于正理平治也哉？"（《荀子·性恶》）安治天下、保存政体才是荀子等儒家政治哲学的终极目的。

当然，民众不是目的，并不是说民众不重要。民众是本，是政权的基础，因此非常重要。孟子曰："诸侯之宝三：土地、人民、政事。"（《孟子·尽心下》）民众和土地一样是君主、政体的重要要素，十分珍贵，此即"民为贵"：它仅仅表示民众很重要，如土地对于国家的重要性一般，而不涉及人格、尊严等。

结论　儒家制度伦理的反思

两千年来，儒家为了中华民族文化的传承、正统的承续、政权的稳定等，在制度建设方面做出了许多杰出的贡献，如提出君君臣臣、三纲五常等制度。这些制度不仅有其历史价值，而且有些可能还会有些现实价值，如兄友弟恭等。但是，从现代伦理学和政治哲学的角度来看，它的制度伦理需要被认真地检讨和反思，有些可能需要彻底抛弃。

从近代以来，以康德的"人是目的"的口号为代表的思潮将人类在宇宙世界中的地位提到了前所未有的高度，即，人类是世界的主人，也是自己的主人。人从来就不应该被当作手段。相反，人是目的。这意味着：第一，制度应该反映民众的心声。这便是民主政治的中心。对此，儒家显然忽略了。第二，制度仅仅是手段，其目的是为民众服务。这是契约论的基本理念，即，以制度为工具来确保自己的利益、以实现自己的目的。第三，人是理性的、自由的主人。这便是近代哲学提供给人类的关于人的崭新理论。儒家仅仅将民众视作一种特殊的动物，以生养和富贵来对待它。

人从未得到过真正的尊重，也没有尊严可言。

尽管我们承认制度对于任何一个社会与团体的重要性，也相信团体对于人类的价值，但是团体、政体和制度终究是为人服务的。人是目的。任何一种制度和政体建设，都应该以此为基础。传统儒家制度伦理忽略了这一基础。这便是儒家制度伦理的最大不足。这也是我们在重新审视儒家传统时必须面对的问题，是我们在继承儒家传统时必须注意的事项。

天下大同之新声

山东社会科学院国际儒学研究与交流中心　石永之

一　现行国际秩序及其问题

现行的国际秩序源于四百多年前的德国威斯特伐利亚会议，宗教势力开始逐步退出国际政治舞台，取而代之的是世俗化的主权国家之间的平等谈判，西方"国际关系"的体系得以建立，这是1618—1648年的三十年宗教战争的结果。基辛格说："这是一场各种政治和宗教争执相互交织的战争，卷入其中的各方针对人口稠密地区发动了全面战争。中欧将近四分之一的人口死于战火、疾病或饥饿，筋疲力尽的参战各方于是召开会议，为制止流血做出一系列的安排，新教的存活和发展导致了一统宗教的分裂。打成平手的各种自治的政治单元并存，呈现出政治多样化的特征。因此，当代世界的形态大致是在欧洲形成的：一批多元化政治单元探索用于管控自身行为，减缓冲突的中立原则，它们中没有一方强大到可以战胜所有其他对手，很多政治单元信仰绝然不同的哲学，或者有自己独特的信仰。"①

由此可见，是宗教分裂导致了三十年战争，战争的结果是政教进一步分离，世俗化的主权国家的对这个世界的统治地位得以确立。主权国家的均势是威斯特伐利亚合约签署的现实条件。从儒家思想来看，是人类普遍具有的恻隐仁爱之心最终起了作用，为制止流血牺牲而休战和谈。但是很明显，这种依靠均势取得的合约或者协议都只能维系一时，而且主权国家的权力也受到人道主义的约束，这些都需要进一步思考国

---

①　[美]亨利·基辛格：《世界秩序》，胡利平等译，中信出版社2015年版，第 X 页。

际秩序的问题。

在当今国际秩序的建构过程中,罗尔斯的《万邦法》无疑是最有影响的,《万邦法》是罗尔斯晚年的作品,而且是他从国内正义理论中延伸出来的国际正义理论①。罗尔斯认为,自欧洲三十年战争(1618—1648)后的三个多世纪以来,关于国家主权权力的传统观念已经被纳入实际的国际法中,其中包括对外发动战争和对内处置其人民的自主权两种,但这两种权力自"二战"以来都逐渐受到了严格的限制。国际法逐渐将国家发动战争的权力限制在自卫和集体安全这两种情况,主权国家的对内自主权也逐渐收到人权观念的制约。

正是在反对传统主权国家的作战权以及毫无限制的国内自主权的意义上,罗尔斯选择了民邦(peoples②)而不是国家(states)作为他立论的对象。他说:

"众民邦(peoples)"这个术语,就意味着强调民邦具有不同于传统国家的特征,也意味着突出他们的道德特征以及合乎理性的正义(the reasonably just),或者正派、制度的本质。民邦对其抽绎自万邦法的所谓主权的权利和义务,只要环境合适,他们总会与其他民邦共同恪守,这一点意义颇为重大。作为正义或正派的民邦,他们行动的理由也将符合相应的原则。他们不会单单被审慎或理性追求的利益所驱动——而这便是国家的所谓理由。③

这表明,罗尔斯所使用的民邦(peoples)是一个政治共同体的概念,其国际正义理论关注的终极对象是民邦(peoples),而他的国内正义理论则是理性的个人。其国内正义理论十分注重人的理性特征,而国际正义理论更注重民邦的道德性。罗尔斯一直纠缠在理性与仁爱究竟哪一个更为根本的问题之中。

---

① 全球正义是指正在形成中关于全球的正义思想,而罗尔斯的《万邦法》试图超越民族国家或者主权国家这样的模式而特意选择民邦一词,但其《万邦法》的国家意味仍然非常重,所以用国际正义称述其理论,而下面的天下正义是中国学者开掘传统的天下观念之后对全球正义的一种表述。

② people 一词在通常意义意指人民或民族,而多数的中文翻译为人民,这里把它译为"民邦",在主权在民、民邦共和的意义上,这样翻译可以在中文语境中得到比较好的理解。

③ John Rawls: *The law of peoples*, Harvard University Press Cambridge, MA, 1999. pp27.

在《正义论》中，他假定在无知之幕下处于原初状态的人具有两个本质特征，那就是合理性（rational）[①] 和相互冷淡（mutually disinterested）。按照罗尔斯的意思，合理性就是人的经济理性，相互冷淡（mutually disinterested）就是有限利他，仁爱就悄悄地放在这里。《政治自由主义》中的罗尔斯更强调理性，还给出公共理性、重叠共识、权利优先于善的三大理念。罗尔斯在《万邦法》中明确指出自由民邦有三个基本特征：一个合理公正的宪政民主政府是服务于他们的基本利益的；公民们由密尔所说的"普遍的同情（common sympathies）"联合起来；最后有一种道德本性。（LP，23）这里就把人类的同情心作为人的基本特征。

罗尔斯为什么不直接用仁爱（同情心）来作为原初状态下行为主体的特征呢？因为他认为，仁爱不能很好地解决利益分配的问题，他说："如果这些利益的要求相抵触，仁爱就不知所措了，至少把这些个体分别对待的情况下是如此。"（AJ，191）

由此可见，罗尔斯的国际正义理论存在以下问题。

第一，仁爱与理性关系的倒置，罗尔斯用理性涵盖仁爱的论证是不成功的，在国际正义领域尤其如此。孔子说，"人而不仁如礼何？"儒家认为，仁者爱人，义者循理，行义以礼，也就是说，政治制度建立仁爱情感的基础之上，人类的理性就是依据仁爱建立适宜的政治制度。第二，终极对象的错置。罗尔斯国际正义的终极对象是民邦，这有违政治哲学的基本原则，他的《万邦法》是在各民邦之间做理性的计较，而没有直接把他的同情心指向这些民邦中的个人。第三，求同。罗尔斯始终在强调自由民主制度是国际正义的前提，实际上在任何时候，政治制度都是多种多样的，政治文化也是多元。

[①] 关于合理性（rational）一词，前后期的罗尔斯是有变化的，正义论中只用了合理性（rational），在《政治自由主义》中他区分了 the reasonable 和 the rational，并把公共合理性（public reason）作为他的三大观念之一，为了行文的一致性，这里将 the rational 的翻译为合理性，多数的中译本将此译为理性，万俊人在《政治自由主义》的中文译本中，将 the reasonable and the rational 译为理性的和合理的。

二 天下大同的历史追寻

儒家的天下大同思想也有古代和近代两个版本，古代版的天下大同思想出自《礼记·礼运》："大道之行也，天下为公，选贤与能，讲信修睦。故人不独亲其亲，不独子其子。使老有所终，壮有所用，幼有所长，矜、寡、孤、独、废、疾者皆有所养，男有分，女有归。货恶其弃于地也，不必藏于己；力恶其不出于身也，不必为己。是故谋闭而不兴，盗窃乱贼而不作，故外户而不闭。是谓大同。"[①]

由于天下大同的思想独出《礼记》，这就需要与先秦原始儒家思想相互印证。从《论语》的有关记载来看，天下大同与孔子思想如出一辙。

子张问仁于孔子。孔子曰："能行五者于天下，为仁矣。"请问之。曰："恭、宽、信、敏、惠。恭则不侮，宽则得众，信则人任焉，敏则有功，惠则足以使人。"（《论语·阳货》）

子曰："禹，吾无间然矣。菲饮食，而致孝乎鬼神；恶衣服，而致美乎黻冕；卑宫室，而尽力乎沟洫。禹，吾无间然矣。"（《论语·泰伯》）

孔子认为，尧舜可称为圣人，而对大禹的评价则是"吾无间然矣"，孔子之所以这样评价大禹，不就是因为大禹把天子之位传给了自己儿子启吗？从此以后，三代传承的"公天下"就成了"家天下"。从孔子对尧舜和大禹的评价中就可以看出，儒家主张天下为公。孔子认为，能够践行恭、宽、信、敏、惠五者于天下的人，就是在为仁，而恭、宽、信、敏、惠的对象自然是天下之人，孔子又说："四海之内，皆兄弟也。"（《论语·颜渊》）

孟子本儒家仁爱精神论及天下甚多，主要有：

"老吾老以及人之老，幼吾幼以及人之幼，天下可运于掌。"（《孟子·梁惠王上》）

乐民之乐者，民亦乐其乐；忧民之忧者，民亦忧其忧。乐以天下，忧以天下，然而不王者，未之有也。（《孟子·梁惠王下》）

老而无妻曰鳏，老而无夫曰寡，老而无子曰独，幼而无父曰孤，此四

---

① ［清］孙希旦著，沈啸寰、王星贤点校：《礼记集解》，中华书局1989年版，第582页。

者，天下之穷民而无告者。文王发政施仁，必先斯四者。（《孟子·梁惠王下》）

"行一不义、杀一不辜而得天下，皆不为也。"（《孟子·公孙丑上》）

"居天下之广居，立天下之正位，行天下之大道；得志与民由之，不得志，独行其道；富贵不能淫，贫贱不能移，威武不能屈，此之谓大丈夫。"（《孟子·滕文公下》）

荀子主张"四海之内若一家"（《荀子·王制》），他说：

天下有圣而在后者，则天下不离，朝不易位，国不更制，天下厌然与乡无以异也；以尧继尧，夫又何变之有矣！圣不在后子而在三公，则天下如归，犹复而振之矣。天下厌然与乡无以异也；以尧继尧，夫又何变之有矣！（《荀子·正论》）

先秦儒家的天下大同思想有这么几个要点：第一，天下大同首先在于确立天下为公的观念。第二，对天下之人要一视同仁，且应重点照顾鳏寡孤独等弱势群体。第三，行义以礼，希望通过建立适宜的政治制度以实现人间正义。

近代发挥儒家之天下大同思想最著名的就是康有为，他就是读《礼记》之《礼运》而发挥新意，他说："读至《礼运》，乃浩然而叹曰：孔子三世之变，大道之真，在是矣，大同小康之道，发之明而别之精，古今进化之故，神圣悯世之深，在是矣。……二千五百年至予小子而鸿宝发见，辟新地以殖人民，揭日月以照修夜，以仁济天下，将纳大地生人于大同之域，令孔子之道大放光明，岂不异哉。"[①]

康有为的新意就在于，他的大同思想具有浓厚的宗教色彩。因为康有为认为："故夫人道者依人以为道。依人之道，苦乐而已，为人谋者，去苦以求乐而已，无他道矣。……遍观世法，舍大同之道而欲救人生之苦，求其大乐，殆无由也。大同之道，至平也，至公也，至仁也，治之至也，虽有善道，无以加此矣。"这就是说，康有为的大同思想基于去苦求乐的宗教关怀。他的办法就是建立以孔子为教主的孔教。康有为说："汉自王仲任（王充）前，并举儒、墨，皆知孔子为儒教之主，皆知儒为孔子所

---

① 康有为：《礼运注·叙》，姜义华、张荣华编：《康有为全集》第5集，中国人民大学出版社2007年版，第553页。

创。……今发明儒为孔子教号,以著孔子为万世教主。"① 康有为还认为基督教、伊斯兰教等宗教是神道教,而孔教是人道教。他说:"孔子之教,不专言灵魂,而实兼身兼魂,无所不包,简而言之,曰人道教而已。"②

三 天下大同的当代解释

当代的天下大同需要吸取古代大同思想的智慧并与现代西方的国际正义理论互动。这是因为西方人不太了解中国古代智慧,基辛格也承认:"中国人的思维部分地受到了共产主义理论的影响,但越来越趋向传统的中国思维方式。美国人对两者都缺乏直观的和深入的理解。"③ 这就尤其反映在他对毛泽东思想的理解上,他说:"毛泽东的秩序概念反映了中国的古老思想,他称其为'天下大同'。按照这一概念,强调和谐的传统儒家文化必须摧毁,在这个废墟上将出现一个全新的中国"④ 很显然,摧毁了强调和谐的传统儒家文化,又该如何天下大同呢?这就需要重新解释中国传统。

首先需要对"天下"这个概念做出新解。历史上中国传统的天下概念大致可以分为两个阶段,第一个阶段,是分封建国的天下观。《尚书·禹贡》分天下为九州,"东渐于海,西被于流沙,朔南暨声教,讫于四海"。《诗经·小雅·北山》:"溥天之下,莫非王土;率土之滨,莫非王臣。"第二个阶段,郡县制大一统时期的天下观。秦始皇"分天下以为三十六郡"是中国郡县制大一统的开始。历史的天下是一个地理概念,也是一个政治概念。

天下实际上是一个无限延伸的哲学概念,可以从天来理解天下。子曰:"天何言哉?四时行焉,百物生焉,天何言哉?"(《论语·阳货》)

---

① 康有为:《孔子改制考》,姜义华、张荣华编:《康有为全集》第5集,中国人民大学出版社2007年版,第85—86页。
② 康有为:《济南演讲辞》,姜义华、张荣华编:《康有为全集》第11集,中国人民大学出版社2007年版,第248页。
③ [美]亨利·基辛格:《世界秩序》,胡利平等译,中信出版社2015年版,第294页。
④ 同上书,第288页。

阳明说："无往而非天；三光之上，天也；九地之下，亦天也。"① 天是一个包含所有存在者的全体大有，人本在天之中，所以说天人本无二，同时天作为一个存在者的全体，也有天道、天德等价值属性，天在中国文化中有超越者的意义和地位，所以天下之概念广为传播且沿用至今。孟子说："乐天者保天下，畏天者保其国。"（《孟子·梁惠王下》）这句话正说明天与天下的关系，只有充分理解天的人才能够乐天，乐天的人才能保天下。

还需要对"大同"做出新的解释。《礼记·礼运》对大同的解释是"是故谋闭而不兴，盗窃乱贼而不作，故外户而不闭。是谓大同。"这是对天下大同之效果的描述，而今天更需要观念的大同，阳明有一段话可资借鉴。"问：'良知，一而已；文王作《彖》，周公系《爻》，孔子赞《易》，何以各自看理不同？'先生曰：'圣人何能拘得死格？大要出于良知同，便各为说何害？且如一园竹，只要同此枝节，便是大同；若拘定枝枝节节，都要高下大小一样，便非造化妙手矣。汝辈只要去培养良知。良知同，更不妨有异处。'"（《传习录下》）

阳明所说的良知大同何尝不是在讲仁爱之大同，天下大同的根本处就在于爱的大同。各个文化传统都在强调爱，但各自的解释又千差万别，这就需要以"和而不同"以求观念之大同。

天下与国家的关系也重新解释。古代之天下有统一的政治观念和政治秩序，孔子曰："天下有道，则礼乐征伐自天子出；天下无道，则礼乐征伐自诸侯出。自诸侯出，盖十世希不失矣；自大夫出，五世希不失矣；陪臣执国命，三世希不失矣。天下有道，则政不在大夫。言不得专政。天下有道，则庶人不议。"（《论语·季氏》）这是孔子在当时的天下秩序一息尚存之际倡导天下秩序的重建。

而今天之世界是一个无序的社会，没有统一的政治秩序。国际社会依靠均势维系脆弱的和平，这需要各个国家首先要建设好自己的国家，国家富强，人民安居乐业，避免浮华奢靡。孟子曰："人有恒言，皆曰'天下国家'，天下之本在国，国之本在家，家之本在身。"（《孟子·离娄上》）

让自己的国家富强，目的不是为了炫耀武力，孟子说："威天下不以

---

① 王阳明：《传习录上》，载《王阳明全集》，上海古籍出版社1992年版，第22页。

兵革之利。得道者多助，失道者寡助。寡助之至，亲戚畔之；多助之至，天下顺之。"（《孟子·公孙丑下》）孔子的主张是"悦近来远"，"叶公问政。子曰：'近者说，远者来。'"（《论语·子路》）"远人不服，则修文德以来之"，（《论语·季氏》）即要用文德让别人心悦诚服地接受，而不是靠武力征服别人。孟子说："以善服人者，未有能服人者也。以善养人，然后能服天下。"（《孟子·离娄下》）

关于如何处理国与国之间的关系，《孟子》中有一段话说得非常好，

> 齐宣王问曰："交邻国有道乎？"孟子对曰："有。惟仁者为能以大事小，是故汤事葛，文王事昆夷；惟智者为能以小事大，故大王事獯鬻，勾践事吴。以大事小者，乐天者也；以小事大者，畏天者也。乐天者保天下，畏天者保其国。《诗》云：'畏天之威，于时保之。'"（《孟子·梁惠王下》）

惟仁者为能以大事小，中国历史上就曾经有这样的情形，利玛窦有过记载，他写道：

> 虽然他们有装备精良的陆军和海军，很容易征服邻近的国家，但他们的皇上和人民却从未想过要发动侵略战争。他们很满足于自己的东西，没有征服的野心。在这方面，他们和欧洲人很不相同，欧洲人常常不满意自己的政府，并贪求别人所享有的东西。西方国家似乎被最高统治权的念头消耗到筋疲力尽，但他们连老祖宗传给他们的东西都保持不住，而中国人却已经保持数千年之久。[1]

对当今世界而言，更重要的是大国之间要讲信修睦，避免"修昔底德"陷阱。

---

[1] ［意］利玛窦、［法］金尼阁：《利玛窦中国札记》，何高济等译，中华书局1983年版，第58—59页。

民族问题、国家认同、国际关系：
儒家的新天下体系及其优越性

复旦大学哲学学院　白彤东

一　民族国家＝现代国家？

晚清以来，中国被西方列强乃至日本屡屡打败，这常常被解释为中国在器物、政治、乃至文化上落后于西方所致。既然西方已经进入了现代，而我们落后了，那我们在这一轮遭遇西方之前，自然就是处于前现代。为了不落后挨打，我们自然就需要现代化。这是百多年来理解中西之别的主轴。在这个大背景下，在国家认同方面，一个通常的见解是，现代国家的一大标志，是所谓民族国家（nation-state）。西方现代化过程中，首先发展出了威斯特伐利亚（Westphalia）诸和平条约以降在欧洲形成的主权国家（sovereign state）观念，即国家主权他国不得干涉。这一概念在十八世纪以降又与民族国家概念结合，逐渐形成了以主权为基础的民族国家模式。①在这种模式下，民族为民族国家、为民族国家内部主权行使提供了统一的基础，而主权使得民族国家成了一个不可分的个体；这些个体之间通过强权政治来决定其间关系。②而传统中国明显不是民族国家，于是它就被拿来与欧洲民族国家之前的国家形态（如帝国）类比。在对传统中

---

① 主权国家概念的确立、从主权国家过渡到民族国家、"民族"含义的确定，都是漫长而混乱的历史过程。本文着重讨论的是一些简单的理想形态。

② 笔者感谢钱江向笔者强调了主权国家与民族国家的区别，以及民族国家最终定型于第一次世界大战之后这一事实。不过，像笔者下面所要论述的，主权国家与民族国家是封建制瓦解所带来的问题——即如何在封建制不再的情况下处理国家内部凝聚和国际关系问题——的一种回答。在这个意义上，这两个概念是紧密相关的。

国有一知半解的人中间,恐怕最流行的,是如美国"冷战"时代的右翼学者白鲁恂(Lucian Pye)所说的,中国并非民族大家庭中的又一个民族—国家。中国是一个装扮成一个国家的一种文明。①现代中国的故事可以如此描述:中国人与外国人努力把一种文明挤进现代国家的随意的、限制性的框架中——【而现代国家是】一个出自西方自己的文明之破碎化的机构创造。(Pye 1990,62)②

但不论对中国这个国家的性质理解有什么不同,一点共识是传统中国是前现代的,并非现代民族国家。

并且,根据流行的见解,不但中国是前现代的,而且因为带着其前现代的国家形式,当中国与他国交往的时候,必然会威胁现有的国际秩序。这是因为传统中国所习惯的体系,乃是天下模式:中国居于文明中心,羁縻他邦,接受后者的朝贡。依照这样一种理解,一些人预见,因为传统模式作怪,当代中国很难成为相对平等的万邦中的一员,而会挑战既有国际秩序。至少,传统中国的国际政治模式与当代世界没有任何相关性,因此不再有任何借鉴意义。

因此,无论从现代化的角度,还是从国际和平的角度,中国似乎都必须学习西方,建立起民族国家,以平等的关系融入万国体系。中华民国与中华人民共和国都被理解为建构这种民族国家的努力。在如此理解中国现代化的进程的学人中,有人就因此认为一白可以遮百丑,认为中国近一百五十年来的种种革命对传统在精神上和物质层面的摧毁以及生灵涂炭都是祭祀现代国家这面旗帜的必要牺牲。这成了他们心甘情愿或者趋炎附势地成为国家主义者的理由或借口。

但是,滑稽的是,当我们中的一些人期待着中国高举民族国家的大旗,加入现代(西方)国家之林,以为中国终于就此站起来了并且可以不被他人另眼相看了的时候,西方国家却从自身经历看到,民族国家以狭义的国家利益(即短期的物质利益)为指南,遵循敌我划分的强权政治原则,也是导致动乱与战争的来源。尤其是那些后来崛起的民族国家,比

---

① Pye 1993 几乎原样重复了这句话,其中一个重要修改是把"国家"换成了"民族—国家"(130)。

② 与白鲁恂说法类似的说法,尤其在汉学家中间(比如著名的列文森),并不罕见。参见杨治宜(未刊稿)中给出的更多的例子。

如纳粹德国和军国主义的日本，给世界带来巨大危害，而这也常常成为担心中国崛起的重要证据。因此，西方国家努力超越了现代民族国家，打着"人权高于主权"的旗号，对好不容易成了现代民族国家的中国的所作所为继续担心、怀疑、指手画脚。这很滑稽、很悲哀，也是我们百多年来以西方来解中国、进而膜拜与模仿西方的报应。

二 民族国家作为现代性问题的一种特殊回答

当然，不管有多滑稽与多悲哀，如果民族国家是现代化的必经道路，并且现代性确实是可欲的，我们也只好在被嘲笑中追赶西方。但是，如笔者最近不断指出的，中国在春秋战国所经历的变化，即所谓周秦之变，与西方的现代化，多有可比之处（白彤东 2011，2014a 和 2014b）。这里，笔者只想提纲挈领地指出与本文主题相关的几点。西周的封建制度与欧洲中古（前现代）的封建制度有很多相似的地方。它们的封建体系乃是一种金字塔式的结构。上一级政府或统治者除了其直接管辖的小片地域和生活于其上的有限人口外，将名义上属于它的大量人口与土地分派（分封）给下一级政府或统治者，并给予其以高度自治为基础的代理权，并不干涉后者内部的运作（如再下一级的官员任命）。于西周，这个金字塔的最顶端是周王。但是在中世纪的欧洲，并不存在像周王一样有稳定和长期的最高权威的天下共主，其封建体系也远不如西周清晰。[①]在这样的封建等级金字塔结构下，虽然各级贵族有带有自治性的代理权，但是他们还是要受到上一级贵族的有限而合法的干预，同时他们对自己下一级贵族之下的土地与臣民也没有干涉权，因此他们对其属地没有绝对的主权。因此，在这个体系下也就并没有现代意义上的国际关系。

并且，虽然整个封建体系可能看起来很庞大，但是通过这种金字塔结构，每一层级都是领导者与其代理者（在最低一级是领导与其直属的人民）构成联系紧密的熟人共同体，或称作"相对同质的有机（熟人）共同体"。每一层级的共同体内部可以通过对共同的善的分享与礼法（如贵族们定期按礼的要求聚会、贵族间约定的行为准则，等等）来凝聚。

---

① 教皇相对稳定，但是他并非封建制下的最高权力的所有者。

但是，在中国的周秦之变和西方的现代化过程中，上述的统治秩序坍塌了。在接下来的既有势力（最可能的是以前的各级贵族）的吞并与被吞并的丛林政治中，涌现了新型的大国。这些国家内部不再有一级级的贵族代理，出现了集权的中央政府。同时，在这些国家之上也不再有更高的合法的仲裁者。也就是说，主权国家出现了。虽然中国没有威斯特伐利亚诸和平条约，但是战国时的各国取得了与欧洲现代国家类似的独立和绝对主权。如我们今天所理解的国际关系问题产生出来了。在既没有天下共主的调解与仲裁，又没有了贵族战争的规矩的前提下，如果只是顺其自然，国与国之间的关系就建立在赤裸裸和血淋淋的利益争夺之上。在每个国家内部，在没有代理的情况下，统治者要直接统治千千万万的陌生的人民。建立在封建制下的实质性小国寡民之上的内部纽带（亲情、宗法、礼俗、个人契约、对善的分享）对这种广土众民的、没有一层层自治性的代理的、中央集权的陌生人的大国不再有效。君主与其辅佐乃至人民之间的纽带问题，以及人民与人民之间的新型纽带之寻找成为一个迫切的问题。

在如此理解中国的周秦之变与欧洲的现代化的基础上，我们可以看到，主权国家只不过是这种变化的自然结果。威斯特伐利亚诸条约的特殊之处，是给这种自然产生的主权以神圣性，而不是上述这种变化的必然要求。而后来出现的民族国家，进一步回答了新形势下出现的国家内部凝聚力问题的，即通过想象和制造出来的民族，把本来是陌生人的同一国家内部的人民凝聚起来。这样，各国作为独立的利益共同体，对外按照强权政治（realpolitik）处理国际关系。

因此，主权神圣、民族国家，只不过是回应现代性的大国凝聚、国与国关系的一种回答。在西方还有过其他的回答。比如，马克思在《论法兰西内战》中提出用阶级代替民族来凝聚现代社会中的陌生人（孙向晨 2014）。在西方中世纪之前，有罗马通过军事和法律统治的帝国方式，而西方当代的宪法爱国主义可以看作是罗马帝国用法律整合国家的一种演变。面对着类似问题的先秦诸子，也提出了自己的解答。那么，首先，我们就不应该贸然说民族国家是回应现代性问题、进入现代社会的唯一方式。它也许只是诸多可能方式的一种。其次，我们要进一步思考的是，哪一种对现代性的这些问题的回答更好些。下面，让我们来先看看儒家如何回应上述问题。

三 儒家的解答：恻隐之心与夷夏之辨①

在说明儒家对国家凝聚力和国与国关系的基本观点之前，我先要澄清一点。在当代，即使同情儒家的学者，对儒家的关注集中在心性哲学、道德形上学层面，而忽视儒家的政治向度。其原因，我认为，是因为哪怕是所谓中国的文化保守主义者，也认为中国传统政治基本无可取之处。但是，第一，从道德形上学角度辩护儒家，很容易给反传统者以口实，因为他们会说，即使儒家如这些辩护者所说的那样是一套有益的心性哲学而并非反传统者常说的糟粕，在现代多元社会，儒家的心性哲学也只能是多元中的一元。第二，也更重要的是，如果周秦之变的核心是政治问题，而包括儒家在内的先秦诸子最有可能首要关注的应该是政治问题，而非心性问题。本人下面的解释，是在这样的大背景下展开的。②

从政治哲学的首要性出发，本人认为，孔子所提倡的"仁"与孟子所讲的"恻隐之心，"首先是对周秦之变中产生出来的陌生人社会的凝聚力问题的解答。③在孟子著名的孺子落井的例子（2A6），孟子所问的是我们"乍见"一个小孩落井的当下的反应。这个"乍见"使得那个落井的小孩对我们来讲，是陌生人。④而我们对这一情景的"怵惕恻隐"的反应，展示了人类同情心的普遍性。孟子进而将这种普遍的同情心的萌芽作为仁这种道德之端，将同情心提升为道德。我们可以就此推测，先秦儒家面对适用于相对同质的有机共同体里的厚重凝结剂不再有效的广土众民的社会，发现了有人性基础的同情心，将其提升到道德层面，用以回答陌生人社会（现代社会）的凝聚力问题。恻隐之心之所以能成为陌生人社会的凝结剂，是因为它处理的是陌生人之间的关系，且可以在同质共同体不再

---

① "儒家"是个很长的传统。本文的关注是中国的"现代化"过程中的（即周秦之变中的）思想家，因此笔者在这里会关注先秦儒家、尤其是《论语》、《孟子》中的观点。

② 关于先秦哲学首先是政治哲学，详见白彤东2014b。

③ 而为当代学者所重视的道德心理学与形上学的层面，是政治哲学的衍生品。

④ 《孟子》7A45中指出，君子对人民"仁之而弗亲"，明确地暗示了"仁"也是针对陌生人的想法。当然，《孟子》一书中，也有对仁的不同用法（参见4A27和7A15），这里不做细致讨论。

的情况下，为持有不同厚重的全能教义的人所共享。在这个意义上讲，儒家是面对现代、面对多元性的"薄"的哲学。①

但是，孟子承认，自然的恻隐之心，只是仁之端。它要能起到联系陌生人的作用，还要被培养。对培养的问题，以孔孟为代表的早期儒家似乎都采取了"能近取譬"（《论语》6.30）、推己及人的办法。他们特别关注家在道德养成中的核心地位。家是个有趣的实体。它一方面让我们有一种自然的亲近感，是私的场所，而另一方面它又是让我们迈出狭隘的自我的第一步（对父母、兄弟、姐妹的谦让、尊敬、爱护）。通过培养家中形成的关爱，并通过"老吾老以及人之老"（《孟子》1A7）的办法外推出去，我们可以达到对陌生人乃至世间万物的关爱，从而达到民胞物与的境界。②

但是，有人由此批评儒家最多只能从出于对人民的恻隐之心而反抗残暴的侵略者的角度谈爱国，但是儒家所讲的恻隐之心和与之相关的民本思想并不认可国家边界，因此也不可能支持基于国家边界的更强的爱国主义。诚然，儒家认为民为邦本，以爱民的恻隐之心为根本，并不认为国界、主权是神圣的，也反对国家利益至上的爱国主义。第一，孟子指出，人民、士、君子都可以用脚投票，离开暴政的国家，移民到行仁政的国家（《孟子》4A9 和 4B4）。第二，在国家层面，孔子在《论语》中明确指出，出于狭隘的国家或政治团体利益、按照强权政治的原则侵略他国，是不正当的，而应该让自己的人民安居乐业，通过"远人不服，修文德以来之"的文教手段，用道德典范的力量消除外在威胁（《论语》16.1 和 13.16）。第三，当我们有充分的证据判定一个国家的人民生活在水深火热之中、并且民心思变的时候，在上述软性的手段无效的时候，作为最后的手段，实行仁政的国家对不行仁政的国家的征伐可以是正当的、甚至是应该的，即使后者对前者没有任何狭义的利益威胁。这也似乎意味着，保

---

① 当然，后人可以出于不同动机将其厚重化，形上化，但这不能否定先秦儒家可以是一种薄的哲学的可能，以及它本来可能就是一套薄的哲学的事实。

② 有人会反驳说，上述说法假设了中国在先秦已经进入了陌生人社会，但是传统中国一直是熟人社会。并且，亲情太过脆弱，在不断外推的过程中，它会被不断稀释，以致最终无法承担陌生人之间的粘结作用（费孝通 1998，24—30；赵汀阳 2007a，2007b）。对此，白彤东 2014a 有详细回应。

卫这样的国家、维护其"主权"的自卫防御性战争是不正当的。当然，一般的自卫战争至少是部分正当的。但是，在自卫战争中，在无法自保的情况下，为了保全其人民而放弃国土与人民逃到一个安全的地方也是可以接受的，因为人民，而不是土地，才是国家存在之最高价值所在。①简单地讲，儒家的原则是仁高于主权。

但是，如果因此就说，儒家彻底否认主权的有限合法性、一个弱的爱国主义的正当性，这种说法是对儒家泛爱的误解。孟子的推恩之理想是（让少数的君子）达到"民胞物与"的泛爱状态。但是，首先，这种状态是由家到国乃至天下一步步培养出来的。对孔孟来讲，家的存在是人类生活的必然。至于国的存在是否必然，孔孟没有论述。但是，如果它的存在是历史现实，那它就成了我们推恩的一个台阶。如后代司马光所言，"臣闻君子亲其亲以及人之亲，爱其国以及人之国"（《资治通鉴·秦纪一·始皇帝上》）。其次，通过家、国这些推恩的台阶，即使我们达到泛爱的状态，孟子还坚持，我们的爱是要有差等。我们对家的爱自然而然地、也是正当地胜过对国的爱，而我们对本国人的爱也正当地胜过对他国人的爱。②就前者而言，家与国的差等关系不意味着儒家只重视家庭，而没有对国的承诺。它只是意味着家要比国重些。因此，近人梁启超指责儒家注重家庭而缺乏对国族的承诺是错误的，虽然如下面讨论的，儒家可能对民族国家的概念是有保留的（贝淡宁 2011，113）。③因此，儒家明确地给出了对自己的国家的特殊之爱的基础，也就是给了更强的爱国主义的基础。从这种爱国主义出发，本国利益优先于外国利益，这是正当的。因此，儒家虽然支持用脚投票，但是，当自己的母国有问题，但还不是不可救药的

---

① 对第三点的具体讨论，以及它与当今西方基于"人权高于主权"的人道干涉的区别，见白彤东 2013。

② 对本国人的关爱强于对外国人的关爱，这一点恐怕没有家胜于国的那种自然性，而是推恩的结果：我们先学会、并且有更多的机会强化对本国人的关爱，然后才将这种关爱推及到外国人的。并且，从儒家的经权观念看，这种差等排序不是在所有情形下都一成不变的。本人感谢 Thedore Hopf 促使笔者澄清这一点。

③ 梁启超所说的中国有宗族、天下认同，而无国家认同，其原因，如本文下面会展开讨论的，是因为他所处的中国已经是天下一统，所以只有政府更换，没有国家更换。这不是前现代和现代的差别。如果当代世界进入天下体系，那么人类也可能会弱化对国家的认同。同时，先秦儒家在当时的万国（战国）体系下，也有国家认同的理论。

暴政，我们还是应该先来努力救自己的国家，而不是放弃爱国责任，跑到别国去。在我们的母国没有达到孟子给出的很高的可被征伐的标准，保护本国不受侵略，也是（部分地或完全地）正当的。但是，同时，我们不能为了本国利益不择手段。比如，在如果几个国家同时受灾，先救助本国是正当的，但是为了救本国的水灾而以邻为壑，这是不正当的。这是因为根据儒家有差等的泛爱要求，我们对外国人也是关爱的。否则我们就是没有恻隐之心，而恻隐之心是人之异于禽兽者。也就是是说，如果我们为了本国利益而罔顾他国之人的利益，我们不是人、是禽兽。儒家谈爱国，所爱的，是人的国家。因此，儒家对爱国与国与国关系的理解既不同于自私的民族国家（民族国家可以为了本国利益罔顾他国利益），也不同于兼爱（普遍而平等的爱）的世界主义（cosmopolitanism）。

除了以差等之泛爱为基础的内在凝聚的手段与国际关系的原则，先秦儒家还提出了另一个整合陌生人的办法，即所谓夷夏之辨。夷夏之辨也许会被误作为是基于血缘意义上的民族。但是，在《孟子》3A4中，孟子责怪陈良的弟子陈相道："吾闻用夏变夷者，未闻变于夷者也。陈良，楚产也；悦周公、仲尼之道，北学于中国，北方之学者，未能或之先也。"这里，我们可以清楚看到，对孟子而言，一个人属夏还是属夷应该根据他是否学周公、孔子之道，是否采取夏之文化。来自于通常被认为夷狄之国的陈良，因为学了周公、仲尼之道，学了"中国"之道，就应该属于夏。相反的，尽管陈相可能是来自于通常被认为是诸夏之一的宋国，但是孟子隐含地指出，因为陈相背弃了中国之道，所以他应该就被归于夷狄。[①]对夷夏之分的类似思想在儒家经典比如《春秋》的经传有更多体现。[②]

在中国历史上，如唐文明指出，夷夏之辨确实也有狭义种族的向度，但是这是外来种族威胁与压迫下的反应，而非夷夏之辨所蕴含的通常之意。在常态下，华夏是一个在实际地缘关系中由华夏族开创、发展起来因而也是以华夏族为主体的文教理想，而华夏族的族群认同也正是在这一文教理想的发展过程中逐渐形成的。

[①] 孟子没有讲到的是，从传说中的血缘上来讲，楚国本与诸夏同源，它在当时被看作夷狄也是因为它不采取华夏文明。

[②] 郭晓东2012对此有更详细的讨论。这篇文章也回应了其他基于先秦文献里的对夷夏之辨乃是基于狭义种族的论证，坚持了夷夏之辨乃基于文明与野蛮分野的观点。

据唐文明，这是一种文化民族主义（据本文所用术语，文化指特定人群所拥有的，而文明标志着与野蛮的界限，因此这种"民族主义"应该被叫作"文明民族主义"）。而实际上只有在一种情况下，夷夏之辨的种族意义才可能被突显出来。这就是异族入主华夏，但以背离华夏文教理想的方式建立其统治。在这种情况下，文教之辨与种族之辨是重叠的。借用现代以来对文化民族主义和政治民族主义的区分，可以说，这时候夷夏之辨既表现为文化民族主义，又表现为政治民族主义。特别是，当这种异族统治推行明显的种族主义政策、对华夏族采取制度性歧视的时候，夷夏之辨的种族意义就可能以更极端的方式突显出来，表现为一种具有强烈种族意义的政治民族主义。很显然，这种政治民族主义是反抗性的民族主义，其背后实际上是以反种族主义为基础的。一旦种族压制的制度性外力解除，这种具有强烈种族意义的政治民族主义也就完成了其历史使命。（唐文明2010，10）

因此，与欧洲民族国家概念中的狭义的、以血缘为基础的民族概念不同，儒家的夷夏之分，不是血缘与地域的差别，而是文明与野蛮的分野。在春秋战国时代，华夏（文明）国家不只一个，因此华夏就成了整合各文明国家的一种凝结剂。享有了文明，就成了诸夏的一分子。而各个华夏之国的内部，可以靠本身国民的特有文化（历史、习俗等）来凝聚。这样，儒家的国家与国际关系结构，可以引用《春秋公羊传》中的一段评论简洁地表达了出来："《春秋》内其国而外诸夏，内诸夏而外夷狄"。（《春秋公羊传·成公十五年》）

春秋战国之后，通过儒家并不认可的武力手段和儒家认可的文教手段，诸夏统一为一国，囊括了为中国人所知的所有文明世界，作为文明的华夏同时也成了中国的国家认同标准。在后来传统中国的扩张中，中国形成了天下体系。即中国是世界文明的中心，其他国家或者受华夏的影响，成为天下体系中与中国不平等的一员，或是仍自居蛮夷，有待华夏之中国去开化或者主动投靠。这样，在传统中国的统一王朝时代，已知的、为中国所承认的文明世界全部被纳入天下体系，这个体系以认同文明为纽带，以中国为中心。这里，华夏文教制度与文明等同，是"天经地义。"但是，在西方强有力的挑战下，晚清中国学人如章太炎在回应西方的民族主义的时候，将华夏文明降格成为了"中国这个特殊民族的特殊的言语、风俗和历史的组成部分"（唐文明 2011，104），也就是笔者所讲的"文化。"①

尽管章太炎的说法有自我矮化之嫌，在今天，我们不得不承认，传统中国之天下之外，还有其他独立于华夏的、但符合文明标准的国家存在。那么，作为儒家提出的认同基础之一的华夏文明，就演变出来双重身份。其一，狭义上讲，它成为"中国这个特殊民族的特殊的言语、风俗和历史的组成部分"。这里对"华夏文明"采取一种厚重的理解，指的是历史上作为中国人的主导意识形态的华夏文化的综合，包括着中国历史、人物、经典、制度等。这样的华夏文明成为区分当今的中国人与外国人的一个可能基础。其二，广义上讲，按照早期儒家的理解，华夏文明指的是所有文明人的普适价值，以文明的重要载体经典为例，那么在今天，不同符合文明标准的文化的优秀经典（如柏拉图的《理想国》）都应该包括进来。这里，我们就要把这个意义上的华夏文明与历史上作为意识形态的、与具体的时间、地点、人物不能分开的华夏文明加以区分。这个文明的内涵，有待进一步阐发，但是至少应该包括儒家的如下价值：国家以人民为邦本，以仁政为目标，以恻隐之心为道德。

那么，在当今的世界体系中，按照儒家的想法，地理、历史、语言、风俗等情境性因素构成国家认同之基础。这样的国家就成了我们推恩实践中的一环。在泛而有差等的儒家之爱下，我们对国的热爱也是正当的。儒家虽然不坚持国家主权与"国族"/民族（nation）的神圣，但是这不等于说这两个国家的分野可以随意改变。哪怕两个国家同属于文明国家，甚至共享一种文化，如果它们已经在历史上存在，并且它们都并非不仁之国，我们就不能认为两国通过武力合并是正当的。如果一国强行合并另外一国，受攻击的国家奋起自卫是正当的。在国家之上，所有的文明国家，在对文明的共同认同上，应该也有内在凝聚力，并且作为一个群体，要捍卫文明，防备与改变野蛮。如上面所说，虽然广义的华夏或文明的含义有待发掘，但是我们可以说，蛮夷或者野蛮国家应该包括那些主动压迫广大

---

① 依此来讲，那些反对普适价值、坚持儒家乃中国之特殊文化、或者坚持中国文化特殊性的保守主义者，其实是背离了早期儒家自认的普适性，而暗地里采取了一种西方的或者中国学人中反传统者的话语。这使得他们保守主义有些反讽的味道。

人民的暴政国家和因无能或不作为而使人民处于水深火热之中的失败国家。这样，在这个广义的华夏体系里面，某文明国家的人民应该"内其国而外诸夏，"而所有文明国家的人民应该"内诸夏而外夷狄。"爱自己的国家、爱所有文明国家是正当的，将本国利益和文明国家的利益放在其他国家/野蛮国家利益之上也是正当的。但同时，这种内外之辨不是内对外的彻底忽视；相反，内仍对外有道义（仁）的责任。诸夏对夷狄，即文明国家对那些未能保民的失败国家和残害人民的暴政国家，可以正当地干涉。当然，这种干涉应该首选道德典范感召的方式。但是，在极端条件下，武力干预也可以是正当的。这也就是说，暴政国家的主权不应该被保护，而对暴政国家的自卫可以是不正当的。这就犹如哪怕是一个自由宪政国家里面，罪大恶极者也要受到国家暴力机器的惩治。反过来讲，文明国家之间虽然有内外之别，甚至有激烈竞争，但是这种差别与竞争不应该通过武力解决（从而实现"文明和平"而非"民主和平"）。这就犹如一个自由宪政国家的内部，讲理的（reasonable）公民之间的纷争不应诉诸暴力一样。

总之，虽然文明的内涵有待进一步开发，但是我们已经看到，它应该有如下内涵。（1）民为邦本，仁责至上。（2）具体的讲，这种仁政至上者国际关系上的反映是：文明国家绝不以武力解决和另外一个文明国家的冲突，但同时文明国家会以武力为最终手段对野蛮国家进行旨在使其文明起来的干预。（3）并非从儒家的观点、但是从儒家可以接受的观点出发，文明的再一个要素是文明国家对一些最基本权利的维护。

从我们基于儒家的国家认同与国际关系理论，我们也可以回应中国只有天下体系，不适应当代社会这一指责。它犯了类比错误。与当今世界可比的，是中国的战国时代，也就是说当今世界是放大了的战国。如果中国历史可以为世界提供借鉴的话，人类的希望是将来在诸夏基础之上天下体系的出现。这一体系，是以诸文明先进的国家为中心（而不应当通过武力统一的中央帝国为中心），羁縻与演变"夷狄"之邦。

在传统中国人的世界中，中国本来不仅是华夏（文明）体系的一员，而且还是这一体系的核心、缔造者、保护者。但是，在这一新的、放大了的天下系统中，当今中国是否还可以是诸夏之一，甚至是领袖，都并不是天然的事情，而是要中国努力赢得的身份。

总之，虽然现代化的西方出现在中国人的视野，使我们经历了天下到万国的转变，扩展了我们的视野和世界的观念，但其背后的问题，先秦儒家其实面对过，并给出了其答案。经过适当改进的儒家理论（如我们上面做的），还可以回应当今世界中的国家认同、国际关系诸问题。像我们上一节提到的，西方也发展出了他们的应对方式。那么，我们这里要做的不是盲目追随儒家还是西方，而是要判断它们之间的优劣，择善而从。

四 与强的（狭义的）民族国家与民族主义之比较

现代欧洲所产生的民族国家，内部也有很多不同的实现方式。这里，我们只选其中有代表性的一种，一个常常为其他国家（包括中国在内）所模仿的一种。根据这种民族国家的概念，民族或国族（nation）的划分虽然也可以含有文化、语言、地域的成分，但是以血缘关系为基础的种族是这种民族划分不可或缺的。如果一个国家之人民的主体属于这样一个民族并且这一民族的主体都能集中于这个国家，那么这个国家就是一个民族国家。这样的民族国家，其好处在于内部凝聚力清晰鲜明，因此可能会很强。内与外划分明晰。国界之内都是同血缘的、本民族的人，之外的都是没有血缘关系的外人。在自我与他人的这种明确划分下，"我们的"利益得以明确树立，而国家成为不择手段地追求我们的利益的政治实体。在这种框架下，国与国的关系，在无利益纠葛的时候，可以相安无事。但是，只要有利益纠葛（这在全球化的时代在所难免），那么在无法通过威逼利诱达成有利自己的安排的时候，国家就只能诉诸于以达到己方利益为目标的战争。如果原有国家内部有异族且它与这个国家的主导民族有利益纠葛（这种纠葛也是无法避免的），与国与国的关系类似，这个国家就只能对这个异族采取威逼利诱、压制、乃至种族灭绝的形式。如果在原有国家外部有大批的属于本国主体民族的民族聚居地，那么这个民族国家也会采取各种手段将这批人民及其土地合并过来。"二战"时德国对内部犹太人的种族灭绝和最开始对奥地利与捷克的合并是最极端的例子。

这里要说明两点。第一，这种民族国家模式中的民族的血缘关系可能只是想象的。并且，与民族国家叙事中的先有民族、再有国家的民族造就国家的模式相反，实际发生的往往是国家造就了民族。从这个意义上讲，某种世界主义理想——尽管我们通常认为它是要消解国家的——可能还在民族国家的形成中起过正面作用，因为它对小群体的超越的强调有助于民族国家中的民族之产生。① 第二，笔者这里并非要完全否定民族国家模式。民族国家可以通过政治共同体对个体权利进行保护，并提供政治框架，尤其是通过个体权利和主权（民族共同体）的形式，把个体与共同体的创造性激发出来。② 但是，因为其内部凝结所用的是内外分明的血缘种族，所以在对外关系与对内部的弱势族群上，民族国家很容易采取压制、侵略、甚至军国主义的方式，也就是所谓对内王道、对外霸道。③ 如政治学者 Jack Donnelly 所言，民族国家既是人权的"主要破坏者也是其根本的保护者"（Donnelly 2003，35）。这是民族国家模式的两难。

从历史上来讲，华夏文明之所以能够持续和扩张，其中一个重要原因就是它（部分地）采取了儒家式的认同方式，而不是上述强的民族国家、民族主义的模式。如果传统中国采用了后一种解答，那么现在的汉民族就不可能在历史上融合了血缘上的不同种族，而汉民族政权失败的任何一次都有可能足以让以华夏文明为核心的政治实体不复存在，就像发生在历史上其他古老文明一样（埃及、希腊、罗马、印度，等等）。儒家式的模式有利于华夏文明的延续，同时使得它的扩张相对和平。④

从晚近以来的世界角度来看，欧美全部或部分地遵循了强的民族国家、民族主义的指导，给这个世界带来的是近现代欧洲几乎不间断的内部战争，以及两次所谓"世界大战"（其实它们不是世界大战，而是欧洲人

---

① 笔者感谢 Theodore Hopf 向笔者指出后一点。
② 笔者感谢崇明提出上述看法。
③ 有人可以辩驳说这不是必然的。但这需要民族国家的辩护者来提出一个内在一致的、不具排他与侵略性的民族国家模式。
④ 历史上的现实形态总会是与思想中的理想形态相脱离。秦统一六国以及后来中国历史上的统一与征战并不都符合儒家之理想。这里，我们只是与那些缺乏儒家式理想的国家相比较。或者说，儒家作为道德理想，也许不足以改变一个国家对狭隘利益的考虑，而是能够在其上加入道德考虑。如果从一个国家是否有利益考虑出发，我们只能得到天下乌鸦一般黑的道德虚无主义的结论。

内斗出来的战争,以及脱亚入欧的日本人有份主动参与的战争)。现在,世界上很多国家、尤其是欧美国家对中国的崛起和随之而来的民族主义的抬头充满担忧,横加指责。一方面,他们的这种指责背后的那种"只许州官放火,不许百姓点灯"的霸道心态很可笑也很可耻,但另一方面,他们的这种担心也不无道理。如唐文明指出的:

> 如果对资本主义的发展逻辑和现代帝国主义的政治经济学有着清楚的认识,那么,站在一个理性的角度,一度被中国政府采纳的"和平崛起"的修辞就很难令人相信:谁能相信一个处处学习美国的中国在崛起之后还会采用和平主义的意识形态?(唐文明2011,105)①

在这一点上,如唐文明2011这篇文章题目所暗示的,儒家的国家认同与国际关系理论,可以用来拯救(强的)民族主义,并由此拯救中国,拯救世界。②③

---

① 唐文明这里的论断似乎有这么一个假设,即美国是以本国利益为唯一指南的霸权国家。这也是中国学界(尤其是非自由主义者)经常采取的假设。但是,如前面提到的,任何国家,包括受儒家影响的传统中国,总是避免不了为本国(狭义的)物质利益考虑。对当今美国的道德理想性的否定,就像对历史上的中国的道德理想性的否定一样,出于同样的错误视角,即考虑一个国家政策是否有国家利益取向。而真正有意义的视角,是看一个国家除了狭隘的国家利益之外是否有其他考量。从这一点来讲,与近现代历史上的其他西方帝国相比,美国应该算是一个最具理想性的霸权。相对来讲,它最不依从现实、地缘政治的考虑,而相对最看重一些抽象的理想。(有趣的是,它对地缘政治的相对不重视恐怕与它独特的历史、地理相关。)比如,著名政治观察家、国际关系理论的探索与实践者基辛格指出,"从他的分水岭式的总统任期以来,美国的外交政策首先是跟着威尔逊式的理想主义的鼓点儿前进的,并继续前进到了今天"("[I]t is above all to the drumbeat of Wilsonian idealism that American foreign policy has marched since his watershed presidency, and continues to march to this day")(Kissinger 1994, 30)。如果这种理解正确,美国的霸权也许更接近齐桓晋文之霸,而非统一六国的秦之霸。那么,中国所学习的民族主义,恐怕是一种比美国霸权还坏的民族主义。

② 如本节开始指出过的,本文并非要全面否定民族国家模式的正面作用。本文的一个主旨,恰恰是强调面对现代国家的整合与相互关系,民族国家模式、自由民主模式、儒家的模式是在同一层次上、相互竞争、(在其最好的形式下)各有千秋的模式。但是,因为儒家模式在百年多来被长期忽略与轻视,所以本文着重强调其优点。

③ 在印度建国的过程中,为避免民族国家的这种问题,其开国者提出的解决办法是和平主义、不结盟主义,不谋求军事发展。这是不是解决民族国家的可欲的方式,笔者留给读者判断。笔者感谢 Rahul Sagar 向笔者指出这种处理民族国家问题的印度模式。

五 与自由主义模式之比较

意识到了狭义的或强的民族国家与民族主义的危险后果，西方的自由主义者中有些人，比如所谓的世界主义者（cosmopolitanists）通过诉诸普适价值，试图取消民族与国家，迎来后民族、后国家的时代。略微温和一些的自由主义者，试图把国家认同归于宪政认同。其好处，就是不同血缘、文化、地域的族群可以被归属于一个国家。这与前面提到过的罗马帝国的内部凝聚方式有相似之处。罗马帝国将整个帝国用政治、军事、法律的手段加以控制，对其征服的异族内部的文化甚至政治组织予以宽容、保留。这种去文化的整合国家的办法也曾为先秦法家，比如韩非子所提倡。他认为恻隐之心、文化等都太过脆弱，而只有依于人之实情（好赏恶罚）的、建立在刑罚二柄之上的国家制度才能真正整合一个大国。①当今的美国的国家认同似乎也是建立在宪政基础上，而所谓美国人无非是服膺这种宪政的人，可以来自不同的民族、文化、乃至国家。

这种做法的好处，在于能够在国家创建时迅速扩张，并能够吸纳不同种族意义上的民族。而困扰当今中国的一个问题恰恰是，清朝将西藏与新疆归入中国版图，但是并没有或并没有完成对其进行深入的文化融合。如果狭义的华夏文化成为中国人身份认同的基础，那么藏、维吾尔等民族如何还能留在中国，就成了问题。但对于基于制度乃至宪政的国家，这好像不成问题。

但是，这种做法的问题在于，制度与法律的维系太过单薄脆弱。比如，因为整个帝国没有制度、法律、军事压制之外的整合，所以罗马帝国的中心被摧毁后，帝国就随之土崩瓦解。依照韩非子所赞赏的理念建立起来的秦帝国的迅速覆灭似乎也展示了类似的问题。至于美国和其他似乎是建立在宪政基础上的国家，中国的自由主义者周濂赞成西方的"自由民

---

① 这里顺便提一点，先秦除了儒家之外的各派其实也是在对现代性的某些问题（包括国家内部整合与国际关系的问题）进行回答。研究他们的学说和这些学说之间在理论上和中国历史上的互动，不但对理解中国传统政治，还对比较对现代性问题的不同处理都很重要。

族主义者"戴维·米勒的观点,认为宪法认同不大能够取代民族认同(周濂2011,101)。也就是说,就美国来说,要么它如果只靠宪法认同的维护就不会稳固,要么它其实有其他整合手段,但为我们所忽视。周濂认为,只诉诸宪法爱国主义,只诉诸公民意识,而彻底否定历史传统,是"低估了'民族性'的意义和价值"(周濂2011,101)。[①]确实,自由主义乃至世界主义,与韩非子理念上的秦国和罗马帝国不同,有以平等、普遍人权、博爱、多元尊重为基础的凝聚,但是这种凝聚可能或是过弱,或是无法区分本国与外国。对这种自由主义的困境,周濂提出的解决办法是,首先,我们还是要以宪法和最抽象的正义原则为基础,其次,为了强化政治社会的正当性以及团结(solidarity),政治自由主义无须也不应该保证"绝对的"中立性,而要和更厚的、属于特定传统的价值观进行融合,非如此,民族国家的向心力便不足以维系,各种离心离德最终会造成雪崩的效果。(周濂2011,102)

这里周濂对那些头脑过于简单、有时有些天真的自由主义者的国家认同观念做出了重要的修正。自由主义不能拒绝一切厚重的东西,它需要厚重的东西作补充。这里周濂预设了自由主义是可以被加厚的。同时,自由主义的法治基础、对人权的维护,使得它有对付狭义的民族主义的强有力的工具。这也许是周濂为什么会以下述论断总结其立场:"我宁可舍弱的儒家民族主义,而取薄的自由民族主义。"(周濂2011,102)

但是,问题是,自由主义接受这种厚重的东西的理论基础何在?与此相对,儒家有引入厚一些的、但又没有厚到(狭义的)民族主义国家认同的基础。像上面提到的,儒家所提倡的夷夏之辨,可以有双重含义。其一,就是通过历史上以文化认同为基础的缓慢扩张,作为一国特殊文化的华夏文化成了中华民族的国族、国家认同基础。这种扩张虽然缓慢,但是,因为它内部有相对厚重的文化为链接,形成了以华夏为主体的规模相对庞大的国族,所以当统领华夏的政治实体、尤其是它的中央政府垮掉后,与罗马或秦帝国不同,国族与国家的基础尚存,而外来势力也无法消

[①] 一个自由主义者可以说,自由宪政国家的纽带是各个族群可以在国家之下实践他们各自特殊的习俗与宗教(笔者感谢 Theodore Hopf 向笔者指出这一点)。也就是说,一个自由宪政国家的统一来自于它对多元的认可。但似乎像周濂这样的自由主义者也不认为这样一种纽带足够的强。

灭这样一个庞大而厚重的国族，从而华夏文化与民族得以保留延续。①直至今日，这种文化意义上的华夏文明依然可以成为中国的民族、国家认同的基础。其二，夷夏之辨也有普遍的文明与野蛮之区分的含义。但是，即使在这种含义上，儒家的推己及人，由家到国再到天下的差等秩序，也为国家认同提供了理论基础。周濂提到，如果用"天下"观取代现有的"民族—国家"，对于"儒家民族主义"而言几乎就是自我挫败（self-defeating）的逻辑：它将从根本上否定民族国家的国境意识和民族根基，从而成为有中国特色的"世界主义"，如此一来"儒家民族主义"也就成为一个自相矛盾的概念。（周濂2011，100）

但是，如果本文对儒家的国家认同与国际关系理论的解读是正确的，那么周濂这里对儒家天下观的理解就是一种误读。天下观并不否定国境意识和国家认同之根基，儒家是可以有资源认可和支持相对厚重的国家认同的。当然，儒家的观念也不认为狭义的民族、国境、主权是神圣的，不认为一个国家可以任意追求自己的狭隘的国家利益。但是，这种对狭义的民族国家与民族主义的超越不正是儒家与自由主义的共同优点吗？更重要的是，儒家的超越是建立在泛爱但同时有差等之爱上的有限的超越。与此相对，比较极端的世界主义是建立在无差等的兼爱上的超越。也就是说，虽然儒家天下观与世界主义都不给予国家很强的正面认同，但是儒家对国家认同并没有根本反对，而世界主义是有的。还有，儒家虽然没有对国家存在本身正当性的论述，但是儒家式关爱的外推，预设了关爱的不同等级，从而为某种政治实体的存在的正当性提供理由。这种理由并不为世界主义所拥有。另外，我们还有一个儒家可以接受的、有一些尼采味道的反世界主义的理由。世界主义消除了国家，会更有利于导致"末人"（last men）的状态。而诸夏的存在，可以保持不同文明国家所代表的不同文化间的一种良性的竞争，同时因为其文明，所以并非尼采所推崇的血腥争斗。实际上，这种非血腥的良性竞争，对防止某种世界政府出现后导致的对人权的践踏，也有防范作用。这是因为如果这样一个大一统政府决定违反人权，那么很难有拥有政治实力者对它进行制衡。但不同的文明国家的存在可以

---

① 钱穆对中华帝国与罗马帝国的这种不同的特点也有类似的说法（1996，13—14）。当然，在传统中国的世界里没有相当的或更高的政治文明，也是华夏文明得以延续的一个重要原因。

提供人权保护的榜样，并且通过这种榜样作用，对践踏人权的国家施加压力，改进世界秩序。总之，这种"诸夏"的存在既防止了尼采所担心的末人状态，也防止了大一统的世界国家下可能的对人权的践踏。在中国大一统时代的封建与郡县优劣的讨论中，儒家对竞争性的贤能政治的强调和对绝对平等的反对，同时也对中央集权导致的压制自治的担心，与上面论证所支持的文明一统下的诸夏的必要性有所呼应。总之，儒家对国家的超越不同于世界主义式的超越，并且儒家有对国家存在的正当性论证的理论资源。因此，即使说儒家自我挫败，直到自由主义者发展出一套自己的相对厚重的国家认同理论和解决世界主义中取义过高的问题之前，儒家比自由主义者要少自我挫败一些。

并且，从儒家的观点看，世界主义的这种不分亲疏远近的平等之爱听起来好听，但是因为其取义过高，人无法长久地做到。也许人可以被煽动到这样的类似宗教狂热的、嗑药式的状态（比如"文革"时的中国人），但是因为它无法维持长久，总要破灭，并且有如人嗑药之后，会从一个极端走向另一个极端，从大公无私到自私至上。这恰恰也是中国人从"文革"到"文革"后所经历过的。并且，因为这种状态取义过高，连有限地做到都很难，所以这就会让其他国家对打着"人权高于主权"这样的世界主义旗号的国家产生怀疑，而这种玩世不恭的态度会让我们从道德高尚走向道德虚无。与此相对，儒家的立场要更现实。同时，它又比狭隘的民族国家更理想。其实，儒家早已有过对这两种立场的批评。狭隘自私的民族国家，相当于孟子所讲的杨朱，而兼爱的世界主义，相当于孟子所讲的墨翟。孟子对杨墨的批评，其实就是我们对民族国家与世界主义批评的基础（《孟子》7A26 和 3B9）。从儒家的立场上看，杨太自私，墨太理想，都会带来世界的混乱，而只有儒家的立场才是现实的乌托邦，引领人类走向和平与繁荣。

当然，还有一种对世界主义不同的解读。[①]根据这种解读，世界主义并不要求人去兼爱，也可以依照现有的国家框架来实行其政策。其世界主义特征表现在，当制定国际行为准则的时候，它要求我们要利用罗尔斯式的无知之幕的理论工具，在屏蔽自己的国籍、国家状况的条件下，想象出

[①] 笔者感谢 Thomas Pogge 和 Thomas Christiano 在不同场合下向笔者提出这种解读。

一套国际准则。这种解读和由此订立的国际秩序，儒家可以接受。当然，儒家会强调，虽然在无知之幕背后，我们屏蔽关于自己国家的知识，但是可以考虑在国际交往中，自己所属国（不管这个国家具体是哪一个）的利益可否被优先照顾的问题。如果这种世界主义可以接受这一点，那么这种版本的世界主义与儒家有契合的地方，它们也都不是自我挫败的。

周濂指责儒家民族主义弱，除了上述自我挫败的特征之外，另外一个含义（这也许是他真正要讲的意思），是儒家民族主义，不像自由主义，没有一套强有力的宪法、法治、人权来遏制狭义民族主义的危害。周濂的文章发表时被删掉了一句关键的话："当务之急是让中国首先成为一个正常化的法治国家，而不是一个具有特殊性的民族国家。"①在这句话之后，他指出，"在此基础之上，对于自由主义者来说，才可以进一步追问"民族认同等问题（周濂2011，102）。但是，笔者在多处论述过，儒家完全可以认可法治。②虽然法治、人权等也许不能在儒家那里得到在某些厚重的自由主义思想体系中所拥有的神圣地位，但是它们依然可以经儒家给出不同于这种神圣性解读的解读之后，为儒家所衷心认可与支持。据笔者看来，儒家可能可以全心拥抱（被儒家削薄的）自由法治。不过，儒家会对一人一票的民主制度有本质性的保留。因此在本人关于儒家政治哲学的论述中，我提出了"拥抱自由法治，修正大众参与"的说法。这种说法的前一半与周濂文章被删掉的话的意思有重合之处。因此，儒家民族主义可以和自由民族主义一样地强，但是根据周濂的说法，自由民主主义尚缺乏完善的"加厚"理论。由此儒家的民族主义理论也许才是更完善的。

当然，我们可以想象自由主义可以发展出一套更完善的民族主义与国家认同理论。并且，像笔者在上一节里指出的，一个弱的民族国家理论也可能在历史上和现实上有过正面作用。这里，我想澄清的是，第一，本文着重于强调儒家的国家认同观优越于种族意义上的、以狭隘利益为基础的侵略性的民族国家观念，也优越于世界主义或一种自由主义的国家与民族观念。在国家认同与国际关系上，也许本文所展示的儒家的看法最终与某

---

① 《旧邦新与命——古今中西参照下的古典儒家政治哲学》，北京大学出版社2009年版。
② 《中西、古今交融，交战下的先秦政治哲学——关于比较哲学方法的一些思考》，《云南大学学报》2009年第1期。

种自由主义的看法没有太多实质上的或实践上的不同。如果是这样，笔者只有欣慰。这是因为，本文的核心观点，就是儒家早已提出一套国家认同与国际关系理论。它（的完美形式）与西方近现代发展出来的诸理论中的完美者是在同一层次上的、竞争的、各有千秋的国家认同模式。它如果有与其他理论重叠的地方，正好验证了儒家理论本来是一套普适理论，而不是一个只为中国人这一特殊人群所设置的理论的观点。当然，一套理论，还需要有它的独特性。即使儒家理论在国家认同与国际关系上与自由主义的某种理论有重叠，它还是可能在其他方面有不同（如上面提到的儒家对一人一票的保留）。[①]

对本文的儒家认同观的另一个挑战是，自由主义一类的学说已经深入人心，而儒家的天下观以及儒家本身在20世纪就已经成了游魂。因此，建构儒家的理论有意淫的色彩。[②]本人以为，这个挑战其实暗含着儒家乃是一种中国人的特殊文化甚至意识形态的观点。因为是特殊意识形态，那就不能脱离其具体政治与社会架构而存在。但是，我们这里一直把儒家当成一套普适的政治哲学体系。而一个心仪这种体系的学者应做的工作是完善其理论。在理论完善之后，我们需要政治家、社会活动家将其付诸实践。如果我们相信自己的理论的优势，"深入人心"（但有缺陷）的观念也可以改变，或至少我们要努力改变。抱着"君子之德风，小人之德草。草上之风，必偃"的信念（《论语》12.19），"知其不可而为之"（《论语》14.38），这也算儒家传统。

六　对中国现实问题的处理

最后，应用以上儒家国家认同与国际关系的理论，让我们来处理两个中国的现实问题。第一个是多次影射到的一个困难的实践问题，即当代中国的民族关系问题，特别是如何处理藏族、维族、台湾的分裂主义的问题。藏独与疆独的问题，其历史原因，在于我们继承了清帝国的版图，但是清帝国是对蒙、藏、新疆的控制主要是通过军事扩张迅速达到的，采用

---

① 我感谢刘擎促使笔者作出以上澄清。
② 笔者感谢刘擎和崇明对本文早期文稿的挑战。

的更像罗马帝国的模式，而不是中华帝国的传统模式。并且清政府作为异族统治，也有意地采取分而治之的政策，不积极在这些地区推广狭义的华夏文化，这使得这些地域中的主要人口并没有华夏化。对此，根据儒家的观念，我们本应采取的做法，是以华夏文明为核心，加强对蒙、藏、新疆的同化。但是，清朝灭亡后，中华民国和中华人民共和国在民族国家是现代化的必经道路的信念下，采取了民族国家的方式，反而恶化了这些问题。而中华人民共和国更变本加厉，制造出五十六个民族出来。当然，对毛泽东来讲，民族国家可能只是一个手段、一个过程，它最终会在阶级斗争与共产主义的指引下被超越。①也就是说，他要采取的是前面提到的马克思式的阶级凝聚方式。但是，就马克思的理论来说，如孙向晨指出的（2014），阶级与国家只不过是个过渡手段，最终要走向共产主义，在共产主义下国家要消亡，即它并不关注国家认同问题。并且，更重要的是，阶级的凝聚力似乎不够。比如"一战"的时候，各国工人阶级没有像马克思主义者所期待地团结起来，而是为各自国家去奋斗。现在更是如此。比如，美国工人最反对将工作外判给发展中国家，而这一政策的受益者之一恰恰是发展中国家的工人阶级。这种整合陌生人办法的问题，恐怕也是当代中国人不再持有毛泽东在这方面之理想的深刻原因。但是，今天的中国仍然继承了中华人民共和国成立时的民族政策与民族国家理念，却没有了毛泽东的最终解决民族问题的办法（这种办法确实不可欲也不可能），这是当代中国的民族冲突与分裂问题的一大根源。

　　对此，第一，我们可以看到，民族国家只是现代性问题中国家认同与国际关系的一种方式，并且是很有问题的方式，尤其是运用到中国这个曾用不同的理论回应过现代性问题的国家之上。因此，由儒家理论出发，我们会坚决反对中华人民共和国成立以来从苏联学过来的民族划分与民族政策。中国现有的所谓五十六个民族，很多本来在历史上已经汉化，甚至已经自认为华夏一员，但被民族政策生生地制造成少数民族。有些只是不同的聚居群落，而有些被划在同一民族里的是历史上互不认同的族群。这也是上面提到的一个观点的辅证：不是民族造就国家，而是国家造就民族。在所谓的五十六个民族中，多数未曾有过自己的国家，因此他们本来没有

---

① 这个观点是唐文明教授向我私下表达的。

强大的民族认同。他们的认同,恰恰是中华人民共和国制造出来的。这与苏联的经验类似,它也是通过国家手段造就不同少数民族。这种创造出来的民族没有深刻内涵、不成熟,却在狭义的民族主义的鼓舞下充满躁动,因而也是最危险的,因为它缺乏沉重的历史约束而容易走极端。从苏联的经验看,这些民族在共产主义与中央政府压制幻灭后,成了分裂苏联、独立成为各自的民族国家的种子。在如此清楚的前车之鉴下,我们不但没有努力消解民族分野,还通过各种政治手段加强它。比如按照民族、而不是按照更合理的经济状况定出的经济与教育政策,包括少数民族高考加分、少数民族自治区、自治州、自治县的特殊经济照顾。又比如少数民族的优惠生育政策,等等。这些政策进一步鼓励了狭义的民族的固化与发展,人为地维持并壮大了狭义上的民族。更糟糕的是,在政治上强化少数民族的同时,我们对其信仰、习俗上又欠缺尊重,并因为民族问题带来的动乱,对其在文化上进行压制。但这种压制导致了更激烈的反抗,而政治上对民族分野的鼓励又为民族冲突不断输送新鲜血液。从本文对民族的批评出发,我们应该做的是恰恰相反的事情,即不要政治(政策)上强化,文化上压制,而要政治上消解,文化上宽容。

第二,儒家也不支持分裂主义常常诉诸的民族自决观念。这是因为儒家首先排斥种族、血缘意义上的民族观念,而自决观念本身背后的民主理念也不完全为儒家所接受。

第三,除了对现有民族观念的批评,从正面和建设的意义上讲,从本文的理论出发,儒家会鼓励中国的不同民族找到共同的文化认同。这要求本应该继承狭义的华夏文明的汉族等民族,去努力重建华夏文明。经过百多年的反传统,尤其是"文革"的破坏,汉人成了没有(华夏)文化的人,几近夷狄。自然地,很多传统破坏不严重的少数民族就会对由没有文化的汉人主动的文化整合心存怀疑(凭什么一帮没文化的人要来整合有文化的人?!)。在华夏文化重建的同时,我们还要回答另一个重要的问题。如上所述,新疆和西藏问题的一个重要根源是狭义的华夏文化无法整合南疆与西藏的人民。因此,我们还要在重建的华夏文化与其他重要的有独特文化的族群间,建构出一套更薄的、共享的文化。以这种文化,用政策推动,整合中国各族群。在中国历史上,科举制就是一个推动不同族群的有效政策之一。通过基于共同文本的科举取士,不同族群的人就有了共享的文化与语言。这恐怕是为什么传统中国可以做到和平地同化了犹太人这一世界罕有成就的原因之一。^①这仍然值得我们借鉴。当然，为了处理统一与多元，在通过统一的教育与考试系统来整合中国人的同时，我们也可以允许多元性，比如为不同民族与宗教信仰的学生开设与其风俗与信仰相关课程，而高考少数民族加分改为针对这些民族的风俗与宗教的特殊考卷，满分为现在高考所加分数。^②在当今的政治体制中，中国的民族事务委员会不应该是一个维持（很多本来就是制造出来的）民族独立的机构，而是推进不同"民族"文化融合的机构。^③

对台湾问题，类似地，儒家不会支持所谓民族自决的理论。台湾在民进党统治下的去中国化，其实就是去华夏文化化，而硬要创造出一个台湾民族出来。这一做法的背后就是狭义的民族国家、民族主义观念。儒家反对这些观念，也就反对了台独的理论基础。当然，儒家会说，即使都是华夏，也可以有不同的国家。那么，是一个国家还是多个国家，这要以仁为本，结合具体的历史、现实情境来考察。对儒家来讲，同文同种就应该属于一个国家的观点并没有正当性。不过，要澄清的一点是，儒家虽然反对以力服人，但是，我们可以想象儒家在某些情况下（不是吊民伐罪的征伐）会允许武力的有限使用。比如，如果台湾独立与否本身其实对台湾人民的福祉没有影响，但是因为一些政客的煽动，台湾人民错误地认为独立会提高其福祉。而这一独立会使得地缘政治变得非常复杂，而台湾会成为日本或是美国的一枚棋子，其人民的利益最终会被牺牲，而大陆人民的福祉也会受到伤害。这个时候，也许武力威胁能够使得相关各方不贸然从事，而通过消除误解，审慎思考，两岸人民与政客可以得出对两岸人民都更好的方案。如果是这样，那么也许儒家可以支持武力的应用。毕竟，儒家的理想虽然是王道，但是，在其弟子批评助齐桓公成就霸业的管仲的时候，孔子会说管仲"如其仁""微管仲，吾其被发左衽矣"（《论语》

---

① 参见 Shapiro 1984，Pollak 1998，以及 Xu 2003。又见 http://en.wikipedia.org/wiki/Kaifeng_Jews（2014年5月8日）。

② 笔者感谢 Daniel Bell 提供了相关思路。

③ 参见郭晓东 2012。关于促进民族融合及在中国民族政策的其他改进措施，胡鞍钢和胡联合的最近一篇文章中所给出的建议，多为笔者所认可，且符合本文的宗旨；因而笔者建议读者参阅（胡鞍钢与胡联合 2011）。

14.16 和 14.17）。

在做好自身的文化重建并且处理好少数民族与台湾问题的基础上，中国也许能重塑国家认同。这种认同不同于现有的民族国家框架下的认同方式。在这种认同基础上，我们应该在国际关系上同样采取儒家式的语言与行为模式，抛弃现有的民族国家语言。这才能真正地回答另外一个崛起的中国所面对的问题，即世界其他国家对一个以民族国家模式崛起的中国的（正当的）担心。

当然，我们可以争论儒家的回答是否令人满意（令谁满意？）。儒家或关心这些问题的人是否需要且可以结合其他的资源，也都值得考虑。笔者希望，我们应该能跳出西方道路是现代化的唯一道路的迷信，考察各种可能的选项（包括传统中国在理论和实践上给出过的选项），为所有的华夏（文明）之人摸索更好的政治模式。

"回到孔夫子"的三大德性措施

中山大学学报编辑部编审　杨海文

过去，孔子有真、假之分，假孔子的发育史甚至就是真孔子的神话史①。北宋晚期，唐庚（1070—1120）写的《唐子西文录》记载："蜀道馆舍壁间题一联云：'天不生仲尼，万古如长夜。'不知何人诗也。"② 这幅对联因被《朱子语类》卷93转述③，得以广泛传播。1307年，元武宗（1281—1311，在位时间为1307—1311）的《加封孔子诏碑》有言："盖闻先孔子而圣者，非孔子无以明；后孔子而圣者，非孔子无以法。"④ 今天，回到孔夫子决然不是要回到政治儒学意义上的那个孔子，而是必须回到生活儒学意义上的孔子。从儒家全球伦理的宏大视野看，道德金规则、和合思维、大同理想是我们今天回到孔夫子的三大德性措施。

---

① 朱维铮的《历史的孔子与孔子的历史》一文认为，孔子公元前479年去世后的五百年间，其形象有过四次大的变化："由子贡作俑，使孔子由普通贤人一变而为超级贤人；由孟轲发端，荀况定型，使孔子从贤人再变为圣人，凌驾于世俗王侯之上而在人间不得势的圣人；由董仲舒首唱，西汉今文博士们应和，使孔子从不得志的圣人，三变为接受天启、为汉制法的'素王'；由王莽赞助在先，刘秀提倡于后，使孔子从奉天命为汉朝预作一部法典的'素王'，四变为传达一切天意的通天教主。"（氏著：《走出中世纪》，上海人民出版社1987年版，第236—237页）其中，"刘秀提倡于后"原作"刘秀提倡子后"，"于"误作"子"。又，这段话后来被作者删除（朱维铮：《走出中世纪（增订本）》，复旦大学出版社2007年版，第286—289页）。

② ［北宋］唐庚撰、［北宋］强行父辑：《唐子西文录》，《续修四库全书》第1713册，上海古籍出版社1996—2003年版，第405—406页。

③ 参见［南宋］黎靖德编、王星贤点校：《朱子语类》第6册，中华书局1994年版，第2350页。按，《朱子语类》作"天不生仲尼，万古长如夜"，稍异于《唐子西文录》。

④ 参见杨海文：《重订曲阜孔庙元代加封孔子碑两通》，《西夏研究》2013年第3期，第23页。

回到孔子倡导的"道德金规则"

作为孔门弟子，子贡善于经商，同样擅长提问。他曾问孔子："有一言而可以终身行之者乎？"孔子答曰："其恕乎！己所不欲，勿施于人。"（《论语·卫灵公》15·24[①]，以下仅注篇名及序号）又问孔子："如有博施于民而能济众，何如？可谓仁乎？"孔子答曰："何事于仁！必也圣乎！尧、舜其犹病诸！夫仁者，己欲立而立人，己欲达而达人。能近取譬，可谓仁之方也已。"（《雍也》6·30）

"己所不欲，勿施于人"，意即"自己不想要的东西，绝不能强加于他人"；"己欲立而立人，己欲达而达人"，意即"自己想站得住，同时得让别人站得住；自己想事事行得通，同时得让别人事事行得通"。前者乃恕道，后者乃忠道，这从孔子自述"吾道一以贯之"而曾参释为"夫子之道，忠恕而已矣"（《里仁》4·15）可以得到印证。在日常经验的意义上，如果把孔子的仁学解读为人际关系学，恕道的价值或许比忠道更为关键。这倒不是说严于律己不比宽以待人重要，而是说——人己相遇，要真正做到自己的欲望不伤害他人的欲望，其实异常困难。正因此故，仲弓问仁，孔子再次指出："出门如见大宾，使民如承大祭。己所不欲，勿施于人。在邦无怨，在家无怨。"（《颜渊》12·2）

忠道与恕道皆为孔子仁学给个体道德设定的底线要求，但两者至少存在以下区别："己欲立而立人，己欲达而达人"乃一肯定性措辞，"己所不欲，勿施于人"乃一否定性措辞。不同语态的措辞会产生不同的效果，相比而言，否定性措辞比肯定性措辞更具执行力。法律的执行力往往强过道德，就是因为道德通常运用肯定性措辞，而法律一般使用否定性措辞。从世界范围看，在道德法律化而非法律道德化的人类童年时期，几乎大多数道德金规则或底线伦理都是以否定性措辞书写的。德国学者孔汉思的《走向全球伦理宣言的历史、意义与方法》一文曾经列举古代世界各地的七条道德金规则，当中有五条以否定性措辞表述，而第一条就是孔子说的

[①] 此种序号注释，以杨伯峻译注《论语译注》（中华书局1980年第2版）为据，下同。

"己所不欲，勿施于人"。① 著名的《世界宗教议会走向全球伦理宣言》更是鲜明地强调孔子倡导的这一道德金规则的普适意义：

> 数千年以来，人类的许多宗教和伦理传统都具有并一直维系着这样一条原则：**己所不欲，勿施于人！**或者换用肯定的措词，即：**你希望人怎样待你，你也要怎样待人！**这应当在所有的生活领域中成为不可取消的和无条件的规则，不论是对家庭、社团、种族、国家和宗教，都是如此。②

回到孔子主张的"和合思维"

伦理是现实的，道德是反思的。人们在伦理现实不再良好的时候必须返回道德，但几乎每一个"道德的人"都不幸生存于"不道德的社会"之中。这一事实决定了人们需要运用业已经过反思的道德，去应对并解决伦理现实中的各种事务。《礼记·礼器》云："先王之立礼也，有本有文。忠信，礼之本也。义理，礼之文也。无本不立，无文不行。"③ 同样，生活儒学促使孔子不仅要设定以道德金规则为核心的个体道德，而且要规约以和合思维为旨趣的社群伦理。

从社群伦理关联道德实践主体、道德实践规范两个维度看，"君子和而不同，小人同而不和"（《子路》13·23）以及"礼之用，和为贵"（《学而》1·12）两句话十分重要。西周末年的史伯有句名言："夫和实生物，同则不继。以他平他谓之和，故能丰长而物归之；若以同裨同，尽乃弃矣。"（《国语·郑语》）④ 不同事物聚合而得其平衡，才能产生新的事物；相同事物重复相加，依然还是原来的事物。《论语集注》卷7亦

---

① 参见［德］孔汉思、K. 库舍尔：《全球伦理——世界宗教议会宣言》，何光沪译，四川人民出版社1997年版，第75—76页。
② ［德］孔汉思、K. 库舍尔编：《全球伦理——世界宗教议会宣言》，何光沪译，第15页。
③ ［清］阮元校刻：《十三经注疏（附校勘记）》下册，中华书局1980年版，第1430页下栏。
④ 徐元诰撰：《国语集解》，王树民、沈长云点校，中华书局2002年版，第470页。按，个别标点符号略有校改。

云:"和者,无乖戾之心。同者,有阿比之意。"① "和而不同"是孔子的生活儒学对道德实践主体的人格期待:比如一个人既不能得到全村人的喜欢,也不能得到全村人的厌恶,最佳的状态只能是"不如乡人之善者好之,其不善者恶之"(《子路》13·24)。"和为贵"是孔子的生活儒学对道德实践规范的效果希冀:"先王之道,斯为美;小大由之",如有行不通的地方——便为恰当而求恰当,但不用一定的规章制度来加以节制——也是不行的(《学而》1·12)。

黑格尔(1770—1831)的《法哲学原理》第150节曾说:"一个人做了这样或那样一件合乎伦理的事,还不能就说他是有德的;只有当这种行为方式成为他性格中的固定要素时,他才可以说是有德的。德毋宁应该说是一种伦理上的造诣。"② 对于孔子的生活儒学而言,从道德金规则到和合思维、从个体道德到社群伦理的转进,深切契合着《中庸》首章追求的中和境界:"喜怒哀乐之未发,谓之中;发而皆中节,谓之和。中也者,天下之大本也;和也者,天下之达道也。致中和,天地位焉,万物育焉。"③ 更重要者,经由全球伦理的观照,孔子生活儒学的这一转进有其普适意蕴。缘由在于,《世界宗教议会走向全球伦理宣言》坚信"每一个人都应当得到人道的对待",就须秉持"己所不欲,勿施于人"这一基本原则;同时强调以下四项规则不可取消,亦即坚持一种非暴力与尊重生命的文化,坚持一种团结的文化和一种公正的经济秩序,坚持一种宽容的文化和一种诚信的生活,坚持一种男女之间的权利平等与伙伴关系的文化④。

回到孔子彰显的"大同理想"

作为儒学思想史上的经典文献,《礼记·礼运》对于"大同""小

---

① [南宋]朱熹:《四书章句集注》,中华书局1983年版,第147页。
② [德]黑格尔著:《法哲学原理(或自然法和国家学纲要)》,范扬、张企泰译,商务印书馆1961年版,第170页。
③ [南宋]朱熹:《四书章句集注》,第18页。
④ 参见[德]孔汉思、K.库舍尔编:《全球伦理——世界宗教议会宣言》,何光沪译,第14—15、15—26页。

康"两种社会模式在诸多制度层面上做了明确区分,并以"以天下为一家,以中国为一人"与"大道之行也,天下为公"两句话作为画龙点睛之笔①。孔子以天下一家、天下为公为精义的大同理想,经由传统资源的合法化认同与创造性转化,绵绵不绝地激励书斋型思想家和实践型思想者在复杂的社会现实中作为最美好的人类愿景而不懈奋斗。

洪秀全(1814—1864)、孙中山(1866—1925)是近代实践型思想者的杰出代表。洪秀全曾说:"天父上帝人人共,天下一家自古传。"(《原道救世歌》)②"量宽异国皆同国,心好天人亦世人。"(《原道醒世训》)③"天下总一家,凡间皆兄弟。"(《原道觉世训》)④ 其《天朝田亩制度》更是以"有田同耕,有饭同食,有衣同穿,无处不均匀,无人不温饱也"⑤,作为太平天国运动的最高绩效目标。孙中山的《三民主义·民生主义》第二讲指出:"我们三民主义的意思,就是民有、民治、民享。这个民有、民治、民享的意思,就是国家是人民所共有,政治是人民所共管,利益是人民所共享。照这样的说法,人民对于国家不只是共产,什么事权都是要共的。这才是真正的民生主义,就是孔子所希望之大同世界。"⑥ 其《建国方略之一·自序》更是以"以我五千年文明优秀之民族,应世界之潮流,而建设一政治最修明、人民最安乐之国家,为民所有、为民所治、为民所享者也",作为三民主义革命的最终理想追求⑦。

---

① 参见[清]阮元校刻:《十三经注疏(附校勘记)》下册,第1422中栏、1414页上栏。

② 广东省太平天国研究会、广州市社会科学研究所编:《洪秀全集》,广东人民出版社1985年版,第6页。

③ 广东省太平天国研究会、广州市社会科学研究所编:《洪秀全集》,第13页。

④ 同上。

⑤ 参见广东省太平天国研究会、广州市社会科学研究所编:《洪秀全集》,第168页。

⑥ 广东省社会科学院历史研究所、中国社会科学院近代史研究所中华民国史研究室、中山大学历史系孙中山研究室合编:《孙中山全集》第9卷,中华书局1986年版,第394页。按,孙中山1924年2月的《与日人某君的谈话》曾追溯三民主义与儒家传统的关联:"我辈之三民主义首渊源于孟子,更基于程伊川之说。孟子实为我等民主主义之鼻祖。社会改造本导于程伊川,乃民生主义之先觉。其说民主、尊民生之议论,见之于二程语丝。仅民族主义,我辈于孟子得一暗示,复鉴于近世之世界情势而提倡之也。要之,三民主义非列宁之糟粕,不过演绎中华三千年来汉民族所保有之治国平天下之理想而成之者也。"(同上书,第532页)

⑦ 参见岭南文库编辑委员会、广东中华民族文化促进会合编:《孙中山文粹》上卷,广东人民出版社1996年版,第192页。

孔子以天下一家、天下为公为精义的大同理想，作为最美好的人类愿景，固然离不开政治努力，同时关联着伦理实践：从天下一家看，关联着"四海之内，皆兄弟也"（《颜渊》12·5）；从天下为公看，关联着"不患贫而患不均，不患寡而患不安"（《季氏》16·1）。这两个方面亦是大同理想对于和合思维、人类愿景对于社群伦理的由衷呼唤。与冉有交谈，孔子曾陈述"庶→富→教"（《子路》13·9）的治道路径：人口多了，必须使之富裕起来；人们富了，必须使之得到教化。由此，大同理想这一人类愿景同样对于道德金规则这一个体道德充满内在渴求。

正因此故，《论语》不遗余力地对君子、小人进行过道德品性上的鲜明对比：

  君子周而不比，小人比而不周。（《为政》2·14）
  君子怀德，小人怀土；君子怀刑，小人怀惠。（《里仁》4·11）
  君子喻于义，小人喻于利。（《里仁》4·16）
  君子坦荡荡，小人长戚戚。（《述而》7·37）
  君子之德风，小人之德草。（《颜渊》12·19）
  君子和而不同，小人同而不和。（《子路》13·23）
  君子泰而不骄，小人骄而不泰。《子路》13·26）
  君子上达，小人下达。（《宪问》14·23）
  君子求诸己，小人求诸人。（《卫灵公》15·21）
  君子义以为上，君子有勇而无义为乱，小人有勇而无义为盗。（《阳货》17·23）

这些格式对仗的语句，旨在警醒并督导每一个道德实践主体尽力建构并完善"己所不欲，勿施于人""己立立人，己达达人"的个体道德。"以直报怨，以德报德"（《宪问》14·34）这句刚柔相济的名言，则将个体道德与社群伦理有机而又现实地统一于人类愿景之中，促使大同理想经由道德金规则、和合思维的相得益彰，逐步朝着现实化运动逼近。

全球伦理是地方性知识上升为世界性知识的结晶，《世界宗教议会走向全球伦理宣言》将其定义为"**对一些有约束性的价值观、一些不可取**

消的标准和人格态度的一种基本共识"①；儒家全球伦理是世界性知识统摄地方性知识的表现，有本《儒家全球伦理》的专著将其定义为"儒家思想中包含的或从中发展出的能够被全人类所认同、实行的价值观和行为规范"②。今天，"全球在地化"的崭新趋势③，愈来愈朗现并加速着世界性知识与地方性知识的相辅相成，同样愈来愈证明并驿动着儒家全球伦理与全球伦理的良性互动。所以，于个体道德上把"己所不欲，勿施于人""己欲立而立人，己欲达而达人"作为每个人必须恪守的道德金规则来对待，于社群伦理上把"和而不同""和为贵"作为每个人必须信守的和合思维来对待，于人类愿景上把"天下一家""天下为公"作为每个人必须坚守的大同理想来对待，既是儒家伦理具有普适意蕴的鲜明体现，更是生活儒学对于回到孔夫子的人文承诺。

---

① 参见［德］孔汉思、K.库舍尔编，何光沪译：《全球伦理——世界宗教议会宣言》，第12页。
② 参见戢斗勇：《儒家全球伦理》，甘肃人民出版社2004年版，第23页。
③ 有关"全球在地化"的论述，参见刘述先：《对全球在地化问题的反思与响应》，《深圳大学学报》人文社会科学版2014年第2期，第27—32页。

儒家社会中和思想与人的全面发展

山东社会科学院文化所 涂可国

我曾经在《儒家社会理想与中国梦的圆成》[①] 一文中从社会理想维度对儒家的大同与小康社会理想做过分析，本文将从"中和之道"的视角探讨儒家社会中和思想及其对人发展的影响。我认为，这对于深化儒家社会理想思想包括大同理想思想研究具有极其重要的意义。这一则是因为中和思想是中华文化的重要组成部分。贵和尚中不仅已成为中华民族精神的有机要素，成为中华民族国民性的重要展现，还成为传统中国社会人赖以待人处世的"为人之道"，成为人重要的社会理想价值目标，成为人追求真善美利的重要生存智慧。二则是因为社会中和理论是儒学的核心内容。在儒家那里，中和诚然指向宇宙自然本性的"天道"，且不说汉代儒家中和思想的主题形态是宇宙自然中和论或阴阳中和论，即使是先秦儒学和宋明理学，其中和思想也不乏作为宇宙本体的自然中和观点。不过，就主旨和重心而言，儒家中和思想的主体则是社会人伦中和论，它在把中和道德化的同时进一步社会化，中和构成为儒家社会思想的"道统"。为了改变"礼崩乐坏""天下无道""人心不古"的混乱局面，历代儒家社会中和思想追求人与人之间的和谐、人与社会之间的和谐以及人与自身之间的和谐，这就是德和、中和、心和和政和。三则是因为在儒家多种多样的思想形态中，社会中和思想对中国人发展的影响最为直接、最为深刻，也最为广泛，很大程度上塑造了中国人的中庸人格和谦谦君子型人格，以致从总体上模铸了中国人的中和人格。尤其是《礼记·礼运》篇所构想的大同

[①] 参见涂可国：《儒家社会理想与中国梦的圆成》，载《中国梦与儒家文化》，齐鲁书社2014年版。

与小康社会理想在很大程度上吸收融贯了儒家中和之道，藉此塑造了中国人的中和社会价值追求。四则是因为自古以来人们对儒家社会中和思想存在许多误解和误读，有的人把儒家所倡导的中和加以割裂，或是偏重于"中"，或是偏重于"和"，而在当代构建和谐社会、和谐世界的历史大背景下，许多人忽视了儒家的大中之道，而只注意到它的和谐思想；有的人把"和"仅仅理解了"和合"，或者仅仅规定为"和谐"，殊不知，儒家之"和"包含着更为丰富多样的含义。要全面准确和把握儒家社会中和理想，就必须返本开源，对其进行创造性诠释。

一 儒家社会中和的基本内涵

"中"与"和"虽然具有各自相对独立的规定性，因而早期它们被分别加以运用，但后来逐渐由于两者的内在相关性而构成为一个合成词。在人类社会早期，中和观念即在古希腊和古中国几乎同时产生，只是由于受大陆温带型气候和宗法家庭制度的双重影响，传统中国的中和观念不仅较为浓厚且一直延续下来。早在夏商周三代文化之中，中和概念即被提出并得到运用，尧舜禹就已萌生"允执厥中"理念，由《诗》《书》《礼》《易》《乐》和《春秋》所构成的六经蕴含着较为丰富的中和思想，而周代史伯、晏婴等思想家更是明确提出了"和实生物""心平德和""可否相济"等重要命题，并展开和同之辨。正是在汲取前人中和思想的基础上，孔子赋予"中"和"和"以新的内容和形式，提出并阐释了贵和尚中学说，后世儒家又分别发展出阴阳中和哲学和心性中和哲学。在儒学系统中，中和具有不同的丰富内涵，它既是一种人类认识和改造外在世界的实践理性，又是处理和解决社会冲突和矛盾的政治谋略；而社会中和既是实现国家长治久安、和谐发展的价值理想，又是协调个人与个人之间、群体与群体之间关系的哲学智慧；既是一种祈求圆润融通、协和万邦的人格境界，又是一种宽容大度、和衷共济的伦理品性。

（一）作为社会中和基础的自然中和

"中"作为表示事物的某种实然状态，它的本义主要是指中央、中间等。起初它是指中帜，也就是在某一地方树立的徽帜，后引申为中央和权威。《论语·尧曰》曰:"尧曰:咨!尔舜!天之历数在尔躬,允执厥中。四海困穷,天禄永终。舜亦以命禹。"这里所提及的"中"并非朱熹所训释的不偏不倚、恰好的"道理",而是指代表某种权威的中帜。即使是《孟子·尽心上》的"中天下而立,定四海之民"和《荀子·大略》的"王者必居天下之中,礼也"所说的"中",同样是指中央之地。随着人类思维水平的提高,从先秦到宋明的儒家才把"中"提升为整个宇宙自然的"事理之中",借以肯定客观事物所表现出来的不偏不倚、无过不及的状态。正如程颐所言"物物各有个中",朱熹所说"天然自有之中是指事物之理"①。

作为自然之"和"主要体现在三方面。一是和音、和食等。根据段玉裁《说文解字注》,"和"同"禾""盉"等可以互训,表示音乐、味道和禾苗的调和及和谐。二是阴阳之和气。远至西周时期,我们的先民就已产生朴素的阴阳观念。《国语·周语》说:"气无滞阴,亦无散阳,阴阳序次,风雨时至,嘉生繁祉,人民和利,物备而乐成。""阳伏而不能出,阴迫而不能蒸,于是有地震。"这是对阴阳五行和谐很好地表达。两汉和论在继承周朝史伯"和实生物"、老子"万物负阴而抱阳,冲气以为和"等思想的前提下,进一步提出了"和者,天之正也,阴阳之平也,其气最良,物之所生也"②的命题,凸现了"和气生物"的观念。三是宇宙之和。这最早是由《周易》提出来的,其"保和太和"旨在说明世上万事万物处于互有相容、彼此协调的最佳理想状态。总起来看,不论是和味(五味)、和音(五音)、和苗,还是阴阳之和,抑或是太和,本质上不过是表示客观世界不同因素、层次和方面处于统一协调的关系状态。

(二) 作为方法论的社会实践中和

外在客观事物的中和决定了人必须顺物之情而对客体进行调和、整合。就"中"而言,老子所讲的"万物负阴而抱阳,冲气以为和"的"冲"也可作"中"解,它表示的是激荡、汇通等含义。而《中庸》中的"发而皆中节",以及后来人们常说的中的、中标,其"中"正是表明

---

① 《朱子语类》卷十八《大学五·或问下·传五章》。
② 《春秋繁露·循天之道》。

人的行为符合特定的应然要求和理想。当然，作为社会实践活动的"中"，儒家更多的是强调执中、用中、立中和致中。就"和"而言，"和"有时指调和（行为），有时指调和的结果（作为形容词），[①]《尚书》提出的"协和万邦""燮和天下"和"神人以和"等论断中的"和"，大致相当于"调和""整合""协调"的意思。自古以来，音乐被认为具有移风化俗、陶冶情性、抵达中和的功能，因此，《吕氏春秋·乐论》指出："乐之务在于和心，和心在于行适"，这里，"和"带有"协调"之意。不过，对社会实践行为之"和"揭示最为深刻、影响最大的莫过于史伯和晏婴的和同论。史伯说：

> 夫和实生物，同则不继。以他平他谓之和，故能丰长而物归之。若以同裨同，尽乃弃矣。故先王以土与金木水火杂，以成百物。是以和五味以调口，刚四支以卫体，和六律以聪耳，正七体以役心，平八索以成人，建九纪以立纯德，合十数以训百体。出千品，具万方，计亿事，材兆物，收经入，行姟极。故王者居九姟之田，收经入以食兆民，周训而能用之，和乐如一。夫如是，和之至也。于是乎先王聘后于异姓，求财于有方，择臣取谏工而讲以多物，务和同也。声一无听，物一无文，味一无果，物一不讲。王将弃是类也而与专同。天夺之明，欲无弊，得乎？[②]

显而易见，史伯所言的"和"，是讲将不同质态的成分、方面加以混合、调和，使事物处于相辅相成、相互协调的统一关系之中，它既包括对物质的整合，又包括人际关系和人的身心协调，同时还包括政治上的和合。齐大夫晏子在继承史伯"和实生物，同则不继"观点的基础上，不仅提出了"和"与"同"相异的思想，还进一步提出杂多和对立的事物"相济""相成"的思想，从而深化了史伯的认识。晏婴是在同齐国国君一次对话中论述了"和与同异"观点的。齐景公觉得他与臣子梁丘据的关系是"和"，晏婴表示不同意，认为"据亦同也，焉得为和"，然后

---

① 参见董根洪：《儒家中和哲学通论》，齐鲁书社2001年版，第41页。
② 《国语·郑语》。

指出：

> 和如羹焉，水火醯醢盐梅以烹鱼肉，之以薪，宰夫和之，齐之以味，济其不及，以泄其过。君子食之，以平其心。君臣亦然：君所谓可，而有否焉；臣献其否，以成其可。君所谓否，而有可焉；臣献其可，以去其否。是以政平而不干，民无争心。……先王之济五味、和五声也，以平其心，成其政也。声亦如味，一气，二体，三类，四物，五声，六律，七音，八风，九歌，以相成也。清浊，小大，短长，疾徐，哀乐，刚柔，迟速，高下，出入，周疏，以相济也。君子听之，以平其心，心平德和。故《诗》曰：'德音不瑕'。今据不然。君所谓可，据亦曰可；君所谓否，据亦曰否。若以水济水，谁能食之？若琴瑟之专壹，谁能听之？同之不可也如是。①

这里，晏婴从调羹讲起，认为只有各种佐料、火候等相互交融，才有味道；然后，指明在政治上只有君臣所说的话都有否有可，互有商讨，才能做到政平民和。他从日常生活、艺术活动和政治行为多种角度说明"和"与"同"异，它是指将不同质态因素加以整合。

（三）作为价值观的伦理中和

早在三代，"中"与"和"即已被赋予某种伦理意蕴。德，从心从直。许慎《说文解字》提出："直，正见也。"可见，德蕴含着人的中正之心含义。《酒诰》则直接说："尔克观省，作稽中德。"这里，"中"俨然变成一种道德品性。《诗经》《尚书》《礼经》《乐记》《易经》《春秋》等原始六经虽未明确提出中德观念，但它们都体现出乐而不淫、哀而不伤、不刚不柔、无相夺伦等中德理念，共同构成了孔子提出"中庸"的思想来源。"和"尽管作为一种伦理品性远至春秋才得以产生，但在三代时期即已萌芽。不论是《周易》所说的"和兑，吉""鸣鹤在阳，其子和之"，还是《尚书》中所言说的"自作不和，尔惟和哉。尔室不睦，尔惟和哉。尔邑克明，尔惟克勤乃事""时惟尔初，不克敬于和，则无我怨"，

---

① 《左传·昭公二十年》。

都表明"和"已具备了人伦之意蕴。中和范畴在儒家那里更多的是被当作伦理概念加以运用的。特别是先秦孔孟荀儒学和宋明理学,尤为重视中和的道德特质。众所周知,儒家文化是一种伦理型文化,而"中"恰恰又是衡量道德品性的重要尺度。孔子说:"天之历数在尔躬,允执其中。"① 孔子之所以推崇尧,就在于他表现出"持中"的伦理风范。鉴于"过"与"不及"游离了"中"的轨道,逾越了"中"的伦理限度,故孔子表示否定与轻视。孔子还讲:"中庸之为德也"②、"君子中庸,小人反中庸"③,并提倡"君子无所争"④。早在古希腊,亚里士多德就阐述了以中道为核心和原则的道德理性。他说:"因为德性必须处理情感和行为,而情感与行为有过度与不及的可能,过度与不及皆不对,只有在适当的时间和机会,对于适当的人和对象,持适当的态度去处理,才是中道,亦即是最好的中道。这是德性的特点。"⑤ 可见,"中"不是简单的折衷,而是"适当""适度"。在亚氏那里,只有做到"中道",才符合伦理理性:不及是恐惧、胆小,过度则是鲁莽,勇敢则是这两者的中道。不难看出,中庸之道在中外文化史上主要指称调控人的合理行为的道德范畴或伦理命令。

"中"与"和"作为伦理价值符号,它们大致具有两种意蕴。一是表示某种理想的伦理价值状态。在儒家经典文本里,诸如"致中和""礼所以制中""喜怒哀乐之未发谓之中"等,其"中"意谓着人的行为道德合理性——不偏不倚、无过与不及等。正如董根洪先生深刻指出的,《中庸》"喜怒哀乐之未发谓之中",这个未发之中作为人的由"天命"而来的心性之"中",是一道德本体,它构成人所追求的理想人格或人性,其实质是儒家的道德意识和道德理性。⑥ 至于"和",像《论语》所说的"礼之用,和为贵",《中庸》中所讲的"致中和",《朱子语类》谈到的"发皆中节,情之正也,无所乖戾,故谓和也",均是在道德理想意义上

---

① 《论语·尧曰》。
② 《论语·雍也》。
③ 《中庸》。
④ 《论语·八佾》。
⑤ 参见亚里士多德《尼各马可伦理学》,苗力田译,中国社会出版社1999年版。
⑥ 参见董根洪:《儒家中和哲学概论》,齐鲁书社2001年版,第62页。

使用"和"的。二是作为动词的道德实践行为范畴。这一点前已述及，这里只想强调指出的是，儒家的"和"除了凸现其本体论意义外，例如《礼记·乐记》中的"和，故百物皆化"、《荀子》的"万物各得其和以生"。《吕氏春秋》的"天地含和，生之大经也"。等，一般是在道德实践理性维度上加以界定和运用。不过，对中华民族精神影响最大的恐怕还是《论语·子路》的："君子和而不同，小人同而不和。"孔子的意思是说，君子注重从事物差异和矛盾中去把握统一和平衡，而小人则追求绝对的无原则同一、专一、单一，这就从道德人格角度说明了孔子推崇的是那种包容、调和、和解等君子型人格。有时，儒家文本中的"和"兼具价值状态和实践理性双重含义。例如，董仲舒《春秋繁露·循天之道》所说的"德莫大于和"。

（四）作为治国方略的政治中和

中和最早在三代时期是作为统治者的"立国之道"而提出来的，后来被提倡致世致用的历代儒家加以继承和发挥。

一方面，儒家的社会中和把"中和"当作治国行政的手段加以倡导。《论语》所讲的"允执厥中"直接就是尧舜禹治国安邦的"道统"，借以维护天下国家的长治久安，在周人那里，"中德"还是为统治者垄断着，还未作为大众人格。这就不难理解宋代范镇在同司马光展开中和之辨时不同意将中和视为养生作乐之本，而认为致中和只是帝王之类"有位者"的职责。史伯的和实生物和晏婴的可否相济很显然是作为帝王的"南面之术"提出来的。孔子所讲的中和固然有作为普通大众人格的伦理意义，但也十分突出它作为"为政之道"的一面，不论是他所说的"尊五美，屏四恶，斯可以为政矣"①，还是他所讲的"宽以济猛，猛以济宽，政是以和"②，都表明孔子倡导政治中和。孟子之所以强调"天时不如地利，地利不如人和"，也是为了宣扬他心目中的"仁政"。荀子所论说的中和固然包含着"群和之道"，但它将"比中而行之"看作"先王之道"，也是为了维护政治统治秩序。汉代董仲舒的社会中和思想作为"天人之策"

---

① 《论语·尧曰》。
② 《左传·昭公二十年》。

的重要内容，主张"以中和理天下"。扬雄也将中和视为最高的政治原则，提出了"立政鼓众，动化天下，莫上于中和"①的观点。宋明理学由于"强内圣弱外王"，故此其中和论更为凸现伦理心性层面而忽视政治意蕴，不过，宋明理学并未放弃修身以治国平天下的伦理政治化理路，因而其伦理中和也是为了服务于政治中和。

另一方面，儒家社会中和思想把"中和"当作政治目的加以强调。"乐道极和，礼道极中。"为了达到社会中和目标，儒家从政治维度提出了一系列行之有效的中和之道。《尚书》汇集了古代中国圣人之治的信息，而它的中心思想即是中和，周公制礼作乐的主要目的正是为了实现社会中和。《礼记》所提出来的"以五礼防民之伪而教之中"，《周礼·春官》中的"以天产作阴德，以中礼防之"，都表明了礼以致中的原典精神。在孔孟那里，中和同仁义礼之间互相作用、互为目的，因此孔孟仁义中和思想才突出了"无仁义无以故中和"的思想特质。荀子秉承了孔子"礼所以致中"的思想，为了实现社会的安定和合，他从礼法制度以及明分使群、等差有序等角度，强调礼义教化。

（五）作为社会主体基础的心性中和

儒家社会中和思想对早期中和的改造不仅表现在中和伦理化上，也表现在中和人文化上。儒家把中和引入主体的养身之道之中。董仲舒指出："能以中和养其身者，其寿极命。"这里，董氏较早提出了中和是人养身长寿的有益方法。中和可以养生的思想被宋代司马光加以充分发挥，他把"中和"提到"养生作乐之本"的高度加以强调。当然，儒家的社会中和思想更为重视心性中和。荀子较早涉及了儒家的心性中和，他从"化性起伪"思想出发，提出治心于中、心之所可中理、人之性和气所生等理念。《中庸》在儒家发展史上第一次较为明确地提出了心性中和，其"喜怒哀乐之未发，谓之中；发而皆中节，谓之和"开创了儒家心性中和的新模式。李翱在"复性论"中提出了圣人"制礼以节之，作乐以和之"以及"情者，性之动也，百姓溺之而不能知其本也"②等命题，将心性工

---

① 《汉书·扬雄传下》。
② 《李文公集·复性书中》。

夫与礼乐教化相结合。宋代王安石认为性情相须，当情外化于外时有一个"当"与"不当"理的问题，也就是有一个"中"与"不中"的问题，并提出了"大礼，性之中；大乐，性之和"①等心性中和论断。最后，程朱理学将传统心性中和哲学发展到极端，并从体与用、未发与已发、静与动、性与情等多角度较为深刻地阐发了儒家的心性中和理论。

二 儒家的社会中和之道

儒家不仅深刻揭示了社会中和的丰富内涵，还从多个层面阐明了社会中和之道，提出了多种多样致社会中和的方法、途径、原则和策略。

（一）以他平他

所谓"以他平他"，就是追求多样性的有机统一，讲究"和而不同"。在《论语》中，孔子多次强调要在尊重差异的基础上追求和谐，反对盲目附和和苟同，并且提出了"君子周而不比，小人比而不周"②"君子泰而不骄，小人骄而不泰③""君子矜而不争，群而不党"④ 的道德化和谐型君子人格。与此同时，为了追求大和、真和，孔子还特别反对乡愿人格。乡愿之人只知一味附和、顺从，缺乏主见和独立性，可谓是对和顺的误用，因此孔子认为"乡愿，德之贼也"⑤。

（二）无过不及

在儒家看来，致中和的重要方法首先从消极意义上说就是做到不偏不倚、无过不及。孔子说："不得中行而与之，必也狂狷乎！狂者进取，狷者有所不为也。"⑥ 很显然，孔子推崇的是"中行"，亦即"执中""用中"，而狂狷则由于过与不及，而置于从属地位。为了遵行中道，孔子也

---

① 《王临川全集·礼乐论》。
② 《论语·为政》。
③ 《论语·子路》。
④ 《论语·卫灵公》。
⑤ 《论语·阳货》。
⑥ 《论语·子路》。

曾批评子张过头（"师也过"）而子夏则有些不及（"商也不及"）。在谈到如何从政时，孔子提出应"尊五美，屏四恶"。所谓"五美"，即是"惠而不费，劳而不怨，欲而不贪，泰而不骄，威而不猛"①。这表明，鉴于费、怨、贪、骄、猛等太过，所以，要做到政通人和，就必须防止其发生。其次，从积极意义上相反相成也是致中和的不二法门。前已述及，晏婴说"和"如同羹一样，必须做到"齐之以味，济其不及，以泄其过"。孔子继承了这种相反相成以达和谐的思想，指出"政宽则民慢，慢则纠之以猛。猛则民残，残则施之以宽"。②为此必须"宽以济猛，猛以济宽"，如是，才能达到"政是以和"③。再次，执两用中同样是致社会中和的重要功夫。"中"与"和"表示事物相反相成两个方面的平衡点，是使事物保持均衡和秩序的关节点，因而要达致社会中和，需要主体运用智慧对事物的两个方面进行深入认识。孔子说："吾有知乎哉？无知也。有鄙夫问于我，空空如也。我叩其两端而竭焉。"④这里，孔子表面上是讲人的求知方法，可它也间接揭示了如何深入探索事物的对立方面以达到对事物"中"的把握。如果结合《中庸》中孔子所讲的"舜其大知也与？舜好问而好察迩言，隐恶而扬善，执其两端，用其中于民，其斯以为舜乎？"那么，我们就会认识到，只有"执其两端"，防止行为偏差，或走极端，才能"用中""执中"。

（三）中和互动

"中"与"和"固然各自具有特定的规定性，故此两者经常单独使用，但它们又时时作为一个合成词而联用，这两者既是一种价值理性和目的理性，又是一种工具理性和实践理性，共同相互作用、相反相成，在儒学中同等重要，从而使得贵和尚中成为全民族的核心价值观之一。《尚书》提出的"协于中""和厥中"命题，已然蕴藏着"中"与"和"相结合的思想种子。基于"中""和"共同具有适中、平和、稳定、秩序等意义，《管子》率先提出了"中和"范畴，《荀子》则三次使用了"中

---

① 《论语·尧曰》。
② 《左传·昭公二十年》。
③ 《左传·昭公二十年》。
④ 《论语·子罕》。

和"概念,此即"故乐者,天下之大齐也,中和之纪也"①、"故公平者,职之衡也;中和者,听之绳也"②、"恭敬以先之,政之始也;然后中和察断以辅之,政之隆也。"③《中庸》上升到本体论高度论及"中和"问题,这就是子思所说的影响至为深远的"喜怒哀乐之未发谓,之中,发而皆中节,谓之和。中也者,天下之大本也;和也者,天下之达道也。致中和,天地位焉,万物育焉"。秦汉以后,历代儒家对"中和"作了不同阐释,不过,相对而言,后儒似乎更为推崇"中",宋明心性中和哲学更是如此。"执中更具明确性实践方法的功能,执中内在包含了调和,执中也必然导致调和,总体上执中显得比调和更根本。"④ 实际上,"中"与"和"作为"大本""达道",它们彼此相互为用、互为目的。对此,宋代思想家司马光作了很好阐释。他说:"善为之者,损其有余,益其不足;抑其太过,举其不及。大要归诸中和而已矣。故阴阳者,弓矢也;中和者,质的也。弓矢不可偏废而质的不可远离。"⑤ 损有余弥不足、抑太过举不及,既是"中",也是"和",二者浑为一体。宋明儒学尤其是程朱中和哲学往往把"中"与"和"视为性与情、体与用、未发与已发之关系,例如朱熹讲:"天地之性浑然而已,以其体言之,则曰中;以其用而言,则曰和。"⑥ "以中对和而言,则中者体,和者用,此是指已发、未发而言。"⑦ 这样,"中"与"和"属于体用合一,本立而用行之。宋明儒者只知秉承《中庸》有关"中和"的未发已发观念,只注意到中内和外。殊不知,"和"同样可以是内在于人的,"中"则也可以体现于外。司马光指出:

  是以圣人制动作礼义威仪之则,所以教民不离于中。不离于中,所以定命也。能者则养其中以享福,不能者则败其中以取祸。……乐

---

① 《荀子·乐论》。
② 《荀子·王制》。
③ 《荀子·致士》。
④ 董根洪:《儒家中和哲学概论》,齐鲁书社 2001 年 4 月第 1 版,第 67 页。
⑤ 《司马文正公传家书》卷六十一《答李大卿孝基书》。
⑥ 《朱子全书》卷二十四。
⑦ 《朱子语类》卷六十三《中庸二·第二章》。

也者，动于内者也；礼也者，动于外者也。乐极和，礼极顺，内和而外顺，则民瞻其颜色而弗与争也。……致乐以和其内，致礼以顺其外。①

在此，司马光虽未讲到乐和对于礼中的推动作用，但他毕竟讲述了和内中外，这显然是对《中庸》中和乃是未发已发关系的有益补充。关于人的内心和谐，季羡林先生在和温家宝总理谈话时特别提到过。应当说，主体的身心和谐比起"中"来更具根本性，它不失为人赖以"执中""致中""用中"的重要主体基础。

（四）礼义有序

早在《周礼》中，就对礼可以导致社会中和进行了诠释："以天产作阴德，以中礼防之"②、"以五礼防民之伪而教之中"③。孔子希望建立一种人人各安其位、各得其所、符合名分等级的以"君君、臣臣、父父、子子"为主要内容的社会礼治中和秩序，激烈抨击由"礼崩乐坏"带来的社会混乱景象："天下有道，则礼乐征伐自天子出；天下无道，则礼乐征伐自诸侯出。"④ 孔子充分认识到了礼在调节个人行为、维持社会秩序、保持社会平衡中的作用，认识到了"礼"通过为人进行角色定位和关系定位而达到社会整合的价值。例如，他说："礼乐不兴，则刑罚不中；刑罚不中，则民无所措手足。"⑤ 他还讲："故坏国、丧家、亡人，必先去其礼"⑥、"民之所由生，礼为大。非礼，无以节事天地之神也；非礼，无以辨群臣上下长幼之位也；非礼，无以别男女父子兄弟之亲、婚姻疏数之交也"⑦ "不学礼，无以立"⑧ "博学于文，约之以礼，亦可以弗畔矣夫"⑨。

---

① 《司马文正公传家书》卷六十二《答范景仁书》。
② 《周礼·春官》。
③ 《周礼·地官》。
④ 《论语·季氏》。
⑤ 《论语·子路》。
⑥ 《礼记·礼运》。
⑦ 《礼记·哀公问》。
⑧ 《论语·季氏》。
⑨ 《论语·颜渊》。

正是看到礼对于维持社会正常运行、构建和谐可控的社会秩序的重要性，孔子要求个人严格讲究礼节、礼数、礼让，做到"非礼勿视，非礼勿听，非礼勿言，非礼勿动"。① 孟子一方面强调"执中无权"②"中道而立"③、"中天下而立"，④ 另一方面则指出，为了建立和谐友善的人际关系，就要重义轻利。他既看到了仁义会成为"赢利"的手段或工具作用，如他告诉梁惠王用仁义治国也可以带来好处："人人亲其亲、长其长而天下平"⑤，又认识到"放于利而行，多怨""上下交征利而国危矣"⑥，因此主张重义轻利、舍生取义，要求人们在待人处世时兼顾社会利益。当义与利、理与欲发生冲突时，个人必须以义驭利："鱼，我所欲也；熊掌，亦我所欲也。二者不可得兼，舍鱼而取熊掌者也。生，亦我所欲也；义，亦我所欲也。二者不可得兼，舍生而取义者也。"⑦ 在孟子这里，依照仁义原则来调节人与人之间的社会关系，就要做到明耻知羞、非有勿取、尊敬长辈、事君以忠等。隆礼和重法是荀子社会思想的核心内容之一。

如果说孔子"礼所以制中"说明礼仅仅是达到社会中和的手段的话，那么荀子"曷谓中？曰：礼义是也。"⑧ 则把"礼义"等同于"中"了。他除了强调要注意赏善罚恶、实施严刑峻法外，还从不同角度论述了社会必须隆礼、循礼、重礼。首先，他从"化性起伪"角度阐述了礼义的来源及其社会调节功能；其次，他直接从礼义功能角度论述了社会要想和谐就必须依礼而行。他说："今当试去君上之势，无礼义之化，去法正之治，无刑罚之禁，倚而观天下民人之相下也；若是，则夫强者害弱而夺之，众者暴寡而哗之，天下之悖乱而相亡不待顷也。"⑨ 如果不对人类进行礼义刑罚的管理，整个社会就会陷入以强欺弱、以众凌寡的混乱状态。礼作为一种社会规范和准则还具有划分社会等级、维护社会秩序的作用：

---

① 《论语·颜渊》。
② 《孟子·尽心上》。
③ 《孟子·尽心上》。
④ 《孟子·尽心上》。
⑤ 《孟子·离娄上》。
⑥ 《孟子·梁惠王上》。
⑦ 《孟子·告子上》。
⑧ 《荀子·儒效》。
⑨ 《荀子·性恶》。

"礼也者，贵者敬焉，老者孝焉，长者弟焉，幼者慈焉，贱者惠焉"。① 在《荀子·修身》中，荀子还说："由礼则和节，不由礼则触陷生疾。"可见，在荀子那里，礼具有给人以求、养人之欲、区分等级、维持秩序、保持社会和谐运行的作用，因此，他心目中的理想社会是人人彬彬有礼。"礼"同"义"是密切相关的。同孟子一样，为了安邦定国，荀子也是贵义轻利。在理想的国度里，荀子认为人们都按仁义行事，自觉履行自己理应承担的社会义务。荀子之所以推崇礼义国度，是因为仁义是安邦立国的根本，即"仁义德行，常安之术也"②"故用国者，义立而王，信立而霸"③"夫义者，内节于人而外节于万物者也，上安于主而下调于民者也。内外上下节者，义之情也。"④ 荀子认为，治理国家以达到和谐稳定强盛，除了信守道义准则外，还要正确认识和处理义和利之间的关系，因为"义胜利者为治世，利克义者为乱世。上重义则义克利，上重利则克义"。⑤ 如果一味唯利是图，不信守仁义道德，背信弃义，对内欺诈百姓以图小利，对外欺骗他国以图大利，则会导致上下离心离德，国家易于陷入危亡。所以，荀子一再强调要做到先义后利，重义轻利。

（五）安贫乐道

人对富贵的追求及贫富分化历来是影响社会中和的重要因素，孔子所处的时代被称之为"乱世"，贫富对立严重威胁着社会秩序。为了应对社会混乱局面，孔子提出了"均平"和"安贫"的方略。他说："丘也闻有国有家者，不患寡而患不均，不患贫而患不安。盖均无贫，和无寡，安无倾。"⑥ 这意思是说，我听说有国的诸侯、有家的大夫不担心人民稀少而担心财富不均，不担心贫穷而担心不安定，因为财富均匀便不觉得贫穷，彼此和睦便不觉得人口稀少，境内安定便不会有倾覆的危险。很显

---

① 《荀子·大略》。
② 《荀子·荣辱》。
③ 《荀子·王霸》。
④ 《荀子·强国》。
⑤ 《荀子·大略》。
⑥ 《论语·季氏》。

然，孔子认为贫穷无害大局，而贫富不均则会引发双方的对立冲突，破坏社会的和谐，因而他提出统治者应当防止社会的"不均""不安"。除了要求人们"安贫""均平"外，孔子还主张"乐道"，做到"君子爱财，取之有道"（和尚语）。他肯定了追求富贵是人的本性，但主张合乎仁道而去求取。他说："富与贵，是人之所欲也；不以其道得之，不处也。"① 董仲舒也指出："大富则骄，大贫则忧。忧则为盗，骄则为暴。"② 可见，董氏是认为贫富两极分化会造成社会混乱，因而，主张调均。孔子和董仲舒提出的"均平""安贫"和"乐道"思想对于传统中国人的价值观念和社会政策产生了深远影响，许多起义的农民就提出了平均主义口号（如"等贵贱，均贫富"），它对于中国封建社会构建超稳定结构也产生了很大作用。

（六）明分使群

一个中和社会应该是有着合理的社会分工、人人各安其位、各得其所、各尽所能的社会。孟子反对代表墨家思想的许行弟子陈相主张的人人不分贵贱都应从事生产劳动的观点，而认为要维持国家的社会经济生活秩序，必须实行必要的社会分工："有大人之事，有小人之事。……或劳心，或劳力；劳心者治人，劳力者治于人；治于人者食人，治人者食于人，天下之通义也。"③ 在社会生产生活中，劳心者与劳力者承担着不同社会职能，劳力者从事物质生产，劳心者则从事政治活动、管理活动及文化活动，他们各司其职，这种社会分工既是治国为政、安邦定国的社会控制手段，也是促进社会经济发展及维持社会秩序的需要。而且，有了合理的社会分工，就能够互通有无、互惠互利，从而为社会和谐创造相应的物质文化条件，满足人类不同层次、不同群体需求。如果说"治于人者食人，治人者食于人"体现了整个社会领域不同社会分工及其交换的话，那么，农夫"以粟易械器""陶冶亦以其械器易粟"④ 则体现了生产领域的社会分工及其交换。只有进行不同形式的社会分工，才能"以其所有

---

① 《论语·里仁》。
② 《春秋繁露·度制》。
③ 《孟子·滕文公上》。
④ 《孟子·滕文公上》。

易其所无"①，通过相互交换达到"通功易事，以羡补不足"②，从而使社会生活秩序能够正常运行和发展。荀子在论述人类社会秩序时提出了著名的"明分使群"观点。他认为，人优于动物的地方就在于既能结成群体又能适当分化；既结合并生存于一定的社会组织中，又具有各自的社会角色并承担一定的社会职能："（人）力不若牛，走不若马，而牛马为用，何也？曰：人能群，彼不能群也。人何以群？曰：分。分何以能行？曰：义。"③荀子进一步指出，明分使群还可以防止社会的混乱、争杀。他说："故人生不能无群；群而无分则争，争则乱，乱则离，离则弱，弱则不能胜物。"④荀子追求的和谐社会是一个社会分工十分明确的社会，因为社会角色分工是一个社会正常运转和发展的基础。他认为，社会上许多工作需要人去做，而这些工作又不可相互替代，只有通过社会分工，社会机体才能正常运转，社会秩序才能不乱。同时，个人的能力总是相对有限的，他不可能从事一切工作，个人只有各安其位并同他人交往合作，才能生存。"故百技所成，所以养一人也。而能不能兼技，人不能兼官，离居不相待则穷，群而无分则争。穷者患也，争者祸也，救患除祸，则莫若明分使群矣。强胁弱也，知惧愚也，民下违上，少陵长，不以德为政，如是，则老弱有失养之忧，而壮者有分争之祸矣。事业所恶也，功利所好也，职业无分，如是，则人有树事之患，而有争功之祸矣。"⑤有了某种相对固定的社会分工，家与国才能安定，社会才能很好治理："有夫分义则容天下而治，无分义则一妻一妾而乱。"⑥有了明确的社会角色分工，社会秩序才不致紊乱，整个社会才能出现人人各得其所、各尽所能的和谐有序状态，才能使"农以力尽田，贾以察尽财，百工以巧尽械器，士大夫以上至于公侯，莫不以仁厚知能尽官职"，⑦从而达到"至平"社会。

---

① 《孟子·公孙丑下》。
② 《孟子·滕文公下》。
③ 《荀子·王制》。
④ 《荀子·王制》。
⑤ 《荀子·富国》。
⑥ 《荀子·大略》。
⑦ 《荀子·荣辱》。

（七）等差有分

孔子提出了很有名的正名思想，强调等级名分对于达至社会中和的影响。他说："名不正，则言不顺；言不顺，则事不成；事不成，则礼乐不兴；礼乐不兴，则刑罚不中；刑罚不中，则民无所措手足"。① 虽正不必中，但中必正。所谓"正名"实质上就是做到"君君、臣臣、父父、子子"，每个人都按某种等级化的角色行事。只有"正名"，才能言顺罚中。在《荀子·君子》篇中，荀子又提出了"尚贤使能，等贵贱，分亲疏，序长幼"的社会中和理想。他充分肯定了等级名分对于社会中和秩序的重要性。他这样说：

> 人之生，不能无群，群而无分则争，争则乱，乱则穷矣。……古者先王分割而等异之也，故使或美或恶，或厚或薄，或佚乐或劬劳，非特以为淫泰夸丽之声，将以明仁之文，通仁之顺也。故为之雕琢、刻镂、黼黻、文章，使足以辨贵贱而已②。

这意思是说，人的生存不能没有群体，有群体如果没有等级差别就会产生混乱；古代帝王把人类社会划分为不同的等级差别，并不是故意制造荒淫、骄横、奢侈，而是要明确崇礼尊贤的礼乐等级制度。荀子认为治国之道最重要的是区分社会不同等级名分，使人人各安其位。他说："圣王财衍以明辨异，上以饰贤良而明贵财，下以饰长幼而明亲疏，上在王公之朝，下在百姓之家，天下晓然皆知其非以为异也，将以明分达治而保万世也。"③ 圣王掌握着富余的财物是为了装饰各个等级的人以表明等级差别，明确等级名分，这可以使国家达到治理，永保万世长久。荀子之后，对安分守职以达至中和社会问题作了较好阐释的是唐朝初年著名经学家孔颖达。他认为，社会上的每一个人均安其职、守其分是实现天下和谐的重要基础。他说："夫妇有别，则性纯，子孝故能父子亲也。孝子为臣必忠，

---

① 《论语·子路》。
② 《荀子·富国》。
③ 《荀子·君道》。

故父子亲，则君臣敬；君臣既敬，则朝廷自然严正；朝廷既正，则天下无犯非礼，故王化得成也。"① 可见，当夫妇父子各尽其责时，社会包括朝廷就会变得中正平和。

（八）乐以致和

就乐与社会中和的联系，《尚书·舜典》作了说明："八音克谐，无相夺伦，神人以和"，这表明由八音的协调可以带来神人的和顺和融合。在谈到三代音乐能够促进社会和谐方面的价值时，宋代陈旸在其《乐书》中作了精辟概括。他指出："先王作乐以情性为纲，以中和为纪。……乐至则无怨，节则不过，所以为中，无怨则太平，所以为和。"这是说，音乐的熏陶教化，可以使社会人心无怨无过，达到中和太平。先秦时期，孔子也肯定了乐致中和的功能，他认为《诗经·关雎》可谓"乐而不淫，哀而不伤"，② 良好的音乐（如韶乐）会给人带来快乐而不会造成淫伤。就音乐对于社会中和的助成作用，荀子同样作了充分肯定。他认为，"乐合同，礼别异"，③ 实现社会中和的重要途径就是"审一以定和"。④ 不难理解，这个"一"不仅是指"礼"，也是指"乐"。荀子特别强调礼乐中人心、化风气、敦教化借以维持社会中和秩序的作用，指出："乐行而志清，礼修而行成，耳目聪明，血气和平，移风易俗，天下皆宁，美善相乐。"⑤ 荀子之所以重视乐教，就在于他认识到乐教有助于达成社会之中和，故他说："乐也者，和之不可变者也"⑥ "乐者，天下之大齐也，中和之纪也，人情之所必不免也"，⑦ 这种以音乐为中和"纪纲"的"《乐》之中和"⑧ 论反映了荀子在高度推崇音乐功用的前提下高度重视以乐教培养中和理想人格。⑨ 荀子对音乐导致社会之和（不仅是和谐）推崇备至，

---

① 《五经正义》。
② 《论语·八佾》。
③ 《荀子·乐论》。
④ 《荀子·乐论》。
⑤ 《荀子·乐论》。
⑥ 《荀子·乐论》。
⑦ 《荀子·乐论》。
⑧ 《荀子·劝学》。
⑨ 参见董根洪：《儒家中和哲学概论》，齐鲁书社2001年版，第148页。

以至于给人以夸大之嫌。他指出:"君臣上下同听之,则莫不和敬;闺门之内,父子兄弟同听之,则莫不和亲;乡里族长之中,长少同听之,则莫不和顺",①这里,乐教的作用被荀子发挥至可以使不同社会主体达到和敬、和亲和和顺的境地。不仅如此,荀子还认为声乐教化能够使"民和不流""齐而不乱"。②孔颖达同荀子一样,对乐以致社会人伦中和推崇至极,他说:"乐能感人心,故极益于和""先王制乐得天地之和,则感动人心使之和善"。③李翱也强调了礼乐的中和作用,认为"安于和乐,乐之本也;动而中礼,礼之本也"。④

(九) 治心养性

由于人是社会的主体,因而人的心性修养是社会中和的重要基础。自先秦以降,历代儒家十分重视人的修养对于社会中和的作用。孔子虽然罕言性,但他毕竟提出了中庸至德、和而不同人格,从而体现出社会中和的人文主义特质,这有助于引导人们培养中和化的道德意识和道德人格。孟子尽管尚未将其心性之学同社会中和直接联系起来,但他终究提出了人应"中道而立""天时不如地利,地利不如人和"等观点,这使得他的社会中和逐渐带有主体化、人文化、内在化的历史转向。荀子是先秦儒家对身心双修是致社会中和重要方法问题阐述最为明确和系统的学者。他认为:"圣人知心术之患,……兼陈万物而中悬衡焉"。⑤为此,他吸收了《管子》所提出来的"治必以中""定心以中""正心在中"等"静因之道",力主"治心在于中"。治心的根本在于认识和把握"中和之道",这即是"道之所善,中则可从,畸则不可为";⑥而要"知道",又必须做到"心意修,德行厚,知虑明"。除"治心"之外,荀子还提出了诚以养心的致社会中和之道。⑦荀子为了致中和而提出来的正心、养心、定心和治心等

---

① 《荀子·乐论》。
② 《荀子·乐论》。
③ 《五经正义》。
④ 《李文公集·复性书上》。
⑤ 《荀子·解蔽》。
⑥ 《荀子·天论》。
⑦ 《荀子·解蔽》。

概念，在中和思想发展史上明确将社会中和纳入主体心智结构之中，为后来心性中和哲学的发展作出了突出贡献。《中庸》虽然也没有上升到抽象思维高度将人的心性同中和挂搭起来，但它将中和视为人类喜怒哀乐之未发与已发，表明人只有加强自身心性修养，才能使性情保持中正，才能使性情外化时能够符合社会规范，从而达到和谐。这更加具体地论及了人的性情结构同中和的关联性，从而深刻影响了后世儒家的心性中和哲学。

以程朱为代表的宋明道学，对如何达到社会中和作了较为广泛的探讨。程颐强调一要主敬涵养，例如他说："敬而无失，便是'喜怒哀乐未发之谓中'也。敬不可谓之中，但敬而无失，即所以中也"；① 二是格物致知，对外在事物之中理的理性认识，有助于内在性情外化时能中节，因而他说："此心所发，纯是义理……安得不和，"② 又说："如博学之，又审问之，又明辨之，所以能择中庸也。"③ 朱熹的致中和功夫论主要表现在两方面：一是主张存善主敬以致中；一是省察致知以致和。他认为"存善是静功夫。静时是中，以其无过不及，无所偏倚也。省察是动功夫。动时是和，才有思为，便是动，发而中节无所乖戾，乃和也。"④

三　儒家社会中和的主要特征

儒家社会中和可谓博大精深，内涵丰富，其致社会中和之道也是极为广博。从总体上说，儒家社会中和主要表现出如下主要特点。

（一）多样性与一元性的统一

"中"在儒家那里，本质上就是指事物的不偏不倚、无过不及。社会之中表示社会政治、主体、伦理及实践活动具有最佳平衡点。它或是指事物两方面（两端）的中间位置，或是指事物多个方面或方向的中间状态（事物之中）。就其基本要求来说，它主张"执其两端，而用中于民"、"叩两执中"和"允执厥中"，反对过犹不及，坚持"中道而行"。社会

---

① 《二程集·河南程氏遗书》卷二上。
② 《二程集·河南程氏文集》卷九《与吕大临论中书》。
③ 《二程集·河南程氏遗书》卷十五。
④ 《朱子语类》卷六十二·《中庸一·第一章》。

之"和"不仅表达的是动态的调和、和合、整合，如"君子和而不同，小人同而不和""和实生物"以及"仇必和而解"；同时，社会之"和"也是蕴含和顺、和谐、和亲、协和、平衡、稳定、协调等各种含义的静态理想状态，它要求"以和为贵""保和太和""发而中节"等。简言之，儒家所倡导的社会中和强调社会中正、均衡、稳定和协调，以使社会政治、伦理、个人、实践等保持最佳结构和关系状态。与此同时，社会中和又是相对的，它们是针对社会矛盾及其对立方面、社会事物的多样性而言的，如果说社会之中标志着社会相反相成方面（上下、强弱、善恶、速慢、爱恨、动静、智愚……）及周边事态的中间最佳结合点的话，那么，社会之和则主要是表达社会事象（如不同利益集团、不同生产要素……）的整体协调状态。可见，儒家的社会中和既不是像"同"一样将同一质态的因素加以简单相加和机械拼凑，也不是不讲差异矛盾斗争、无原则的、"为和而和"的折衷主义和调和主义，而是一种讲究对立统一的"大本""达道"。

（二）实然性与应然性的统一

首先，儒家社会中和肯定了中和是宇宙大化流行的客观规律和最佳实然状态，是宇宙万物赖以生成和发展的动力和源泉（如"和实生物"），从而为社会为何中和、怎样达到中和提供本体论根据，《中庸》所说的"中也者，天下之大本也；和也者，天下之达道也。致中和，天地位焉，万物育焉。"为此作了最深刻的概括。其次，儒家所阐述的社会中和是事实与价值、是与应当、现实与理想的有机统一。朱熹指出："凡物皆有两端。"[①] 同样，社会也必然具有左右、好坏、顺逆、智愚、闭合、厚薄、贫富等对立方面，这决定了社会必然具有不偏不倚、无过不及的过渡、中间状态。任何社会不论总体上是处于治世还是乱世，是发达还是落后，是专制还是民主，不同要素、层次和方面之间总是既有斗争性又有统一性，既有冲突又有和谐。社会的中和不论人是否意识到，它作为本道是客观存在的。然而，儒家之所以贵和尚中，就在于社会中和以其具有巨大的社会价值而成为人类追求的理想目标。儒家认为，中和不仅可以化育万物，还

---

① 《四书章句集注·中庸章句》。

能够带来政治公正、国泰民安和政治通畅,同时中和之道还能提升整合人心,使人养身长寿,从而使整个社会有序协调发展。荀子说:"上得天时,下得地利,中得人和,则财货浑浑如泉源,汸汸如河海,暴暴如丘山,不时焚烧,无所臧之,夫天下何患乎不足也。"① 人们之所以追求社会中和、努力构建和谐社会,还在于社会中和可以直接满足人对秩序、公正、审美、协调的需要,并由此带来人的秩序感、节奏感、审美感和安全感(建筑的倾斜不正会让人恐慌)。在现实生活中,当人们"执中"、"用中",追求和气、和谐、和顺、和善,讲究调和、融合、整合时,会有利于个人和社会的安宁、富裕和发展。正如董仲舒所言:

> 中者,天下之所终始也;而和者,天地之所生成也。夫德莫大于和,而道莫正于中。中者,天地之美达理也,圣人之所保守也。……是故能以中和理天下者,其德大盛;能以中和养其身者,其寿极命。②

虽然董氏站在宇宙天下宏观维度说明了中和之用,但也指明了中和对于道德发展和人养生的重要作用。柳宗元从正反两方面也揭示了社会中和的重要价值。他说:"纯柔纯弱兮,必削必薄;纯刚纯强兮,必丧必亡。韬义于中,服和于躬。和以义宣,刚以柔通。守而不迁兮,变而无穷。变得其宜兮,乃获其终"。③ 可见,不走极端的中和之道乃是人获得成功的重要策略。再次,不论是社会中和的事实性还是价值性,它们作为一种客观性状和社会规律对社会主体致中和提出了应当做以及怎么做的要求,换句话说,社会领域里的中和决定了人们必须"用中""致和"。这一点充分体现了儒家社会中和思想积极有为、大胆进取的理性主义精神。用一句话来说就是"人本中和……人道曰为"④。而且,为了真正致中和,构建一个中正、平和、协调的美好社会,不同时期的儒家还提出了循礼而行、等差有序、明分使群、安贫乐道、修身养性等致中和功夫,为人们中道而行指

---

① 《荀子·富国》。
② 《春秋繁露·循天之道》。
③ 《柳河东集·佩韦赋》。
④ 《潜夫论·本训》。

明了有益的方法和途径。

(三) 可变性与不变性的统一

在一定的时空范围内,社会上任何事物总是保持相对稳定性,总是存在特定的质量规定性,总是具有一定的合理的度和统一协调状态,因而,社会之中和表现出相对稳定性和持续性。正因如此,孔子才坚持认为要致和务必以"礼"为标准和原则,反对不讲是非对错、抹杀差异和矛盾的和事佬作风,有子才认为"知和而知,不以礼节之"则不可行。然而,社会又是处于不断运动变化过程中,充满着可变性,故此社会中和也是与时俱进的。事物的变与不变决定了既要固守中和之道,努力做到贵和尚中,同时又要根据情况的变化而去用中、致和。儒家社会中和思想坚持变与不变的统一,提出了以下三种基本主张。一是反对"乡愿"的人格。前面我们已述及孔子对乡愿人格的否弃,作为孔子私淑弟子的孟子也表达出对乡愿的不屑。他认为"乡愿"者乃是"阉然媚于世也者",他们缺乏操守,失去了自我:

> 非之无举也,刺之无刺也;同乎流俗,合乎污世;居之似忠言,行之似
> 廉洁;众皆悦之,自以为是,而不可与入尧、舜之道,故曰德之贼也。①

可见,乡愿之所以为孔孟所不取,正是因它背离了真正的社会中和之道。表面上,乡愿之流不张扬个性,只知同流合污,取悦众人,试图以此去获取某种人际和谐,但由于不讲原则,不按中道而行,缺乏个性的恒定性,只是为和,这显然不符合社会中和的本义。二是讲求"时中"。儒家诚然讲究"中道而行",力倡"执两用中",并追求社会的平稳、和谐与和平,这不失为儒家的"常道""常理"。儒家的社会中和思想又是充满辩证精神的,它在承认中和不变的同时也指认了它的可变一面,因而历史上的儒家又是大力倡导"时中"。儒家特别是先秦儒家具有丰富的时中思想。孔

---

① 《孟子·尽心下》。

子力主"执中""用中",但其中庸哲学并不主张僵死地"用中",而是与时俱进,因而孔子才强调"君子之中庸也,君子而时中"。①孟子曾称赞孔子是"圣之时者也",②强调"彼一时,此一时也",③由此出发,他反复强调一切行为必须"不违农时""无失其时"和"勿夺其时"。《易传》对时中也作了大量论述,不仅提出了"随时""及时""时中""时行""时用"等一批相关范畴,还提出了"变则通,通则久""与时谐行""唯变所适"等论断。三是通权达变。孔子十分赞赏权变,他评价虞仲、夷逸是"隐居放言,身中清,废中权"④,而认为自己是"无可无不可",⑤也就是不机械死守,而是灵活应变。更进一步,孔子还提出了"君子之于天下也,无适也,无莫也,义之与比。"⑥这类不墨守陈旧、随机应变的观念。孟子诚然提倡"中道而立""中天下而立",但也同时主张在"用中"过程中力求创新性、灵活性,为此指明了呆板的"用中"所带来的危害:"执中无权,犹执一也。所恶执一者,为其贼道也,举一而废百也",⑦倘若缺乏权变而死守中道,那就不是执两端而是固守一个方面,这必会因少失多,背离真正的中庸之道。在孟子眼里,"男女授受不亲"虽然是人人应遵循的礼制,但在嫂嫂溺于水这一特殊处境下,就应将人的生命置于首位,而伸手相救。⑧他称赞孔子是"可以仕则仕,可以止则止,可以久则久,可以速则速"的"古圣人"。⑨唐代中期著名思想家柳宗元在探讨如何信守儒家"大中之道"时,对执经达权也作了十分精彩的论说,他指出:"知经而不知权,不知经者也;知权不知经,不知权者也。偏知而谓之智,不智者也;偏守而谓之仁,不仁者也。"⑩这里,柳氏对经权兼备的重要性作了辩证阐释。

---

① 《中庸》。
② 《孟子·万章下》。
③ 《孟子·公孙丑下》。
④ 《论语·微子》。
⑤ 《论语·微子》。
⑥ 《论语·里仁》。
⑦ 《孟子·尽心上》。
⑧ 《孟子·离娄上》。
⑨ 《孟子·公孙丑上》。
⑩ 《柳东河集·断刑论下》。

四 儒家社会中和思想对人发展产生的影响

自古以来，对儒家社会中和思想对人发展产生的影响如何评估历来存在分歧，大致分为以下三派观点。一是基本肯定派。董根洪指出，孔子的中庸在历史上和当代都曾被指斥为圆滑媚俗、浮沉取容、蝇营狗苟、无所操决的没有原则性的折衷主义和调和主义，实际上，儒家中和作为根本的思维方式和价值取向的完整统一体，它高度体现了中华民族的生存智慧，从而构成了中国传统文化的核心，构成了中华民族的鲜明品格，塑造了中华民族的精神风骨；① 儒家中和哲学的真精神在"时中"，中华民族灿烂的文化和不息的生命也都源于"时中"的伟大品格，与"时中"刚性相适应，中和人格便是一种"中立而不倚、和而不流"的强矫人格。② 二是基本否定派。王润生指出，儒家的社会中和思想造成了中国人的性格悲剧，传统中国人推崇"世故型"君子，所谓"识时务者为俊杰"就是这种人格在民间亚文化中的体现；从标准文化系统看，孟子主张的"穷则独善其身，达则兼善天下"是一种圆通态度（滑头哲学），为孔子所赞赏的"邦有道，则仕；邦无道，则可卷而怀之"的蘧伯玉同"邦有道，则智；邦无道，则愚"的宁武，均不过是滑头；在"时中"文化背景下，"叫真"的人免不了倒霉，而表现在幼儿教育上则是不问是非，"通达"得无边无际，反过来，和事佬则受到鼓励；"抹稀泥"之所以被视为近视症，就是由于它表面上达到了息事宁人的"和谐"效果，可实际上却导致人与人不信任，使无理者受到包庇和怂勇。③ 三是折衷派。认为儒家社会中和思想就其主导方面而言对人产生了积极影响，培育了人的中和人格，促进了人的身心和谐，同时也对人的品性造成了某种消极效应，如外圆内方人格。

我基本上同意第三派观点，认为在现实上外在世界及社会主体自身都具有中和特性，同时人也有对中和状态的追求和需要，这些客观上塑造着

---

① 董根洪：《儒家中和哲学概论》，齐鲁书社2001年版，第5页。
② 同上书，第20—21页。
③ 王润生：《我们性格中的悲剧》，贵州人民出版社1988年版，第78—81页。

人的中和人格；而在理论上，以贵和尚中为基本特征的儒家社会中和思想经过长期的历史演变和发展，逐渐成为中华民族共有的价值观、方法论和道德理想，成为绝大多数中国人所具有的思维模式和人生信条，并以此模塑了中国人讲究中道、爱好和平、讲究变通、追求平衡、积极进取、兼容并包等中和人格。但不可否认的是，儒家社会中和思想或是由于理论本身不够完善（如缺乏系统性和可操作性），或是理论转化为实践的机制和条件不够健全和完善（如生产力水平低下造成的匮乏），也给人的发展造成了某些负面影响。

（一）儒家的社会中和思想作为一种无形的文化指令，指导着千百年来全体中国人去形塑培养中和人格

这主要体现在以下三方面。

一是提示人们注意自身的身心中和。对社会主体来说，既有外在的自然中和与社会中和，也有内在的身心中和，这两者均是人必须高度加以重视的。前已述及，有的儒家反复强调人自身中和的重要性。司马光在同范镇就中和的客观普遍性展开论辩时，认为"中和之美，可以为养生作乐之本"，他指出："人之有疾也，必自过与不及而得之。阴阳风雨晦明，必有过者焉，饥饱寒燠劳逸喜怒，必有偏者焉，使二者各得其中，无疾也。"[①] 可见，一个人必须保持阴阳调和，才不致于生病。为此，司马光要求人们的行为要"不失其中""以中和为节"。当然，儒家社会中和思想更为强调人要追求内心的中和，它力劝人们要时刻保持知情意三大人格因素协调一致，防止心理失衡，消解内心冲突和紧张，为人的身心健康以及整个社会中和提供心理情感基础。因此，《吕氏春秋》强调"乐之务在于和心"，《礼记·乐记》主张"反情以和其志"。

二是指引人们注意自身伦理品性修养。在绝大多数儒家看来，要达到社会中和，就必须培养一种中和化的伦理人格，也就是要塑造社会主体的伦理心境，具体说就是锻铸仁心、义质、信德、乐感等。这是因为"道心"乃是人实现中和目标的重要主体条件。王阳明深刻指出："心中则

---

① 《司马文正公传家书》。

正，身修则和。"① 现实生活也表明，良好的道德性情（如良知良能）是致中和不可缺乏的前提。假如一个人心术不正、私心杂念过甚，势必走邪门歪道，其行为不仅不能中节，符合社会规范，还会走极端，偏离正确、适宜、合度的人生轨迹。正是在儒家这类社会中和观念的熏陶下，中国人特别重视自身伦理心性的养成教育，以塑造出一种偏重于道德的中和化人格。

三是塑造人的中和品德。伦理中和是儒家社会中和的重要形态之一，它无疑在很大程度上改变了中国人的心智模式，同时，儒家政治中和、心性中和和实践中和等层面的思想，也在一定意义上培育出中国人的中和伦理。正是在儒家社会中和思想的长期熏陶下，中华民族才具有贵和尚中的传统美德。

（二）儒家社会中和思想有助于培植人的中和精神

儒家社会中和思想作为官方统治思想的重要内容之一，作为传统中国社会"立国之道"，它逐渐演变成为以中和为"大本""达道"的民族精神。这一民族精神成为陶铸社会个体贵和尚中精神的社会背景。儒家社会中和思想特别注意中和教化，主张"和心""立中"，尤其是强调"立中之心"，这显然极大强化了中国人的中和精神。

一是培育了人的中和思维模式。且不说中和本身就是一种方法论，即使是作为某种世界观和价值取向，儒家社会中和思想也通过宣传、教化和濡化，不断内化积淀到中国人的文化心理之中，成为主体习惯化、固定化、系统化的思维方式，成为广大中国人待人处世的生存智慧，成为人处理人与人、人与社会、人与自然关系的重要工具和规范。

二是构成为致中和的思想观念。为儒家大力倡导的"中"是一种无过不及、不偏不倚、充分体现事物对立统一辩证本质的最佳结构、最佳关系和最佳行为，中庸是中国人化解矛盾、优化生存的合理化生存模式，它被儒家推崇为至德，而"和"则是事物处于和合、协调、平衡、稳定、有序的最佳状态，是实现多样性统一的重要方法。正是由于社会中和具有巨大的社会功能，它才被儒家当作一以贯之的道统而加以推崇和宣扬，日渐转化成中国人的内在信念，成为大家共同信守的普遍价值观。一直以

---

① 《王阳明全集》卷一《传习录上》。

来，贵和尚中成为中华民族国民性的重要标志。

三是培育出中国人的宽容品格。孔子的仁者爱人情怀，泛爱众、宽则得众等观念，孟子的仁民爱物思想，《周易》的"厚德载物"学说，二程理学的"万物一体之仁"概念，固然都是中国人宽以待人精神赖以生成和发展的重要因素，儒家所极力阐扬的"和而不同""和为贵""允执厥中""无过不及"等贵和持中思想同样是影响中国人具有宽容特质的重要原因。坚持致中和，显然有助于形成公正气度和平和心态，这些又是助成宽容品质的心理基础。"中"作为不偏不倚、无过不及的合理之度，它可以防止人的极端化举动，有助于使人团结具有不同观点、不同派别、不同类型的人。"和而不同"中的"和"主张多样性的统一，讲究协调、融合、和顺，尊重差异和个性，这些更是会强化人的宽容精神。

四是塑造中国人爱好和平的精神。中华民族是一个爱好和平的民族。爱好和平这一优秀精神品格诚然同儒家反对战争与掠夺、主张义战和以德治国的王道思想有关，但它更受到儒家和而不同、协和万邦、中道而行、和为贵等社会中和思想的浸润。作为儒家经典的《礼记》首先使用了"和平"概念，汉代大儒董仲舒在大力阐扬儒家中和论的同时，也用了"和平"范畴，虽然这两处"和平"概念还不等于当代和平概念，但已隐含着国家和平的意味。正是在中和哲学的指导下，先秦儒家不仅提出了和平的和谐观，还提出了以和平为目的的"仁战"观。

五是造就人的圆通人生态度。儒家"时中"思想决不是传统国民性圆滑、世故等劣根性的根源，毋宁说它是形成中国人善于随机应变、通融豁达人生观的重要条件。儒家社会中和所倡导的"有道则现，无道则隐""无可无不可""可以仕则仕，可以久则久，可以速则速"等时中观念，讲究的是灵活性、可变性，它以不违背中庸和仁义为前提，以追求天人和谐与社会和谐为目的。正因如此，儒家的时中思想才受到人的认同，并逐渐内化成个人用以立德、立功、立言的人生态度。

那么，儒家社会中和思想是不是对人的健康全面发展毫无消极之处呢？恐怕还不能这么说。儒家社会中和学说也存在两点不足：一是过于理想化，连孔子也认为"中庸之为德，其至矣乎！民鲜久矣"。正是由于中和要求过高，使之难以对人产生广泛约束力；二是不够系统化。且不说先秦儒家有关社会中和的思想可谓"残章断篇"，即便是司马光和朱熹的中和之辨对社会中和的论述也不能称为系统。由于对社会中和的内涵、特点、功能、发展等问题缺乏深入透彻、富有逻辑的论述，使其很容易产生误解，以致导致行动上出现偏颇，到今天人们还对张载"仇必和而解"争论不休。正是由于上述两大缺点导致儒家社会中和思想对人的发展大约产生三方面的消极影响。

首先是助长折衷作风。中庸之道要求做到不偏不倚、无过不及，可是这并不具有绝对普遍性，只是适合于一部分场合，尤其是道德场合——因为"中"是衡量道德行为合理性的根本标准，有些时候则是二者必居其一，如果采取中道态度，就会有折衷主义的嫌疑。例如，遇到善恶、闭合、行止、好坏、是非等问题，有时必须在两者之间作出非此即彼的选择，假如犹豫不决，当骑墙派、中庸派，就会被沦为折衷主义。况且，"中道而行"讲究的是保持事物对立统一的恰好合理度，可是在现实生活中并不容易做到，这样，如果奉行中庸原则，人就会对双方都进行肯定和接受，从而陷入折衷主义泥坑。

其次是滋生某种世故型人格。既然儒家的"时中"观念倡导"无可无不可"，"有道则现，无道则隐""可以仕则仕，可以久则久，可以止则止，可以速则速"，那么在面临社会挑战时，人就会采取躲避态度，以求明哲保身；加之社会充满各种矛盾和冲突，个人就会随遇而安，而不是挺身而出。在有些场合，矫狂必须过正，需要人冲破旧有框框的束缚，可是"中和之道"却要求人不偏不倚、无过不及，这显然不利于培养人的敢闯敢干精神，使得人走向自我萎缩，只求自保，变得平庸。在"和为贵"观念的导引下，人就难以采取过激举动，不愿张扬个性，这就会削弱人的棱角，变得较为圆滑。

再次是助长和事佬作风。和事同中和、和解最大的不同在于它不讲原则，掩盖矛盾，为和而和。可是和事又同儒家的社会中和又有着许多共同点：都是在承认差异和矛盾的前提下去解决矛盾，都试图将不同性质的东西整合起来，都是化解矛盾和冲突的方式等。这就使得中和之道同和事之间界限难以划清，加上其他因素的干扰，就会使中和之道变成和事的病因。当两个人发生矛盾和纠纷时，调解人就会充当中间人的角色，为了表示不偏不倚，就会各打五十大板；为了一团和气，尽快消除冲突，就可能不问对错，加以调和。

致力构建理想社会的正祖的经典解释学

韩国成均馆大学　金庚坤

一　绪论

朝鲜第 22 代王——正祖（1752—1800，名祘，号弘斋，在位时间：1776—1800）以及正祖时期的相关研究，史学、文学、政治学、哲学、艺术学等众多领域都涌现出诸多成果。本文在现有研究成果的基础上，致力考察正祖为了实现他心中的理想社会而对经典进行阐释的立场态度。本研究旨在将正祖的经学思想和政治思想结合起来，对正祖虽然现实政治中未能实现但理想中的政治哲学思想进行考察。

像其他领域一样，对正祖经学的研究，成果也非常丰富。有分析正祖经学文献的研究，有分析正祖经学研究方法论的研究，有着重分析正祖对"四书"释义的研究。此外，还有考察正祖对《大学》《论语》《孟子》《易经》《春秋》等经典的理解方面的经学观研究。当然，现有的经学研究中也不乏对正祖经学著述中呈现出的政治哲学思想进行分析的研究成果。但对其政治哲学思想的研究，主要集中在对《大学》或是《书经》等个别经典的理解方面。

此外，关于正祖政治哲学思想的现有研究主要以《正祖实录》《承政院日记》《日省录》《万川明月主人翁自序》等为分析对象。虽然也有部分以包含正祖经学思想的《经史讲义》为分析对象的研究，但是对《经史讲义》进行整体性、综合性分析的研究并不多。

因此，本文以充分呈现正祖对经学理解的《经史讲义》为主要考察对象，深入研究正祖的政治哲学思想，并着重对正祖自认为是君师、意欲构建的理想社会进行考察。正祖在现实中未能实现但想要实现的理想社会，通过他对经典的理解一一呈现出来。

二 儒学追求的理想社会：大同和小康社会

以儒学为建国理念的朝鲜正祖追求的理想社会模式，应该是儒学经典《礼记》中提到的理想社会——大同和小康社会。反映大同社会和小康社会内容的《礼记·礼运》篇，记载了孔子对未能实现大道的当时社会的慨叹，以孔子对弟子子游比较说明以前实现大道的大同社会和大道逐渐衰落后的小康社会的场面开始。

> 大道之行也，天下为公。选贤与能，讲信修睦，故人不独亲其亲，不独子其子。使老有所终，壮有所用，幼有所长。矜寡孤独废疾者，皆有所养，男有分，女有归。货恶其弃于地也，不必藏于己，力恶其不出于身也，不必为己。是故谋闭而不兴，盗窃乱贼而不作，故外户而不闭，是谓大同。
>
> 今大道既隐，天下为家，各亲其亲，各子其子，货力为己，大人世及以为礼，城郭沟池以为固，礼义以为纪，以正君臣，以笃父子，以睦兄弟，以和夫妇，以设制度，以立田里，以贤勇知，以功为己。故谋用是作，而兵由此起；禹汤文武成王周公由，此其选也。此六君子者，未有不谨于礼者也，以着其义，以考其信，着有过，刑仁，讲让，示民有常：如有不由此者，在執者去，众以为殃，是谓小康。

儒学认为上述大同社会和小康社会是历史上实际存在的——通常认为《书经》中记载的尧舜时期是大同社会，而夏殷周三朝的禹、汤、文、武、成王以及周公时代为小康社会。大同社会是天下为公的状态，尊重个人的德性和才能，充满了超越你我界限的博爱，虽然存在私有财产但人们没有强烈的占有欲。以现在的视角来看，弱势群体存在社会保障，是一个没有犯罪和战争的太平社会，唯一的事情就是贤能的人以信义和和睦来教化人民。

与大同社会相比，小康社会中人类的自私自爱占据了支配位置；同时，耕地和村庄的形成产生了大量的私有财产，在财物、能力、家庭、国家等诸多方面"我的"与"他人的"之间有了严格的区分,并产生了权力的世袭。这种变化使得人与人之间产生纷争和战争。因此,为了明确君臣、父子、兄弟、夫妇等关系,儒学的伦理秩序诞生了,同时也产生了对人们进行治理的政治制度和社会制度。这样的时代里出现了禹、汤、文、武、成王、周公等政治领导者,他们通过礼仪和纲常确立了共同体的骨架,并建立了法制,实现了短期的和平,这被称之为小康社会。从世袭君主正祖的立场来看,大同社会有些远,他将小康社会设定为想要实现的社会模式。

三 君师身份的经典解读

"君师"一词源于《书经》,指"兼君王和老师于一身"。从尧舜开始到夏殷周三朝的圣王,他们都是兼政治和学问为一身的理想的君主形象。儒学的理想时代尧舜和三朝圣王时代是经与史、学问与政治统一的社会,但之后学问和政治分离开来。这种社会背景下,正祖想要成为三朝之后的第一君师,用实践来证明自己也是圣王。为了实现这个目标,正祖采取的措施之一便是设立了奎章阁和抄启文臣制度。正祖之前朝鲜的君王们都是通过经筵的方式向臣子们学习,不可自诩为老师。正祖则通过抄启文臣制度,摆脱了向臣子们学习的身份,恢复了教导臣子的老师的地位。这样带来的结果之一就是《经史讲义》的编写。

恢复了老师地位的正祖,从君王的立场将经典的内容——主要是《大学》进行了再阐释。正祖说,"《大学》的内容没有不是君主职责之内的。(大学之规模节目,莫非人君分内事。)[①]"。即,正祖将《大学》视为治国和平天下的有为君主的必备经典。也正是源于这种认识,正祖对《大学》的内容提出了一些疑问。

正祖在对"平天下"的具体方法进行阐释的传10中,在说明"絜矩之道"过程中出现的"所恶于上"提出了疑问。他说,"天子是天下的达尊,怎么可能他上边还有更高的存在,而且还有不喜欢他的人?(天子

[①] 《弘斋全书》卷67,经史讲义4,大学1,序。

者,天下之达尊也,顾安得有其上,而有所恶者哉。)①"。即,平天下是天下达尊天子的职责,他对天子之上还有更高的存在提出了疑问。他的这种理解,表现出他对《大学》这部经典的重视,认为它是将治国、平天下思想转化为实践的为政者的经典。

正祖对"新民"进行补充说明的传2,提出如下疑问:"第一节'苟日新'的'新'是自己变新的'新',第二节'作新民'的'新'是百姓自己变新的意思,第三节'其命维新'的'新'是天命变新,这三节所说的'新'不全是使百姓变新的'新民'的'新',怎么能解释为'新民'的意思呢?(苟日新之新,自新之新也,作新民之新,民之自新也,其命维新之新,天命之新也。三节所言之新,皆非新民之新,则乌在其释新民之义也。)②"。对"新民"进行补充说明的传2中,正祖还对使百姓变"新"的具体方法的说明为什么漏掉了提出疑问。此外,在提出使天下太平的方法的传10中,正祖也表示了这种疑问。"天下天平是《大学》的最高境界。内容这么重要而且内容丰富,对百姓进行教化的方法或治理手段等有很多内容可以进行说明,但此章的上下部分一点都未涉及此问题,只是反复出现'财'这个字。财的使用虽然为治国者所重视,也是民生所需,但财只是末端的、天下太平的因素之一,现在全部力气都用在说这方面的内容,到底是什么意思呢?(平天下者,大学之极功也。其事至大,其用至广,凡于化民之方,制治之具,可言者多,而一章上下,略不概见,独以财之一字,反复申申焉。财之为用,虽曰有国之所重,民生之所须,而财者末也,不过平天下中一事,则今乃表出而专言之者,抑何义欤)③"。正祖认为"财用"问题只是实现平天下的小小因素,很难看作是核心政策。本着这种态度,正祖提出,"'礼乐刑政'是治理的工具,是平天下的经法和原则。因此,孔子在论王道时把'夏时、殷辂、周冕、韶舞'放在前面,这便是'礼乐'。孟子在论王道时首先重视的是'井地的规划、庠序和学校制度',这便是'刑政'。但在'平天下'章节中关于'礼乐刑政'的基础概要都没有,这是怎么回事呢?(礼乐刑

---

① 《弘斋全书》卷68,经史讲义5,大学2,传10。
② 《弘斋全书》卷70,经史讲义7,大学4,传2。
③ 《弘斋全书》卷68,经史讲义5,大学2,传10。

政,所以措治之具,而平天下之大经大法也。故孔子论王道,则以夏时殷辂周冕韶舞为先,此礼乐也。孟子论王道,则以井地经界庠序学校为先,此刑政也。而今此平天下一章,无少概见于礼乐刑政者,何欤?)①"。即,传10应该提出平天下的具体方法,但实际并没有提出关于礼乐刑政的具体方法,正祖对此提出疑问。

  如此这般,正祖将《大学》视为为政者治国和平天下的经典,认为应该包含具体的实践方法。即,他强调实现治国和平天下的人只有君主,并从这种立场来理解《大学》。源于这种问题意识,他将包含经世学的真德秀(1178—1235)的《大学衍义》和邱濬(1420—1495)的《大学衍义补》编为《大学类义》②。

四 探寻经世致用的方案

  对于《论语·子路》9章③的内容,正祖提出了疑问:"为政之道在于使百姓们富有后人丁增多。因此以前的圣王们在管理百姓的资产时,总会使他们上养父母下养妻儿,丰年足食凶年不用流亡讨饭,这便是使百姓富有后人丁增多的方法。冉有提问,不是问'怎样使百姓人丁增多'而是直接问'还要做什么',好像前后不搭。夫子也是只回答说'使其富有',并未言及根本,就好像人丁增多后使其富有一样,这是怎么回事?(为治之道,富然后庶。是以古之圣王,制民之产,必使之仰事俯育,乐岁有终身之饱,凶年无怃离之患,此所以富然后庶也。然则冉有之问,不及于何以则庶矣,而直以为又何加焉者,似失先后之序。夫子亦只答以富之,而不言其本,有若庶然后富者何也。)④"即,治理百姓的理想方式是先使其富有然后使其人丁增多,但在上述对话中表达出先使百姓人丁增多然后使其富有的意思,正祖对此提出疑问。对此的解释,《经史讲义》中

---

  ① 《弘斋全书》卷69,经史讲义6,大学3,传10。

  ② 关于《大学类义》的详细内容,参考金文植《正祖的帝王学》,太学社:2009,129—160页。

  ③ 《论语》"子路":子适卫,冉有仆。子曰,庶矣哉,冉有曰,既庶矣,又何加焉。曰富之,曰既富矣,又何加焉,曰教之。

  ④ 《弘斋全书》卷74,经史讲义11,论语4。

这样记载,"夫子先说'使百姓人丁增多',然后说'使其富有',不回答'使其富有后人丁增多'的原因,是因为未讨论为政之本。那时他恰好经过卫国,看到百姓数量已经很多但并不富有,因此说了上面的话。冉有不问'人丁增多'这个根本问题和夫子只回答'使其富有',都是因为他们就看到的现象进行泛泛的问答。(夫子所以先言庶矣,次言富之,而不以富然后庶为训者,非论其为治之本也。适当过卫之时,见其民生之既庶而不富,故言之如此。冉有之不问庶之本,夫子之只以富为答者,皆因所见而泛然问答也。)①"。通过这种提问和回答可以得知,正祖从为政应该使百姓富有的角度,并不将经典的内容视为虚套,而是逐字逐句进行认真解读。

这样的态度还可从下面的例子中看出。对《孟子·梁惠王上》中的"五亩之宅,树之以桑,五十者,可以衣帛矣,鸡豚狗彘之畜,无失其时,七十者,可以食肉矣,百亩之田,勿夺其时,数口之家,可以无饥矣"。这段话,正祖提出如下疑问:"这里说'百姓不饥不寒',不饥不寒是说免于饥寒。王者为政应该使百姓吃饱穿暖,仅是止于免于饥寒是怎么回事?在利用厚生方面有未尽之处啊。(此云黎民不饥不寒,不饥不寒,仅免饥寒之谓也。王者为政,使斯民饱且暖可矣,但谓之不饥不寒者何也。其于厚生利用之方,得无未尽者存耶)。②"

对《论语·为政》中"为政以德,譬如北辰,居其所,而众星共之"。这句话中的"为政以德"正祖提出疑问:"有人说'以德为政',朱子不同意,说'没必要执着于以字'。有人说'以身作则',朱子也不同意,说'不用勉强引导他们'。那么'以'和'德'这两个字怎么解释才符合其本来之意呢?集注里说'无为而天下归之',还说'为政以德,然后无为'。但是既然说到'为政',自然免不了教条法令,把'以德'说成是'无为',可以充分解释其含义吗?(或以以其德为政看,则朱子不许曰,不必泥这以字,或以以身率之看,则朱子亦不许曰,不是强去率他。然则以德二字,将何为义,乃合本旨欤。集注曰,无为而天下归之,又曰,为政以德,然后无为。然既曰为政,则条教法令,必不无为政之实,以德

---

① 《弘斋全书》卷74,经史讲义11,论语4。
② 《弘斋全书》卷78,经史讲义15,孟子3。

之能无为，可以指其义欤．)①"。即，正祖提出疑问，既然用"为政"这个词语，就应该有相应的以王为中心的教条和法令等具体的政治行为，学者们怎么会只用这个词语来强调君王的"无为"政治呢？如上所述，正祖认为，为了建设百姓们可以安心生活的社会，君王本身的"修身"自然很重要，但是以修身为基础，制定和施行给百姓们带来实惠的政策更是君王的责任。

正祖还提出，"孟子告诉齐王和梁王，一是要与民偕乐，一是要与百姓同乐。这是圣人才能做到的事情，也是王道之始源，但偕乐与同乐的方法何在？如果要与所有的人一起、每件事都一起的话，那不会担心力量不够、时间不够吗？（孟子告齐梁之君，一则曰与民偕乐，一则曰与百姓同乐．此固为圣人之能事，王政之大端，而其所以偕乐同乐之方，果安在哉．若欲人人而与同，事事而与偕，则岂无力不赡日不暇之歉耶。)②"。此外，对《大学》传10中的"生财有大道，生之者众，食之者寡，为之者疾，用之者舒，则财恒足矣．"这段话，正祖提出疑问："舜统治时期的政策，以土地和粮食优先，周朝也是视农业为根本，对此非常重视，治理的真谛从来不离开'农'。现在不拘束于枝节性的教条或法令，使书中所讲不成为空论，以圣人教导后世的秘诀作为今天致用的方法，鼓舞精神，向着一个方向努力，使全天下吃喝玩乐的人都从事农业，实现天时地利，要想这样的话应该使用什么方法呢？（夫虞廷吁谟，必先土谷，周家基业，寔重稼穑，则为治之要，岂有外于农之一字乎。今不必区区于条教法令之末，如欲使讲此书之意，无归空言，而将圣人诏后之诀，为今日致用之方，精神以风动之，意气以趋向之，驱一世之游衣游食，因天时而得地利，则当何术以致之。)③"正祖通过与臣子们一起讨论经典，共同探索可以与百姓同乐、使得百姓们安心生活的方法。

对《孟子·滕文公 上》中出现的"夏后氏，五十而贡，殷人，七十而助，周人，百亩而彻。"这段话，正祖提出疑问，"三朝都施行了均田制，难道唐虞时代的制度无法考证吗？（三代皆有均田之制矣。唐虞之时，田

---

① 《弘斋全书》卷71，经史讲义8，论语1。
② 《弘斋全书》卷76，经史讲义13，孟子1。
③ 《弘斋全书》卷68，经史讲义5，大学2。

无定制欤。或言井田之法,自黄帝始,唐虞之时,亦为井田如殷周欤。此不可考欤。)①"。即,正祖在思索对百姓来说最好的税赋制度是什么。对《孟子·公孙丑 上》中出现的"耕者助而不税,则天下之农,皆悦而愿耕于其野矣"这段话,正祖对"耕者助而不税"的意思和井田法到底要交多少税赋(此云耕者助而不税,何谓也.以井田法言之,税入之数,当为几分之一耶。)② 提出疑问。对此的回答是:900 亩的农地分给 8 家共 800 亩,公田为 100 亩,因此要交 1/9 的税赋(公孙丑:锡夏对,井里之制,合为九区,而其外八区为私田,中一区为公田。此云助而不税者,八夫并力助耕公田,而其私田,则不税之谓也。然则九百亩之田,八夫所受为八百亩,公田为一百亩,而通计九百亩,公田所收,为九分之一。周制之耕者九一是也。)③。对这个回答,正祖认为,"800 亩为私田 100 亩为公田,这个没错。从 100 亩公田中拿出 20 亩分给 8 家建造农舍。在 5 亩的家中种植桑树。100 亩之中扣去 20 亩还有 80 亩。80 亩的农地由 8 家一起耕作,收获的作物作为赋税上交国家。从分地的角度来看是上交 1/9 的税赋,但从交税的方式来看是 1/10。怎么能说收 1/9 的税呢?(八百亩之为私田,百亩之为公田,诚然矣。而公田百亩中,除出二十亩,八家分之,以为田庐.五亩之宅,树之以桑者,是也。百亩之中,既除二十亩,则所余者,为八十亩。八十亩之田,八家同养,以其所收,赋纳于公。故以分田而言,则为九一,以税法而言则,为什一。何以云税入之九一也。)④"。通过以上内容可以推测,正祖关心如何减少百姓的税赋。

如上所述,正祖在理解经典的同时,一直在与臣子们一起思考和探索如何构建一个百姓们可以安心生活的理想社会。

五 结论

正祖认为,自己和在区分圣人之路和君主之路之前的尧舜和三朝的圣王一样,认为君王是为政为民的核心主体,作为君师要将错误的为政之道

---

① 《弘斋全书》卷79,经史讲义16,孟子4。
② 《弘斋全书》卷76,经史讲义13,孟子1。
③ 同上。
④ 同上。

纠正过来，对百姓进行教化。正祖非常清楚，为了实现这种目标，君王自身需要为实现圣人的境界而付出巨大的努力。正祖从小就潜心学习君王应该具有的人格涵养，为提升自身的素质钻研经典。因此他认为自身是可以教导臣子的君师。从可以看作是其君师成果的《经史讲义》中，不仅可以了解正祖的经学思想，还可以发现他探索构建理想社会具体方案的经世思想。即，在《经史讲义》的御制条文中，可以发现诸多君王如何将经典内容付之于实践的对具体方案的提问。从中可以看出，正祖解读经典过程中，对构建百姓可以安心生活的理想社会的具体方案进行的思索。在现实政治中，正祖推行了辛亥通功政策——特权商人的垄断销售权被废止、普通农民的生产商品可以自由流通，进行了多样化的制度改革——诸如为了倾听民意强化了可以了解民意的暗行御史制度，为消除身份不平等进行了庶子认同政策以及奴婢制度改革等身份制度改革。这些都是正祖为实现百姓安心生活的理想社会做出努力的成果。当然，就像现有研究中指出的那样，正祖的政治哲学思想也包含强化自己王权的部分。然而，为实现儒学的理想社会大同和小康社会、为成为主体君师，通过学问提高自身的德性、推行为天下百姓造福的政策——这些正祖付出的努力，值得称赞。

忠孝，服从与不服从的变奏曲

韩国圣山孝大学院大学孝文化系　金德均

一　绪论

在希腊神话中，正义女神忒弥斯一手拿着天平，一手拿着长剑，眼睛用布蒙上。天平象征着公平，长剑象征着社会秩序，蒙上眼睛象征着公平无私，这些都意味着公平无私的法律判决以及执行。以此为根本，西方社会指向尊重个人权利和义务的法治社会，通过法律保障个人的权利和义务，在此基础上不断完善以个人为中心的市民社会。

与此相反，从《大学》中的"修身齐家治国平天下"可以看出，东方社会是以个人修养和家庭和睦作为治国平天下的前提条件的，强调纲常伦理的教化，而不是客观的法治，以此构筑以共同体为中心的共同体社会。比起客观的法治，重视道德判断的主观人治因素支配着东方社会，换言之，东方的儒教社会以个人的精神修养为基础，承担着家族、国家以及天下的安宁，按照人伦的价值判断构筑社会安全网，并由此指向德治的道德社会。

在东方社会，个人与其说是构成国家天下的基本单位，不如说由复数的个人构成的家族共同体的综合性质更强一些[①]。家族被认为是国家天下的缩小版形态，在这里，作为国家统治的基础，家族之间的规范以及制约家族成员的家族制度得到发展。但是东方的家族制度把垂直的主从关系视为当然，其主从关系理论自然延伸为社会关系理论，这一点很容易从历史中发现。从属于家族的个人必须服从于家长的权威和命令，不服从则被定为反伦理行为，而且家族内的上下主从关系在社会共同体中也被视为理所

---

① 串田久治：《儒教的智慧》，日本中公新书2003年版，第12页。

当然。

经过漫长的岁月,在家族主义传统根深蒂固的东方社会,到了近代有段时间曾试图采用西欧个人主义伦理,其结果当然是错误和行不通的。特别是以孝悌伦理为主干的东方家族伦理产生了无条件服从父母及长辈教导的顺从伦理;而以家族伦理为基础的国家共同体,绝对服从于其指导者和君主也被视为当然。由此,作为血缘伦理的孝悌伦理则被延伸为作为国家伦理的'忠'。

那么,在东方社会是不是只有无条件地服从才是美德,另外,东方社会是不是缺少西欧社会里正义女神忒弥斯象征的那种公平无私,这正是本论文需要解决的课题,也就是要论证一下,在由家族主义产生的共同体伦理中,遵从上下主从伦理的服从是不是理所当然的美德,为此,这里主要以战国时期的思想家荀子的理论为中心进行确认,大家知道,荀子既是儒家学者,也是法家学者们的老师,是将人治与法治有机结合起来的思想家,因此,本人认为荀子是用以论证的最为恰当的思想家。

二 分别的伦理

孔子认为春秋末期社会混乱的原因在于血缘的宗法制度以及身份社会的崩溃,并提倡通过正名建立正确的人际关系[1]。所谓天下无道,是由于社会的名分、名称、本分与实际不符而产生的现象,只有通过正名进行纠正才能建立天下有道的社会。孟子在谈到五伦时说,试图通过正确的父子、君臣、夫妇、长幼、朋友等人际关系论,对伦理进行区分,就是在大的框架下按照名分进行的区别和发挥作用[2]。没有区别就会产生矛盾和争斗,荀子也认为没有区别和区分,必生大害;如果进行区分,则有大利。

---

[1] 《论语·子路》:子路曰:"卫君待子而为政,子将奚先?"子曰:"必也正名乎!"子路曰:"有是哉,子之迂也!奚其正?"子曰:"野哉由也!君子于其所不知,盖阙如也。名不正,则言不顺;言不顺,则事不成;事不成,则礼乐不兴;礼乐不兴,则刑罚不中;刑罚不中,则民无所措手足。故君子名之必可言也,言之必可行也,君子于其言,无所苟而已矣。"《论语·颜渊》:齐景公问政于孔子,孔子对曰:"君君,臣臣,父父,子子。"公曰:"善哉!信如君不君,臣不臣,父不父,子不子,虽有粟,吾得而食诸?"

[2] 《孟子·滕文公上》:圣人有忧之,使契为司徒,教以人伦:父子有亲,君臣有义,夫妇有别,长幼有序,朋友有信。

无分者，人之大害也，有分者，天下之本利也。(《荀子·富国》)

荀子的观点，与孔子的正名、孟子的五伦一样，认为共同体的秩序来自于区别。但是，从本质上来说，人作为"社会动物"和"政治动物"，离开共同体生活是不可想象的，在共同的生活中必然伴随着矛盾和争斗，其原因完全在于没有区分。

人生不能无群，群而无分则争，争则乱，乱则离，离则弱，弱则不能胜物。(《荀子·王制》)

这说的正是区别的重要性，荀子认为区别是建立共同体秩序必不可少的要素①。在此，礼仪被赋予了重要意义，因为如果共同体中缺少了礼仪，则必然带来产生纠纷和争斗的无秩序，而从区别的秩序中产生的礼仪的核心正是孝道、恭敬以及顺从。

能以事亲谓之孝，能以事兄谓之弟，能以事上谓之顺，能以事下谓之君。(《荀子·王制》)

可见，孝、悌、顺是共同体伦理的基础，而对父母、长辈以及君主的侍奉和服从则是孝、悌、顺的基础，是确立前文所说的主从上下关系的基础。也就是说，侍奉和顺从是以区分为前提的共同体的秩序以及安定的必要条件和基本要素。那么是不是可以因此说，无条件的侍奉和服从就是孝悌顺的内容呢？

三 服从与不服从之间

(1) 君臣之间的正义

在孔子看来，大臣对君主的态度与子女对父母的态度没有什么区别，

---

① 《荀子·王制》：不可少顷舍礼义之谓也。

有人问孔子："子奚不为政？"孔子答曰："书云，'孝乎惟孝，友于兄弟，施於有政。'是亦为政，奚其为为政？"（《论语·为政》）也就是说，在家庭中实践孝悌伦理本身与政治行为没有任何区别，对父母尽孝道，对兄弟以友爱，这与对君主的忠心是一致的道理。因此，孔子推论说："近之事父，远之事君。"

这奥地利哲学家与路德维希·维特根斯坦的共同体主义理论是一脉相通的，路德维希·维特根斯坦认为政治义务与家族义务是十分相似的，家族成员只有通过融入家族，才可以承担家族相互间的义务，父母有养育子女的义务，子女有顺从父母的义务；对国家的义务可以用与此类似的方法进行说明，这种义务是与生俱来的（aquire）而不是个人选择的（choose），因此，国民对国家的义务应该像家族成员对家族的义务一样履行，家族内理应遵守的孝悌伦理，也将扩展延伸为对国家的忠诚伦理，总之，对国家的义务与对家族的义务二者是相似的内容。

但是，孟子在五伦秩序里说"君臣有义"，强调君主与大臣之间应该有正义。君主与大臣之间的关系属于"人伦"的范畴，当然应该有正义，这与作为"天伦"的父母子女之间的关系不同。在这里需要说明的是，桀纣之类的暴君不过是一个匹夫，不能称为君主①，只有这样上述逻辑才成立。这是孟子的易姓革命论开头部分的内，在这里，君主不仅不是侍奉与服从的对象，反而是打倒的对象，因为这是以君主与大臣之间的正义为前提的。历史上，君臣之间更多的是"上命下服"的单方面的主从关系，而不是正义，正因为如此，孟子才强调君臣之间的正义，父母与子女、兄弟之间是自然关系，而君臣之间不是自然关系，是以正义为前提的关系。

另外，荀子比孟子更为具体地阐述了君主与大臣之间的伦理关系，荀子认为，有时候不服从命令也可以是忠诚的，荀子反驳了只有顺从命令才是"忠"的论断。

从命而利君谓之顺，从命而不利君谓之谄，逆命而利君谓之忠，

---

① 《孟子·梁惠王下》齐宣王问曰："汤放桀，武王伐纣，有诸？"孟子对曰："于传有之。"曰："臣弑其君可乎？"曰："贼仁者谓之贼，贼义者谓之残，残贼之人谓之一夫。闻诛一夫纣矣，未闻弑君也。"

逆命而不利君谓之篡。(《荀子·臣道》)

顺从与阿谀奉承是不同的,但是有时候阿谀奉承也被看作顺从;不服从与篡权是不同的,但是有时候篡权也被看作是不服从。荀子认为其判断标准在于其对君主的效果,服从君主的命令,对君主有利,就是顺从;对君主不利则可以说是阿谀奉承;不服从但是对君主有利是忠诚,不服从对君主也不利则是篡权。

正因为如此,大臣的为臣人之道不是无条件服从君主,而是正确地引导君主,也就是说,大臣有义务纠正君主的错误,因此,大臣的"谏争辅拂"是对君主和国家应尽的义务和为臣之道,而无条件地服从是应该警戒的对象。

> 君有过谋过事,将危国家,殒社稷之惧也,大臣,夫兄有能进言于君,用则可,不用则去,谓之谏,有能进言于君,用则可,不用则死,谓之争,有能比知同力,率群臣百吏而相与彊君挢君,君虽不安,不能不听,遂以解国之大患,除国之大害,成于尊君安国,谓之辅,有能抗君之命,窃君之重,反君之事,以安国之危,除君之辱,功伐足以成国之大利,谓之拂。故谏、争、辅、拂之人,社稷之臣也,国君之宝也,明君之所尊厚也,而暗主惑君以为己贼也。(《荀子·臣道》)

为臣之道,首先应该把国家的安危看得比自己的安危更为重要,大臣的谏言统称"谏诤",但是,荀子把"谏"与"诤"进一步细分,大臣向君主进言国家发展大计,如果君主不听则离开朝廷而去的称为"谏",而由于进言获罪至死的称为"诤",荀子进一步论述,即便是采取强制手段也要纠正君主的错误的称为"辅",为了国家的安危与君主进行抗争不惜地位的称为"拂",以上都是大臣为了国家安危应该做的,但是具体的方法手段各不相同。这是因为君主只是国家的最高管理者,而不存在君主本身就是国家的"王国土"意识[①]。君主永远是为了天下百姓的存在,如

---

① 《荀子·王制》:君者,舟也,庶人者,水也。水则载舟,水则覆舟,此之谓也。

果天下百姓因为君主而危及自身，则可以否定君主。那么，位于君主与百姓之间的大臣，为了国家的安危，当然应该"谏诤辅拂"，这与对君主的忠诚并不是一回事。

> 以德复君而化之，大忠也，以德调君而辅之，次忠也，以是谏非而怒之，下忠也，不恤君之荣辱，不恤国之臧否，偷合苟容以持禄养交而已耳，国贼也。（《荀子·臣道》）

荀子指出，最高的"忠"是以德进言，从而影响或改变君主；其次是以德辅弼君主；再次是即便君主发怒也要进言，如果说这些都是大臣对君主真正的"忠"的话，那么，一边做着国贼一样的勾当，一边假装是"忠"的行为，也就是说，不是为了国家的安危，而是为了自己的利益，用各种奸邪的行为对君主进行谄谀奉承的，这就是国贼的做法。

上述论述中，"忠"的对象仅仅名义上是为了君主，其实是为了国家，这样才符合逻辑。但是，国家安危也应该包括百姓的安危，同时，原来的道理和礼仪也不可忽视。

> 劳力而不当民务，谓之奸事，劳知而不律先王，谓之奸心，辩说譬谕，齐给便利，而不顺礼义，谓之奸说。此三奸者，圣王之所禁也。（《荀子·非十二子》）

即使大臣再努力，如果是与百姓的无关的事，那也是"奸事"，即便再努力学习，如果无视先王的教诲，那也是"奸心"，如果再失去礼仪，就可以说"奸说"。国家的最高指导者圣王能够远离这些，是因为尊重百姓、先王以及礼仪。这样看来，从大臣的立场上来说，能够遇到贤明的君主是一件非常幸运的事情。

> 事圣君者，有听从无谏争，事中君者，有谏争无谄谀，事暴君者，有补削无挢拂。（《荀子·臣道》）

侍奉"圣君"的大臣根本没有谏诤的必要，只需顺从即可；侍奉"凡君"的大臣虽然谏诤，但是不必阿谀奉承；侍奉暴君的大臣，只能适当地辅弼，再进一步就无能为力了。当然，正如前文所说，作为大臣为了国家的安危，应该尽到"谏诤辅拂"的义务，但是由于与君主的分歧和矛盾，并不能取得很好的效果。

> 恭敬，礼也，调和，乐也，谨慎，利也，斗怒，害也。故君子安礼乐利，谨慎而无斗怒，是以百举不过也。(《荀子·臣道》)

当然，"谏诤辅拂"不能是君臣之间的争斗，因为"谏诤辅拂"是在侍奉君主的"忠"的范畴内议论的事情，这点与荀子作为为臣之道强调的"礼乐"，其意义是不同的，恭敬与调和是礼乐的要素，而追求恭敬与调和的人十分谨慎，远离争斗，所以可以避免错误，其结果是，君臣关系的最高境界是通过礼乐达到和谐，这也是事关国家安危的最重要的因素。因为所谓"礼"，就是通过人际关系的区别形成的秩序，所谓"乐"，就是通过调和，达到的和合①。

另外，关于"礼"，"礼者，治辨之极也，强固之本也。"(《荀子·议兵》)，同时，"礼者，人道之极也"(《荀子·礼论》)，因此，荀子强调"国之命在礼"。(《荀子·疆国》)。

(2) 父子之间的和睦

儒家认为，家族的和睦是国家社会安定的最为重要的方面。将热爱家族的爱心向四方扩散，这是实现社会安定的捷径。因为孔子把践行孝悌本身看作是政治行为②，孟子也认为如果能"老吾老，人之老，幼吾幼，人之幼"，那么治理我们生活的共同体就易如反掌③。也就是说，将我们周边人际关系的和睦扩而广之，就可以实现共同体的和睦。换言之，就是由"孝"扩大为"忠"，而不是将"忠"缩小为"孝"，由孝子发展为忠臣，而不是从忠臣变成孝子，因为是从家族这个进本单位出发的。

---

① 《荀子·乐论》：乐也者，和之不可变者也，礼也者，理之不可易者也。乐合同，礼别异。

② 《论语·为政》：或谓孔子曰："子奚不为政？"子曰："书云，'孝乎惟孝友于兄弟，施于有政。'是亦为政，奚其为为政？"

③ 《孟子·梁惠王上》：老吾老，以及人之老；幼吾幼，以及人之幼。天下可运于掌。

像这样，孝比忠先行，将家族而不是国家看作是共同体的原形，这种倾向不只局限在传统的范畴，这在今天的韩国社会依然是非常重要的价值规范，它明显表达了要将家族成员间的和睦扩大为共同体的和谐的意志，当然，自然条件也不能忽视，强调天地和人间的和谐，具体来说，荀子把天时地利与人间的和睦作为通向最为理想的共同体的前提条件。

　　上得天时，下得地理，中得人和，则财货浑浑如泉源，汸汸如河海，暴暴如丘山，不时焚烧，无所臧之，夫天下何患乎不足也？（《荀子·富国》）

就是说，天时地利人和相互调和，才能实现最好的社会。在这里，天时与地利是不可人为的，而人和的程度可以随着人类共同体的努力程度而有所不同，我们不能执迷于已定的天时与地利，因此，孔子指出人间关系的信赖是最重要的因素[1]，孟子也从家族伦理中找到国家统治的根本因子[2]，以家庭伦理中的孝悌为基础，可以发展到对国家社会的"忠"，认为在这种环境中，可以实现天下大公。

即便从东方天人合一的观点论述自然与人类的密切关系，但也不能排除人的主体能动性，相比人与自然之间关系，任何时候都不能忘记人间关系的重要性，这是彰显现实主义与人文主义的儒家价值观的特征，这一点在荀子身上特别突出，因为荀子特别强调人的主体能动性，而人的主体能动性的核心通过前文所述的"礼"得到保证，因为"礼"强调人为性而不是自然性，因此，从"礼"的实践层面，"忠"与"孝"成为最为重要的品德。

　　入孝出弟，人之小行也。上顺下笃，人之中行也。从道不从君，从义不从父，人之大行也。若夫志以礼安，言以类使，则儒道毕矣，

---

[1] 《论语·颜渊》：子贡问政。子曰："足食，足兵，民信之矣。"子贡曰："必不得已而去，于斯三者何先？"曰："去兵。"子贡曰："必不得已而去，于斯二者何先？"曰："去食，自古皆有死，民无信不立。"

[2] 《孟子·离娄上》：天下之本在国，国之本在家，家之本在身。

虽舜不能加毫末于是矣。(《荀子·子道》)

对于儒生来说，"礼"具有非常重要的意义，"礼"在家庭里表现为"孝道"，进而"恭敬"，同时意味着对上顺从、对下敦笃的爱的实践。但是问题是，实在是无法顺从时的态度，对此，荀子从三个方面进行了论述。

孝子所以不从命有三，从命则亲危，不从命则亲安，孝子不从命乃衷，从命则亲辱，不从命则亲荣，孝子不从命乃义，从命则禽兽，不从命则修饰，孝子不从命乃敬。(《荀子·子道》)

这里荀子指出了不顺从的道理，荀子认为，既有顺从的道理，也有不顺从的道理，根据情况正确地选择顺从与不顺从，这是实践真正的"大孝"。不顺从当然是有条件限制的，只有在如果服从命令的话，则父母陷入危险、受辱或被当作禽兽时，这时候不服从命令反而是"忠、义、敬"。

明于从不从之义，而能致恭敬忠信，端悫以慎行之，则可谓大孝矣。传曰，从道不从君，从义不从父，此之谓也。(《荀子·子道》)

荀子认为，恭敬与忠信的对象不是形象不同的君主和父母，而是顺从他们的内心。顺从君主的命令并不是顺从君主，而是君主命令里包含的道理；同样，顺从父母的教导也不是顺从父母本人，而是顺从父母的仁义意志。

四　结论：现实的世界观

荀子认为，作为大臣或子女，并不一定要无条件地服从君主或父母的命令，根据具体情况有些时候也要不服从，这与荀子重视现实的价值观不无关系，荀子说："不闻不若闻之，闻之不若见之，见之不若知之，知之不若行之。学至于行之而止矣。(《荀子·儒效》)"荀子赋予实践以最重要的价值，荀子通过批判迷信或神秘的因素，表现出一个现实主义者的面貌，例如，对于日食和月食时举行是的祈雨祭祀活动或占卜之类的活动，荀子并不相信其效果，知识把它看作是一种文化活动。君主也只是把它看作是文化活动，并不像普通百姓那样看的神乎其神①，从这一点可以看出，对于当时盛行的祈雨祭祀等迷信活动，荀子立足于现实主义价值观进行了批判，同样，荀子对相面也采取批判的态度，认为"相形不如论心，论心不如择术；形不胜心，心不胜术。术正而心顺之，则形相虽恶而心术善，无害为君子也，形相虽善而心术恶，无害为小人也。君子之谓吉，小之谓凶。故长短大小善恶形相，非吉凶也。故之人无有也，学者不道也（《荀子·非相》）"。他认为与其相面不如用心，用心不如实践，认为日常中的实践行为更有意义。

按照这样的价值观和世界观，荀子不认为只有服从君主和父母的命令才是"忠"和"孝"。因为现实世界经常存在多样性和特殊情况，不分情况的无条件服从并不一定会产生我们希望的结果，这种基于现实的判断使荀子的主张具有说服力，假如父亲喝醉酒发酒疯用棒子打子女，这时候老实挨打就是服从、躲避就是不服从的话，那么躲避棒打的不服从就是"孝"。当年舜帝瞒着父母结婚生下孩子也是一样的道理，舜帝的父母不辨是非，他们肯定不会接受舜帝的结婚承诺，在这种情况下，瞒着父母结婚就是避免最大的不孝即没有后代的方法②，在特殊情况下，"服从"将造成"不孝"，而"不服从"就成为"孝"。

总之，在正常情况下，服从命令可以说是对国家的"忠"和对父母的"孝"，但是在特殊情况下，不服从也可以成为"忠"或"孝"，这时最重要的是如何判断特殊情况，荀子把可以预见的结果作为判断标准，根据作为"忠""孝"行为主体的大臣或子女不服从的结果来判断，如果"服从"反而会给君主和父母带来侮辱或害处，这时候"不服从"就是"忠""孝"。作为现实主义者的荀子，对"忠""孝"的解释是以实践"忠""孝"行为主体的明确判断为前提的，个人认为确荀子的观点对于"忠孝"概念的多样性是十分有意义的。

---

① 《荀子·天论》：日月食而救之，天旱而雩，卜筮然后决大事，非以为得求也，以文之也。故君子以为文，而百姓以为神，以为文则吉，以为神则凶也。

② 《孟子·离娄上》：不孝有三，无后为大。舜不告而娶，为无后也，君子以为犹告也。

关于儒家思想理想社会论的研究
——以《礼记·礼运》的大同思想为中心

韩国庆北大学　金相贤

一　序论

　　本研究是针对作为亚洲最主要的思想——儒家思想的理想社会论进行的深入研究。首先，需要了解的就是关于儒家思想所希望的共同体是什么；然后，把目的放在探索适合这个共同体的正确面貌是什么上；再就是更进一步，关于资本主义和民主主义两方的缘于现代社会的各种问题是否能依靠儒家思想的观点来解决。如果可以解决的话，那就要摸索这个解决方案。

　　2016 年 6 月 5 日，瑞士关于不以收入所得为标准，支援给每个人，每个月 2500 瑞士币（韩币 300 万元）"普及性的基本收入"的方案实施进行了国民投票。在资本主义和民主主义已经完全扎根的 21 世纪的大韩民国里，这样的新闻还是让我们听起来非常新鲜。西方人的情况，关于像这样的"普及性的基本所得"的观念，早在 1516 年托马斯·莫尔的《乌托邦》里面已经指出了"使盗贼迫于绞刑，使贫民变成盗贼并且最终成为死尸，还不如给他们提供最基本的生计方法。也就是说要消除饱受穷困和苦痛的煎熬的人的意思。"在这样的章节里也是可以找的。但是实际上比这个更早的，就是早在 1500 年左右，儒学文献也明确地指出了和这个一样的理念。孟子曾经主张"没有一定收入的话，就不能保持平常心"（无恒产无恒心），但也说过"一般市民，如果没有可以维持生活的产业的话，由此而产生的压力和忧虑就导致了他们不能保持一颗平常的心。如果这种压力和忧虑导致了不能保持一颗平常心的话，那么就会发生违背规则的行动。由于处于这种情况下的市民们是不得已做出这种行为的,所以,国家就像是用来对这种罪行进行处决而进行捕捉市民的渔网。由于这样的原因作为一个贤明的共同体的君王要为市民们制造一些产业的时候,要使他们上至可以赡养父母,下至可以抚养妻儿"①。《礼记·礼运》篇也明确地记录到:"实现大道的时候,要使老人们可以安详的度过晚年,壮丁们可以有工作的地方,可以使儿童正常的成长。光棍汉,寡妇,孤儿,孤寡老人,残疾人和病弱者等全都可以得到抚养。男人们都可以凭自己的能力拥有适当的职业,女人们都可以建立和睦的家庭。"②

从现在推算到 2000 年以前,甚至于更早以前,孔子和孟子也曾提出到:关于"普及性的基本所得"的思想,但是直到进入 2016 年,方才在欧洲瑞士的国家里面对实现它的可能性进行了试探。瑞士国民的 76.9% 对此投了反对票的同时,这个法案也最终被否决而结束了。虽说这个普及性的基本所得的方案被否决了,但并不是说就像这样的思想就消退了,反而是保障基本所得的议论更加走向了正轨。对于基本所得的议论,出现扩散的越来越大现象的原因虽然有好几种,但是,论者认为支撑现代社会的两个主轴,即资本主义和民主主义所具有的缺点和局限性是最核心的原因。论者是对以《论语》和《孟子》,以及《孝经》为中心的儒家经传进行的研究。这些经传是通过对儒家思想共同体的起源进行的研究,来探索儒家思想中共同体的理想的领导者的面貌是什么样,接着对《礼记·礼运》篇里出现的儒家思想的理想社会论的大同思想进行了适当的分析。通过这样的过程来看儒家思想中所说的理想的共同体是什么样的,以及正确的查明了带领这样的共同体的领导者的面貌是什么样的。以这样的议论为铺垫,为了解决现代社会中发生的各种问题,用儒家思想中的理想社会论来进行探索。

围绕儒家的理想社会论(包括关于大同思想的研究)进行先行研究的人也不是说没有。金方龙、裴英东、宋英裴、李连道等审视了以康有为

---

① 《孟子·梁惠王上》7 章:"若民则无恒产,因无恒心。苟无恒心,放辟邪侈,无不为己。及陷于罪然后,从而刑之,是罔民也。(……)是故,明君,制民之产,必使仰足以事父母,俯足以畜妻子。"

② 《礼记·礼运》:"大道之行也,(……)使老有所终,壮有所用,幼有所长,鳏寡孤独废疾者皆有所养,男有分,女有归。"

大同思想为中心的儒家思想的理想社会。① 姜正人、金秀中、金贤宇、崔道英等把康有为以外的梁启超、朴殷植、李珥,以及阳明学等的理论和大同思想联系在一起做了研究。② 김기 주、신백 훈、오석 원、양승 태等把《礼记·礼运》篇里出现的大同和小康论为中心进行了分析研究。③之外赵南旭等对于大同的公共社会的道德涵养进行了研究。④ 朴源载对儒家思想的大同社会有所关注,即从古代中国的政治体制履行的君主专制主义的过程中出来的论证。⑤这些先行研究的特征就是着重于对大同思想本身问题研究,或者是对受到大同思想影响的思想家们的思想社会论进行的研究,再就是对于儒家的理想社会论所带有的历史特殊性进行的分析。这些研究家对儒家的理想社会的多种见解给作者在研究上提供了很大的帮助。但是,这些先行研究家们通过分析儒家思想中的理想的共同体的面貌,从此而得出的领导的面貌以及和成员之间所希望的关系的方面的言论还是多少有些不足的。尤其是通过这样的分析没有看到他们对根源于资本主义和民主主义的现代社会的各种问题解决方案的摸索。本文作者以这样的理由并通过研究把儒家思想里面可以发掘出彻底实现理想的共同体的希望的面貌揭示了出来,以及端正的领导者的面貌,揭示出了对于这样的领导者和成员之间的可取的关系面貌等。通过这样的过程可以把个人主义和

---

① 김방 룡,《康有为的大同思想与鼎山宋奎的三同伦理》,《新宗教研究》第18辑,2008。배영 동,《康有为大同思想研究》,研世大学博士学位论文,1980。송영 배,《康有为的仁的哲学与大同乌托邦》,《哲学研究》第48辑,2013。이연 도,《大同与乌托邦:康有为思想的特色》,《韩国哲学论集》,第18辑,2006。

② 김현 우,《梁启超与朴殷植的"新民说"与"大同思想"》,成均馆大学博士学位论文,2013。김수 중,《阳明学的"大同"社会思想研究》,首尔大学博士学位论文,1991。최도 영,《栗谷大同思想研究》,东国大学博士学位论文,1992。강정 인,《栗谷李珥政治思想中的大同、小康、少康》,《韩国政治学会报》第44辑,2010。

③ 김기 주,"大同与小康,理想与现实",《儒学研究》第21辑,2010。신백 훈,"《礼记·礼运》中的大同思想研究",成均馆大学博士学位论文,2015。양승 태"'未开化大同'、'文明大国'、'小康'以及政治理想的历史演化:对《礼记·礼运》篇的批判性阐释",《政治思想研究》第7辑,2002。오석 원,"儒家的大同社会与和平精神",《儒教思想研究》第11辑,1999。

④ 조남 옥,"儒家眼中的公共社会与公共伦理",《伦理教育研究》第12辑,2007。

⑤ 박원 재,"'大同'理想与君主专制主义:汉帝国统治理念的形成背景",《中国哲学》第3卷,1992。

自由主义当作核心的资本主义和民主主义的局限性而克服的方案而准备好。

二 儒家思想社会（共同体）的起源

关于人类建立群体形成共同体的理由进行的说明会有多种多样的方式。但是，儒家思想主张具有道德性的人类是为了在艰辛的自然界中生存而组成群体的。弄清楚儒家思想的共同体产生的理由的代表性的思想家就是荀子。荀子说人类和其他的动物的不同之处就是，人类开始集体生活的理由是因为身体上的某些软弱而引起的。人类为了实现独立生存，不仅用了很长的时间而且由于比别的动物有很多劣势的原因，所以在克服自然条件的方面非常不利。即使是这样人类利用其他动物的同时，一边可以享受更滋润的生活的原因就是人类可以通过道德性进行集体生活。

人既有精神，也有生命，也有知觉，也有正义。所以，人就成为了天底下最尊贵的存在。人的力量不如牛，奔跑的速度不如马快，人可以驾驭牛和马的原因是什么呢？原因是人们可以把许多人的力量凝聚起来而生存，但是牛或者马把力量聚合起来却不能生存。人是怎么把许多人的力量凝聚起来的呢？这是因为人具有分辨的能力，这样的辨别又是怎样执行的呢？这是因为人具有仁义。因此，作为有仁义的人们如果可以分辨就可以融合在一起，融合在一起就可以凝聚到一起，凝聚到一起，力量就会变大，力量变大的话就会变得更加强大，变强大后就可以战胜万物。①

这里我们要重视的一点就是人类不是为了克服自己身体性的懦弱性而组成共同体的事实。在这之前的可以维持共同体原因就是人类有着和动物

---

① 《荀子·儒效》16 章："水火有气而无生，草木有生而无知，禽兽有知而无义，人有气有生有知，亦且有义，故最为天下贵也。力不若牛，走不若马，而牛马为用，何也。曰，人能群，彼不能群也。人何以能群。曰，分。分何以能行。曰，义。故义以分则和，和则一，一则多力，多力则彊，彊则胜物，故宫室可得而居也。故序四时，裁万物，兼利天下，无它故焉，得之分义也。"

的不同点即人具有"道德性"（义）。① 关于共同体的构成的观点上，儒家思想认为只是单纯的为了每个人的生存，这是和西方近代的社会观是不同的。因为西方近代的社会观认为是把各自的利益是经过签订人为性的协约合同而构成。②所以，孔子经常强调共同体的基本单位家庭成员之间的圆满关系的同时，他又说"让老人平安，相信朋友，照顾小孩的事情"③是他自己的抱负。孟子也教育："安宁生活的同时，如果没有教训的话也会变成和禽兽一样。圣人对于这种现象担心的同时，就把司徒的职位赋予了契，并教给他人伦。"所以他一边说"父子有亲，君臣有义，夫妇有别，长幼有序，朋友有信"④ 的同时，又强调为了维持成员之间的伦理关系的重要性。

把焦点放在集体成员们的道德性的集体观上，看不到集体成员的每个个体和社会以及国家之间的对立性。倒不如儒家思想的集体观，因为它提供了把两者紧密连接起来的观点。即虽然集体的基本单位是个人，但是不能把这里的个人看作为是一个孤立的个人。因为儒家思想所说的个人，指的是生育每个人的父母，比自己早出生的弟兄，和自己一起生活的同伴者等他人。所以，"我"出生后就建立的和"父母"的关系，即（父子有亲），和比我先出生的兄弟建立的关系，即（长幼有序），之后随着集体的出现，和集体的领导人君主建立的关系，即（君臣有义），进行社会生活中和朋友建立的关系，即（朋友有信），遇见自己的伴侣重新组成家庭，

---

① 人类之所以具有道德性，是因为人类具有与一般感情不同的道德感情。这里所说的道德性，即视其为道德感情的根源。以此为前提，道德感情的特征是什么呢？道德感情以与他人的关系为前提，道德感情以对他人的共情为出发点，知羞耻，知罪恶，知对自身的轻蔑和愤怒。道德感情以考虑他人的共同体意识为基础，是一种复合型的感情，是站在第三者的立场上，形成共情、关心、互惠等社会联带基础的感情。（김왕 배，"道德感情：负债意识与感谢，负罪感的联带"，《社会与理论》第 23 辑，2013，第 137 页。）

② 이영 찬，"类似社会构成原理研究"，《东洋社会思想》第 14 辑，2006，第 31 页。以霍布斯"个体为了自身安全和寻求保护，通过契约建立国家"的主张为基础的西方自由主义，认为公共性也是通过个体追求自身利益得以实现。穆勒更是主张，效用性是所有伦理性问题的基础，效用是"具有进步性的人类的永久性利益。"（김동 노，"个人主义、共同体主义以及韩国社会的公共性"，《社会理论》第 45 辑，2014，第 81—82 页。）

③ 《论语》〈公冶长〉5 章："老者安之，朋友信之，少者怀之。"
④ 《孟子》〈滕文公上〉3 章："逸居而无教，则近于禽兽。圣人有忧之，使契为司徒，教以人伦。父子有亲，君臣有义，夫妇有别，长幼有序，朋友有信。"

即（夫妇有别）。就像这样儒家思想的集体就从由个人组成的家庭扩大到了由家庭组成的集体——国家。这样的观点和西方近代社会设立的个人的自然权利和签订的资产，并作为集体成员的市民从宗教团体甚至到国家被分类的观点从根本上是不一样的。①

　　在这里，我们把儒家思想的集体成员们的道德性作为前提条件，以及不把集体的成员作为一个孤立的个人来看，而是看作为和别的其他成员相联系起来的共同存在。因此，可以把国家这个集体看作成是家庭共同体的扩张。那么现在就先从集体中的领导或君主来看一下吧！如果说儒家思想中的集体是把个人的道德性作为基础而构成的话，那么偏偏要选择一个人把他放在领导的位子上的理由又是什么呢？下面，我们就这个问题来看一下。

三　作为集体的领导——君主

1. 接受了天意的人

　　许多人都曾问过"儒家思想思想真的是民主吗？"这个问题。关于这个问题，在儒家思想里最多也只是说百姓是国家的根本的"民本主义"，以及政治家在执行政策的时候，虽说是为了百姓把"为民主义"的政策制定进去的，但是却蕴含着不让百姓们去评论国家的主权者的意思。这个疑问就是，儒家思想中把国家的主人叫作君主，并把他一个人当成支柱的意识形态，站得住脚的主张。再就是从历史的角度来看，这种侧面也是很明确的。至少从秦朝以后的中国历史来看，几乎大部分都只把君主一人当作国家的主人。这一点是不可否认的，即使是这样，一直以来儒家思想可以说成仅仅只是为了一个人的权力者君主而奉献的思想吗？从5000多年的历史看来，儒家思想受到了许多人的支持，也就是说这种观点并不是不能立足的。儒家思想进入近代以来，方才可以发挥它的影响力，它比民主主义思想有着明显的强大生命力。在这样的事实上类推的话，很明确地可以看出和儒家思想里的反民权，反民主，反人权，反人权，反自由等之类的外面性不同点，它里面又有民权，民主，人权这些因素参加进去。在这

---

① 이영 찬, 同前书, 第32页。

一章里面，来看一下儒家思想里作为共同体领导的君主的端正的面貌是什么样的呢？这种君主和百姓，君主和臣子又是通过什么的方式来建立关系的？关于这些问题来进行分析，一边来考察下儒家思想共同体的君主的真正的面貌，一边来分析下它里面是否含有民主的因素。

关于"儒家思想里面的君主是怎么存在的，以及是怎么出现的"的参考文献相对来说是比较多的。我们通过《孝经》，《尚书·仲虺之诰》中出现的章节可以找到作为儒家思想中集体的领导——君主是怎么出现的答案。

啊！因为天下百姓有野心，所以没有君主天下就会变得非常混乱。因此，上天就派遣聪明的人来管理这个混乱的社会。人心被恶遮挡住了，而使百姓们陷入了涂炭，上天就正好把勇猛和智慧就赋予了王，并跟着学习把天下管理的特别有条理的禹王的各种事迹。按照这个方法也就是和接受天意是一样的。①

集体的成员虽然具有人类的道德品性，但同时由于肉体上产生的野心，就必须要有领导。确实，人类"要和他人一起和平共存"的道德的品性相比，自己想拥有的更多，也就是说具有想"更好的生活"的野心。问题就在于人类具有的后者的特征，从而就引起了无数的纠纷，引起的这种纠纷如果不经过合理的调整的话，结果就不能协调的迎合起来。最终共集体也就只能在混乱之中走向了最后的崩溃。以这样的理由人类的集体一定要具有解决矛盾和纷争的能力的人才行。儒家思想把集体里面的这个人叫作"君主"。

但是根据《孝经》里的许多儒家的经传来看，起到这种重要作用的君主是天命的点化。作为接受天命的君主，使他先成为天子，让他代替上天来拥有天下的同时，又把他描写成掌管天下万物的人。但是，从实际上看，天和我们离得太远了。更严重的问题就是确认要把这个天命要给予谁的方法是不恰当的。如果任何人都说"赋予我天命了"的话，那么我们就只能接受吗？因为这样的原因许多人如果把握天命的特征的话，那么这个特征又是什么呢？以及接受上天赋予的权力，是否是君主自己一个人所

---

① 《尚书·仲虺之诰》："呜呼！惟天生民有欲，无主乃乱，惟天生聪明时乂。有夏昏德，民坠涂炭，天乃锡王勇智，表正万邦，缵禹旧服，兹率厥典，奉若天命。"

拥有的权力的问题，也使人产生了疑问。

在所有的方面看来，是最终以这个顺序延续下来的历史报告书，曾经按照从尧到舜这样的禅让顺序是否是正确的呢？但是孟子果断地说："不是，即使是接受天命了的天子也不能把天子个人的天下私自传授给某个个人。"（参考《孟子·万章上》5章）

万章："那么，舜所拥有的天下是谁人给的呢？"

孟子："上天赋予的。"

万章："如果是上天给予的话，那么是用语言下的命令吗？"

孟子："不是的，上天没有说话，只是通过行迹和事件来做给人看的。"

万章："用行迹和事件来给人看的话是什么意思呢？"

孟子："虽然天子可以给上天推荐某一个人，但是却不能让上天把天下给他。诸侯虽然可以给天子推荐某个人，但是不可以让天子给他诸侯位子。（……）以前的尧按照上天推荐的舜接受了这个王位，舜善待百姓，百姓们就接受了他。由于这样的原因上天不说话只以行迹和事件做给人看的。"①

孟子的这些言行的含义就是，即使是天子的位子也不能把权力当成集体成员的某个个人的权力。为什么呢？因为这个世界的主人就是上天。所以，孟子的意思是说：尧王只是单纯的接受了上天推荐的舜。即：舜继承尧王的天子之位，是上天的安排，而不是尧个人决定的。到这里为止我们可以理解，问题就是上天怎么下命令给人类的呢？再就是，即使是可以下命令但是我们人类又是怎么来确认呢？上天不能说"我命令把下个天子的位子传授给舜"这样的话。所以，万章就对认为天子的位子是上天决定的。孟子反问说："既然上天给予了天子的位子，那么是他用语言直接来下的命令吗？"在这里孟子把"事件和行迹"作为上天的表达意思拿了出来。现在把这个比喻性的表现"天命"比喻成了"事件和行迹"。那么

---

① 《孟子·万章上》5章："万章曰，尧以天下与舜，有诸。孟子曰，否。天子不能以天下与人。然则舜有天下也，孰与之。曰，天与之。天与之者，谆谆然命之乎。曰，否。天不言，以行与事，示之而已矣。曰，以行与事，示之者，如之何。曰，天子能荐人于天，不能使天与之天下，诸侯能荐人于天子，不能使天子与之诸侯。（……）昔者，尧荐舜于天而天受之，暴之于民而民。故曰，天不言，以行与事，示之而已矣。"

事件和行迹到底是指的什么呢？不管怎么样，孟子明确提出了可以确认天命的标准就是"事件和行迹"。

2. 君主和百姓的关系：从天命到民主

接着来看下万章和孟子之间进行的对话。

"把祭祀教给舜来主管吧！"所有的神都这么说。这是上天都接受了的。把事情都交给舜来掌管治理让百姓过上安逸的生活，这是百姓们接受了的。因为是上天赋予的"天子不能把天下给某个个人"。舜辅佐了尧28年，这不是人所安排的，而是上天安排的。（……）但是，天下的诸侯们在朝会的时候不站在尧王的儿子一方，而是站在舜的一方。想要上诉的人们也都不向尧王的儿子上诉，也都向舜王上诉。唱称颂的人也都不向尧王的儿子称颂，而是向舜称颂。因为这是"上天给予的"。（……）这种缘故西方说"上天看百姓们看到的，听百姓们所听到的"。[①]

这里我们所读到的天命的标准是"事件和行迹"，而不是别的集体的成员百姓们所下的决定，可以明确的知道他们所选择的是民心。作为集体成员的百姓们愿意把舜作为天子，作为集体的中间层领导人的诸侯们也愿意请舜为他们上朝会，集体的成员们之间引起纷争的情况下也愿意把处理这个纠纷的适当的人指定为舜。所以说，是上天选择了舜。因此，天命只不过是百姓们选择的另一种表现方式而已。关于天子的任命权，天的命令就是百姓们的选择，最终主权在百姓身上。

因此，根据这样的理论，如果是不能确保的正当权力的话，也就没有可以享受这种权力的资格了。现在孟子把君主的权力的主权者说成是从百姓那里得到支持的原因就是，如果受百姓委任得到的权力而不能正确地执行的君王，那么这样的君王就和不能正常履行自己职务的职员一样，是需要自行辞职的。

王的臣子中，有个臣子把自己的夫人和孩子们拜托给自己的朋友，然后去了楚国做事情去了。他回来后一看，朋友让自己的妻子和孩子们受于

[①]《孟子·万章上》5 章："曰，使之主祭而百神享之，是，天受之。使之主事而事治，百姓安之，是，民受之也。天与之，人与之，故曰，天子不能以天下与人。舜相尧二十有八载，非人之所能为也，天也。（……）天下诸侯朝觐者，不之尧之子而之舜，讼狱者不之尧之子而之舜，讴歌者不讴歌尧之子而讴歌舜。故曰，天也。（……）太誓曰，天视自我民视，天听自我民听，此之谓也。"

饥饿寒冷之中。他就向王问了:"我应该怎么办呢?"这个臣子向王提出了疑问。王说:"跟他断绝关系"。又问道:"如果老师不能管理学生的话该怎么处理呢?"王说:"就不让那个人当老师了。"又问道:"如果国家的方案不能好好的治理的话,该怎么办呢?"这时候王左右望了望结果转换了话题。①

因为赋予他什么样的职责,他就会履行什么样的职责。即:军人有保卫国家的职责,所以才有了军人。教师有履行教育学生的职责,所以才有了老师。审判长可以根据判法来判定罪的有无,所有才有了审判长。如果不那样做的话,军人就不能起到坚守国防的作用,学生们就不能受教育,审判长也就不能根据法来定罪的有无。由于这些原因就必须有一个妥当的人物来代替。因为这个问题孟子向君主"到底有没有真正的履行君主的职责以及不能履行的时候又怎么来替换君主"进行了抗辩。虽然齐国的先王进行了抗辩:"不管怎么说,臣子也不能弑杀君主啊",但是孟子又把孔子的正命论拿了出来,果断地说"迫害仁的人叫做贼,迫害义的人就叫做贱,贱贱的人被叫做一匹夫。匹夫把纣王的头给砍掉了,难道还说没听到过弑杀君主的话吗"②。

孟子继续孔子的正命论来为百姓们的主权行使的权力继续做反抗权。这就是孟子的革命论。孟子通过革命论把主权交给集体的成员——百姓们,即使是可以作为集体的领导者君主,分明也只是拥有调节矛盾和解决纷争的统治权。因为这些,在儒家思想的集体里绝对是不允许权力私有化的。那么今天我们为什么把儒家思想的血缘中心作为世袭君主制的支柱的意识形态呢?带着这个疑问可以通过下面的类似约定的话可以得到确认。

汉朝以后,由于天子封诸侯,诸侯封立县长,县长封立里长;所以,如果做出不恭顺的事情的话就下命叫做"逆"。所谓"逆"是什么呢?古时候,下级人要拥戴上级领导,下级要对上级领导恭顺;现在的情况是上

---

① 《孟子·梁惠王下》6章:"王之臣,有托其妻子于其友而之楚游者,比其反也,则冻馁其妻子,则如之何。王曰,弃之。曰,士师不能治士,则如之何。王曰,已之。曰,四境之内不治,则如之何,王,顾左右而言他。"

② 《孟子·梁惠王下》8章:"曰 贼仁者,谓之贼,贼义者,谓之残,残贼之人,谓之一夫,闻诛一夫纣矣,未闻弑君也。"

级领导建立下级，下级建立上级的事就是逆。①

秦国以后，随着权力变成私有化的同时，专制君主自己拥有的权力的正当性再也没有得到百姓的拥戴和支援。他们把更强烈的拿了出来，为了把百姓的支持比喻成使用的天命，直接解释成抽象的天，并把它和百姓适当的分开。通过这样的分类百姓们只能沦落为被统治者。专制君主把集体的成员百姓和天分离开，认为没必要看他们的脸色。这样权力也就自然而然的走向了私有化的道路。最终君主的存在不是为了集体的成员百姓而存在的，而是反过来变成了百姓们成为了侍奉君主的存在的情况。

3. 君主和臣子的关系：不能随便使唤的臣子

从更深一层来看，可以说儒家思想里面的统治者君主是从百姓那里得来的权力。集体的成员百姓们通过用天命的修辞表现来比喻赋予君主的统治权的理由就是，权力是不可以私自占有的而是要为了集体的和平，以及为了达成幸福的目的来行使权力的。那么君主就要为了迎合这样的成员们的要求而来行使统治权力。但是，几乎是连很小的一个国家也是不能独自一人专政的。因为必须有个协助他的人才行。儒家思想里所说的臣子也就是君主的协助者。那么君主都录用什么样的臣子呢？君主又是怎样和这些臣子保持良好的关系的呢？下面的内容就以这个问题为中心来看一下。

不久之前，在长官人事厅文化的一个执行党国会议员曾经讲到："关于候补长官的检测标准，虽然，道德性的检测是很重要的一方面，但是，最重要的还是要检测下他们处理的相关业务的能力。"有道德资质非常杰出的人，相对来说与道德资质相比业务执行能力更为杰出的人也有。现在对于我们来说更需要的还是后者。儒家思想中也有协助君主经营国家的臣子，这样臣子也分两类，一种是贤明的臣子（贤臣），一种就是有才能的臣子（能臣）。那么孔子和孟子对于这两种臣子又有什么样的见解呢？对于这样的疑问，根据"尊贤使能"②就可以找到答案。即：道德资质杰出的贤明的臣子必须受到君主的尊敬。和道德的资质相比，君子更要适当使

---

① 《茶山诗文集》卷11〈汤论〉："自汉以降，天子立诸侯，诸侯立县长，县长立里长，里长立邻长，有敢不恭其名曰逆。其谓之逆者何。古者，下而上，下而上者，顺也。今也，上而下，下而上者，逆也。"

② 《孟子·公孙丑上》5章："尊贤使能，俊杰在位，则天下之士皆悦而愿立于其朝矣。"

唤才能杰出的臣子。所以，在儒家社会里职位越高，和管理能力相比更需要贤明的管理。即，人格完善程度高的管理更为优先。

这样的事实，在孟子的一段话里也可以得到证实。有一天，孟子正要打算去拜见齐国的先王，恰巧早晨先王派使臣来到了孟子的面前，说齐王很想见孟子，但是因身体不好，而没能亲自来见孟子，转告孟子请他来参加朝会。但是，孟子听了使臣的话，回答说：我也身体不好，所以不能去参加朝会了。孟子为什么和齐王做一样的行动呢？从表面上，如果是他自己自愿去的话没有什么问题，但是他拒绝了先王的召唤。从下面的关头中可以斟酌出原因来。"到底是想图谋什么，对于君主来说一定要有'不能被随便使唤的臣子'（不召之臣）。所以，为了国家的谋划，就必须把他们请出来。如果不能提高品德，喜欢道的话，那么就不能做出优秀的事情。因此汤王就找到伊尹向他学习，然后把他封为了臣子。"①

那么，不可以随便使唤的臣子和可以随便使唤的臣子之间的差异在哪呢？针对这个疑问，孟子的观点是，如果是一个正直的君主的话，他就应该拥有不能随便使唤的臣子吗？如果他承认赋予君主的权力是从百姓那里委任来的公共的事实的话，就可以简单的找到这个疑问的相关答案。如果是君主不能随便使唤，并要亲自去拜见，并且很难聘请的臣子的话，那么那个分明不是因为自己的私心而选择臣子的职位的人。因此，他对于自己被委任的权力，不会为了个人使用。总归，像这样的人不是为了个人，而是为了集体的繁荣与和平而呼喊出自己的声音的人。但是，君主亲自去寻求的官吏的臣子，多数这种臣子都是为了自己的个人企图来找王的，为了达成个人的企图也就不顾忌君主的脸色。总归这样的臣子和前者的不同点就是他们不能喊出自己的心声。再就是君主拥有这样的臣子越多的话，就更会渐渐的和百姓们越来越远。结果就是，要把委任到的统治权交出去。② 如果说君

---

① 《孟子·公孙丑下》2章："故，将大有为之君，必有所不召之臣，欲有谋焉，则就之，其尊德乐道，不如是，不足与有为也。"

② 《孟子·梁惠王上》1章："王曰，何以利吾国？大夫曰，何以利吾家？士庶人曰，何以利吾身？上下交征利而国危矣。" 在这里，"吾国"、"吾家"、"吾身"，相比天下而言都是私事。孟子认为，以诸侯和臣子为首，共同体成员全部追求私利的话，最终国家会面临危机。

主存在的理由就是为了实现集体的繁荣与和平,幸福的话,那么作为君主就应该有恰当的不能随便使唤的臣子。最终也就是说,君主为了实现集体成员的目的和自己的目的就必须要聘请不能随便使唤的臣子。君主必须把自己所拥有的委任权力和臣子共同享有才行。那么儒家思想集体里面的君主和臣子的关系也就不是主仆关系的,而是为了集体的命运而共同努力的同伴者的关系。

四 作为儒家思想理想社会论的大同思想

作为理想社会的代名词的"空想"这个单词(Utopia)在中国曾经被翻译成"乌托邦",但是一般在《礼记·礼运》里面被翻译成"大同"①。"大同"这个词在《书经》里面也曾出现过,但《书经》里出现的大同有理想社会的意思,同时也有着"整体意见要统一"的意思。② 因此,在这里针对《礼记·礼运》篇里出现的以大同思想为中心的儒家思想的理想社会论来展开一下。③

那么先看一下《礼记·礼运》篇里主张的大同思想吧!

---

① 이성 규将陈正炎、林其锁所著《中国古代大同思想研究》一书译为《中国的乌托邦思想》。

② 《书经·洪范》26 章:"汝则从,龟从,筮从,卿士从,庶民从,是之谓大同。"

③ 《礼记·礼运》篇中关于大同思想的言论,是孔子的思想,还是孔子后代儒生的思想,或是众多理论糅合之后的思想,不同学者有不同观点。《예기》〈예운〉편에 나오는 대동사상과 관련된 발언이 공자의 것인지, 공자 후대의 유학자들의 것인지, 그것도 아니면 여러 이론이 뒤섞여 있는 글인지에 대해 이견이 존재한다. 장대년을 비롯한 많은 학자들의 주장에 따르면, 한대와 송대까지는 공자의 것으로 보았지만, 오늘날엔 대개 전국 말기나 진한 교체기의 유학자들이 작성한 것으로 보고 있다(장대년, 〈중국고전철학개념범주요론〉《장대년전집》권 4, 화북인민출판사, 1996, 628 쪽. 이연도, 〈大同과 유토피아: 강유위사상의 특색〉,《한국철학논집》제 18 집, 2006. 오석원, 〈儒教의 大同社會와 平和精神〉,《유교사상연구》제 11 집, 1999, 65 쪽). 한무제는 건원 5년에 오경박사를 설립하였는데, 오경박사에 최초 편입된 것은《의례》였다. 그 후 선제 시기에는 대대(大戴)의 《예》와 소대(小戴)의 《예》가 오경에 편입된다. 여기서 대대는 《대대예기》를 편찬한 대덕(大德)을 말하고, 소대는 《소대예기》를 편찬한 대성(戴聖)을 말한다. 현행본 《예기》는 바로 대성이 편찬한 《소대예기》를 가리킨다(정병섭,〈《예기》의 성립과 사상체계 연구〉, 성균관대학교 박사학위논문, 2013, 49-51 쪽 참고). 이러한 사실을 살펴볼 때, 논자 역시 〈예운〉편의 글이 공자의 직접적인 것은 아니라고 하더라도 초기 유학자들의 것이라고 판단한다. 그러므로 〈예운〉편을 통해 유교의 이상사회론에 대해 분석하는 것 또한 적절하다고 생각한다.

实现了大道的时代里，天下万物都是公共的。所以，君主就选拔仁慈的人和有才能的人，教给百姓们信任，并使他们和睦的生活。由于这种缘故，人们不能只把自己的父母当做父母，把自己的孩子当成孩子。而是要让老人可以安度晚年，健壮的人都可以有自己工作的地方，儿童都可以快乐的成长，光棍（鳏），寡妇，孤儿，孤寡老人，残疾人，和病者全都可以得到抚养。男人们都可以凭自己的能力找合适的工作，女人都可以建立和睦的家庭。虽然反对浪费财货，但是也不能把自己不需要的财物藏起来。再就是，虽然讨厌自己没有力气，但是也没必要只为自己而使用力气。由于这些原因，也没发生阴谋，也没有出现盗窃和乱臣贼子。因此，外面的门就没有必要关上，这就是"大同"①。

这些章节是孔子对自己的学生子有说的，一边感叹当时衰退的时代，一边通过这些章节描写了大道公行的理想社会面貌。那么在以下内容里，作者针对《礼运》篇里所说的理想社会的面貌以"确保权力的公共性"，"确保职业的安全性"，"实现普及性的福祉"的主题分别分析之后，通过儒家思想典籍的附言方式来看一下儒家思想理想社会的特征。

1. 确保统治权力的公共性

由于社会的不平等和不正义问题，就造成了社会制度的规则性和执行中的不公正性。针对这样不公平的问题，为了彻底实现公正的社会我们要制作一些方针。②彻底的实现公正的社会方法虽然有很多种，但是在这里针对围绕着集体权力的公共性为中心来展开一下。

从《礼运》篇看，实现大道的时代的第一个特征就是："把天下作为公共的产物（天下为公）。所以，君主选拔仁慈的人和有才能的人，教给百姓们信任，使他们可以和睦的生活。"在这里可以了解到，儒家思想中所说的理想的集体就是把所有的产物都看作成公共的。把天下看作是公共的产物，这句话在近代的含义是：包含着对"私有财产的否定"的含义，

---

① 《礼记·礼运》：大道之行也，天下为公，选贤与能，讲信修睦。故人不独亲其亲，不独子其子。使老有所终，壮有所用，幼有所长，矜寡孤独废疾者皆有所养，男有分，女有归。货恶其弃于地也，不必藏于己，力恶其不出于身也，不必为己。是故谋闭而不兴，盗窃乱贼而不作，故外户而不闭。是谓大同。

② 신광영，"한국사회와 공정성：비교사회학의 시각"，《共生发展的公正社会》，经济·人文社会研究会，2011。

但是更多还是强调了集体的整体连接的"公共性"的含义。它和小康社会描写的"天下为家"的章节相比而言，作者认为它把大同的"天下为公"解释成是君主的权力不能私有化的这种解释方式还是比较恰当的。

众所周知，儒家思想里面被看作为圣王的有好几个人，在这几人之中，一般都对尧和舜评价，要比对禹，汤，文，武评价的要高。这是因为尧和舜不是把自己的权力世袭给自己后代，而是禅让给贤明的人的。由于这个理由《礼运》篇里的作者就把尧舜时代以后的后代君王们活动的时代区分了一下，把前者叫作为"大同社会"，后者叫作为"小康社会"。《礼运》篇里的类似内容，就像前面所看到的这和孟子的主张是非常一致的。经历小康时代的万章看到尧王把王位禅让给舜，就对尧王为什么不把自己的权力世袭给自己的儿子而是禅让给舜的事情产生了疑问。所以，万章就向孟子提问：尧王把王位禅让给舜的事情是正确的吗？孟子断然地说："不是的，即使是受到天命的天子也不能随便把天下私自的让位给某个个人。"这里的重点不是把王位传授给谁对还是错的问题；而是君主掌握的权力，本来就不应该是私有的而是应该公有的。重审一下，尧王以私人的想法，不把王位传授自己后代的，而是禅让给贤明的人的情况，从结论上看来虽然有可能是一致的，但是从权力的角度上看如果"我的权力"的含义参加进去了的话，那就跟前面提到的孟子的观点就没有什么两样了。

最终，禅让的目就不只是单纯把权力禅让给贤明的人的意思了，而是要放在实现集体成员的共同权力上。① 那么君主的作用是把委托给自己的权力而为了公共的利益而使用，并且为了集体的发展而奉献的。由于这个原因，君主就应该聘用不能随便使唤的臣子并和他共同分享公权。从君主那里分享到权力的贤明的臣子，他们再聘用有能力的能臣，为了成员更美好的人生而来经营集体。

经营集体的时候，作为领导者（leader）首先要为了集体成员的生存，因为所有的生命体最讨厌的就是死亡。当然没有成员的集体是不存在

---

① 从这点来看，韩国的宪法很好地继承了儒家的理想国家思想。因为，韩国宪法第 1 条第 1 项为，"大韩民国是民主共和国"，第 2 项为，"大韩民国的主权在于国民，所有权力来自国民"。韩国宪法明确强调"公"的概念，而这种"公"源自所有共同体成员。

的。由于这个原因孟子也曾说道："贤明的君子在为百姓们创造一些产业的时候一定要把他当成自己在上的父母来赡养,下至把他们当成自己的孩子来养育。丰年的时候要保障可以终生吃饱,凶年的时候要避免受饿死。"① 我们一般说的"乌托邦"就是指想象的奶和蜂蜜都可以流在地上。但是这也只是一个任何时候也不能实现的梦想。儒家思想所说的理想社会的目标就是为了每个成员的生存。

如果要想使集体成员们填饱肉体的肚子,君主首先要做的事情就是,要为他们提供精神的粮食。为了建设持续性可能的集体,就要为实现集体成员的道德性的基础人性而做出帮助。君主必须要"教育百姓信任,使他们可以和睦的生活"。那么教育最终还是向往的是普及性的教育。由于这个缘故孔子也是最终说"如果可以让教育存在的话,就不会有群类了。"② 因为人类不管是哪一个人,如果能接受正确的教育,那么都能完全的实现人类的道德本性,所以不管是中华人,还是外夷,都可以得到所有人性的新生。甚至于直到满足精神食粮,也才能使集体成员之间互相信任,并且打开和平共处之路。

2. 确保职业的安全性

只要是有劳动能力的人,不管是谁都可以利用自己拥有的劳动能力而来生产需要的物品。虽然有劳动能力,但是不能实现正确的分配。有些人被过度的劳动而折磨着,反面就有些人被冷落的劳动现象如果发生的话,那么两者是都不能保持安定的生活的。由于这个缘故,儒家思想的理想社会里说到:"男性根据自己的能力找到适当的职业(男有分),女性可以建立幸福的家庭(女有夫)。"

"男有分"中的"分"就是职分的意思。根据素质和能力来区分职责。人类没有绝对的平等。如果强调平等的话,稍微不慎的话就会使所有的人类都具有同样的面貌。最终这个社会中才能不足的人相对来说可能会陷入受到歧视的状况里。当然,平等对于人类来说是每个人都具有的尊严。所以都想受到平等的待遇。由于这个原因,要把平

---

① 《孟子·梁惠王上》7 章:"是故,明君,制民之产,必使仰足以事父母,俯足以畜妻子,乐岁终身饱,凶免于死亡。"

② 《论语·卫灵公》38 章:"有教无类。"

等作为现实中的义务来接受才行。"要平等的对待"要把"实际的不同性"当作为一种前提。把"男有分"事实放在心上的时候就可以更好的理解了。

因每个人的出生条件都是不同的,所以各自擅长的领域也就当然不一样。有擅长学习的人,也就有力气大善于体力劳动的人;有性格严谨可以制作精密细工品的人;有眼睛明亮可以看到远处的人,也就有耳聪可以听到别人听不到的很小的声音的人。如此,人的才能是非常多种多样的。也就是说每个人具有的才能是没有错和对的,只是有所不同的。所以,就应让他们根据自己的才能让他们从事多样的职业才行。这样的观点,也能和孔子所说的"和而不同"可以联系起来。肯定带有多样性的集体成员的各自的能力的同时,必须谐调的对待才行,领导者不要选择一个模范作为标准,而只选择有能力和多样才能的人。有擅长音乐的学生,就有擅长篮球的学生,就有擅长美术的学生,强求他们考出很高分的高考成绩,这对于集体发展是没有什么帮助的。

如果一个集体的领导不认同"和而不同",而是认为"同而不和"的话,那么这个领导选择的模范就会对成员们造成很大的伤害。因为竞争力不够,而使许多产业都解体了,为了提高竞争力而靠提高雇佣的灵活性的话①,那样的社会绝对不能成为和谐的社会的。在这样的观点看来,儒家思想的大同社会可以说是让每个成员都可以拥有和自己的才能相适应的职业。由于这个缘故,具有劳动能力的成员可以通过自己选择的职业而可以生存。但是即使这样,也是不能解决所有的问题。因为丧失劳动能力的人,以及不能正常发挥自己劳动能力的人在人类生存的集体里是非常甚多的。所以,就需要普及性的福祉。

3. 实现普及性的福祉

根据韩国保健社会研究院发表的"福祉综合指数的国际比较分析"报告书(2015),我国(韩国)在 OECD 34 个成员国中"国民的福祉满足度"中位于 31 位,"国民幸福指数"位于 33 位。韩国的经济已渐渐走

---

① 上届政府制定《非正规职法》,主张"根本在于雇佣的灵活性","需要综合性对策",现任教育部长官认为"就业比人文学重要",要激励具有竞争力的学科发展。

向了严重的两极分化道路。但是，为了实现国民的普及性福祉进行的尝试不够充分的原因，也就只能出现了这种福祉满足度和国民幸福指数都位于倒数名次的记录。

不知，是否因为这种缘故，在各种的选举中政治家们为了得到有权者的投票，甚至于预先制定普及性的福祉的公约。免费伙食，基础老龄退休金，婴幼儿免费保育制度等都是当今社会代表性的普及性的福祉。但是，这样的普及性的福祉公约不都是受欢迎的。反对普及性的福祉的人们有很多种理由，他们说把自己的财物分享给别人是件非常不满意的事情。这就是大同社会在主张普及性的福祉之前，提到首先不要只对待自己的父母和自己的孩子的原因。重新说明一下，在儒家思想的理想社会里，首先要熟悉"人们不要只把自己的父母当做父母，不要只把自己的孩子当成孩子"的同时，也要知道它不是为了私有利益的，而是为谋求整个社会的福祉的。从这样的方面看，儒家思想中实现普及性福祉的前提条件就是要倡导集体成员的公共意识。

这些虽然是本人个人的见解，但是只有实现关心照顾别人，方才能在劳动中救助被冷落的孤儿，老人，残疾人，病者等。更进一步来说，虽然有劳动能力，但是又不能有效的实现劳动能力的光棍汉和寡妇们也都应该获得生活上的救助。[①]因此，《礼运》篇的作者把大同社会叫作为光棍（鳏），寡妇，孤儿，孤寡老人，残疾人和病弱者全部都可以得到抚养的社会。在这个集体中的领导为了集体成员的生存，比什么都重要的是要在富的均等分配和阶层方面要多费些心思。所以，可以看出这个和孔子的话是相同的。"我听到了，拥有国家拥有家的人不担心少，不担心不均等；不担心贫困，不担心不能安逸生活。均等的话就不会有贫困，和的话就不会有多少，平安的话就不会倾斜。"[②]

最终我们的社会也就会解决不平等的问题，为了可以实现可持续性

[①] 现在韩国的老年人贫困率在 OECD 成员国中位居第 1。专家认为，老年人贫困率之所以这么高，是因为韩国的公共年金制度落后。从老年人家庭的收入来源来看，韩国的公共年金收入只占 16.8%，OECD 成员国平均为 85.6%；劳动收入比重，韩国为 63%，OECD 平均为 23.9%。老年人的生活来源主要依靠劳动收入，更容易陷入贫困，也导致韩国的老年人自杀率位居第 1。

[②] 《论语·季氏》1 章："丘也闻，有国有家者，不患寡而患不均，不患贫而患不安，盖均无贫，和无寡，安无倾。"

的集体，而倾注于公正的分配社会的财货而付出心血。①这样的社会性财货，不能在分配上作用上有着差别性的特惠。更近一层，也就是说和约阶层要得到公共之手来支援。如果不能完善社会性的安全网，就不能期待共同的持续可能性的发展。就像前面所说，韩国的"国民福祉满足度"和"国民幸福指数"各是31位、33位，在OECD成员国中是明显的倒数位子。这个关于福祉和幸福的国民的愿望，国家没有能做出正确的回答。但是即使是在这样的现状下，刚把免费的保育断绝了，但又想恢复这些主张或者没有什么迹象就想扩大福祉的话，这些都是桌上空论的理论。

五　结论

英祖在成均馆的版水桥上面"和睦融洽，不建立私人的帮派——这是君子公正的心；建立私人帮派不能和睦融洽相处的，这是小人的私心。"（周而弗比，乃君子之公心，比而弗周，寔小人之私意。）这句话中是刻在汤平碑（1742年）上虽然过了270年，今天仍然是亲李（亲李明博总统的帮派），亲朴（亲朴槿惠总统的帮派），亲卢（亲卢武铉总统的帮派）的流行语。甚至于几年前叫做"亲朴连带"②的奇异政党中国会议员竟然出现了14名。又不是专制君主国家，而是在民主主义的国家里怎么可能出现这样的情况呢？不是为了集体的繁荣和目的政治，而只不过是为了特定的某个人的政治。重审一下，也就是说把市民们委托给的权力不是用到执行公共的事情上，而是为了特定的某个人私自执行的意思。引起这种现象的原因虽然有好多种，但是可以找到其中最鲜明的一个原因就是缺少对于统治权力的公共性的确保意识。再更直接地说，现代人缺少就是儒家思想社会论的中心理念"天下为公"的思想。

本研究主要是关于作为东亚的主要思想的儒家思想的理想社会论的完整的研究，从资本主义和民主主义的两个侧面上看，缘于现代社会的各种

---

① 韩国的收入再分配（贫困率）水平在国民收入1万7千美元以上的发达国家中处于最低水平。当今世界各国对收入再分配非常关注。因此收入再分配问题成为2016年美国大选与2017年韩国大选的热门问题。

② 2008年第18届总选中"亲朴连带"阵营中共有14名议员当选。

问题是否可以用儒学性的观点来解决？如果可以的话，又怎么去摸索这个解决方案呢？为了达到这种目的，首先，对于儒家思想社会的起源进行了探究。在这一部分里面儒家思想的集体成员的道德性是个很重要的前提。不把集体成员看做成是一个孤立的个人，而是和别的集体成员共存着的。因此，再看一下国家这个集体可以看做是家庭集体的扩张。具有这样特征的儒家思想的社会观为了单纯的个人的生存，以及为了各自的利益通过一些人为的约定而构成集体的西方的社会观是完全不同的。不追求作为公共性的核心"义"，而是把私人的"利"作为基础的思想而带来的危险性，孟子已经用"怎么非得要只说'义'呢！只不过是只有仁和义。"（何必曰利，亦有仁义而已矣）这样的话警告人们了。

下面就来看一下被叫做儒家思想集体的领导的君主的特征。在儒家思想里接受到天命的人可以成为君主，那么就针对天命是受到百姓们的选择的这种民主观来展开看下。以这个为根据，儒家的君主作为天子不是所有权利的掌权的唯一的主权者，反而，主权者要从百姓们的统治权那里得到禅让的存在。更进一步，臣子和君主的关系不是主从关系，而是为了共同经营集体的同伴者。集体领导者君主和政治的核心臣子的关系是主从关系的含义就是指君主和臣子全都是把从百姓们那里委任得到的权利作为私有的使用的意思。最终也就必然会导致了社会的不平等和否定意义的深化。所以说，君主和臣子的关系绝对不能变成主从关系，而是要成为共同经营集体的同伴者的关系才行。

最后，以前面谈论的为基础，把《礼记·礼运》篇里出现的把大同思想作为中心的儒家思想的理想社会论分析之后，需要具备以这个为基础理想的集体，才能用品德来揭示现代社会所需要的三个方面。首先，用〈礼记〉篇的"天下为公"思想，来阐明确保统治权利的公共性比什么都重要。第二，在大同社会里面具有劳动能力的"男性们不管是谁都可以根据自己的能力而拥有相应的职业。"以这个观点为基础，要把社会变成为所有成员们通过各自的才能可以拥有相应的职业的社会，需要确保职业的安定性。第三，"不只把自己的父母当做父母，不只把自己的孩子当做孩子"这样的观点是善于对他人的关心的态度的成熟后，并还要实现普及性的福祉，才能实现持续可能性的集体。如果不能实现普遍性的福祉的话，在劳动方面被冷落的孤儿，老人，残疾人，病人，光棍汉，寡妇就不能生存下去。结果就会造成把这些人推向了集体的外面，而道德性存在的人性，也就会被扼杀的。人类的非道德化最终就把集体的存立的基础推向恶化的道路。

　　当今，虐待老人的现象变得越来越多了。虐待老人的事件3件就有1件的加害者就是自己的儿子，还有老伴和自己的女儿。这样的加害者的情况，在家庭虐待老人事件中比例达到了整体的70%。在繁闹人多的马路边上看见有人被打的行为竟然没有一个人敢出来阻挡，因为都恐怕无缘无故惹起是非，结果看见犯罪的现场都只是冷眼旁观。家庭和邻居的共同社会正在走向崩溃。迫切的需要家庭集体和村子的复原。再加上失业率随着时间的流失没有一点好转的迹象，即使是有工作也是待遇很恶劣的合同制，这种比例也在渐渐变高。所以，迫切的需要确保职业的安定性。对于生计悲观的老人，失业率引起的自杀率也终究是不能降低下来。不能承受由居住不安引起的精神压力而一起离开这个世界的新闻也频频可以听到。即使是这样，基础养老保险，免费保育政策等就逐渐的消退下去了。实现普遍性的福祉迫在眉睫。查看下《礼记·礼运》篇以大同思想为中心的儒家思想的理想社会论中对现代社会直接面临的难题和解决方案，哪怕是作为一次试探也要来一起摸索一下。

作为大同社会哲学基础的退溪主理哲学
——以《礼记·礼运》的大同思想为中心

韩国成均馆大学 李致億

一 序言

关于《礼记·礼运》里面描写的大同社会①，不仅是儒家学者，而且是任何人都想实现的理想社会。没有一个人会喜欢无序、混乱、破坏和战争，任何人都想从威胁生命的战场上脱离出来，试想一下有谁会让自己深爱的人去那样的地方？（《礼记·礼运》）它指引着我们生活中所有的想法和行为都朝着渴求和平的方向发展。

对和平的渴求不只是相爱的人们所独有的，就连掌控战争的人们也都是愿意和平的。用一个极端化的例子来看一下，就像阿道夫·希特勒（Adolf Hitler）一样的战争狂，他的目的也不只是为了战争，他最终也是为了使世界有秩序，并希望世界和平，只是他歪曲了和平的概念，使用了错误的方法：他所说的和平社会就是自己成为绝对的统治者，并且所有的人都要服从他的统治的社会，即一个没有人反抗斗争的社会。这种想法从"差之毫厘，失之千里"历史规律看来，又一次让我们深深感觉到了思想奠基的重要性。

现代人对和平的看法是怎样的呢？可能存在永远的和平吗？可能存在战争永远平息、人不会因为战争的痛苦而不幸、不管是谁都能享有幸福的大同社会吗？也许关于这些问题的明确的、正面答案是没有人可以给出

---

① 《礼记·礼运》：大道之行也，与三代之英丘未之逮也，而有志焉。大道之行也，天下为公，选贤与能，讲信，修睦。故人不独亲其亲，不独子其子，使老有所终，壮有所用，幼有所长，矜寡孤独废疾者皆有所养。男有分，女有归。货恶其弃于地也不必藏于己，力恶其不出于身也，不必为己。是故谋闭而不兴，盗窃乱贼而不作，故外户而不闭，是谓大同。

的。因为也许对于大部分的现代人来说,儒家的大同社会是非现实性的理想主义。也只有少数的乐观的人,知道即使没有实现的可能性,但至少还想保留一份美好理想国度的梦想。

但是对曾喝道"对于齐宣王来说,霸道主义反而是比缘木求鱼更严重不现实的浮云"的孟子来说,把他的精神①以此类推来看的时候,儒学者们认为大同社会不仅仅是单纯的理想国度,而是从来没有去怀疑过的鲜明的现实。儒学的目的不是追求某个遥远地方的天国或者是极乐世界,而是把现实中的社会建设成理想的社会。儒学的"言必称尧舜"不是复古主义和回归论,它体现出了要把当今社会建立成像尧舜时代一样的理想社会的热切希望和信念。这和所有人渴求的和平是一样的,也是所有的儒家学者的基本思想面貌。

本论文通过研究朝鲜的儒学者退溪（李滉,1501～1570）的思想来探索实现理想社会的哲学基础。退溪被视为把朱子理学更进一步完善的朝鲜理学家。退溪的哲学思想积极地接受了朱子理学的影响,并以此为基础和支撑点,但是,可以看出他在理和心的层面上更加深了一步。退溪被评为朱子理学的极力推崇者,并把理放在优先位置并积极推动理学发展的学者,现代的众多学者们把这样的思想称为"主理哲学"②思想。

但是"主理"这个用语在韩国学界中带有排斥性。实际上,甚至有一部分学者对于这个观点持有消极的见解。第一个原因是,"主理"和"主气"这些用语被作为朝鲜时代岭南学派和几湖学派之间互相非难论争的工具。两个学派互相为了自己的学派主理（主理＝正理）,规定其他学派是异端或者是主气,即邪学。③ 第二,进入现代以来,"主理"和"主气"用语是在日本侵略时期,日本人的御用学者高桥亨为了区分韩国儒学史第一次使用的用语。他把韩国儒学单纯的分为岭南学派主理和几湖学派主气,这样的分类成了排除中间混淆的公式性的区分。④

---

① 《孟子·梁惠王上》7章:"然则王之所大欲可知已,欲辟土地,朝秦楚,莅中国而抚四夷也。以若所为求若所欲,犹缘木求鱼也。"王曰,"若是其甚与?"曰,"殆有甚焉。缘木求鱼,虽不得鱼,无后灾。以若所为求若所欲,尽心力而为之,后必有灾。"

② 退溪哲学研究的先驱者尹丝淳教授不单值指出退溪哲学是主理哲学。尹丝淳,《退溪哲学研究》,高丽大学校出版部,1980。

③ 李宗雨:《对韩国儒学史分类方法主理·主气概念的批判性研究》,《东洋哲学研究》第36辑。

④ 李东熙,《朝鲜时期朱子学史中主理·主气用语使用问题》,《东洋哲学研究》第12辑。

当然，我们不得不承认"主理""主气"被作为学派的分类时的负面性。这种公式性的适用方法也是需要排他的。但是在我来看，这不是学派的分类。一方面，使用这种规定的思想特性的一词，没必要执意回避使用"主理"一词。"主理"一词，最初是在退溪的文献中出现的，①用退溪的本意来给"主理"定义的话，即"理和气潜在着不可分离的同时是由理来主导的"以至于理成了主导。论者认为在这种含义上可以把退溪哲学叫作主理哲学。② 这不是把它作为非难和区别其他学派的工具，只是作为表现理想特性的表达方式，那就没有必要故意回避这个用语了。现在我们就来看一下退溪的主理哲学的内容吧！

二 "主理"的世界观

这个世界究竟是从哪里来，又到哪里去？在这个世界中生活着的人类和万物又是什么呢？我是谁，又为什么存在？以及怎样生活下去？关于这些问题我们要认真的思考和反省，这些问题都是无论东西古今之普遍性哲学都要回答的基本问题。理气论要寻找的这些问题的答案是在性理学的一个框架之中的，所以它本身就是一种世界观。

在朱子看来，这个世界任何事物的存在都是理和气。"天地之间有理和气，理作为形而上的道，是创造万物的根本；气作为形而下的才器，是创造万物的材料。"③ 世界上所有事物的形成，没有不是理和气的。④ 具有形体和质量的物质，以及我们可以看见听见想到的所有的形式都是形而下者的气，除此之外，就是和气一起的同时，它又有着超越气的另一方面，即是理。理和气在现实中互相作用不能分离，各自都不能独立存在。⑤

---

① 《退溪先生文集》卷16，〈答奇明彦非四端七情分理气辩第二书〉：大抵有理发而气随之者，则可主理而言耳，非谓理外于气，四端是也。有气发而理乘之者，则可主气而言耳，非谓气外于理，七情是也。

② 李致億，〈退溪哲学的主理特性研究〉，成均馆大学博士学位论文。

③ 《朱子大全》卷58，〈答黄道夫〉：天地之间，有理有气。理也者，形而上之道也，生物之本也；气也者，形而下之器也，生物之具也。

④ 《朱子语类》卷3，53条：有是理，必有是气，不可分说。都是理，都是气，那个不是理，那个不是气。

⑤ 《朱子语类》卷1，6条：天下未有无理之气，亦未有无气之理。气以成形，而理亦赋焉。

理和气是不可分离的，也是不可区分的；所以，理气不相离、不相杂的命题是朱子学的基本原则。在现实中，事物理和气不可分离的朱子的理论中，和理气不相离相比较，退溪更偏重于把不相杂作为中心。这充分体现了退溪的理和气绝对不是一个事物，而是在一个叫做"非理气为一物辩证"的另一个论文上体现出来。

朱子在给刘叔文回信中写道："理和气是绝对的两个事物，仅仅在事物上看来，它们两个掺和在一起，不能放开任何一个。但是，它们两个不违背各自独立的整体事实。从礼的侧面上看，尽管是没有事物，它的理还是有的。只有理的话，实际上事物是没有的。……"现在想想看，朱子平时虽然无数次论议了理和气，但是从来没有把两者作为一个整体来议论过。在这封信可以看出，理和气一直是绝对的两个个体。①

退溪从来没有说过"朱子两者为一体"，甚至说过更极端的话："皆未尝有二者为一物之云"。当然这实际上不是朱子所说的理气不相离的意思，只是在侧面上一定程度的强调了理气不相离。这是退溪侧面强调理气不相离的关键论证。

退溪的理观念的另一个关键就是强调了理虚的属性。理原本的"在渺茫没有征兆之中，又是所有的现象具备的'冲漠无朕，万象森然已具'"，也就是"至极虚空，至极结实的'至虚而至实'"的实质。但是，退溪还是把大部分的分量放到了"至虚而至实"中虚的属性上。

理之为理，其体本虚。虚故无对，无对故，在人在物，固无加损，而为一焉。②

---

① 《退溪先生文集》卷41，〈非理气为一物辩证〉：朱子答刘叔文书曰："理与气决是二物，但在物上看，则二物浑沦，不可分开各在一处，然不害二物之各为一物也。若在理上看，则虽未有物，而已有物之理，然亦但有其理而已，未尝实有是物也。"……今按朱子平日论理气许多说话，皆未尝有二者为一物之云。至于此书，则直谓之理气决是二物。

② 《退溪先生续集》卷8，〈天命图说〉：理之为理，其体本虚。虚故无对，无对故，在人在物，固无加损，而为一焉。

事实上，如果根据"不偏不依"的中庸精神，把"至虚至实"两面性中的某一个缩小或者废弃是不行的。因为只强调理的虚的属性的话，就会担心陷入老庄思想的佛教的影响。在这个线索上来看，理虚理论的展开受到了当时四端七情论辩的高丰奇大升的反驳。高丰一边说"我认为不管是'真实无妄'还是'中正''精粹'的这些话，只有说明理的话，才可以不产生倾斜"。同时又主张，如果非得要写"虚"字的话，那么就建议要和"至虚而实"的"实"字一起写。①对于这个观点，虽然退溪日后就把"无对故"三个字，修改成了"理虚故无对，而无加无损"，但是最终还是没有放弃理虚的主张，并且坚持到了最后。②像这样，退溪摆脱了中庸原则的嫌疑和危险性，还是不顾一切地坚持理和气是绝对的两个事物，可以看出展开理虚主张的理由有几种：

第一，强调理的绝对性。退溪认为理是绝对的存在。当然这不只是退溪的观点，而是所有性理学者共有的观点。在理和气的关系上，不把理放在优先位置的性理学者是没有的。只是退溪更具体、更系统地强调了这个观点。退溪直接把理说成"至极的没有对手的存在'极尊无对'，理贵气贱'理贵气贱'"。

第二，强调理的普遍性。"因为理虚，所以没有相对的；因为没有相对，所以不管是人还是事物他们都单独的个体，"因此，理成为了"阴阳五行和万物万事的根本，同时也没有被阴阳五行和万物万事封闭在里面"③的存在，即：万物是无所不在的存在。

第三，它肯定的把万物价值的同等性作为基础。理是绝对性的存在，它在万事万物中无处不在。接受了理的性质'性即理'，它蕴含了万物价值的同等性。在退溪看来，万物虽然不可能具有相同的性质，但它们的根源是统一的，这样平等接受的观点就是退溪思想的根本。"我也有根本，你也有根本，所有的人都有根本。他们也不是从我这儿借去的，我也不是

---

① 《两先生四七理气往复书》下，〈高峰答退溪再论四端七情书〉：愚意以为不若用真实无妄中正精粹等语，以形容理字，庶可不偏而无弊也。若欲必用虚字，亦当改之曰理之为体，至虚而实，至无而有，故其在人物，无加无损而无不善。

② 《退溪先生文集》卷16，〈答奇明彦非四端七情分理气辩第二书〉。

③ 《退溪先生文集》卷16，〈答奇明彦［论四端七情第二书］别纸〉：能为阴阳五行万物万事之本，而不囿于阴阳五行万物万事之中。

从他们那里借来的。"① 因为绝对的理遍布在万物之中,所以才有可能。

但是,退溪强调了理气不相杂,并不是要表达理和气在现实中是分离开存在的意思。退溪之所以不去谈论理和气不相离,是因为即使是不去专门谈论,在现实中,它也是个非常明确的问题。怎么才可以知道呢?理在日常中无处不在、无时不有,由此可以看出它是非常流行的。退溪的话如下:

> 大凡道都在日常中流行着,走过的地方无处不在,到处都有理的存在,无论到哪都不能停止学习吧?时刻都不能停止,甚至于短暂的一瞬间,理也都是时刻存在的,无论何时都不能停止学习吧?②
>
> 这种理在日常生活中已经充满洋溢了。在迎接动静、语默和端正的人伦的时候,已经简单明了的潜入到所有的细节里面。就算是刚刚呈现在眼前,也会神秘进入毫无痕迹的地方。③

理不是孤立存在的,这是儒学的基本思想。理和气不相分离,但它们也不是不可分的事物。虽然看不见理的实物的存在,但是在现实中时时处处都能呈现出它神秘的影子。即,理是通过气体现出来的。那么,退溪所说的理和气可以理解为以下的关系:在这个世界上,理通过气来展示出他自己的位置。有一位学者把这种观点整理成了以下的内容:

> 他相信的理不是死的东西,而是一直活着并神秘的活动着的理。再就是,因为这种理涉及到的地方无处不在,无时不有,因此,它是在我们所有看到的,所有听到的,所有用手可以触摸到的事物中,都

---

① 《退溪先生言行录》卷4,〈论理气〉:问:君臣之理,固具于我,草木之理,亦皆与我同?曰:不可下同字,只是一而已。如有形之物,则必有彼此,理无形底物事,何尝分彼此?子思于中庸,只言天下之大本。凡此坐中,吾有大本,君亦有大本,此外虽千千万万人,皆有大本,彼不借于我,我不借于彼。若有形底物事,则彼多则此不足,我得则君不得。此无形底物,岂有彼此物我之分乎?但存之则不失,否则失之。

② 《退溪先生文集》卷7,〈圣学十图·夙兴夜寐箴〉:夫道之流行于日用之间,无所适而不在,故无一席无理之地,何地而可辍工夫,无顷刻之或停,故无一息无理之时,何时而不用工夫?

③ 《退溪先生文集》卷14,〈答南时甫(别纸)〉:盖此理洋洋于日用者,只在作止语嘿之间,彝伦应接之际。平实明白,细微曲折,无时无处无不然。显在目前,而妙入无眹。

体现出了理的存在。正因为如此，脱离日常的现实生活，单独寻找理并且尊敬它的话，这也就有可能不是错的。类似于这样的伦理和宗教浑然一体并有机的活着运动着的世界，可以说这就是退溪的境界。①

总而言之，在退溪来看，理和气虽然是不能明确区分开的可以辨别的事物，但是如果不把气单独分离开，它反而会遍布在万物之中，时时刻刻都可以体现出来。容纳我们个体的世界和现实就体现出了那样的理。再就是，作为这个世界根源的理，它是绝对性的存在。这种理气论为退溪对于这个世界充满了无限信念和乐观的态度做出了解答。

三　人类存在的意义

这个世界理一分殊，即：一个理实际在世界上呈现的时候，它的面貌有数万种。这是由气的必然多样性而引起的。如果没有气的话，万物就不可能在这个世界上存在。气是实际存在的物体，是"有"的意思。"有"必然是"相对性"的前提。有大，才有小；有亮，才有黑暗；长短、明暗、黑白。精粗、美丑都是如此，因这一切都是相对的，所以才可以互相依存。程明道就是发现了气的世界的这种相对性，并感受到了手足舞蹈般的喜悦。②

实现气，才可成为阴阳对立的现象，并互相成为对方的根。因此，阴中不可能没有阳，阳中也不可能没有阴。"阴里面的阳"也不可能没有阴的。"阳里面的阴"也不可能没有阳的。这种变化有几十种，几百种，几千种，甚至于几万种一直在延续着，而且各自没有对手。③

---

① 朴性焙，《退溪思想的宗教特征》，《退溪学报》44辑。
② 《二程遗书》卷11：天地万物之理，无独必有对，皆自然而然，非有安排也。每中夜以思，不知手之舞之，足之蹈之也。
③ 《退溪先生续集》卷8，〈天命图说〉：至于气也，则始有阴阳对立之象，而互为其根。故阴中不能无阳，阳中不能无阴，阴中阳之中，又不能无阴，阳中阴之中，又不能无阳，其变至于十百千万，而各不能无对焉。

物质是由具有阴阳两个性质的气来组成的，阴和阳可以多样性的组合。阴的性质中包含着阳，其中既含有阴也含有阳，无数阴阳的盛宴组成了物质。因此，所有物质的存在都是由"不同"为前提的。万物是由阴阳多样的组合创造的。最初肯定都是不同的，动物和植物不同、动物和人也是不同的。植物或者动物根据种类的不同，就会有多种多样的存在。再就是，就算是同样种类的每个个体，最终也都是不一样的。这都是气的多样性的原因。

不管是什么类型的多样性，都是主理哲学中的一个，它们都强调了理呈现出来的面貌。真如庄子说的："蝼蛄，蚂蚁，瓦片和墙砖，甚至于粪便、尿液里面也是含有道的"，① 这个世界上所有事物都是理的表现。万物根据赋予给自己的形象，各自以不同的方式来参与宇宙的运转。松树以松树的面貌活着，竹以竹的面貌活着，牛以牛的面貌活着，这本身就是实现了道。正因为如此，在主理哲学中每个人都是珍贵的存在，每个事物也都不是随便生成的。那么在这个世界多样性的盛宴中，人类又是一个什么样的存在呢？

> 人和万物的生成，接受了阴阳的正气就成为了人，接受阴阳的偏斜的气就成为了事物。人接受了阴阳的正气，那个性质就是相通的，并可以看出它是明亮的。事物接受了阴阳的斜气，那个气质就被堵住了，可以看出它是黑暗的。②

根据退溪所说的，人是最单纯的，是只接受了好的气的尊贵的存在，就如用最高级的土做成的最高级的瓷器一样。人是阴阳五行中气的最出类拔萃的材料，人的出生是最神圣的存在。从这些话中，可以看出它和认为万物都是高贵的主理哲学是相互矛盾的。但是，关于人的这种存在价值，并不是要主张人的优越意识和支配其他存在的正当性。即使不故意谈论赋

---

① 《庄子·知北游》：东郭子问于庄子曰，所谓道，恶乎在？庄子曰，无所不在。东郭子曰，期而后可。庄子曰，在蝼蚁，何其下邪？在稊稗。何其愈下邪？在瓦甓。曰，何其愈甚邪？曰，在屎溺。

② 《退溪先生续集》卷8，〈天命图说〉：人物之生也，其得阴阳之正气者为人，得阴阳之偏气者为物。人既得阴阳之正气，则其气质之通且明，可知也；物既得阴阳之偏气，则其气质之塞且暗，可知也。

予人的优越性，也可以在人类的智能方面上看出其他存在和它是无法比较的。仅仅是要体现出人类和其他事物相对的优越性的话，就没有必要大书特书了。即使要这样做，那么这种行为也就如同大人向小孩炫耀自己的年龄和知识一样愚蠢。

那么，如果执意要把人和其他事物相比较的话，他的优势是什么呢？即就是强调了人类对世界和万物的责任感。人之所以成为人的原因就是：人对于自己的世界充满着责任感。

> 观察一下人和事物，人是正直的，而事物是倾斜的。再观察一下禽兽和草木，禽兽在倾斜中也得到了正直，草木在倾斜中也得到了正直。那么，禽兽的气质中虽然有相通的，但是草木仅仅只是具备了理，是完全被堵住而不通的。那么，这或通或堵的性质是由于气的正直或倾斜而造成的。①

因为性就是理，所以万物的性质不会不同。但是，由于气质上的差别，就造成了它的实现方式也都全部不同了。假设说植物直接扎根在地上，到时候就适当的吸收水分，接受光合作用就可以了。喂养动物以至于不让它饿死，这样就可以延续它们的种族。那些存在的气仅仅是用那种方式才可以实现限制性的理，再就是赋予它们充分实现理的方法，它们自身就是作为组合起来的一个整体而生活着的。

但是，深入人类的现实看一下，很有愧于接受天地出类拔萃的气而出生的这个事实，因为违背天理的事情正在肆虐着。反而是赋予动植物各个分殊之理都在各自妥当的道路上发展着，只有人类在违背天理，究竟这个矛盾是为什么呢？人类行恶的理由可以说是个逆说，也可以说是由于叫做人类优秀风度引起的主体性和超越性的原因。恶可以说是主体性的附属品。拥有主体性的人是按照天理真正的人类道路走，还是过着比禽兽还不如的人生，这个自主抉择权已经被赋予了人类。超越性就是不包括属性，

---

① 《退溪先生续集》卷8，〈天命图说〉：然就人物而观之，则人为正、物为偏；就禽兽草木而观之，则禽兽为偏中之正、草木为偏中之偏。故禽兽则其气质之中，或有一路之通；草木则只具其理，而全塞不通焉。然则其性之所以或通或塞者，乃因气有正偏之殊也。

而是具备可以完全领会理解并可以实现它的能力。作为主体性和超越性的附属物，同时也赋予了它行恶的根底，并且天理也是必然的。如果不是这样的话，人类依旧和动植物没有什么区别，因此也就只能实现被动限制的理。

根据上面来看，所谓人的存在就是自己设计安排自己的人生，并赋予了他在社会中要实现的义务。他的人生不只是自己个人的，因为它影响到周围的人们，而且还影响到万物。即，根据人的判断、选择和努力，世界也就有可能是实现了道的天国，也可能是崩溃的地狱，所谓人的名义的分量是无限的。曾子叹息的"任重道远"是足以充分理解的。主理哲学所说的人类的英明和高贵都是和这种重而大的责任相关联的。

四　大同社会实现的道路

这个世界原本不是吃或者被吃的弱肉强食的野蛮世界，他本身体现的是没有什么问题的理。个体由自身实现的，他人是被实现的"成己成物"① 存在，这个世界是"和万物共同生存不相互残害"②和谐的世界。主理哲学关于实现这种和谐的理想社会带有强烈的信仰和乐观的展望。正如前面展开的一样，因为理是绝对的存在，是淳朴完善的事物的本来面目。所以退溪强调这种理的绝对性的原因不是单纯的尊崇，而是强调实现理的必然性。

理本其尊无对，命物而不命于物，非气所当胜也。但气以成形之后，却是气为之田地材具，故凡发用应接，率多气为用事。气能顺理时，理自显，非气之弱，乃顺也。气若反理时，理反隐，非理之弱，乃势也。比如王者本尊无对，及强臣跋扈，反与之或为胜负，乃臣之罪，王者无如之何。③

理是命令事物，而不被命令的绝对性的存在。但是在由气组成的现实世界中，也会有气违背理的事情发生。尽管如此，气最终还是不能违背

---

① 《中庸》第25章：诚者，非自成己而已也，所以成物也。
② 《中庸》第25章：万物并育而不相害，道并行而不相悖。
③ 《退溪先生文集》卷13，《答李达李天机》。

理、战胜理的。气是顺从理的，气的存在是必然的。在退溪看来，这个世界上纯善无恶的理起到了神秘的作用，并在生成运行。更直接地来说，这个世界的万物是上天所作用的本身。那么，构成世界的万物都是纯善无恶的存在。虽然所有的存在都是如此，但是其中人类的面貌和上天的面貌是最相近的。可以看出人类是这个世界上最完善的形态，并且是以和上天相近的面貌来生存着的存在。

根据退溪的世界观和人类观来看，这个世界上是不可能存在恶的，人类更加不能作恶。下面是写给一个熟人的信件，内容如下：

> 告时甫顷论心有善恶之说大错。性即理，固有善无恶，心合理气，似未免有恶，然极其初而论之，心亦有善无恶，何者？心之未发，气未用事，唯理而已。安有恶乎？惟于发处，理蔽于气，方趋于恶，此所谓几分善恶，而先儒力辨其非有两物相对而生者也。①

理成为了气的根源、气的主宰者。通常是在现实世界中作用存在的，人心原有的状态是上天本身作用的。当然几乎是没有恶的，恶是有一定实体的，不是和善相反的概念，是在不能根据理原有的本色的时候而产生的临时性的现象。但是，最终所有的事态不能成为恶，一定会归向于善的。也就是说理的纯善可以在世界中自然地实现气。理畅通无阻而实现的世界，也就是退溪所梦想的大同社会。

只是，为了不使这个和谐的社会崩溃，为了进一步实现道的大同社会，这是给接受天地正气而出生的人们的一个作业。虽然这些都是理所应当的，但是因为人是能像动植物那样在地上固定扎根生活的存在，所以也不仅仅是为了追求可以吃饱的道。

这个问题的正确答案，已经在《四书》等经传里明确的表达出来了。"修己安人""正己物正""修身、齐家、治国、平天下"像这样的儒家经典都一致强调的宗旨就是那个观点。只是问题仅仅在于，是否可以完全实现。但是既然已经开始处理对待修己治人相关的理论问题了，那么关于主理哲学所说的修己治人再进一步展开下吧！

---

① 《退溪先生文集》卷13，《与洪应吉》。

《大学》里曾说:"自天子以至于庶人,壹是皆以修身为本。"① 根本在于修身。朝鲜的大部分儒家学者们大部分也都是这样的。退溪的主理哲学最终也是强调了修己治人的两个观点中修己的侧面,而疏忽了治人的侧面。可以很清楚的可以看出他把"退"字作为自号来使用,缀出了他的人生不是积极地参与到现实中,而是往后退了一步,更渴望在官职上进一步隐退。因为在他一直忙碌于躲避谢绝官职的那段时间里,他一心一意地把时间用在了接受学问上。那么,像退溪的这种隐居式的心态可以称为是对社会的不关心吗?

> 在明朝那里没有听到特别稀奇的事情吗?辽东受到反贼的侵入,在那种严峻调整的时期,不知是否是应该防御返并回南京都呢?泉漳和苏湖倭寇的势力又是怎么样的呢?杞国的人们好像很担心这个问题,虽然都嘲笑我的愚蠢,但是按理来说,天下的事情没有不是我的事情的。②

强调修己属性的主理哲学,最终不是无视社会,而是把万物都看成是统一的整体,而去更积极的关心他人和世界,这是主理哲学社会思想的特征。退溪对社会的关心并不仅仅把关心聚集在村庄和国家上,可以看出它具有更加广泛意义上的延伸。根据万物是一个整体的主理观点来看,天下的事情没有不是别人的事情的,这是理所当然的。

传统儒学中治人最确切的方法就是进入官职的道路。这也和近代以前的社会体系问题有着联系。朝鲜社会中修己治人道路的实现方法,直观上可以说把修炼自己的人格,追求官职当成了唯一的道路。修身是需要通过官职来实现治人的,治人是修身的前提。但是所有的人是非得一定要成为官僚才可以实现治人的,所有的人也不可能都成为官僚。这些称为儒学者的人们的特殊阶层也都包括在内。不是所有的儒学者都要成为官僚,那也是不可能的。和这个相关的内容,通过以下《论语》中的对话来看一下。

---

① 《大学》。
② 《退溪先生文集》卷9,《与宋台叟(丁巳)》:天朝有何异闻异事,辽被猺犯如彼,不知朝廷尚可防制毋南还意否?泉漳苏湖间倭势亦如何?杞人之忧,问及于此,可笑其愚,然以理言之,天下事皆非外事也。

> 或谓孔子曰,子奚不为政?子曰:"书云孝乎!惟孝,友于兄弟,施于有政,是亦为政,奚其为为政?"①

参与政治的道路不一定非得进入官场,只要每个人把赋予各自的作用来踏实履行好的话,也就是参与政治了。即:治人的道路。因为退溪是做学问的儒士,所以周围的人就期待他能进入官职参与治人。但是说实话,因为退溪认为对自己来说没有合适的官职,所以也就只能用隐居和做学问的方式来参与政治了。

> 大凡,儒士在世界上出生后,也会进入官职,也会避开。虽然有时会遇见,有时也不能遇见,但是结果只是为了洁身,行义,不去谈论活祸福。②

有能力的话就进入官场,没有能力的话就隐退起来,这是理所当然的道理。纵然有能力,不能遇见的话,那么把自己的志向收起来也是一个妥当的方法。这就是孟子所说的"居天下之广居,立天下之正位,行天下之大道。得志,与民由之,不得志,独行其道"。虽然退溪说的也是和这里出现的一样的道理,但是这里蕴含的最根本含义就是修身。退溪的原话,归结点就是"仅仅只是洁身行义"。根据孟子的大丈夫论来看,重要的不是在于有没有得到意志,而是"居住在广大天下,只有站在端正的位置上行大道"才行。

人类是由理和气组合而形成的存在。从理的侧面上看,人类虽然都是统一的,但是气的根本有着多样性。因此,不管是谁,在这个世界中都有各自位置上的各自的作用。在理的侧面来看的话,人类恢复仁义礼智的统一性,跟随它的"像个人样儿"的人生而活着。从气的侧面上看来,人类有着各自只适合自己的妥当的道路。即:"像我"活着的道路。"像人样儿"和"像我"都是必须要完成的。这是所有的人类从上天那儿接受

---

① 《论语·为政》。
② 《退溪先生文集》卷16,〈答奇明彦〉:夫士生于世,或出或处,或遇或不遇,归洁其身行其义而已,祸福非所论也。

到的作业。根据这种特性,不管是在什么位置上的人,都无形中自然而然参与了治人。再就是,治人只有通过修身才可以完成的。无论是谁都必须通过修身来恢复他原有的人的面貌,各得其所的时候就遵守了我的原有面貌;那么,那个社会就可以成为像尧舜时代一样的理想社会。换句话说,没有修身就可以实现"像个人样儿"和"像我"的尧舜时代是不可能的。这就是正气,同时也是把理放在主体位置上的退溪主理哲学的社会思想的特征。借用《中庸》的话来说:"致中和,天地位焉,万物育焉!"

五 结论

以上用退溪的主理哲学反映了退溪的世界观。退溪肯定理是绝对的存在,它在现实世界中明确的起到了它的作用。世界的万物本身全都是实现了理的存在的,其中人类规定理是最完善的,并领会实现理的存在。领会理和实践理就像是赋予人类存在的一个作业似的。通过退溪的这种理气观和人类观,可以看出大同社会实现的可能性和必然性。

很多人把退溪的思想看做是理想主义。但是退溪的主理哲学不认为大同主义是一个不可以实现的理想主义。反而,根据必然性和可能性,它一定可以实现的,也是必须要实现才可以的明确的现实。对于退溪来说大同社会不是渺茫的空想,而是实际上可能的必然的可以实现的明确的现实。正如孟子认为的霸道主义,它和缘木求鱼的非现实是一样的。退溪终究不能把实现理的社会看做是非现实的,他肯定了实现理的社会是明确的现实。理是必然要实现的,违背它的话希望幸福和平就像缘木求鱼一样是非现实性的。

无论是东西还是古今,没有一个人是讨厌和平渴望混乱的。不管是谁都是希望和平、有序和幸福的。主理哲学为此给出了答案。维持和平以及为了实现更好的大同社会是赋予人类这个尊贵存在的一个作业。从理的侧面上看"像人样儿",以及在气的侧面上恢复"像我"并实现这个社会,这才是社会原有的面貌,即可以恢复大同社会。

当儒学思想提出的所有理论和实践同步的时候,方才会有效果。为了实践必须提供两个因素,即:赋予动机和方法论。本论文到此为止,关于这两个因素中任何一个也没能揭示出来,而只是叙述了理论的基础。因此我认为以后要在理论的研究和实践的方法论上多作出些努力。

大同理想是变法还是修养？
—— 以康有为和李承熙的大同理想为中心

韩国国学振兴院 李相虎

一 序言

作为中国变法思想家代表的康有为和作为朝鲜性理学家代表的李承熙二人的共同点就是：他们都是主张以孔教运动的儒教思想的改革人物。为了克服由西方掠夺引起的现实问题，儒教使用的具体方法在被得到认可的情况下，就积极选择使用了宗教化的儒教运动。在西方掠夺的混乱加深的现状下，康有为把中国的文化传统作为立足点，使用孔教运动来实现新的理想社会。与他相比较，李承熙是在日本侵略造成的朝鲜灭亡的背景下，为了摆脱那种残酷的现实以及保卫朝鲜的国权，从而选择使用了具体方法的儒教改革和孔子教运动。这两种思想曾是儒教宗教化运动代表性的两种思想。

在这种儒教宗教化运动过程中提到的理想社会就是"大同"社会。这是对悠久东方历史空想论的一个回答，尤其是它包含了儒学所指的理想社会的含义。虽然每个时代关于这个观点的具体方法和内容都有稍微的差异，但是曾经把儒学作为文化基础的东方所有的政治和改革，只是一直挂着大同的名义而已。有的人想通过猛烈的现实改革实现大同，还有的人将理念作为一种模型使之大同。以儒学理念作为基础的东方政治家们制定了积极性的目标，认为王都政治可以通过税制改革来实现。对空想论指出的多种多样的方法进行过思考，也曾经为实现王道政治而努力过。

曾经生活在"西势东渐"混乱时代的康有为和李承熙，也都曾做过大同理想社会的梦，但是他们在使用方法和思想内容方面有着显著的差异。通过这篇论文可以了解到关于这两个思想家的大同思想以及为了实现大同理想社会而使用的方法,然后我们再去理解他们的这种思想差异。对理想社会的基本解读的差异是可以理解的,同时也看一下为了实现理想社会的思想观念的差异。

二 东方的空想论(乌托邦)——大同社会

以儒教为文化性基点,将东方社会的理想性社会用"大同"这个词来说是比较普遍的。大同是类似于武陵桃源(世外桃源)的东方的理想社会的象征。这样的理想社会按照时期来划分的话,主要是在尧舜时代,内容是王道政治或是大道盛行的时期。它以创立儒学的孔子所指的理想社会和儒学理念为基础从而实现东方政治和文化的最终的理想性目标。

不管是利用新的变革来实现理想社会的康有为,还是利用修养心性、完善道德来实现理想社会的李承熙,他们向往的都是大同。即使是对大同的含义和达成方法上有所不同,但是他们的目标都是想通过孔子教运动来实现大同社会的。下面,为了确认康有为和李承熙的大同有什么不同,我们首先要了解一下孔子所指的大同社会的特征和面貌;然后,关于许多思想家加工之前的东方理想社会也可以在侧面体现出来。

众所周知,孔子关于大同社会的说法出现在《礼记·礼运》中。孔子是通过回答子游的提问而阐明自己想法的。当时作为鲁国宾客参加祭祀的孔子,出来的时候对周公崩溃的道德进行了叹息,他叹息的理由就是以"大道盛行时代"而开始提到的大同。虽然这是众所周知的话语,但是为了展开讨论,我们还是看一下更为具体的内容。

《礼记·礼运》载:

> 昔者仲尼与于蜡宾,事毕,出游于观之上,喟然而叹。仲尼之叹,盖叹鲁也。言偃在侧曰:"君子何叹?"孔子曰:"大道之行也,与三代之英,丘未之逮也,而有志焉。大道之行也,天下为公。选贤与能,讲信修睦,故人不独亲其亲,不独子其子,使老有所终,壮有所用,幼有所长,矜寡孤独废疾者,皆有所养。男有分,女有归。货恶其弃于地也,不必藏于己;力恶其不出于身也,不必为己。是故,

谋闭而不兴，盗窃乱贼而不作，故外户而不闭，是谓大同。"

作为蕴含着孔子曾经梦想的理想社会的原则和面貌的话语，以现代人的视觉看来也是一种非常了不起的理想。特别是上面引用文中的第一句话，它里面蕴含着非常重要的含义，对叫作大同的社会有什么样的原则和理念，有着鲜明生动的描述。这种理想社会同时也是儒学中的理想社会。让我们来看一下它的具体内容。

先从前面所提到的关于大同的说明开始看，那个时代规定为"大道盛行时期"。众所周知，从大道盛行时期的具体时期——尧舜时代看来，且不说实际存在与否，先规定将其实现太平盛世。① 但是为什么把这个重要时期认为是尧舜的大同时期呢？重新说明一下，它是站在从大道盛行时期来看的一种观点。这里的疑问就在于，是否是大同社会的最终决定性的根本理念的标准。关于这一点，孔子的答案就是"公"，从孔子"认为天下的事物都是公共的……"这句话中可以看出大同社会就是规定"实现绝对公共状态的社会"。"天下为公"就是大同社会的核心。②

像这样的关于孔子声明的儒学，只要在常识上稍微了解下就可以知道其中的原因。因为"公"是儒学的核心命题。有着2500年历史的儒学在很多方面可以成为一种规则，在本质上压制着个人的私欲，追求公共的思想和行动。③ 由于追求欲望和每个人的本能有关，所以要把别人的欲望当做自己的欲望是件非常了不起的事情。儒学就是梦想实现这样的人类社会，从侧面上来看儒学中所提到的拥有完善人格的圣人，说的是思想、思维、行动都只在公共领域上实现的人。如果说道德性的概念是"利他性"的意思的话，那么儒学的道德性不是通过公共的复原，而是说照顾别人要像照顾自己一样的意思。从这样的层面上来看，儒学的目的就是"建立共同社会"。

孔子的大同理念就可以从这里看出来。大同盛行时期通过共同判断具

---

① 孔子所说的大同社会是向往尧舜时代的理想型太平盛世。김일환，"东洋理想社会论的起源及理念特征"，《东洋文化研究》（录41 大学东洋文化研究院，2011），92页。

② 上面论文，90页。

③ 详细内容参考：韩亨祚，"公公与私私"，《500年共同体运作的儒教的力量》（坡州：文坛，2013）。

有公共思想的人所建设的极为公共的社会，这就是为什么说大同社会是儒学的政治哲学向往的精髓的原因。①关于这一点，孔子关于大同社会的面貌，举出的第一个例子是非常重要的。私欲的最大扩张化形态不是连"权力（王位）"也都要通过世袭的方式传给家族或者子女，而是它是一个"招贤纳士的社会"。认为世袭是理所当然的社会里，孔子认为王位在公共的观点上是不能用世袭方式的。从孔子认为实现了绝对的公共的尧舜社会来看，终究是王位的交接，是选拔并移交给有能力的人。

孔子对大同的理念就是在这样的认识上实现的，大同社会的种种面貌全都体现出绝对的公共性。家庭被认为是儒学公共的基础，与此相同的面貌可以整理为家庭是具有私人领域性质的。大同社会里，不能只爱自己的父母和自己的孩子，因此，孔子在描写"小康"的状态的时候说道："今天的大道已经被遮盖住，变得不公了；天下为一家（是指君王可以随心所欲把王位世袭给自己的后代），人们不能只爱自己的父母和子女"②。强调亲疏区别的社会不是真正意义上的大同社会。

更进一步，孔子说的大同的特征就是一个老人们可以安度晚年，孩子们可以快乐地成长，单身汉、寡妇、孤儿和患者都可以得到抚养的社会。通过公共性发现，被排挤在外的人或者社会的弱者都应得到公共的保护才行。为了彻底实现这种社会，孔子认为财物和每个人的力量都不是为自己而存在的，而是全都应该属于公共来管理的。

那么，孔子认为怎样才能实现这样的大同呢？因大同一词本身就是孔子所说的大同社会的面貌中心，但是它没有体现出来具体的实现方法。与此相比，孔子先是对大同上一阶段的小康及其具体实现方法进行了说明，之后再确认了实现大同的具体方法。就像刚刚提到的一样，小康社会是在失去大道的状态下从规定天下开始的。天下为家，世袭制盛行，只爱自己的家人，在这样一个自私的状态面貌下，所有的财物和力量终究都是为了个人而使用的，孔子把这样的社会叫作"道德已经崩溃的社会"。以下是关于如何消除这种现象，并对实现"小康"的方法进行的说明。

---

① 金仁圭，"孔子的政治思想"，《韩国哲学论集》14 卷（韩国哲学史研究会，2004），64 页。

② 《礼记·礼运》，"今大道既隐，天下为家，各亲其亲，各子其子。"

瑀和汤王，文王和武王，成王和周公就由此出现了。这六位王之中没有一位是不遵守君子的礼节的，由此并坦露出他们的仁义，实现了信义。揭示缺点坦露出仁义，教给人谦让的方法，向百姓们揭示出一些常理。如果不能这样做的话，即使是得到有权势的位子也会被赶下台的，百姓把这认为是灾殃的。这就是小康。①

对于大道垮台私欲横行的社会，重新走向大同的具体方法就是孔子所说的"礼"。从禹王到周公等6位君子的共同特征就是"没有一个是不遵守礼节的"。通过礼节体现出来他们的仁义，实现信义，把错误的行为加以纠正，而最终实现仁。孔子要实现的公共社会的理念就是利用"仁"来战胜"利他性"的社会。大同社会体现了整个社会的仁，实现不分我的家庭和别人的家庭的状态。

这样，在没有实现绝对的公，道德崩溃的情况下，必须要有可以彻底实现的现实性的方法，这个方法就是"礼"。通过礼来实践信和义，最终形成仁。在特定的情况下需要做出相对应的行动礼节的话就可以实现仁。孔子哲学强调作为道德德目的仁以及实现其行动样式的礼，它的这个基本性格就直接体现出来了。

从这一点看，大同社会是实现克服最利他的感情的社会的体现，不是以我和家族为中心，而是在更广泛的含义上把"我们"许多人的情感作为一种公有的统一的社会。王的选拔不是选择提拔贤能的有能力的人当做王的制度，而是要实现整体的共同体的一种自然的仁的体现。因此，所有的人都会在珍惜财物的同时，不只是为了个人使用，而是为了实现公共的利益而发挥自己的力量。因此，如果把礼节规定作为行动的模范的社会叫作小康社会的话，那么大同可以说是已经是实现了彻底的自我的公共的社会。

这样的大同社会的理念占据着支配东方2500多年的空想论的位置。它的具体内容根据学问性质上的不同虽然有着微小的差异，但是在实现大同的想法上是一致的。宋代以后被称为新儒学的朱子学和阳明学最终还是

---

① 《礼记·礼运》，"禹汤文武成王周公，由此其选也。此六君子者，未有不谨于礼者也。以著其义，以考其信，著有过，形仁，讲让，示民有常也。如有不由此者，在势者去，众以为殃，是谓小康。"

设计了大同的理想社会,尤其是朝鲜的儒学家们想要实现的最高境界的理想乡。赵光祖(静菴,1482~1519)一派的朝鲜士林派学者们通过王道政治,努力实现朝鲜时期的大同社会并为之牺牲。从曾是朝鲜最著名的性理学者的李滉(退溪,1501~1570),到李珥(栗谷,1536~1584),终究还是为了实现这样的社会而付出了他们所有的力量。尤其是为了朝鲜的百姓,而进行的最好的"大同法"的税制改革,把大同设计为政治上的彻底实现的最理想的状态。

三 通过变法实现的大同社会 ——以康有为的大同思想为中心

西势东渐的冲击使得东方的知识分子们陷入很深的纠结之中,因此,他们把大炮和指南针作为代表性的东方科学技术,要求把数千年以来实现的东方文化重新进行全面性的检讨。在充分体现出科学优越性的情况下,产生科学的西方文化或思想到底是否有非得接受的价值呢?这需要直接去考虑。到底终是要断绝传统文化,还是要继续传承它的传统价值?必须要作出选择。如果宣布断绝的话,又怎样把西方文化移植到东方文化上呢?这又是一个新的苦恼。如果要继续传承的话,也必须是一边参考西方的思想和文化,一边思考当下改革和采纳的程度,这就像一个展开的棱镜。康有为生活的时代就是因为这个问题而陷入很深的苦恼的时代,[1]也是由这个问题引出了各种变革论和改革思想产生对立立场的时代。[2]

康有为的大同思想和孔子教运动就是这个时代的产物。解决由于西方帝国主义的侵略引起的中国内部的问题,建立新的理想社会,康有为认为这是个时代性的使命,他选择了孔子教运动的方式。为了建设理想社会并为实现这个目标而做出具体的努力,他最终选择了宗教,尤其是通过孔子教运动彻底体现出了东方思想和理想社会的现实,他追求以东方传统文化

---

[1] 康有为是广州人,这里同时接受了西方力量的压力和西方文化的吸引力。因此,康有为幼年时期便目睹了中国内忧外患带来的混乱状态。对大同社会的向往不是源自他的经历。김지연,"康有为的大同社会:《大同书》探究",《宗教学研究》23 卷(首尔大学宗教学研究会,2004),87 页。

[2] 이명수,"康有为大同论的哲学思维",《东洋哲学》第 5 辑(韩国东洋哲学会,1994),324 页。

为中心的新的世界状态。他的大同思想就是建立在这样的基础上,随后康有为的大同思想以东方传统的思维为出发点,为了解决现实性的问题提出了一些具体的方法,通过本章关于他提出的大同社会理想的内容可以得到证实。

众所周知,康有为的大同思想虽然是在他的前半生体现出来的,但是最直接能体现他的思想的就是他的著作《大同书》。迫使他完成《大同书》的原因是当时的中法战争,他最终于1884年完成了此书。

> 在我27岁的时候,光绪甲申年。法国军人袭击了羊城,我为了躲避战争,躲避到西焦山西部的银塘乡的七会园淡如楼里面,躲避期间我一边为国难悲痛感慨,一边为民生哀痛,于是就编写了《大同书》用来缅怀百年,但是意想不到的是过了35年的今天,竟然创建国际联盟,并就快可以亲自看到实现的"大同"了。①

看到战争的惨状,康有为切实地感受到了大同存在的必要性,在战争最恶劣最混乱的时代树立了和平的理想社会的理念。康有为把个人希望的理想社会都浸透在了《大同书》里面,他说需要等100多年,但是过了35年后,1919年他看到建立的国际联盟,他看出有希望来"实现大同"。国际联盟的形成可以看出新世界和他的思想是有着一定联系的。那么他认为的实现大同的社会具体是什么样子呢?

康有为一边开始执笔《大同书》,一边开始去讨论在甲部的"人类在世间感受到的所有孤独"。这一章的结尾部分介绍的是:康有为把人间痛苦分为了六种,又详细分出了所属的38种苦痛。明确说明了人类是生活在原则性苦痛所包围着的社会上的这一立场。关于大同的基本概念进行了如下设定。

> 曾经是神明圣王的孔子早就提前忧虑,并且制定了三统和三世的法则。他把乱世后的升平世换成了太平世,小康之后就进入大同了。(……)我已经出生在了一个动乱的时代,并目击了这个世界的苦

---

① 康有为,《大同书》,이성 애译 (首尔:乙酉文化社,2006),11页。

痛,并且想到一些具体的救助方法。我愚昧的想法不只是唯一的救济大同太平的方法。查看了世界上的所有法理,放弃大同的道义,并从痛苦中摆脱出来的道路,解救方法几乎没有一个是很通畅的。大同的道义是非常均等的,是公共的,可以说是以仁慈来统治的最卓越的境界。因此,即使有别的更好的方法也不能超越大同的方法。①

"生活在乱世,并亲自目睹这个世界的苦难"的康有为认为,只有经过小康走向大同才是救济百姓的唯一的方法。康有为提到的乱世中经过小康实现的大同,和他的三世说可以联系到一起。②他认为孔子所希望的理想社会就是摆脱现实痛苦并可以享受到快乐的社会,③并为此整理出具体的内容。这里的康有为的大同理念,以及大同的道的规定"极为均等、公平、仁慈的","天下为公"等,在大同的本质方面和孔子的基本立场都是一样的。

特别值得一提的是,康有为认为大同理想的第一个阶段,从因他人导致自己痛苦的"恻隐之心"这一点上可以找到。他对"我是我,他们是他们,他们的痛苦和我的无关"这样的现状悲哀痛苦、坐立不安,并反问说这到底是为什么呢?康有为的"不忍人之心就是推动的力量"的回答也是从这个疑问上引出来的。他人和自身间存在互相推动的力量,并因此导致他人苦痛也导致了自己的痛苦。康有为把这种力量当作是走向大同的最重要的基础,这就是仁慈。所以,康有为"仁智兼备,但以智为先;仁智兼用,但以仁为贵"④。康有为和孔子一样都说要以仁开启世界。⑤但

---

① 康有为,《大同书》,이성 애译(首尔:乙酉文化社,2006),35—36页。
② 关于三世说,参考오재 환,"康有为《大同书》中的宗教趋向",《东洋古典研究》,49辑(东洋古典学会,2012),302—303页;이규 성,"康有为的世界观和理想社会",《哲学思想》17辑(首尔大学哲学思想研究所,2003),91页。由据乱世、升平世、太平世的顺次进化过程参考同书245—261页。
③ 정인 재,《康有爲大同思想研究》,《东亚研究》第38辑(西江大学东亚研究所,2000),127页。
④ 정인 재,《康有爲大同思想研究》,《东亚研究》第38辑(西江大学东亚研究所,2000),24—25页。김방룡은 이러한 마음을 "중생이 아프니 내가 아프다"고 하는 《유마경》 속의 유마힐 장자의 말을 빌린 것으로 본다. 김방룡,〈강유위의 대동사상과 鼎山 宋奎의 三同伦理 비교연구〉,《신종교연구》18집(한국신종교학회,2008),115쪽。
⑤ 정인 재,同前面论文,129—130页。

是，康有为没有找到个人和走向大同社会的道路，认为这些都是已经赋予给人类，并以此为基础去改变现实体制。

因此，康有为认为在现实体制中首先要做的事情就是"无国境，全世界是一家人"，认为人类在世界上受到的所有的痛苦的原因就是因为建立了"国家"。

> 大凡人都会建立家庭，把家庭聚集起来就组成了部落村庄，把部落聚集并起来就组成了邦国，把邦国聚集起来就组成了统一的大国。像这样的小的被吞并聚集起来组成大的过程都是通过了无数的战争的。这是无数的百姓们在陷入涂炭的同时所说的。①

国家的诞生是通过战争来实现的，这最终要使无数的百姓们陷入涂炭之中。所以，他曾经说过"虽然国家不得已作为人类最初创造的一个集体，但是没有比国家给活着的人带来的巨大损害更最严重的了。越是文明的国家，遭遇战争的残害越是严重猛烈。"② 同时又感叹道，"悲惨啊，国家有国境"。人活着感受到的苦痛，给活着的人带来的最大损害的元凶就是国与国之间的界限。因此，康有为说实现没有国境"建立公义的政府的话，这就意味着大同的开始"，③ "建立公义的政府"仅限于在谈论大同的立场方面。

立足于在这样的观点，康有为把这种公义的政府，由乱世升平世而达到大同社会的太平世的过程整理成了具体的条目。首先，公义政府必须要先从裁军开始。先裁军，再把语言和度量衡统一起来，最终把君主制打垮，并且把权力交给平民百姓们，必须经过这样一个过程。康有为把这样的论议整理成具体的方案，即，"大同合国三世表"④，康有为通过这个"大同合国三世表"把大同的一系列的详细方案，把据乱世、升平世，以及太平世等各阶段都是怎么展开的，进行了详细的整理。下面举几个例子

---

① 康有为，同上书，153—154 页。
② 同上书，201 页。
③ 同上书，217 页。
④ 정인 재，《康有为大同思想研究》，《东亚研究》第 38 辑（西江大学东亚研究所，2000），245—261 页。

来看一下:①

"废除陈旧的国家,赋予百姓们作为世界公民的公权","没有国家,土地不分,百姓不分,成为统一的整体,并共同管理社会",这就是所谓的大同社会。在这样的社会里,如何形成公政府和设立公议会?如何来运营它?都有着详细的介绍。对未来的经济领域,设计的状态是,"银行都归属于公共的","度量衡也都统一","全世界一年的预算收入全都归属于公共的"。再者,在社会福利方面"也应该同样实现大同,百姓的权力也都要变得没有差别和差异","患者们也都能接受到公共医院的治疗","公民不分男女差别",这样就可以肯定地称为"每个人都享受大同,成为公平的天民的社会"。

把国家解体后,就可以建立没有等级,平等的世界。同时,把没有人种差别当成人类诞生的背景。规定"人类在不平等的苦痛中无形中造成的等级是最严重的事情"②的康有为为了打破这个等级差别做出了一系列的具体的努力。有奴婢和天民阶层的社会是大同的理念中最为反对的点,关于这一点,康有为说"人类来自于上天,百姓属于国家,不能被某个私人和家庭拥有"。大同强调没有阶层的平等的社会,尤其是,产生这种阶层的最重要的原因仅是因为皮肤颜色的不同,继而造成了民族问题。白色人种与黄色人种及黑色人种之间的差别引起的矛盾最为之多。

为了消除这种差别,须转变意识,同化物理概念上的人种差别是大同的重要方法。"随着时代的推移,和人类移居,大同后的千年期间实行同化的话,就能使整个地区变成统一颜色,大小相同,智慧也都相同,这就是人种的大同",③康有为的观点在这里提出来了。在康有为看来,人种的大同就是没有人种差别,是人类统一最重要的方法。因此他超越国界单位整理出了"大同合国三世表",根据人类的大同又整理成了"人类进化表"④。把这个完善的形态体现出来的社会,就是"人类全都平等,没有阶级"的社会,更进一步说,也就是"不分贵族和贱民的差别,全都成为平等的百姓"的社会。为此,康有为完全无条件地强调了"所有人种

---

① 以下内容均出自《大同合国三世表》。
② 康有为,同上书,265 页。
③ 同上书,281 页。
④ 同上书,297—299 页。

的体格都变成一样的高大、强壮、美丽,一个平等、没有差异"的世界。

这样的平等和大同理念直到最后实现"家族的解体"为止。家族解体对与孟子一样的传统儒学者们来说是可以理解为"公的情感"的一个重要背景①,但是,从大同的观点上看,康有为认为个人领域受到了限制。他特别关注以家庭名义出现的男女差别。康有为的前半生,一边明确地指出了女性受到差别的那种结构②,一边又对男性们的私人欲望明确地提出了批判的立场。男性们利用强大的力量把女性奴隶化,虽然出于独占的欲望,可以认为女性只应该作为一个家庭的人,但是作为一个国家的公民,却不能这样认为。③ 通过这样的分析,康有为讲到:要为女性建立升平的独立制度。通过教育养成资质,可以有选举和参加考试的资格。女人要成为独立的人,赋予女人这种资格需要有个阶段性的过程,但如果能够做到这一点,大同世就可以彻底实现"男女没有差别,外貌差异逐渐变得自然的消失了的社会"④。

积极消除男女差别,把家庭解体,这样才能实现真正意义上的大同社会的理念。康有为宣言,男女的心和意志相通的话就可以建议协议,但是不能叫做夫妇的协议。这个协约也是有期限的,它反对夫妇关系的平生义务,婚姻的期限长则不超过一年,短则不能少于一个月,强调按照男女平等关系和约定建立婚约。认为这样的男女关系,是作为所有人都没有什么家族关系的天民而独立存在的。当然,康有为承认这样的世界的到来需要很长的一段时间的,这也是他曾说过的"只为了未来的进化而实施的计划"的理由。家庭制度的解体,共同养育和教育孩子,老人的生活需要得到保障,尤其是在家族关系上需要有原则性认识的转换。

正如前面所看到的,康有为接受了曾经是孔子的志向的大同社会的原则性的立场。康有为最终还是接受了用"天下为公"来回应的大同社会。实现这个社会的基本品德最终也是以"仁"来设计的。但是为了实现这样的社会需要具体的方法就是进行彻底的制度改革。仁不是通过个人的修

---

① 详细内容参考:李相虎,"孟子的人际关系论中的生态含意",《东洋哲学研究》51 辑(东洋哲学研究会,2007)。
② 康有为对此有详细论述。具体内容参考康有为,前书,303—366 页。
③ 同上书,367 页。
④ 同上书,394 页。

养而实现的,而是本来就已经把品德赋予给了天下所有人。康有为认为可以把这个当成制度来实现,人间苦难的根源不是个人的原因,而是错误的制度,通过制度改革可以把人类解放,制度改革可以积极地满足人们的欲望。他的这种想法使他作为一个一生追求变法的思想家,一直在为现实的改革而活着。

四 通过修养而实现的大同社会
——李承熙大同思想的中心

曾说过"为天地立心"的李承熙,在1909年开创韩兴洞,是他每天朗诵《日诵五纲十目》的第一句。他在开展孔教运动的同时,又和基督教的十诫命中背诵的第一句那样强调了"要端正心态"。要斟酌一下,李承熙的孔子教运动是和康有为持不同的立场和路线的。如前面提到的,康有为缘于当代人类苦痛的错误的制度,为实现大同社会摸索出了一些具体的制度变化,通过变法实现社会志向。那么曾经强调为了天地要把心态放端正的李承熙又有什么样的志向呢?

李承熙作为李震相(寒洲,1818~1886)的儿子,是终生守护以父亲号而命名的寒周学的先进人物。他的父亲李震相的学问,被评价为将蕴含了很多韩国朱子学特征的退溪(李滉,1501~1570)的哲学特殊性扩大化的人物。以李滉的号退溪为名建立的退溪学为以心性论为中心去理解朱子学,人类善恶问题具有强烈的实践哲学的性质。这种特征,尤其是在理气论方面上可以体现出来。由于朱子学的理气论强调存在的原因,作为纯粹立场上的理以及它的实现是通过气来说明世界的存在。与此相比,退溪学用理气论替换善和恶的问题,将作为善之根据的理积极转换为可以主宰可以统治的哲学,并继续强调理法。虽然,理中没有直接蕴含着强大的含义,但是,通过它已明确赋予了理的作用及其主宰统治作用。

李震相把这样的退溪学更一步的强化推进了,他是提出朱子学的"心即理"之命题的人物。如果是用理来主宰控制的心,那么心本身就会被统治在理里面了,他的立场就是:心就能作为理的命题。在这样的观点上,李震相批判阳明学的心即理是神学的同时,也是主张他自己的心即理是最合适心即理的人。但是,这样的主张首先受到了当时同是退溪学派的学者们的批判，紧接着也就引起了纷争。在这个时期的李承熙接纳了和他父亲一样的积极的哲学，并且积极地修行他父亲的哲学思想。可以了解到，他把作为退溪学核心哲学的自身修养和实践精神当成了自己哲学的重点。

尤其是李承熙，他坚守韩朱学，并且和他生活在同一个时代的所有知识分子一样，在克服西势东渐的时期东洋的传统面貌的现实问题上，带有很强的问题意识。李承熙在东方文化濒临夭折的危机情况下，坚持通过儒教的改革带来精神和文化的优势的观点，通过他的努力，促使了"孔子教运动"的继续。在没有办法的情况下，他只能接受西器的优秀性这一现实，同时又只能为了坚守住东道而进行多种的努力，李承熙想通过儒学的宗教化运动来传承它。李承熙的大同思想和康有为，都是通过一个儒教的宗教运动过程，最终走向设计好的理想乡。那么，李承熙所说的大同社会又是一个怎样的社会呢？它是怎么来实现的？在这里用事例来说明一下。

李承熙的大同思想具体化的时期，是从1908年他流亡海外积极改善孔子教运动开始的。当然，关于大同思想的一些片段，在他流亡之前，作为开明的道学者时就在一定程度上有所体现了。但是它的具体化的时期，是和孔子教运动的正式开展是相关联的。虽然他在孔子教运动之后亡命国外，在中国吉林省密山府（现黑龙江密山市）建立了一个叫韩兴洞的韩人居住村，但是，在他经历命运困难的过程中，为了走遍中原，他曾经闯入了中国的孔子教运动。[①]此后，他和中国孔教会的主创人康有为有过许多次书信来往，并且也曾受到孔教会的主任陈焕章邀请，去制定孔教会的宗教礼节。

但是，李承熙的孔子教运动的出发点并不是从康有为那儿来的。他的观点明确地显示出了和康有为认为的大同社会相反的地方，他的代表性制度就是家族制度。关于《礼记·礼运》篇中提到的大同，他向康有为进行了质疑，他说："如果言听计从，父亲就不用专门养育自己的孩子，子女也就没必要赡养父母，因为需要共产。但是，如果这样的话就不符合父子之间的唯一的永远的道德法则了，父子之间的关系和陌路人之间的关系

---

① 홍원 식, 前面论文, 35 页。

就没有什么两样了。"①这个质疑乍一看起来很简单，但是实际上通过父子间的道德性情从而建立的公的情感，也是对"儒学的基本立场怎么来处理的？"这个问题的拷问。

以此为基础，和赋予男女之间的职责和作用无关，仅仅只是一个和约而已。如果把家庭制度废弃的话，那么请问夫妇之间还会有贞烈问题吗？②建立家庭是男女之间最基本的，并且要有道德上的信赖和贞操。如果这些都不坚守的话，那么就不能维持一个完整的家庭。上面这个疑问，再加最后一个疑问：消除君臣和国界的时候，是要废除它本身的政府，还是要建立共和政治的总裁制呢？这是个非常不明确的问题。③

在这三个疑问中，论者们关注的就是李承熙关于家庭关系的问题提出。对于《礼记·礼运》中说到的大同思想，他们各自有不同的立场。康有为认为要实现绝对公共的世界，最终要通过家庭解体来实现的。与此相比，李承熙认为日常的情感在公共的领域里履行的时候，家庭是必然的。人和动物的大小不同，所以基本的要求和私欲的形态也就会不同。也就是说，为了别人而建立的公共情感只能利用"不用逻辑说也能体现利他性情感的家"这样的媒介。④这样的企划是通过孟子而体现出来的。在李承熙看来，康有为的思想是以儒学为出发点的，他判断可以把这个支点推翻。

那么，李承熙对大同有什么样具体的观点呢？首先就《礼记·礼运》篇李承熙的观点来看一下。

> 上天使人类诞生，并赋予人类性别；仁义礼智以仁为根本，以义来制裁，以智来分辨，以礼行事。也是治理人类的法则。这就是对一个人动一次和静一次以及说一次行动一次的天下最适当的所有礼。由此建立家庭，并由此而来推断家庭使它更平整，并管理国家使天下太

---

① 李承熙，《韩溪遗稿》5（国史编纂委员会 编），314 页，〈书·与康更生别录〉，"盛说父不必自养其子，子不必自养其父，并付公产养之。如是则父子可永不相合，与他人无别耶？"

② 同上书，"盛说男守其分，女有特权，只有和约，不必有家界。如是则不各夫其夫妇其妇而人尽夫耶？抑有夫有妇，有贞有烈耶？"

③ 同上书，"盛说无所谓君，无所谓臣，不必别为国界，只讲信修睦。如是则举政府而废之否，抑只如共和国总统之制耶？"

④ 李相虎，《孟子的人际关系论中的生态含意》。

平。这些全部都是礼。①

这和康有为的大同从根本上有所差异。康有为把消除国界、民族、男女等的差别性作为基础，以这个为基础打破家庭性的私人领域，从而判断可以实现大同社会，打破家庭的制度性的框子，通过新的制度来实现大同。与此相比，李承熙是通过礼来进行阶段性的设计以达到天下太平的大同的。设定走修身、齐家、治国、平天下的道路，修身就是个人通过上天赠与的、与生俱来的仁和礼而来实现的。推延这种个人道德的完善，而涉及家庭和国家以及天下的形态。即：个人具备的内在性的仁，以及与它相关的行动的类型。个人建立的家庭和国家，以及太平天下就是所谓的大同。

那么关于李承熙实现大同的具体方法是什么呢？如前面《礼运》里的注释里面看到的一样，他是通过仁义礼智来实现社会的志向的，这是由于现实复杂而认为这种仁义礼智是不存在的原因。他在62岁的时候撰写了"万国大同议院私议"，这里面的第一句中介绍了"现在，天下的轮船相互交叉从而引起了万民的纷争，互相争斗使之灭亡不停止，这是为什么呢"，② 先从这个疑问开始，接着又说了下面的话。

> 呜呼！不进行仁义教育，天下只有功利，直接把人类毁掉了。把仁和天下当成一体的话，天下的人们就不会有不适应的。以身体而言，百骸（躯干）和四肢都是我的身体。以国家而言，君王和百姓，老师和朋友都是我的身体。以天下而言，把天当成父亲，把地当成母亲，天和地之间蒙成了兄弟也都是和我的身体。不管是我的人还是别人，全天下万民的人都是人。已经成为了同一个人。③

---

① 李承熙，《韩溪遗稿》6，48页，〈序·礼运集传序〉，"天生此人，有性焉，仁义礼智，本之于仁，制之以义，辨之以智，行之以礼。礼者，天之序而人之则也，在一人则其一动一静，一言一为之当天则者，皆礼也。推之一家之齐，一国之治，一天下之平，皆礼也。"

② 李承熙，《韩溪遗稿》7，549页，〈韩溪先生年谱〉，"今天下轮航相交，万国纷争，相夺相灭，莫之止，其故何哉？"

③ 同上书，"今天下轮航相交，万国纷争，相夺相灭，莫之止，其故何哉，呜呼，仁义之教不行，天下只有功利，而人类尽刘矣。仁者，以天下为一体，故于天下之人，无所不宜，自身而言，则百骸四肢，皆吾一体也。自一国家而言，则君民师友，皆吾一体也，自天下而言，则凡父天母地，同此形于两间者，皆吾一体也。我人也，人人也，天下万国之人，皆人也，既同一人矣。"

这段话是李承熙对大同"从哪开始认识,然后归结到哪"的清清楚楚的描写。如果说康有为认为是错误的制度,尤其是由国家或者民族主义引起的混乱的话,那么李承熙则认为是由于不进行仁的教育只有功利引起的。在康有为看来,人所受到的仁是上天赋予的,这是人天生就具有的。李承熙持同样的观点,通过仁达到"四海皆同胞"的状况已经是赋予在人类本性中的。①大同有实现的可能性是因为已经赋予了所有人仁的本性,所以人们只要把这个实现就可以了。但是问题就在于即使是人们全都通过本性已经成为了一个整体,但还是在继续做着"借脑袋和眼睛的智慧来欺骗自己肢体的事情,用手和脚的力气去击打自己腹部和腰部"②的事情。横挡住大同的去路,最终还是不能把赋予自己的仁来履行。

作为同样的理由,李承熙举出了达到大同社会使用的具体方法和来实现礼节的一些实例。通过本性仁的行动体现出来的就是礼。通过礼用利他的精神来回答的仁是实现自我的重要的意义。用同样的理由,在前面的引用文里面,李承熙设计了"符合天下法则的礼节",就是通过礼来实现太平天下的意思。大同理念的含义就是以"仁"为基础,可以通过礼节来实现完成的。因此,李承熙说虽然现在也还是有很多教诲在相互竞争着,但是天下没有一个人是讲究礼的,同时不能走向大同的终究原因也还是没有能够实现礼。③李承熙梦想的大同社会就是通过"礼治的大义"来救治接近崩溃的孔教的"纲常和礼义"。④

从这个层面上可以说,李承熙的大同社会是通过礼来实现仁义的社会。当然根据时代性的背景不同,李承熙终究还是强调了万国大同议院和万国公法等多种多样的制度的重要的政治性。⑤但是和这个一样的制度方法结果也是"为了使天下万国都进入仁义的领域"⑥。李承熙的大同思想

---

① 김기 승,前面论文,50页。
② 이승 희,同上书,549页,〈韩溪先生年谱〉,"今有人于斯,聘头目之智而欺其肢体,用手足之强而打其腹腰,又有人焉,为父而欺幼子之愚,为夫而凌其妻之弱,则可谓仁且义乎?"
③ 李承熙,《韩溪遗稿》6,48页,〈序·礼运集传序〉,"自尧舜大同,经千年而得姬周之英,卒小康而止,又五百年而得孔子,仅以微言发之,不能公之天下,今又二千五百历年,大运一变,群教并争,天下无言礼者。"
④ 김기 승,前面论文,69页。
⑤ 李承熙,《韩溪遗稿》7,549页~550页,〈韩溪先生年谱〉。
⑥ 同上书,"于是乎使天下万国,皆入于仁义之域。"

和康有为是不同的,他不是通过变法来完成的,而是靠赋予自身的仁义的本性的自觉性全部恢复到礼里面从而得到整个世界的。

　　李承熙的这种思想强调了实现大同的方法中应"把心放端正"。因为朱子学的基本立场的根据,是把宇宙的理赋予了人类的本性里。把太极理解成主宰万事和万物的痛时他从中找寻上帝的意义。① 这样看来,上帝是宇宙的根源,可以理解成是人类的性。② 再次说明下,这句话可以理解为:赋予人类的仁义礼智的本性的,不是别的,而是上帝。心就是承载这样的上帝的场所。那么根据仁义礼智的本性,"只要做的话",就可以活在上帝支配给的理想人生里。③ 通过自身道德上的自觉性以及与之相关的行动而实现的社会的含义,这和仁义实现的大同没有什么两样。

　　在这样的层面上看,大同社会可以叫作实现了仁义的个人生活的社会。为此,最重要的前提条件就是按照仁义生活的同时,自己心中必须要首先彻底地实现大同。因为这样的个人行动行为就是礼仪。李承熙想彻底实现的大同就是实现每个人心中大同的基石之仁义即实现"小大同的个体"是最先要做的事情。这样的人渐渐增多的话,那么实现大同就会成为一种自然的现象,大同通过每个人的修养先在自己心中实现,然后才可以和人们一起共同实现。

五　结论

　　到目前为止,我们一起了解了对于实现大同的理想,康有为和李承熙各自不同的方法。人类的所有思想和运动只不过是在于努力程度上的差异而已,可以看作是为了理想社会而进行的计划和实践。这样的计划和实践,在社会现实非常困难混乱的时候,更加可以强烈的体现出来。康有为和李承熙的孔子教运动和他们的大同社会的志向和理念最终是一样的。但

---

① 李承熙,《韩溪遗稿》6,206页,〈辨.韦君廉臣英人上帝非太极论辨〉,"是则此一理之自然者,有能主宰乎万物万事者也,故又以此理之能主宰万物万事者,而谓之上帝。"
② 相关内容参与:김종 석,"韩溪李承熙的孔教运动与儒教改革论问题",《哲学论丛》38辑(新韩哲学会,2004)14页。
③ 郑炳硕认为李承熙的孔教运动是"道德性宗教观"。具体内容参考:郑炳硕,"韩溪李承熙的道德性宗教观",《儒教思想文化研究》39辑(韩国儒教学会,2010)。

是他们两个在大同内容和实现大同的具体方法上有着鲜明的差异。我们在这一章对他们的差异点做了简单整理，对于他们空想的重要立场的差异也进行了确认。

正如前面所看到的，康有为和李承熙的出发点都是出于《礼记·礼运》中孔子所介绍的大同思想。作为实现大同社会最基本的条件"仁"，它以儒学为命题的认识性最终是统一的。但是康有为认为这样的仁都存在于每个人的内在，他的意思就是，实现大同的可能性已经赋予了每一个人。所以说仁不是需要再修养的对象，也不是要扩大的对象，而是每个人都已经具备了的。从现在开始，真正需要的就是为了实现这个具体的制度而努力。通过现实性的制度而打开真正的大同社会，康有为的这个观点在这里体现出来了。

国家制度的消失是人类苦痛的最大原因，在全世界组织万国议会的方案也是出于这样的理由。这也是提出要消除民族和种族之间的差别，以至于把全人类都统一的方案的理由。特别是康有为，他做着超越男女差别，实现所有天民社会的梦想，同时他也认为真正的大同社会就是消除了家族的局限性框框的社会。为了使受到男性压制的女性得到解放而赋予她们平等的公民的权力，他提出了一系列具体方法。接着再看一下康有为的立场，他提出了把作为最小单位的公共的集体的家庭的解体论。从私人领域和公共领域混合在一起的家庭制度开始，直到消除国界为止，通过多种制度的改革，他认为是可以走向完全平等的"天下为公"的社会的。

与此相比，李承熙曾经梦想的大同社会有所差异。和康有为一样，李承熙同意所有人都具备了仁，认为天下所有的人都是一个统一的整体，这意味着实现大同的可能性是赋予所有人的本性。但是，现在不能实现大同社会的原因就是这样的仁义在现实中不能实现，因为功利在泛滥，也就是说仁义在现实中需要作出具体的努力。李承熙把实现仁义的礼作为履行大同社会最重要的实践关键。通过所谓礼治的大义去理解纲目和礼仪共存发展的社会为大同社会。

就这样，李承熙把目光集中到了人类具有的仁的本性上，把赋予所有人的仁的本性重新修复，这就需要把它体现在礼的行动面貌上。从这样的层面上看，李承熙的大同和康有为通过变法完成的大同是不一样的，它是通过赋予自身具有的仁的本性来自觉的恢复到礼的世界的。这就是为什么李承熙一边展开孔子教运动，同时又强调，比改变制度和法则更重要的就是"要端正心态"。

正如前面所说的，不管是所有的宗教，还是思想，都是做空想的梦，所有的人都希望自己可以生活在空想出来的地方。那么怎么来实现梦想呢？至今为止，人类在向着自身所期待的理想乡努力，通过改变制度和法则，来解决多种现实问题，逐步创造了更进步的历史。康有为的理想直到现在为止都是为了改变现实，充满了许多人的努力和牺牲，以此为基础，我们以及我们的下一代创建更完善的制度，并对应社会发展的一种人类努力。这就是为了大同，我们需要改革性行动的理由。

与此相比，李承熙的理想乡不是通过法则和制度来实现的，而是依靠从活着的每个人的心里体现出来的，作为对于神的内在认识，就是制造自己可以生活于其中的天堂。这与宗教的教义有着相似的性质。通过每个人的道德修养来醒悟自己内在的仁，由此来正确地分辨自己人生的态度。在法和制度的大范围里，它比改革更倾向于通过个人的醒悟，为了将自己生活的现实转换成大同而做出努力。不是一直等到改变制度和法则为止就是大同，而是通过自己人生的态度和行动的改变，把自身生活的现实一点一点的改变。

怎么来实现大同思想呢？是通过制度改革而组建新的社会吗？还是通过个人的变化实现改变个人和大家生活中的细小现实开始的呢？康有为和李承熙为了实现理想的社会，阐述了以上两种观点。这是人类已经考虑很久了的问题，并且到现在仍然是留给人类的一个疑问。

从大一统到大同

山东社会科学院国际儒学研究与交流中心　李峻岭

春秋战国时代，礼崩乐坏、战争连绵，社会动荡，整个社会在进行着重组与整合，在这种情形之下渴望恢复周礼的孔子表达了对大一统国家的追求，并且提出了理想中的大同世界。由大一统到大同，是先秦儒家共同的梦想与追求，大一统是实现大同理想的前提和基础。

一　大一统的由来

见诸文字的"大一统"最早出自《春秋公羊传》："元年者何？君之始年也。春者何？岁之始也。王者孰谓？谓文王也。曷为先言王而后言正月？王正月也。何言乎王正月？大一统也。""大"在这里是动词，即张大、尊崇之义。何休在《春秋公羊解诂》中把"大一统"释作"大一始"："统者，始也，总系之辞。夫王者，始受命改制，布政施教于天下，自公侯至于庶人，自山川至于草木昆虫，莫不一一系于正月，故云政教之始。"徐彦疏曰："王者受命制正月，以统天下，令万物无不一一皆奉之以为始，故言大一统也。"① 可见，大一统，以统纪保持一致为大，重在遵从王与诸侯之间的正当关系，即奉文王所定之正朔，因而大一统就是要自下而上地遵从这种政治秩序下的各种制度安排。

"大一统"的概念虽晚出，但其思想观念却可以追溯到商周之前的上古时代。江林昌在《中国上古文明考论》中认为："可以将上古文明时期

---

① ［唐］徐彦:《春秋公羊传注疏》卷一，［清］阮元校刻《十三经注疏》，中华书局1980年版，第2196页。

至秦汉时期大致划分为文明起源——早期文明——文明转型——成熟文明"四期,每个时期也各有特点:第一时期为五帝时代,在考古年代上属于"石、玉、铜并用时代",在社会形态上,属于"酋邦等级制";第二时期的夏、商、西周是青铜时代;在社会形态上属于联盟共主制;第三时期的春秋、战国时期是铜铁时代,政治制度是诸侯称雄制;第四时期的秦西汉及以后属于铁器时代,属于中央集权制[1]。根据这种说法,上古的五帝时期松散的"酋邦"制度,已经有了"大一统"的观念萌芽了。谢维扬在《中国早期国家》中指出,酋邦社会整个"权力结构呈现为一种金字塔形,即有一个人拥有整个社会的最高权力",酋邦社会因而具有专制政治的特征,当这种"具有明确的个人性质的政治权力色彩的社会……向国家转化后,在政治上便继承了个人统治这份遗产,并从中发展出人类最早的专制主义政治形式"[2]。这一酋邦模式的核心在于,酋邦与专制政治之间的必然联系。

那么,上古三王时代无疑便属于文明起源的酋邦时期。这个时期的联邦是松散的。《尚书·尧典》开篇即颂扬尧"光被四表,格于上下。克明俊德,以亲九族。九族既睦,平章百姓。百姓昭明,协和万邦,黎民于变时雍"。由此看来,尧治理天下并非都是一视同仁,而是由亲及疏,由近及远,由本族到百姓,由百姓再到万邦。既然能"协和万邦",显然已是各族邦尊奉的共主。在《尚书·皋陶谟》中,也处处折射出大一统的意识。比如,禹自说自己"予决九川距四海"、"烝民乃粒,万邦作乂"、"光天之下,至于海隅苍生,万邦黎献,共惟帝臣,惟帝时举",这里的"九川""四海""光天之下""海隅苍生""万邦黎献"等等用语,都说明了禹是统一联盟的唯一"帝"。因此,所谓"联盟共主制",应当包涵两方面的内容:第一,"联盟"意味松散的联合,并非后世专制的"大一统"国家;另一方面,"共主"意味着存在一个统一的政治中心。

到了西周时期,实行了较为严格的宗法制和分封制,国家一统的局面得到了进一步的巩固和发展,相应地"大一统"的思想观念在表述上更加明确,其内涵也得到了进一步地扩充。《尚书》所记载的基本上都是

---

[1] 江林昌:《中国上古文明考论》,上海教育出版社2005年版,第53页。
[2] 谢维扬:《中国早期国家》,浙江人民出版社1995年版,第182、213—222页。

夏、商、周三个中央政权的历史和政事，或者是三者之间的更替，即使是涉及其他的邦国或部落（如《秦誓》中的秦国、《甘誓》中的有扈氏），也是把它们当成了属下的诸侯或臣子。"王"或"帝"均以"奉天（或上帝）命"自居。在《尚书·召诰》中召公说："我不可不监于有夏，亦不可不监于有殷，我不敢知曰：有夏服天命，惟有历年；我不敢知曰：不其延。"召公认为周王朝是顺应天命代替夏商以有天下。《诗经·鲁颂·宫》曰："王曰叔父，建尔元子，俾侯于鲁。大启尔宇，为周室辅。"这是特别强调周天子与诸侯间的上下级的君臣关系，因为受封的诸侯是从天子那里"受民受疆土"，所以各邦国必须效忠天子，共奉王室。《诗经·周颂·执竞》也说："自彼成康，奄有四方。"此言西周疆域辽阔，广有四方，实现了空间上的"大一统"。

综上所述，到了西周时期，"大一统"观念已经深入人心，成为了统治者重要的一个政治理念，也即是《诗经·小雅·北山篇》的名句所说的："溥天之下，莫非王土；率土之滨，莫非王臣。"从土地到臣民，从天下到四海，一切都统属于天子，天下王有，四海一统[①]。

夏、商、周及以前的"一统"不可以与秦汉以后的专制统一同日而语，对"统一"的理解也不能等同。上古三代的统一是极为松散的，统一王朝下的诸侯国从一开始就有很大的独立性，直至逐渐膨胀到王权所无法驾驭的程度，造成天子衰微、诸侯争霸称雄的局面。

当然，"大一统"的含义并非单纯指领土的"统一"，它还有着更广泛的内涵，包括政治、经济、意识形态的统一，其表现为政治清明、社会安定、经济繁荣，其最高境界当是孔子所向往的"大同世界"。台湾学者李新霖总结了"大一统"与"统一"的关系："所谓一统者，以天下为家，世界大同为目标；以仁行仁之王道思想，即一统之表现。然则一统须以统一为辅，亦即反正须以拨乱为始。一统与统一既有高下……则'统一'寓于'一统'之中，自可知矣。"[②] 我们可以这样来理解，疆域的统一是实现"大一统"必不可少的前提条件，也是唯一的途径，只有国家统一了，才能完成政治、经济甚至意识形态的统一；而"大一统"的最

[①] 张子侠：《"大一统"思想的萌生及其发展》，《学习与探索》2007年第4期，第210页。
[②] 转引自计秋枫《"大一统"：概念、范围及影响》，《光明日报》2008年4月27日。

终目的是实现孔子在《礼记·礼运》篇中所描述的"大同世界"。

二 孔子的大同思想

政治的统一是春秋战国以来社会生产发展、各地经济联系加强的必然趋势，而思想的统一则是政治统一的必然结果。孔子所在的时代，周天子仅仅为名义上的天下共主，西周初年行之有效的礼乐制度早已不能应对当时所面临的新的社会问题，无法维护现实社会秩序，孔子在最大程度继承周礼的基础上，面对春秋晚期"礼坏乐崩"的动乱局势，尖锐地指出："天下有道，则礼乐征伐自天子出；天下无道，则礼乐征伐自诸侯出。……天下有道，则政不在大夫。天下有道，则庶人不议。"（《论语·季氏》）这便是孔子大一统思想的集中表述。

自孔子提出了大一统的政治理想之后，历代思想家都承袭了这一思想。下面我们来看看孔子怎样表述他的大一统思想。

（一）孔子的大一统思想

1. 孔子的夷夏观——华夷互变

"华夷之辨"是孔子民族观的出发点，在孔子看来，区别华夷最重要的标准应是文明程度的高低而非种族血缘。他认为夷夏之间是可以转化的，其转化的标准便是周礼，能行周礼者，即便是夷狄也可变为华夏，而华夏各国如果不守周礼，便沦落为夷狄。《左传·宣公十二年》载：晋楚之战中，当时尚属"夷狄"的楚国大败华夏晋国，孔子在《春秋》中却以楚为"礼"而贬晋，这一贬一褒，充分反映了孔子"夷夏互变"的立场和观点。梁启超在《春秋中国夷狄辨序》中说："春秋之中国彝狄，本无定名。其有彝狄之行者，虽中国也，醒然而彝狄矣。其无彝狄之行者，虽彝狄，彬然而君子矣。"[①] 华夏与夷狄的区别，不是严格按照血缘或地缘划分的，而是在文化取向的差别。这是对孔子夷夏观最好的阐释。

孔子曾对自己的学生说："道不行，乘桴浮于海。"（《论语·公冶

[①] 梁启超：《春秋中国夷狄辨序》，《饮冰室合集》第 1 册卷二，中华书局 1989 年版，第 49 页。

长》）显然，这个"海"不是海外异邦，而是"四海"等蛮夷地区。可见，孔子对于春秋末期"礼崩乐坏"的局面痛恨之至，甚至产生了逃避的念头，而他的避难所则是文明程度落后的四夷，由此我们不难推断出，孔子对于教化四夷是有信心的，认为四夷在教化之下可以成为他理想的"中国"，因此，当对于春秋末诸侯纷争、道德失落的现实感到无计可施的时候，孔子想去尚未开化的四夷开辟新的天空，以实现他心目中的理想社会。孔子的这种想法，完全是基于他的"夷夏互变"观。

孔子相信，对于不知礼乐的四夷是通过教化使其转化为华夏的。《论语·子罕》中有一段话："子欲居九夷，或曰：'陋，如之何？'子曰：'君子居之，何陋之有？'"朱熹《集注》："君子所居则化，何陋之有？"准确地注解了孔子"用夏变夷"（《孟子·滕文公上》）的思想。在实现"用夏变夷"的方法上，孔子反对武力征服，提出了"远人不服，修文德以来之。既来之，则安之"（《论语·季氏》）。他说："上好礼，则民莫敢不敬；上好义，则民莫敢不服；上好信，则民莫敢不用情。夫如是，则四方之民襁负其子而至矣。"（《论语·子路》）这里的"远人""四方之民"，无疑包括了甚至主要是指华夏之外的夷狄之民。对于他们，孔子主张统治者通过自我修养达到"礼""义""信"，使得整个社会能够安宁和谐，"四方"之民自然心悦诚服，自动归顺，然后再用先进的文明（即周礼）来教化他们，使他们成为华夏一族的成员。整个过程没有战争、没有强迫，完全是顺其自然、水到渠成。

孔子以前的民族融合是在战争侵伐的基础之上，通过侵略和占有，以强迫的方式实现的，其民族融合的过程也是被征服民族的血泪史。孔子在"仁"的基础之上提出"华夷互变"观念，以文明程度作为区华夷的首要标准，为民族间的大融合另辟蹊径，促进了民族间的认同，增强了中华民族的凝聚力，为后世历代少数民族政权所认同，对形成多元一体的中华民族共同体有极为重要的意义。

2. 孔子的理想之治——大同世界

《礼记·礼运》篇描绘了孔子的对"天下为公"的"大同"社会的向往，这种"以天下为一家"的"大同社会"亦是孔子"大一统"思想的表现。

《礼记·礼运》篇中所描绘的"大同"社会的美好蓝图是：

> 大道之行也，天下为公。选贤与能，讲信修睦。故人不独亲其亲，不独子其子，使老有所终，壮有所用，幼有所长，矜寡孤独废疾者皆有所养。男有分，女有归。货恶其弃于地也，不必藏于己；力恶其不出于身也，不必为己。是故谋闭而不兴，盗窃乱贼而不作，故外户不闭，是谓大同。

面对春秋乱世，孔子的理想是那么的遥远而不切实际，又是那么的美好令人向往，即便是现在，这样的"大同世界"似乎仍遥不可及。而这样政治清明、民风淳朴、人们各司其职、老幼皆有所养的社会必定要以大一统为基础的，因为只有天下一统才不会有战争，人民才能安宁度日、民风淳朴，然后才能教化四夷，最终实现夷夏一家，天下一统，即《中庸》所说的"舟车所至，人力所通，天之所覆，地之所载，日月所照，霜露所堕，凡有血气者，莫不尊亲"的大同世界。孔子认为春秋乱世，本应是一统的天下。因此，他以"天下无道"论述春秋时势，又以"天下为公"阐发自己的社会理想。他心目中的"圣王""天子"，就要像古代五帝那样"王天下"，有威严、威信，处处以天下苍生为念，以"仁"治天下，能得到人民的爱戴。

三 孔子实现"大同世界"的途径

（一）"仁"以有天下

仁民爱物，是孔子整个思想体系中的核心，而孔子要实现他理想中的"大同"当然不能离开"仁"。"仁"的表现是"德治"。孔子主张"为政以德"，他说："为政以德，譬如北辰，居其所而众星共之。"（《论语·为政》）统治者若能以仁政来治理国政，自己就会像北极星受群星环绕一样受到老百姓的拥护。"仁者爱人"，"仁"就是要反对战争尊重生命，因此，他又说："远人不服，修文德以来之。既来之，则安之。""修己以安人。"远方的少数民族不屈服统治，就要以"仁"为基础，提高自己的修养程度，自然而然的，就会慢慢用先进的文明去同化他们。之后，便是用"仁政"去统治他们。果能如此，就会使"近者悦，远者来"；使"四方之民襁负其子而至"（《论语·子路》）。这样，就能建立起一个"四海之内皆兄弟"（《论语·颜渊》）"老者安之，朋友信之，少者怀之"（《论语·公冶长》)的大同世界,这是孔子的最大志向。

面对春秋末年的诸侯争霸、征战连年,孔子极力反对造成生灵涂炭的兼并战争,希望能够通过"仁政教化"实现天下一统。因此,他虽然痛恨管仲"不知礼",却又多次极力赞颂管仲:"管仲相桓公,霸诸侯,一匡天下,民到如今受其赐。微管仲,吾其被发左衽矣。"(《论语·宪问》)他说:"桓公九合诸侯,不以兵车,管仲之力也。如其仁,如其仁。"孔子不轻易以"仁"许人,却连用两个"仁"来形容管仲,就是从管仲相桓公、建霸业、维护了国家统一的却不通过战争的角度出发的。却高度评价管仲不通过战争,却能九合诸侯,一匡天下的功业为"仁"。

可见,在孔子那里,一统天下是结束战争侵伐,让人民过上安宁生活的唯一途径,但要实现天下统一,必然要避免造成人员伤亡、百姓流离失所的战争。在孔子看来,唯有"仁"才能实现和平的大一统,通过"仁政"可以一统诸侯,可以教化四夷,可以实现政治清明,人民安居乐业,于是,才能实现他心目中的"世界大同"。

(2)"礼"实为尊王

春秋是个重"礼"的时代,孔子也不例外,但孔子的"礼"是以"仁"为基础的,他说:"人而不仁,如礼何?人而不仁,如乐何?"(《论语·八佾》)在孔子看来,礼乐制度都是"仁"的表现形式,因为"克己复礼为仁"(《论语·颜渊》),只有克制自己的欲望,让自己的行为符合"礼",才能够做到"仁"。

孔子的"礼",便是"周礼"。孔子对于周公崇拜之至,甚至以梦到周公为幸,"甚矣吾衰也!久矣吾不复梦见周公!"(《论语·述而》)孔子一生为实现周公之礼而奔走呼号,但他的思想并不是《周礼》的翻版,而是《周礼》的继承与发展。

《论语·阳货》载:"公山弗扰以费畔,召,子欲往。子路不说,曰:'末之也已,何必公山氏之之也?'子曰:'夫召我者,而岂徒哉?如有用我者,吾其为东周乎!'"对于此处的"东周",学者多有不同见解[1],结合着"周鉴于二代,郁郁乎文哉,吾从周"(《论语·八佾》)来理解孔

---

[1] 陈增辉:《孔子的大一统思想及其意义》解释为"在鲁国复兴西周大一统的礼乐制度",《黄山高等专科学校学报》2001年第2期,第48页。

子的这段话，孔子所说的"东周"，应是泛指有别于以往的西周、旧周的现代。颜渊曾经问孔子怎样治理国家，孔子回答："行夏之时，乘殷之辂，服周之冕，乐则韶舞。"（《论语·卫灵公》）可见，孔子不拘泥于已有的周礼，在治理国家的问题上采取的是择优而取的原则，这也体现了孔子与时俱进的思想。理解了这点，我们再来看孔子所说的"东周"，当是旨在改革求新，而不是简单的西周之道的复兴①。可见，孔子的"礼"是在周礼的基础之上，结合当时的时代特色，而创造的新的理论体系。

孔子所提倡推广的"周礼"以"仁"为基础，其核心便是"君君臣臣父父子子"。《论语·颜渊》载：齐景公问政于孔子。孔子对曰："君君，臣臣，父父，子子。"公曰："善哉！信如君不君，臣不臣，父不父，子不子，虽有粟，吾得而食诸？"齐景公的话深刻地揭示了孔子所推崇的"周礼"的根本目的——维护君权。孔子强调礼制的权力意义和君主集权思想，与"礼乐征伐自天子出"的君主集权思想是一致的。

首先，要做到"君君"，即君主要行君道。《礼记·哀公问》载："公曰：'敢问何谓为政？'孔子对曰：'政者，正也。君为正，则百姓从政矣。君之所为，百姓之所从也。君所不为，百姓何从？'"《论语·颜渊》载："季康子问政于孔子。孔子对曰：'政者，正也。子帅以正，孰敢不正？'"无论是对国君鲁哀公，还是对实际掌权者季康子，孔子都强调"政者，正也"，要求统治者自身端正，无偏无私。《尚书·洪范》说："无偏无党，王道荡荡；无党无偏，王道平平；无反无侧，王道正直。"孔子思想与此一脉相承。

当然，孔子理想中的君王或者当权者首先是"仁爱"的，这也是孔子对于当政者提出的要求。《论语·子路》篇也提到："子曰：'苟正其身矣，于从政乎何有？不能正其身，如正人何？'""子曰：'其身正，不令而行。其身不正，虽令不从。'"孔子一而再、再而三地强调执政者必须率先正己，孔子的"正"，是"仁政""德治"。他说："为政以德，譬如北辰，居其所而众星共之。"（《论语·为政》）君主为政必须从修德作起，上行下效，推行德政，最终达到"修己以安人""修己以安百姓"。对待

---

① 参见贺卓君：《释"如有用我者，吾其为东周乎"》，《学术月刊》1980 年第 11 期，第 56、40 页。

老百姓要"道之以政，齐之以刑""道之以德，齐之以礼"（《论语·为政》），实行"德治"，用"礼"来约束他们，而不是单纯的使用刑法来威吓他们。

其次，"臣事君以忠"，臣子应行臣道。针对春秋末年诸侯纷争、礼崩乐坏的局面，孔子强调"忠君"，如果臣对君报以忠心，就不会出现犯上作乱的越轨行为了。孔子认为"君使臣以礼，臣事君以忠"（《论语·八佾》），君主如能以礼相待臣子，臣子就应对君主效忠，他第一次把"忠君"推及到"礼"的范围内，是对《周礼》的一个发展。在生活中孔子身体力行来扩大周礼的影响和作用，抨击种种僭越行为，对于季氏"八佾舞于庭"的行为提出严正控诉，"是可忍也，孰不可忍"？在短暂的仕鲁生涯中，孔子恪守君臣之礼，《论语·乡党》记载，孔子"入公门，鞠躬如也，如不容。立不中门，行不履阈"，"君在，踧踖如也，与与如也"，"君命召，不候驾行矣"。当然，孔子的"忠君"是以"君使臣以礼"为前提的。

第三，父慈子孝，长幼有仪。孔子尤重父子人伦，他认为孝敬父母不只是"养"和"敬"，更重要的是"无违"。孔子强调"父慈子孝"，要求做父母要慈爱，一如君主要"仁"。子女对待父母要委婉缓和，"父母有过，下气怡色，柔声以谏。谏若不入，起敬起孝。悦则复谏。不悦，与其得罪于乡党州间，宁孰谏"（《礼记·内则》），与其父母犯错，宁愿不断地劝谏，恭敬不违，劳而无怨；他对宰我改革三年之丧的议论非常不满，认为这是"不仁"。

孔子一再强调"孝"，除了"孝"是"仁"的首要条件之外，还有其深刻的社会原因，"其为人也孝悌，而好犯上者，鲜矣；不好犯上，而好作乱者，未之有也"（《论语·学而》），一个人在家里孝敬父母、尊敬兄长，在外面也是一个遵教守法的好公民，绝不可能做出僭越或者反对君主的事情，这才是"父慈子孝"真正的社会意义所在。

孔子的一生都在实践他"大同世界"的理想。在鲁国任大司寇期间，他曾说服鲁定公"堕三都"，失败后开始了长达十四年奔走列国、颠沛流离的生活，孔子的周游列国，其主要目的还是希望找到一个能够理解他、信任他的国君，以便实行他的政治理想，而后实现他心目中的"大同世界"。

在周游列国实现政治理想的梦破灭之后，孔子带着众弟子黯然回到鲁国，开始了授徒著述的生活。删定《春秋》便是孔子晚年一项重要的工作。

孔子曾有一段著名的话来表达他对于自己删定《春秋》的心情，"知我者，其惟《春秋》乎！罪我者，其惟《春秋》乎！"（《孟子·滕文公下》）孔子以"尊王攘夷"为旨归作《春秋》，"微言大义"贬责诸侯僭礼，以达到尊崇周天子，维护统一局面。董仲舒认为，孔子作《春秋》的目的是"退诸侯，讨大夫，以达王事而已矣"（《史记·太史公自序》），是要"拨乱世反诸正"（《公羊传·哀公十四年》）。"拨乱反正"就是恢复"礼乐征伐自天子出"的"有道"之世。孟子所说："孔子成《春秋》而乱臣贼子惧。"（《孟子·滕文公下》）陈其泰先生在《〈春秋〉与史学传统》中所说："主张'大一统'和经世致用，是《春秋》对中国史学传统最重要的影响。孔子尊奉周王室，强烈地表达他的政治理想是实现统一的王权，重新实现'礼乐征伐自天子出'的有序局面。……孔子的尊王和大一统思想，正好反映了春秋战国时期历史发展的本质和主流。这对中国走向统一的历史道路是有重要意义的。"[①]

[①] 陈其泰：《〈春秋〉与史学传统》，《光明日报》2001年4月17日。

杨倞《荀子注》的得失及评价

山东社会科学院国际儒学研究与交流中心　张　明

一　杨倞其人与注《荀》之情形

杨倞，两《唐书》皆无传，惟在《新唐书·艺文志》中所载"杨倞注《荀子》二十卷"下注云："汝士子，大理评事。"按岑仲勉先生考证，《新唐书·杨汝士传》中汝士三子，无倞之名，据以为汝士之族子之误。[①] 据此判断，杨倞系唐代弘农（今河南灵宝）杨氏族裔，其生活的时代大约在公元8世纪末至9世纪前期，与韩愈同时而年岁稍晚。杨倞所担任的大理评事一职只是从八品的小吏，可见由于他仕宦不显，故史籍语焉不详。除了《荀子注》之外，流传下来的署名杨倞的文献仅有《马纾墓志铭》一文。

虽然杨倞官小职卑，声名不显，其生平经历时至今日几近于无考，但是他在历史上首次为《荀子》作注，在荀学史上乃是破荒之举，意义非凡。杨倞之前《荀子》书的本子是汉成帝（公元前33～前7年在位）时代刘向进行整理的，他在《叙录》中云："所校雠中，孙卿书凡三百二十二篇，以相校除复重二百九十篇，定著三十二篇"，并定名为《孙卿新书》，此后以手抄本形式流传。经过杨倞的校订注释之后，此前的传本皆亡佚，我们今天所见的荀书本子，追本溯源都是出自杨倞之手。

杨倞对刘向整理后流传下来的本子既有继承，也有改造。从继承方面说，刘向通过对当时众多荀书的传抄本加以对校整理，排除其中重复的地

[①] 岑仲勉：《杨倞非汝士子》，载《唐史馀沈（外一种）》，中华书局2004年版，第157页。

方，定为三十二篇，这篇数与篇名都被杨倞继承下来，未加改动。但是从改造方面来看，杨倞的注本却与之前的传抄本有所不同。

第一，书名作了改变。刘向校雠各种版本，均作《孙卿书》，经过整理之后，定名为《孙卿新书》，而杨倞作注之后，改书名为《荀子》。书名的改易虽说只是形式上的变化，并不涉及书中的内容，然而此举确乎关系到了某种微妙的历史意味，经过这番更改，从惯常的体例看，更近乎《孟子》《庄子》之类，使荀学的原典著作得以"正名"，从形式上获得了规范化的"子书"样貌。"荀""孙"一音之转，本无太多差异，汉代有避讳之说，故在史籍中造成诸多麻烦，杨倞直归本源，化繁入简，定名《荀子》，遂在这一问题上确立了范式，此后称"荀"而不称"孙"，称"子"而不称"书"，全因杨倞之故。

第二，恰当加以注解。荀书流传至唐代，未尝有注，而文辞涵义之差别因年代相隔久远不为当时所知，且该书行文古奥，最多奇字僻词，[①] 不利于为时人广泛阅读，杨倞对此进行了详细而精审的注解，使得上述弊端得以化解。考其注解的特点，既有对偏僻字词的考据与解释，也有对文意的疏通与阐发，这就一方面既吸收了汉代以来章句之学细察考证的优长，另一方面又启发了宋代重视义理之学的风气，二者兼而得之，以至于清代朴学名家郝懿行也称赞说"杨倞注大体不误"[②]。

第三，篇次进行调整。刘向所校定的荀书三十二篇，各篇均标明篇目，杨倞重校时未加改变，但却对篇章次序进行了一番调整，这种调整绝非随意的行为，其中很能体现出杨倞本人对荀学的某种态度。如首篇《劝学》与刘向校订本篇次相同，但末篇《尧问》却是杨倞重新排定的，而刘向本的末篇本是《赋》，此番改动暗藏之意是将《荀子》比附于《论语》，因《论语》以《学而》居首，以《尧曰》作结，这种比附实则意味着荀子对孔子的继承关系。在这些篇次的改动调整中，对后世关于荀学理解影响最大的莫过于将《性恶》篇提前至第二十三，其注云："旧第二十六，今以是荀卿论议之语，故亦升在上"。按刘向原将《性恶》篇置于后七篇"杂录"之内，怀疑并非荀子本人的意见言论，杨倞的这一改动，

[①] 李慈铭：《越缦堂读书记》。

[②] 郝懿行：《与王伯申引之侍郎论孙卿书》。

实质上肯定了该篇在荀书以及荀学中的重要地位，同时也就肯定了"性恶说"出自荀子本人思想的真实性。先秦典籍历经战乱秦火，在保存流传中难免有错讹脱漏之处，其中字句内容是否真正出自于著者之手或秉承于原义，此类问题一直困扰着后世学者，荀书也不例外。杨倞将《性恶》篇从旧本的"杂录"中提升出来，并且判定为荀子本人的论议之语，就解除了之前的疑惑，自此性恶说作为荀学的核心内容遂成为共识。是故迄于近代，虽然胡适也怀疑荀书的真伪，但是他认为包括《性恶》在内的四篇"全是荀卿的精华所在，其余的二十余篇，即使真不是他的，也无关紧要了。"[①] 梁启超则认为《性恶》篇"为荀子哲学之出发点，最当精读"。

由上述三点可以见出，杨倞在对《荀子》作注时不仅用力颇勤，而且暗藏深意，绝非只把它视为一般性的古籍整理工作。其实，杨倞本人并不在朝廷中担任图书管理的职务，注《荀》完全是一种个人行为，倘若没有对荀学持有某种特殊的兴趣和热忱，很难想象他会投入如此之多的时间精力靡费在这样一件业外之事上。有关杨倞注《荀》的缘起以及他的荀学观，虽然可参考的文献极为有限，但是从他为《荀子注》所作的序言中大致能窥其一斑。

其一，荀子"传道"。自从春秋末期孔子创立儒家学派以来，弟子门生广布天下，一时成为"显学"。孔子殁后，儒学虽经历了战国百家争鸣的激荡，秦朝焚书坑儒的打击，但其学说因循相传，不绝于缕，且于汉武帝在位时确立了"独尊"的正统地位，嗣后大儒名家屡现，时或受到现实政治与异质学说的侵扰，而圣人之道并未因此断绝，所谓"道"之"传"并不是一个实有的问题。直到韩愈为了排斥佛老，籍孟子之言论而发明为"传道"谱系之说，且以孟子为截断众流、谓"轲之死，道不得其传焉"，"传道"乃至于"道统"一说才具有儒学发展史上的问题价值。杨倞作《荀子注》虽然颇受韩愈的影响，但在"传道"问题上却与后者大相径庭。他在序言开篇即阐述了"道"的传承问题，以周公制定礼乐为初始，历经周幽王、厉王的乱政以及春秋诸侯争霸的纷扰，由孔子接续

---

① 胡适：《中国古代哲学史》，《胡适文集》第六卷，北京大学出版社2013年版，第322页。

下来,并传诸弟子门人。时至战国,百家之言甚嚣尘上,以致"孔氏之道几乎息矣",幸而有"孟轲阐其前,荀卿振其后",使圣人之道传而不绝。杨倞以孟、荀并称,标举他们为战国时能够继承孔子学说的代表人物,这就与韩愈扬孟抑荀的观点截然不同:韩愈称孟子"醇乎醇",称荀子"大醇而小疵";杨倞则并无区分,同时给予二者以极高的评价。《荀子注序》云:"观其立言指事,根极理要,敷陈往古,掎挈当世,拨乱兴理,易于反掌,真名世之士,王者之师。又其书亦所以羽翼六经,增光孔氏,非徒诸子之言也。盖周公制作之,仲尼祖述之,荀、孟赞成之,所以胶固王道,至深至备,岁春秋之四夷交侵,战国之三纲弛绝,斯道竟不坠矣。"这段话语,一是评人,以孟、荀为"名世之士""王者之师";二是评书,以《孟子》《荀子》可"羽翼六经""增光孔氏";三则就战国时代能使"斯道不坠"的功绩而言,孟、荀并列,前承后继,并无差别。《荀子注》作于元和十三年(818),已近于韩愈的晚年,而韩愈所谓的"传道"说早在此前确立,但显然杨倞并不赞成这种扬孟抑荀的看法,而是复归于以往通行的"孟荀齐号"、二者皆为孔子之后能承其说的大儒的看法。杨倞固然尊崇韩愈,但在孟荀之评价的问题上,还是坚持了自己的观点,以我们今人尊重历史真实的角度看,也显得更为公允和恰当。

其二,先荀后孟。其实从历史与逻辑两重视角来看,杨倞以一己之力专为《荀子》作注,已然证明他对荀子的特殊关注与尊崇,否则何苦这般用心费时。而从序言中,我们似乎能够找出一些细节,颇能说明他对荀子的态度并不一般。如在谈论继承孔氏之道时,虽云孟子在前,荀子在后,但也只是指称了年代的次第顺序,而论述及二儒在传道中的贡献之时,却将荀子置于孟子之前。文中关涉处有二:一为上引"盖周公制作之,仲尼祖述之,荀、孟赞成之"云云,是关乎历史的客观叙述;二为"倞以末宦之暇,颇窥篇籍,窃感炎黄之风未洽于圣代,谓荀、孟有功于时政,尤所耽慕",是注者本人作出的主观评论。自司马迁作传以来,孟荀并称乃是惯例,孟前荀后也是自然的排序方式,然而在杨倞《序》中,但凡二者并称时必置荀于孟前,这种既违反惯例且又悖于自然的方式,不得不说是作者有意为之了。究竟何种意图我们不得而知,但在杨倞的心目中毕竟荀子比孟子的地位更为重要,这倒是显而易见的。

二 《荀子注》的得失

自刘向校订荀书，至杨倞为之作注，历八百余年，由于在这样漫长的年代里没有人再做过任何整理的工作，其书的面貌是"编简烂脱，传写谬误"，以至于造成文意不通，难以卒读，这就严重阻碍了荀学思想的传播。相比《孟子》在汉末即有赵岐注解产生而言，杨倞的注《荀》工作几乎是在毫无依傍的状态下进行的拓荒之举，他在《序》中说：

"辄用申抒鄙思，敷寻义理，其所征据，则博求诸书。但以古今字殊，齐、楚言异，事资参考，不得不广；或取偏旁相近，声类想通，或字少增加，文重刊削，或求之古字，或征诸方言。"

可见实非易事。按流传至今最早的宋台州刻本统计，杨倞注本共计出校释之文三千四百八十八条，校注文字八万一千一百余字，超出荀书本文六千余字，[①] 不可谓其用力不勤。就杨注的总体水平而言，后世多有褒扬，如《四库全书总目提要》称"杨倞所注亦颇详洽。"[②] 自杨倞注《荀》迄于清中叶荀学复兴，又是近千年的时光，而仍能获得如此高的评价，足以说明杨注之高明，其得远过于失。

今人李中生先生曾专门对杨倞《荀子注》加以全面评议，认为杨注的成就体现在五个方面：一、训诂与义理的统一；二、注解确切灵活；三、结合荀书词例以注荀；四、结合语法分析以明训诂；五、校勘精审。关于杨注的失误之处，则重点指出两方面：一是不明通假，二是不明双音词而望文生义。对于杨注的总体评价则说：

"尽管杨倞的《荀子注》存在着这样和那样的疏失，但瑕不掩瑜，就总体来看，他注解允当的地方要远远多于他的失误。尤为我们注意的是，他在注释工作中运用了许多科学有效的校释方法，其中有的为清儒

---

① 王天海：《荀子校释·前言》，上海古籍出版社2005年版。
② 《四库全书总目提要·卷九十一》。

乃至今天的一些训释工作者所欠缺。因此，杨倞的《荀子注》，不仅在阅读方面，给今天的读者留下了一部重要的阅读《荀子》的参考书；而且在校释方面，给今天的校释工作者校释古书提供了非常重要的借鉴作用。它完全可以称得上是中国训诂学史上的一部重要的注释书。"[1]

迨至中唐，中国学术传统之注疏训诂之学已然颇为可观，然而也逐渐有了今文经学与古文经学两种路径的分歧。一般而言，今文经学偏重义理发挥而疏于对字义的考证解释，古文经学则偏于字句的细查训诂而颇疏于文意的把握和义理的阐释，二者实则各有利弊。杨倞的《荀子注》既通过广征博引对单个字词加以恰当的解释，同时对于《荀子》书中整体的意蕴和思想内容也进行了疏通与阐发。今参考王天海先生《荀子校释·仲尼篇》一段文字，对杨倞注文的特点略加研判。

原文：

求善处大重，理任大事①，擅宠于万乘之国，必无后患之术。莫若好同之，援贤、博施、除怨、而无妨害人。能耐任之，则慎行此道也；能而不耐任，且恐失宠，则莫若早同之，推贤让能而安随其后。如是，有宠则必荣，失宠则必无罪，是事君者之宝，而必无后患之术也②。故知者之举事也，满则虑嗛③，平则虑险，安则虑危，曲重其豫，犹恐及其祸，是以百举而不陷也。孔子曰："巧而好度必节，勇而好同必胜，知而好谦必贤。"此之谓也。愚者反是。处重擅权，则好专事而妒贤能，抑有功而挤有罪，志骄盈而轻旧怨，以吝啬而不行施道乎上，为重招权于下，以妨害人，虽欲无危，得乎哉！是以位尊则必危，任重则必废，擅宠则必辱，可立而待也，可炊而竟也。是行也，则堕之者众而持之者寡矣。

①杨倞注：

大重，谓大位也。

---

[1] 李中生：《〈荀子〉杨倞注评议》，《古籍研究》1998年第4期。

俞樾曰：

"理"字衍文。"处大重，任大事"相对，皆蒙"善"字为义。杨注不释"理"字之义，知杨氏作注时尚无"理"字也。"理"字，盖即"重"字之误而衍者。

徐复曰：

按杨注以大重为大位，于古训无征。俞谓"理"即"重"字之误而衍者，亦嫌专辄。余按此处文义，疑本作"善处重任，理大事"，为二对句。

包遵信曰：

训"大重"为大位，古无此例也。此"重"当读如《礼记·祭统》"而又以重其国也"之"重"，注："犹尊也。"大尊，指其所处之位言，下文"是以位尊则必危"。大尊，即位尊。

王天海曰：

大重，大权重位。杨注可从。《史记·燕召公世家》："燕王因属国于子之，子之大重。"司马贞《索隐》："大重，谓尊贵也。"理任大事，犹言顺任大事。"理任"与"善处"相对为文。理，犹顺也。《易·说卦》："和顺于道德而理于义。"理于义，即顺于义。《孟子·尽心下》："稽大不理于口。"杨伯峻注："理，顺也。"故知此"理"字既非衍文，亦非字误，诸说皆未得也。

笔者按：此处杨倞注简略而得当，故王天海曰"杨注可从"。俞氏据杨注不释"理"字，而定其为衍文误字，乃属无稽之言，反而显出清人注疏擅作增删的弊病。徐、包以杨注无古训之征加以怀疑，颇显胶柱鼓瑟，且王引司马贞《史记索隐》语已可证明杨注持之有故，二说遂不立。

徐说在训诂上随意增益文字，蹈袭俞说之病；而包说训"重"为"尊"本不误，然而比照杨注的言简意赅反显得叠床架屋之迂了。——这是杨注在字义注释处之得。

②杨倞注：

> 或曰：《荀子》非王道之书，其言驳杂，今此又言以术事君。曰：不然。夫荀卿生于衰世，意在济时，故或论王道，或论霸道，或论强国，在时君所择，同归于治者也。若高言尧、舜，则道不必合，何以拯救斯民于涂炭乎！故反经合义，曲成其道。若得行其志，治平之后，则亦尧、舜之道也。又荀卿门人多仕于大国，故戒其保身推贤之术，与《大雅》"既明且哲"岂云异哉！卢文弨曰：按推贤让能，人臣之正道也。以此为固宠之术，亦不善于持说矣。注曲为之解，非是。

笔者按：杨倞此处注文，已超出了字句的解释，而是针对文中的涵义进行辨析阐发，显示了他本人对荀子思想很重要的见解，文中有驳有立，条理分明，近乎一篇独立的论说文，这在一般的注疏作品中很难得见。并且，荀学思想本就精深广博，加之千年以来缺乏关注，杨倞这篇短文堪为得窥门径的导引，绝非仅供文字阅读之便利。卢文弨的评论，以今人之眼光来看不免失于迂阔，恐怕距离荀子原初的思想更远了。孰是孰非，虽非笔者一言可判，但杨注是否为"曲解"，也不是卢说可以定论的。——这里尽显杨注在义理发挥处之得。

③杨倞注：

> 嗛，不足也。当其盈满，则思其后不足之时而先防之。王天海曰：《说苑·权谋篇》："夫知者举事也，满则虑谦。"嗛，同谦。

笔者按：王说是。——此处可见杨注之失：不知通假也。

杨倞注《荀》，有得有失，而得远大于失，这可算作公论，绝非他自谦的"孤陋寡俦，愚昧多蔽"。而如他所说："《孟子》有赵氏章句，汉代亦尝立博士，传习不绝，故今之君子多好其书。独《荀子》未有注解，亦复编简烂脱，传写谬误，虽好事者时亦览之，至于文义不通，屡掩卷焉。夫理晓则惬心，文舛则忤意，未知者谓异端不览，览者以脱误不终，所以荀氏之书千载而未光焉。"通过他的这番努力，《荀子》终于成为可为顺畅阅读之书，荀学思想也历经千载而重见天日。虽然他又说"盖以自备省览，非敢传之将来"，但是好在历史并没有因他本人声名不显而疏忽了《荀子注》的存在，世代流传了下来。宋儒如王安石、苏轼等人皆有关于荀子的专论，姑且不问其褒贬意见，他们据以阅读的荀书文字，非杨倞注者而何？倘若没有杨倞的注本传世，迨至清乾嘉时期，谁能料到摆在那些朴学家面前的荀书本子要错乱讹误到什么程度！事实上从今天的眼光来看，《荀子》书中词句舛误、文意难通、可质疑处仍不鲜见，有进一步注解疏理的必要，杨注实则给予了后来者以典范的作用，不仅使《荀子》的文本更为完善，更因而促使荀学思想发扬光大。

三　"伪"字之误解与荀学大本之"失"

　　杨倞《荀子注》所得处甚多，然而在一个荀学关键概念上却有所疏失，这就是在《荀子·性恶》篇中有关"伪"字的注解。《荀子·性恶》开篇云："人之性恶，其善者，伪也。"杨倞注曰："伪，为也，矫也，矫其本性也。凡非天性而人作为之者，皆谓之'伪'。故'伪'字'人'傍'为'，亦会意字也。"这一注解尽管避开了诸如"诈伪""真伪"之类容易望文生义的错解，部分地合乎荀子的思想，但是由于杨倞此种解释，"伪"就成为起于后天、本乎外在的，那么由"伪起"而成之"善"，当然也只能是一种求之于外而与内在人性完全无关的东西了。这就造成了后世儒者面对《荀子》的直接印象，即关于荀子的人性论，其实不消多说，只"人之性恶"一句就足以坐实其"性恶论"的性质，足以让所有的疑义和杂音归于消解和无形。所以到了宋代，二程即断然说道："荀子极偏驳，只一句'性恶'，大本已失。"(《河南程氏遗书·卷十九》)到了朱熹，就更为决绝："不须理会荀卿，且理会孟子性善。……荀、杨不惟说性不是，从头到底皆不识。"(《朱子语类·卷一百三十七》)只因这一句，荀子就遭到了彻底的排斥，不得列于儒学道统的门户。在这里，问题的关键在于，宋儒只看到了荀子言"性恶"，而把"伪"视为心性之外的东西，故而说"大本已失",既失其本,自然所有的言论皆为妄说,不足取信;他们并没有认识到,在荀子那里,"伪"绝非起于后天、本乎外在,而是"人之所以为人者"的内在之义,是人性不可或缺的本体之理。而造成这样的事实后果,不得不说是源自于杨倞注解之误。那么,荀子所言的"伪"究竟何意,是否真的造成大本之失呢?

在对荀书"伪"字作出辨析之前,我们先摘录几段荀子有关"人之所以为人者"的论述,如下:

> 人之所以为人者,何已也?曰:……人之所以为人者,非特以其二足而无毛也,以其有辨也。夫禽兽有父子而无父子之亲,有牝牡而无男女之别。(《荀子·非相》)
> 水火有气而无生,草木有生而无知,禽兽有知而无义,人有气、有生、有知,亦且有义,故最为天下贵也。(《荀子·王制》)
> 义与利者,人之所两有也。……虽桀、纣亦不能去民之好义。(《荀子·大略》)

且不论这些话对荀子而言意味着什么,如此这般的言论,即便放在《孟子》书中,也一定会被看作是其"性善论"的强有力的佐证。然而令人感到疑惑和不解的是:如此重要、如此清楚明白的宣示,为什么在《荀子》书中却如同泥牛入海、悄无声息?为什么在其后两千年的儒学发展史上一直被后儒置若罔闻、视同无物呢?换言之,如此这般的言论为什么没有影响或改变人们对荀子人性论之作为"性恶论"的性质论定呢?原因究竟在哪里?

问题的症结其实就在一个"伪"字!在荀子的概念体系里,"人之所以为人者"并不在其"性"一概念的涵盖之下,而是由别的、另外一个概念来承担的,这个概念其实就是"伪",即所谓"其善者,伪也"。而"伪"字的涵义经过唐代杨倞的训释,在世人眼中完全变成了一种外在而后起的工具性行为。于是乎,"善"在荀子这里便失去了其对人而言的内在根据,荀子关于"人之所以为人者"的所有论断亦因此而变成了一些没有"本质"意义的虚言和妄说。

那么,荀书中的"伪"到底是怎样一个概念呢?荀子的表述不可谓不清楚明白，他这样说：

> 情然而心为之择，谓之虑；心虑而能为之动，谓之伪。虑积焉、能习焉而后成，谓之伪。（《荀子·正名》）

结合荀子关于"人之所以为人者"的论述，这句话可作如是解读：面对"好利欲得"之自然情性，人心通过"辨义"知能之思虑抉择，并进而付诸行动，这就是"伪"；正确理念的不断累积，良善行为的不断重习，最后达致化性成善之道德人格，这就是"伪"。分析说来，荀子的定义实有两重涵义，虑、动为一重，积、习为一重。前者，由内而外，明主体之能动；后者，由外而内，重后天之习成。一言主动，一言被动，两者之间看似互无关联，可以各为一事，但实际上却是由一"心"统贯，无"心"而不成。"心"之于"伪"，犹"体"之于"用"；"体"可以不"用"，而"用"不能无"体"。所以在荀子这里，"伪"绝非是一个可以脱开人"心"而独立自足的行为或过程，"用"是"体"之"用"，"伪"即"心"之"伪"。而且在荀子看来，"心"之所以能"伪"，"伪"之所以成"善"，正在于人心有"辨"有"义"，有"可以知之质"，有"可以能之具"。否则，不只源起先天的"虑""动"之"伪"断无可能，即便是成于后天的"积""习"之"伪"也同样无得实现，一如荀书所言：

> "将使涂之人固无可以知仁义法正之质，而固无可以能仁义法正之具邪？然则涂之人也，且内不可以知父子之义，外不可以知君臣之正。"（《荀子·性恶》）

关于"伪"与"心"之间的这种不可分割的内在关联性，新近的考古发掘更是为此提供了几乎不容置辩的字源学上的证据。在 1993 年 10 月发掘出土的湖北郭店楚墓竹简中，反复出现的"伪"字皆写作上"為"下"心"或左"忄"右"為"，此乃"伪"之本字，意即"心之能"。

以上分析充分表明，传统的、由杨倞训"伪"为"为"而形成之解读与观念，相对于荀子的本义来说，显然出现了很大的偏差。这一解读一味凸显并偏执于"伪"的积、习之义，而忽略甚至舍弃了其具有本根意义的虑、动之义，蔽于一曲，以偏概全。尤其严重而致命的是，这种解读无视乃至抽掉了作为活水源头的"心"的存在，使原本体用不二、有本有源的"伪"变成了无源之水、无本之木，干涸枯槁，了无生意。试想一下，没有"心"，"伪"何以为？其虑其动，何以能行？其积其习，何以能成？

故在此，关于荀书"伪"字，我们可以获得两点不同于传统观念的认知：

第一，荀子以"伪"说"善"，固在强调"善"之实现并非自然而然，而是有赖于人的后天作为或努力。但我们切不可因此而把"伪"简单理解成为一种起于后天、本乎外在的工具性的行为或过程，实质上，从本原处说，"伪"同时也是一种能力，一种植根于人心并以辨义为基础而趋向于"善"的能力。"伪"而成"善"的过程实是一个合外（仁义法正之理）内（辨义之知能）为一道的过程，也即是荀子自己所谓的"心知道，然后可道；可道，然后能守道以禁非道"（《荀子·解蔽》）的过程。

第二，"伪"即"人之所以为人者"。在荀子，"化性起伪"或"伪"而成"善"之所以可能，全在于人心之有"辨"有"义"。而一如前文所引，"辨"与"义"在荀子看来，正是人作为人之所以异于禽兽而贵于万物者。所以在荀子，"伪"之所在其实也即是人之所以为人的本质之所在。推论说来，假如荀子只是要强调和表达"作为"之意，那么他其实完全可以使用另外一个同样涵有"作为"之义且在当时已被广泛使用的字——"为"，既简捷明了，亦可避免生出歧义。但事实却是，荀子使用的是"伪"，而不是"为"。到底为什么呢？原因应该很简单，那就是在特别讲求"名闻而实喻"的荀子看来，"为"字的字义实在不能够准确或者全面地表达他所想要表达的义涵。那么，荀子的那个由"伪"字可以表达而用"为"字就无法表达的义涵究竟是什么呢？思索说来，恐怕正是"人之所以为人"者也。"伪"字有"人作为之"之义，亦涵"人之所以为人"之义。

结　语

杨倞其人虽因官卑职小而生平事迹不见于史书，乃至于无从稽考，然而他的《荀子注》却居功至伟,彪炳史册。他不仅在学术史上第一次为《荀子》作注,对其篇名、篇次加以合理的改易,并且校勘精审、注解详洽,一变编简烂脱、传写谬误、难以卒读的旧貌,为后世提供了可为典范的版本。其注文既重视字词之训诂,又重视义理之阐释,得益处远大于失误处,堪称训诂学史上一部佳作。然而,他对荀学重要概念"伪"字的解释却有误,以致造成后世儒者对荀子"性恶论"的长期误解与误读,乃至否定了荀学之根本,这则需要今之学者审慎加以辨明的。

宗教与大同

山东大学儒学高等研究院　翟奎凤　刁春辉

大同本来是儒家之义，但是自近代以来，国门大开，中西交通，中国人的视野扩及全球，认识到中国也仅仅是地球诸国中的一个国家。这种情况下，大同这一词汇被不同的社会思潮所利用，并普遍被表述成一种对于理想世界秩序的想象。可以说，大同是在多维意义上被各种思潮、思想流派所利用的。

在空间层面，大同不仅仅局限于中国一隅，而扩展至整个人类世界，我们常说"天下大同"，既然大同是在"天下"的空间意义上被表达，那么大同的空间范围自然不能仅仅在中国的统治范围之内；同时大同不是现实意义上的对人类情况的描述，它悬于人类发展的未来时间，在时间意义上，它虽然终将实现于人类的历史中，但在这个发展过程中，它只能处于人类历史最终节点。大同之后，若依康南海之说，大同是世间法之极，大同已至，人人都去学仙学、佛学去了[1]，历史本身失去了意义。这是在一种历史哲学的范畴中对大同的阐发。同时，大同作为社会理想，自然也有它政治哲学的内涵，大同在不同的社会思想流派中被阐释成多样的政治经济样式。因其大同被赋予内涵的多样性，大同也逐渐脱离了在儒家经典中所具有的原始意义。

同时我们也看到，大同学说在儒家内部，因为廖平、康有为、熊十力、段正元等人的发扬阐释，与儒家天下观、三世说、皇帝王霸说等相结合，并联系《春秋》《周易》《周礼》等儒家经典，获得了更为广泛的诠释空间，也使儒学的解释力空前扩大，儒学的普遍主义性格、普世价值的

---

[1] 参见《康有为全集第七卷·大同书》，中国人民大学出版社，第188页。

追求在儒学饱受攻击的新时代得到了新的发展。

因为晚清民国的时代,正是帝国主义肆虐全球的阶段,英法美德各国在全球范围内划分自己的势力范围,世界人民苦难方殷,1919年有文章这样说:"支那、印度、欧西诸国,强凌弱、众暴寡,穷兵黩武,日寻干戈,无不以自残同种为得计。"① 在这样的时局背景下,大同作为一种公正和平的世界秩序为众多有识之士所呼吁。在这些世界大同的论述中,有从中西学术层面立言的,有从实现大同的具体制度方面阐述的,也有从宗教方面立论的。下面对近代从宗教论大同做一梳理。

一 基督教、佛教和巴哈伊教的大同说

尽管基督教流派众多,但本文一概以基督教目之,不分天主教、新教或东正教。统观来看,基督教大同说有这样几个特点。

(一)在持基督教大同说的人看来,基督教的精神正体现了大同精神。耶稣对世人的拯救是不分种族、不分国界、不分阶级、不分男女、不分贵贱的,基督教始终在坚持一种博爱主义、普世主义的精神,对所有信仰基督教的教徒都一视同仁。这一点在关于基督教大同说的文章中几乎篇篇均有体现。

一篇文章中这样说:"吾主不曾划定地界吩咐他们只到亚洲或欧洲,或只到斐洲或澳洲,却公公地说:'到天下去'!吾主又不曾分别地命他们单去训诲贫民或富家,或单去训诲文明人或野蛮人,却公公地说:'去训诲万民'!"② 作者在探究基督教这种精神的由来时,将这种精神的道理归之为对基督教的"爱"。并认为这个"爱"是基督教一切道理的起源和归宿。

在《基督教与国际大同》这篇文章中,也同样高扬基督教的博爱和平精神。"盖基督教救世之毅力,牺牲之精神及利他爱人之普遍性,实包含……世界一切所倚为圭臬之原则与标准","夫基督教之博爱主义,和平精神及耶稣以爱人而死于十架之牺牲……无论其为信徒与否,莫不钦崇

---

① 《宗教大同之希望》,《广益杂志》1919年第6期,署名萚庵。新式标点为作者加。
② 张愨:《公教能否大同世界》,《我存杂志》1936年第4卷第3期。

景仰也"①。在作者看来,这种博爱精神无疑是基督教大同精神的典型体现。

他们希望通过对基督教博爱精神的发扬,可以消弭人类的自私自利之心。而世界的淫污、奸诈、欺压、虚伪各种罪恶,人类的残忍,国际间的相互猜忌,正是基于人类的自私自利之心。要想树立全人类渴望公义、相互协助合作的伦理价值,就必须有提倡基督教博爱和平的价值观,树立对基督教的信仰,做到爱人如己。

(二) 在近代基督教大同说中,对基督教的提倡往往是在与其他宗教的对比中展开的,通过与其他宗教的对比,显示基督教的种种优点,从而论证基督教才是达到大同社会的最好宗教伦理选择。

在1909年《论何宗教为世界大同基础》②一文中,作者梁志轩就将基督教与释教(佛教)、回教(伊斯兰教)、孔教做了比较。作者认为佛教起于婆罗门教,先为小乘,后为大乘,又受到道教影响,"数千年来变易靡常",不如基督教"真光常在"。关于回教,作者认为回教传播范围不如基督教,"回教……不如基督教东西南朔,无远弗届",而且基督教所行善事比回教多,"学堂、医院、会堂、慈善会诸善事,出于基督教者居多"。谈及孔教时,梁氏批评奉孔道者不能知行合一,儒士修习六经,多为求名求利,真正行孔孟之道者少,所以不如基督徒守道坚韧。

在1919年《宗教大同之希望》③一文中,作者断言道教炼汞烧丹、延年却老、役鬼驱神之术并无效验,道教必然随着哲学日益昌明而归于消灭。作者对佛教的批评主要集中于佛教鼓励出家、不生育,从而大悖于造物生生之意。而回教自认为天授圆满,无须改良,从而自满自足,很容易成为文明的障碍。对比诸教,作者认为唯有耶教与孔教"雄乎不拔,曒然不淬",同出于天理,两者沟通相济,宗教大同则会有无限的希望。

也有学者以为墨子的"兼爱",孔孟的"仁爱"都不能普遍化,只有耶稣的爱才是普遍的,没有分别的。④

通而观之,这些人士多基于自己的基督教立场,并不能客观的看待各

---

① 熊秉德:《基督教与国际大同》,《真光杂志》1929年第28卷第9期。
② 梁志轩:《论何宗教为世界大同基础》,《通问报》1909年第三百四十回。
③ 荦庵:《宗教大同之希望》,《广益杂志》1919年第6期。
④ 参见张慤:《公教能否大同世界》,《我存杂志》1936年第4卷第3期。

种宗教的差异，对其他宗教多苛责，对自己的信仰多回护。

近代除基督教的大同说外，佛教也有一些关于大同的论述，同样呈现出了一些特征：

（1）比较注意佛教与传统大同学说的关联。佛教久入中国，已经成为中国传统文化的一部分，很多修习佛学者往往也有比较不错的文化修养，对儒道之学也有亲近。在《大同思想与大乘佛教》一文中，法舫法师对中国儒家经典的大同思想做了介绍，对佛教精神与孔子的大同思想作了会通。他认为佛教精神与孔子大同思想的人性论是可以相通的，大乘佛教认为人皆有佛性，佛性是一种慈悲心。信仰大乘佛教的人看到世间众人面对的种种灾难，会自然生发一种慈悲心，愿意尽力去帮助受苦难的人脱离困境，这种慈悲心正与孟子的"恻隐之心"相同，都是建设大同社会的人性依据。另外，佛教也可以为大同社会提供精神支撑，这种精神主要体现在佛教精神的舍己度人和大公无私两方面，这两方面都依赖于佛教徒的修持实践，这一点与宋明理学所提倡的"修己安人"的思路是相同的，都认为一个完美社会的实现，离不开人民道德素质、精神觉悟的提升。

（2）提倡佛教大同说的态度比较温和，并不会因为提倡佛教而排斥其他宗教，显示出佛教的宽容性。在阐述佛教精神的过程中，他们十分注意与其他宗教或思想学说的相互理解，如法舫法师说："一个大乘佛教徒，看见世人的痛苦就等于他自己的痛苦，立刻设法求救济，用种种方法，乃至舍弃自己的生命亦在所不惜，……这种大无畏精神和孔子所说'治国去之，乱国就之'，墨子的'非乐'、'摩顶放踵而行其道'的意义完全相同。"同样在佛教居士刘仁航所著《东方大同学案》一书中，不仅有他自己信奉的佛教之大同思想的阐述，也有对孔子、道家、耶稣思想的阐发。

（3）注重发挥佛教的慈悲精神，大乘佛教普度众生、无私无我、舍己为人的精神与大同天下为公的精神有相通之处。法舫法师认为凡是信仰大乘佛教的人，都劝人发大慈悲心，"佛陀说，应起一种大慈悲心去爱怜苦难中的众生，去尽力帮助苦难中的人们脱离痛苦。这和革命家的'爱民'的心理，和基督耶稣的'博爱'，墨子的'兼爱'，孟子的'恻隐之心'是一样的，也就是促进世界大同的思想。"他又说："佛教主无我，在社会国家做事，非有大公无私的智慧，不但无成就，反有大害，非有此种思想，不能实现大同。"在持佛教大同说的人看来，佛教慈悲度人，无私无我，正可以作为建设大同社会的精神向导，为大同社会的实现作出贡献。章太炎也是鉴于佛教这种精神，曾经试图为混乱的民国寻找一种新佛教来重塑国民精神，这与法舫法师的说法有相通之处。

除基督教、佛教从各自的教义出发，展开大同理想论述外，近代还有一种独特的新兴宗教——巴哈伊教传进中国。民国时期，巴哈伊教一度被直接翻译为大同教。巴哈伊教的创始人是19世纪的波斯人巴哈欧拉（Bahaolab），是新兴宗教中影响较大的一种宗教。有学者直接指出："巴哈伊教的产生是世界主义的产物。"① 在中国，传播巴哈伊教比较早，而且影响力比较大的中国人就是曾经担任过清华学校校长的曹云祥。曹云祥在民国时期写过不少文章宣传巴哈伊教（曹氏称为大同教），还翻译了几部大同教的原始文献，他对大同教在中国的传播贡献很大。

曹云祥为什么会传播提倡大同教？他在文章中自陈是激于中国和世界的现实情况而进行这种选择的。他说中国的国民思想正处于新旧交替的时候，无所适从，从而社会也不安宁，同时外侮压迫，人民生活水深火热；在世界范围看，各教分门别户，互相倾轧。② 面对这种情况，曹氏觉得"须先从精神方面改革着手"，而大同教正好适合这种精神改革。

综合曹氏大同教的论述，有以下特点：

（1）曹氏论述大同教，同样是在与世界其他宗教中的对比中进行的。一方面，大同教的真理是"博爱"，与各大宗教的宗旨类似，像犹太教、耶教、回教同出一源，原则都是"爱人如己"，佛教的主旨则是"慈悲为怀"，孔子的中心思想是"忠恕"，都是大同小异，所以大同教可以集思广益，融合诸教。另一方面，他又指责其他宗教之间相互猜忌，固执己见，不能相互交流谅解，是人类文化统一的大障碍，他在一篇文章中也抨击儒教的"攻乎异端，斯害也已"的思想。在曹氏的心中，大同教综合各大宗教的思想核心，包罗万象，一切高尚的思想，进步的道理，都包括在里面。③ 曹云祥对大同教极尽赞美之词，从中也可以看出他对大同教的

---

① 蔡德贵：《当代新兴巴哈伊教研究》，人民出版社2006年版，第52页。
② 参见曹云祥：《大同教与人心的改造》，《自由言论半月刊》。
③ 相关论述综合参见《大同教与人心的改造》《大同主义与新中国》《新时代的大同教·作者序》等文章。

笃信。

（2）大同教是救国良药，成效显著。曹氏认为如果提倡道德拯救人心，大同教是最易产生效力的，可以对治人们争权夺利、假公济私、相互倾轧的行为，形成一致的团结心，共同建设国家。他还举波斯（即伊朗——作者注）的例子，认为正是波斯大同教诸如男女平等、普及教育、提倡科学、博爱和平的教义的提倡，让波斯在受外国压迫的背景下，能够逐渐实现国家的改造，建成独立民主的国家。

（3）大同教是新的世界背景下形成的宗教，符合现代的思想，顺应了世界大同、人类一体的发展潮流，这在大同教的教义中得到了明确体现。大同教认为世界真理只有一个，各宗教的不同，是因为时代与环境的不同，并不是根本真理有什么不一样，最终各教一定又会同归于一个真理，这反映了大同教创始者以及像曹云祥这样的信奉者对世界文化大同趋势的一种判断。大同教提倡人种间的平等、两性间的平等，大同教教义中还有一些具体的实现大同的措施，比如设立国际裁判所、提倡世界语等。

二　近代儒家论宗教与大同

在近代，一些儒家学者也对宗教与大同的关系提出了自己的看法，当然儒学是不是一种宗教在学术界存有争议。这里主要以廖平、康有为、段正元三人为主来展开论述。众所周知，大同本身是儒学义理，关于大同社会的论述，廖、康、段三人自然以儒门经典为主，以儒学义理解释。他们关于宗教与大同关系的论述，也涉及到儒学与其他宗教的关系。当然三人的论述各有特点，显示了儒学理论的多重面向。

廖平是近代很有影响的大经学家，学凡六变。但其实最晚从第三变开始，他就开始有意识地构建其经学理论体系，通常后一变基本是前一变的补充完善，非全盘更改。因为廖平说大同主要是第三变和第三变以后，所以他关于大同与宗教的关系散见于三变以后的著作。综合廖平相关论述，其宗教大同说的特点有：（一）首先，作为孔学的坚定信仰者，廖平认为大同社会是"专行孔教"的社会，"凡有血气，莫不尊亲"（出于《中庸》），这才是大同社会的来临时刻，也就是孔教风行天下之时，这显示了廖平对于中国传统文化的极度自信。

（二）因为时代的限制，廖平对基督教、伊斯兰教等的学说并不能充分了解，所以在对西方宗教的把握上，常常以中国传统的儒释道三家统括之。廖平在《知圣续篇》中的一段话反映了他对诸教的理解："闲常统天下诸教而合论之：道家本于德行，是为大成；释出于道；天方、天主，又出于释。不惟杨墨并行不害；天主释迦，是亦大同。"① 又说："由道生释，由释生天方，由天方生罗马，由罗马生天主，由天主生耶稣。"② 所以廖平关于宗教源流的理解，我们以图释之就是：

孔学 → 道家（道教）→ 佛教 → 天方（伊斯兰教）/天主（基督教）/其他宗教

这种说法在历史学家看来，自然是完全没有依据的，近于臆说。幸好廖平也给了我们解释，让我们有可能了解这种说法背后的蕴含。在廖平看来，"天方、天主、佛氏，莫不以兼爱为主"③。这种说法与上面我们引述的其他人关于基督教大同或大同教的说法并无不同，都认为诸教都讲"爱"，既然诸教都讲爱，那么以"'兼爱'之义为中行先锋，必至大同"④，也就是说，诸教的根本义理既然相类，那诸教以后发展的结局也定然走向一统。但孔学或孔教并不以"兼爱"为最高治法，而是认为爱有差等，人类伦教先有兼爱，而后方可教以差等，"盖四夷风尚息争好杀，强悍出于性生，若骤语以伦常尊亲之道，势必扞格不入。必先以守贞，使其生育不至繁衍，以慈悲戒杀消其狂悍之气，然后可以徐徐羁縻之。此一定之势。"这句话是说人类的发展是从野蛮到渐知慈悲宽爱，再到遍行伦常的发展，所以诸教的"爱"教是不知伦常、不知差等的，而孔教的"爱"教是君亲伦常基础的"兼爱"之教，《礼运篇》"不独亲其亲，不独子其子"就是在礼教亲亲子子基础上发展的"兼爱"之教。孔教与其他宗教，两者有着层次上的差别。正是在这种意义上，人类由无所

---

① 《廖平选集》（上册），巴蜀书社，第 248 页。
② 同上书，第 272 页。
③ 《廖平选集》，第 250 页。
④ 同上。

分别的关爱到知道亲疏有别的差等之爱是一种文明的进步,也是人类伦理意识的觉醒,所以诸教的发展结果一定是统一到孔教上来。

同时,正因为这种差别,廖平对于佛教、基督教诸教的发展,并不排斥,反而认为这是走向大同的必经阶段,他用《中庸》所说"万物并育而不相害,道并行而不相悖"来表达对诸教并行的看法。在他看来,诸教并行之后,才是孔教有为之时。他说:"'凡有血气,莫不尊亲',此世界中,尽用孔子之教以归大同。老释旧教,无所用之,不得不烟消火灭。天方、耶稣、天主为释教之支流,佛教之灭,统此数教而言。"① 在他看来,诸教发展最后一定会共同回归到孔教中来,而在此之前,佛教、基督教的发展不过是为孔教一统而做的准备,所以他总结自己的宗教论点说:"孔子为老子之统帅,佛教为圣门之先锋。"② 这句话正是廖平以孔教统宗教大同说的鲜明体现。

(3) 廖平作为经学家,他对各种宗教的理解与阐释都从其经学立场出发,认为经学可以统括各种宗教的大旨。他说:"考释氏出于老子化胡,由道变释,因地施教。按其宗旨,实出《乐经》。'定静安虑',《大学》之教,观其初旨,大略相同。"③ 这种西学中源说,古人早已言之,这是近代西学传入中国后,中国知识分子经常采用的一种回应方式。

(4) 第三变以后,廖平开始钻研"天学",也就是大同社会以后,人类以一种什么方式存在?此时,廖平又重新开始重视佛教与道教的作用,他说:"将来世界进化,归于众生皆佛,人人辟谷飞升。"④ 这种说法,与康有为《大同书》中的想法非常相似,后面我们也将讨论康有为的这种说法。

总结廖平的宗教大同说,我们可以下图来表示:(附言:和梁漱溟人类文化三期重现说类似)

野蛮社会 → 人类开化,天方、天主、道佛诸教并行 → 孔教大同社会 → 佛教道教复兴,众人归于仙佛,但仍在孔学的"天学"范围之内

---

① 《廖平选集》,第250页。
② 同上书,第271页。
③ 同上书,第249页。
④ 同上书,第557页。

康有为是近现代学者、政治家中论述大同社会最有影响力的一位。康有为大同思想集中体现在《大同书》中。同时，康有为是近代孔教运动的领导者，是儒学宗教化的积极实践者，他对孔教和其他宗教多有论述。

康有为关于宗教与大同关系的论述也有着鲜明的特色，首先，康有为似乎并不认为宗教是对走向大同社会的一个有利因素。事实上，康有为尽管对大同社会一直向往，认为人类的太平世一定会来临，但在面临实际的国家和国际形势，他一直保持着一种冷静谨慎的态度，所以在康有为生前，他一直拒绝将《大同书》公开出版，萧公权说："他可说是扮演了双重角色，实际的改革家与向往乌托邦的思想家。"① 当他领导戊戌变法、进行孔教运动、呼吁改良反对革命时，他是一个关注实际的改革家；写作《大同书》时，他就是一个理想国的建构者。如果以《大同书》作为康有为大同理想的主要作品，在其中，我们看不到在大同社会中或在大同社会的构设过程中有关宗教的因素。宗教在康有为三世说的历史哲学中，可以存在于据乱世、升平世中，却不在太平大同之世。"麦加穆护之教，婆罗门弩斯之制，只明据乱之治，而无太平大同之道，故印度、突厥、波斯之民，既难弃其旧教，即无以适其时用也。"② 伊斯兰教、印度教等只是据乱世的宗教，在太平世中，都会归于覆灭，康说："耶教以尊天爱人为诲善，以悔罪未断为悚恶。太平之世，自能爱人，自能无罪。知天演之自然，则天不尊；知无量众魂之难立待于空虚，则不信末日之断。耶苏之教，至大同则灭矣。回教言国，言君臣、夫妇之纲统，一入大同既灭。虽有魂学，皆称天而行，粗浅不足征信，其灭更先。大同太平，则孔子之志也，至于是时，孔子三世之已尽行。……盖病已除矣，无所用药；岸已登矣，筏亦当舍。"③ 大同之世，人类安乐，无所忧愁，科学昌明，在康看来，自然就没有宗教的土壤了。

其次，尽管儒教、耶教、回教等在大同之世尽灭，但并非所有宗教都会终结于大同社会，康有为说："大同之世，惟神仙与佛学二者大行。盖大同者，世间法之极，而仙学者，长生不死，尤世间法之极也；佛学者，

---

① 萧公权：《近代中国与新世界：康有为变法与大同思想研究》，江苏人民出版社1997年版，第363页。
② 《中华救国论》，《康有为全集》九，中国人民大学出版社，第327页。
③ 《大同书》，《全集》七，中国人民大学出版社，第188页。

不生不灭,不离乎世而出乎世间,尤出乎大同之外也。至是则去乎人境,而入乎仙佛之境,于是仙佛之学方始矣。……故大同之后,始为仙学,后为佛学,下智为仙学,上智为佛学。仙佛之后,则为天游之学矣。"大同之后,道教、佛教大行。因为"大同之世,人无所思,安乐既极,惟思长生。"而道教服食炼丹、辟谷养气,所求正是长生,正是"养形之极"。佛教不生不死,所求更在道教之上,道教之后,方为佛教。

我们可以看出,大同社会之后佛道盛行。这种看法与同时经学大师的廖平极为相像,康有为提倡天游之学,廖平也有天学神游说,正是英雄所见略同了。

廖、康之后,尚有人称"段夫子"的段正元(1864—1940)也论及宗教大同这个主题。段正元十五岁入青城、峨眉山学习儒道之学,学成下山后立志匡扶中国文化,复兴孔子之学,民国五年在北京成立道德学社讲授孔道,影响很大。段正元阐扬孔子学说,目的也是为了世界大同,他创立的道德学社的宗旨就是:阐扬孔子大道,实行人道贞义,提倡世界大同,希望天下太平。可以说,天下大同正是段正元讲学的目的。

段正元自言:"我志愿中期必办到之事有二,一为修齐治平,一为集万教大成。"[1] 治国平天下为政,集万教大成为教。大同的一个重要面向就是宗教。他主张万教归一,并认为如果教不归一,即使一时能够相亲相爱,大同仍然不是真大同。如何实现宗教大同,其主张隐藏于他对世界诸教的论述中。

与廖平、康有为一样,段正元在世界各种宗教中,最重视中国传统的儒释道三教[2]。相关言论在段氏的著作中并不鲜见,如说"世间正教,惟道与儒。佛不过配衬一切,为万教中之大者。""天地气化,凝聚则为三宝,泛用则为五行,故三教之外,又有耶回。"[3] "万教者,三教之绪馀

---

[1] 鞠曦主编:《段正元语要》,吉林文史出版社2003年版,第689页。

[2] 廖平、康有为都有利用儒释道三教来把握世界诸教的倾向,廖平以为诸教都是孔教先声,康有为则有将一切宗教都归于儒、佛二教的说法,"余谓教有二而已。其立国家,治人民,皆有君臣、父子、夫妇、兄弟之伦,士农工商之业,鬼神巫祝之俗,诗书礼乐之教,蔬果鱼肉之食,皆孔氏之教也。……其戒肉不食,戒妻不娶,朝夕膜拜其教主,绝四民之业,拒四术之学,无鬼神之治,出乎人情者,皆佛氏之教也。耶稣、马哈麻一切杂教,皆从此出也。圣人之教,顺人之情,阳教也;佛氏之教,逆人之情,阴教也。"《康子内外篇》,《全集》第一,第103页。

[3] 《段正元语要》,第629—630页。

也，释道两家，又辅儒道之不足。"① "至于耶稣、回回、基督等教，虽皆盛行于欧美，各著其功能。究其实，亦皆不出三教之范围也。"② 段正元以为，世间万教，最终概括起来，不过是儒释道三教，其他诸教，都可被三教统摄。

之所以有这种说法，是因为在段正元看来，三教本来就是一源所发，"三教本同源，推之万教，亦莫不是一本所发"③，这个本就是"道"，此"道"分而有三，分别是天道、性道和人道，段正元对宗教的分类都从这三种道来立说，他将道教视为天道教，将佛教视为性道教，而儒教则是人道教，其他宗教不出这三道范围。人道、性道、天道的关系，段正元统以《中庸》语解释，《中庸》说："天命之谓性，率性之谓道，修道之谓教。"人道就是三纲五伦八德，修齐治平。人道本于修身，终于大同；而人道本于性，人道尽，就是性道，欲修性道，先修人道；性命之原出于天，尽性即为知天，就是修天道。所以人道、性道、天道又都是一贯的，三道以人道为基础，在这种意义上，段正元不断强调儒家的作用，万教出于道，而孔子正是道之大成，万教中的至圣，只有儒家才有融通万教的可能。

段正元这样描述他所处时代的宗教情状："观今之世，教宗万端，各是其是，各非其非。入主出奴，誉丹毁素。纷纭众说，几有谁适为从之叹。"在这种情况下，难免产生各种各样的文化冲突乃至政治军事冲突。当代亨廷顿"文明冲突论"文明划分标准中最重要的就是宗教，而先哲早有人提出宗教大同之说，希望由宗教的大同实现世界的和平，无论其想法能实现与否，其志向确实值得理解嘉许。段正元以为诸教之语持论过高，不如儒教切实，如耶稣说仇以恩报，段氏一面认为这是"圣神之道语"，同时又认为这种主张适合在文明大同世界，人人都是君子时候；而孔子说以直报怨，以德报德，这种主张是可以让任何人得以奉行的。又如佛教离开家族，对俗世一切都扫除不理，段氏也认为持论过于高超，能做到者实在太少，即使都能做到，又有人道将息的忧患。反观孔子，"教人

---

① 《段正元语要》，第136页。
② 《段正元语要》，第602页。
③ 《段正元语要》，第637页。

修身齐家，在日用伦常中，各尽其道，真个合天理，顺人情，圆满无亏，无时无地不可行也"①。正因为儒家这种极高明而道中庸，重视日用伦常的特点，使得儒家一方面可为修习诸教的阶梯，同时也可包容诸教，用段正元的话说就是：先重人道，次以诸教之仁慈来存心养性。这可以说是宗教方面中体西用的主张。

三　儒学与宗教大同世界的建构

由于近现代特殊的时代背景，我们可以看到不同宗教大同学说的隐微差别之处。相对于其他宗教，基督教大同学说的态度是较为明快强硬的，基督教大同说一般都较为明确地提出以基督教作为世界大同的宗教基础，而其他宗教则因为各种各样的原因，不具备这种资格。之所以基督教大同学说如此鲜明，一方面与基督教的一神教普遍主义性格相关，另一方面也与西方国家的强盛和西方文化的自信有密切的关系，从中也可以看出一种学说的性格特点，其背后也关系着国家的国势走向和文化权力。而佛教人士的大同说则非常温和，只认为佛教精神与大同精神有相合之处，佛教精神的发扬有助于中国大同社会的实现。儒家有关宗教与大同的论述学理性更强，廖平、康有为都是知名的大学者，段正元是弘扬儒学的民间大儒，著述等身，思想体系都十分圆满，所以他们论述宗教与大同有着更为深刻的学理。

宗教大同在整个大同学说体系中是一个基石。有人认为欲求世界大同，必先宗教大同，"欲得良善政治必自首得美满宗教始"②。宗教大同在追求整个世界大同的过程中处于优先的地位，这实际上是在世界范围内追求一个统一的道德规范，试图建设一个得到普遍承认的道德秩序，只有统一了思想认识，政治和社会层面的世界大同才有可能实现。提倡宗教大同者将良好统一的道德秩序的希望寄托在宗教上，似乎认为只有宗教信仰才能让人产生和平仁爱的精神，才能在精神上实现天下一家的诉求。而宗教万端，怎样实现宗教的大同呢？一种方法是从现有宗教中选择一宗教，极力论证

---

① 《段正元语要》，第 635 页。
② 参见《世界大同宜先宗教大同说》，《海潮音》1926 年 6 卷第 11 期，署名邓尉山僧。

自己所信仰的宗教的优势，而认为此宗教是未来宗教大同不二之选。我们固然可以理解这种主张背后的救世热忱，但这难免会引起其他宗教的猜忌，最后结局恐怕是宗教冲突而不是宗教大同。另一种方法是试图综合诸教，创设新教，承认以前诸教的优胜处，汲取以前诸教的传教经验，以新教统旧教。这种精神值得嘉许，巴哈伊教的创立也有这种考虑，只是最终结果也极可能是在宗教的百花园中又多栽种了一棵。还有的提倡信教自由，和而不同，这种大同主张与上两种的宗教大同有一定差别，前者的大同是和而不同，和谐即是大同，后者的大同是万教一统。佛教的宗教大同说与前者类似，可惜太过保守，实质上可能更多只能停留在口号层面。

近现代的宗教大同说可以在两个面向给我们以启示。第一，从近代以来，东西交通，特别是近几十年，全球化趋势越来越明显，各国家间的经济和文化交往越来越密切，这种交往因为不同的文化，会出现各种各样的冲突，亨廷顿"文明冲突论"是理论的典型论述，历史远未终结，大同时代尚很遥远，如何处理不同文明体间的关系？有没有一个可以为人类所共同信守的普遍价值？当前学界的"天下主义"的复兴，新儒家杜维明先生的"文明对话说"，李泽厚"宗教性道德"与"社会性道德"的区分，90年代的"全球伦理宣言"等等都是对此问题的思考回应。近现代的宗教大同说都试图以宗教层面的整合来解决人类的普遍价值问题。这种方式是否可取，人类普遍价值的认取应该以各宗教的共识为基础还是暂时抛掉人类背后的宗教信仰，而以理性架构的世俗性道德为基础，这无疑不仅是一个理论问题，还是摆在我们面前的重大现实问题。

第二，宗教大同说也是对宗教之间相处模式的一次理论试水，可以为中国目前的宗教问题对策提供启示。近代康有为的孔教运动，近年来所谓新康有为主义的勃兴，儒教问题的重新浮现，姚中秋的一种文教、多种宗教说在一定程度上是对儒家文化如何应对异质文化的一种回应。康有为、廖平、段正元关于儒教与其他宗教以及儒教与大同关系的论述较早地对这一问题进行了深入的理论探讨，并作了一定程度的实践，三人都很重视儒家的中庸和关注日用伦常的特点。在此意义上，康、段都称儒教为人道教，与其他宗教不同，这让我们可以重新审视儒家在协调诸宗教和重塑中国人精神世界方面所可能发挥的作用。

栗谷大同社会论的哲学志向和认知

韩国忠南大学哲学系　李钟晟

一　问题的提出

不单是儒学的哲学家们，对于"大同"理想的世界观几乎无人不去探索。不仅在中国，朝鲜大多数的儒学学者们也接连不断提出对"大同"的研究。16世纪道学的思想时代，栗谷李珥（1536—1584）也是没有忘记对"大同"理想和它的具体实践目标。本文是着重以栗谷看大同社会论的特征和意义为中心，研究他政治哲学的含义为目的。

此前，栗谷的大同社会论没受到大的关注。虽是只有少数，与这关联的几篇先行研究成果引人注目。以崔导荣《关于栗谷大同思想的研究》（东国大 硕士学位论文，1993）为首，李永庆《栗谷大同社会论的伦理性格》（《儒教思想研究》第九辑，1997），李斗灿《栗谷大同社会论显现社会哲学意义》（《栗谷思想研究》第十辑，栗谷学会，2005），姜正仁《栗谷李珥的政治思想显现大同·小康·少康》（《韩国政治学会报》第44辑第1号，韩国政治学会，2010）等代表性的研究。他们把研究栗谷大同社会论的范畴在各个政治哲学，社会哲学，伦理学的领域有着的意义。

虽然这些研究主题的类型上表现为单独独立，即便如此，彼此的内容并不是完全不同无关的。总之，不仅伦理学的特性被排除政治哲学以及社会哲学是没有意义，政治哲学的特性被排除社会哲学以及伦理学也是没有意义，同样社会哲学的特性被排除政治哲学以及伦理学的范畴因为相同原因也是没有意义。它们三个范畴是不可分割相互之间具有密切的关系。

作者把这一点放在伦理学以及社会哲学的内在的特点，研究栗谷大同社会论的政治哲学的含义。在本文,首先我们研究一下熟悉地"大同"一词和关于其思想的起源。

研究栗谷大同社会论的内容和特点之前,首先确认"大同"哲学的依据出于儒家的典籍,这是因为研究其意义的需要。在这个过程中考察与"大同"相关对比讨论的"小康"的社会政治特点。

了解大同社会论的基础思维的形态后,具体分析栗谷所论述的大同社会论的特点。栗谷尤为对大同和小康具有独自的观点,本文详细的分析与此相关的特点。深入考察栗谷规划的大同社会论的理想是如何营造契机形成现实化。并且,与此相同栗谷的大同社会论是确定他提倡的王道政治的志向性和论议是如何吻合的。

通过这些研究确认栗谷认为大同社会论的意义和王道政治思想的政治哲学含义叫作"更张论"是以栗谷特有的现实主义思想的特质为媒介议论形成的。

二 大同社会的思想渊源

目前,"大同"一词很多情况当作儒家哲学的思想专有物议论。但是,对"大同"总体的思维内容研究时,产生怀疑这不单纯是儒家思维的专有物。其中如果包含有些强烈反应道家哲学的思维,那么也会使人联想到墨家哲学的世界观的内容包含在内。此外,展开哲学史看其语境的情况,连杂家类的思想混合折衷主义的样相也会发现。不仅如此,也发现了凡学派思维的总结的意义。

然而,对于大同社会和其体制结构,思想的主要源泉仍然为儒学支配视觉。比如,张岂之的中国传统文化经典语录的一环出版中的称作《天下大同》著作企划物中概括的说明了在此与这相同的见解。他视为儒家的大同思想是吸收道家和墨家思想的特点。同时,他评价这才是叫作中国古代的"和而不同"表现出的文化精神的结晶具体的事例。与这相同观点是在中国思想史以儒家哲学为根本用以解释观点,十分明显朴元在认为这种态度和思想史先入误谬观点有关联。

由于先入为主的观点立场,儒学学者们也对推定大同社会的儒学哲学的思想的起源感到苦闷。当然在儒家的典籍中不是没有发现直接提到

"大同"用语一词。

代表的《书经·洪范》中有提到过"大同"的语句。这就充分证明与儒家的经世论相关联并具有政治哲学论议的特点。

尽管如此"大同"的思想渊源是在含有它具体性《礼记·礼运》寻找到的。这因为在《礼运》对大同社会记述有着具体和明了的说明。只是之前就提出疑问点，如前面指出实现大同社会的特征是有许多细节的内容，并不是单纯的只儒家的专有思维的结果。栗谷也是从这种疑问感到不满。因为栗谷在分析大同社会论时比起关心"大同"和相应对称的"小康"更表现为对"少康"的关心。

那么，首先在探讨栗谷看大同社会的特点之前，先察看一下提出"大同"一词《礼记·礼运》的内容。

"孔子曰：大道之行也，与三代之英，丘未之逮也，而有志焉。大道之行也，天下为公。选贤与能，讲信修睦，故人不独亲其亲，不独子其子，使老有所终，壮有所用，幼有所长，矜寡孤独废疾者，皆有所养，男有分，女有归，货恶其弃于地也，不必藏于己；力恶其不出于身也，不必为己。是故谋闭而不兴，盗窃乱贼而不作，故外户而不闭，是谓大同。"

如此，"大同社会"是通过孔子的话规定的。而且篇名本身是运用礼的过程与《礼运》相关联。并且，孔子规定称"大同社会"大道是通行天下，公义具体体现社会的意义，即"天下为公"。"公共性（public character）的确保"实现的社会才是"大同社会"。此时，称"公共性的确保"是理解为越过私人拥有的排他性，以公共对象分界的认知和相互责任的实践。

从政治的角度来看，大同社会的归属不是天下特定向一个人或一个家族，是所有人共有的社会。所谓四海同胞主义体现的社会才是大同社会。在这里是不容忍权利的世袭。因此，无法只看重自身的子女珍贵。宣扬采取选拔有能力的人原因，自己子女不能替代自己。如此，在这社会年幼的孩子也能得很好成长的条件，寡妇和孤儿，单身汉，生病的人也全都不必担心，可以得到准备好的抚养条件。从现代观点看来，这个社会可以称做是无偿保育和社会福利政策非常完备的社会。

同时，从经济层面来看，大同社会被认定为根据性别对于职业的分化和"公共财产"（public goods）非排除性和非竞争性的社会。男人有男人的角色和工作，女人有合适女人的角色和工作的保障。也是没有因为没有工作无所事事的年轻人的社会。不仅如此，不会因为个人欲望隐藏"私有财产"（private goods）的社会正是大同社会。"私有财产"的排除性和竞争性是我的和你的的界限明确，我具有它的专有或者相对使用次数比其他人使用它更少的特征。同时，不会因为自己只顾自身好好的生活的利己目的意识不努力工作，为了大家的幸福用心工作的社会才是大同社会。

不仅如此，伦理的角度看，大同社会是维护相互间的信任和关怀他人心心相惜的社会。大同社会是不仅认知侵害对方的行为是错误的，不会彼此窃取和伤害实现对他者关怀的社会。家家户户虽有门也不会发生盗贼们侵入的事情，没有必要锁门，有道德自发性保障的社会同时是大同社会。在这种社会，不会只尽力尊奉自己的父母，无视别人的父母，不会庇护自己的子女珍贵，无视别人的孩子。对人的个别差别意识不适用的社会便是大同社会。

综上所述，在政治侧面和经济侧面，以及伦理侧面的各领域实现"公共性的确保"社会看作大同社会。可以看出那并不是只在政治侧面的大同社会，也不是只在经济侧面的大同社会，也不是只在伦理侧面的大同社会。在历史上，大同社会出现过的时期为"尧舜时代"。特别是从〈击壤歌〉的内容来看，讴歌传递尧王时代的太平盛世。斟酌这个时代为什么会成为大同社会。尧舜时代可以做到，到工作时间去工作，休息时间回来休息，歌颂歌舞升平的太平盛世的时代。《礼记·礼运》的作者在"公共性的确保"中寻找依据。

不过，大同社会是不可以看作没有丝毫的问题因素。《庄子》在各方面进行变化对比，尧王时代的10年旱魃和10年暴雨的自然灾害暗示尧舜时代没有一直是和平年代。并且，称作孝道的代名词的舜王之父瞽瞍的行为以及他的继母和同父异母象的为人处事使人感到与大同社会持有的"公共性的确保"的层面有着较远的距离。随之，尧舜时代虽在历史上被认定为大同社会，与其说谈论那时代所有部分"公共性的确保"的意义，不如可以称作有目的性典型的理想社会谈论的性格更强烈展示若干理想型社会。

由此，提倡新的社会典型正是"小康社会"。虽然"小康"的概念是在《诗经》文中发现，与大同社会同样它具体的思想渊源是起源于《礼记·礼运》。《礼运》如下文所示。

> 今大道既隐，天下为家，各亲其亲，各子其子，货力为己，大人世及以为礼。城郭沟池以为固，礼义以为纪；以正君臣，以笃父子，以睦兄弟，以和夫妇，以设制度，以立田里，以贤勇知，以功为己。故谋用是作，而兵由此起。禹、汤、文、武、成王、周公，由此其选也。此六君子者，未有不谨于礼者也。以着其义，以考其信，着有过，刑仁讲让，示民有常。如有不由此者，在势者去，众以为殃，是谓小康。

"小康社会"像是称作"天下都是一家"，明朗化认定"私有财产"的社会。强盗既已隐藏，人们在道德上只爱自己的父母和子女，在经济上财务与劳动只为自己使用。因为与此相同的社会特性决定在政治侧面禅让的习俗消失，执政者以及既得权力者们得到自身地位的世袭。世袭制度被正当化的时代正是小康社会。

而且，这种情况下涌出"圣人"立即纠正社会的许多矛盾和不正之风成为评价小康社会所含有的健康性。因为由"圣人"的教化和治理在人们之间完善礼和义。所谓具备君臣，父子，兄弟，夫妇，朋友之间五伦的秩序才是小康社会的健康性。《礼运》的作者可看作在历史上很好的引导了小康社会的人物们。正是"禹王，汤王，文王，武王，成王，周公"他们六位圣贤。这六位的圣贤引领的时代即使"尧舜时代"不称颂为"大同社会"但在人间社会维持完善礼义和法度的秩序可看作"少数健康社会"。

三 大同社会的志向和少康社会的强调

综上所述，以《礼记·礼运》的内容为根据，朝鲜儒学者们大部分提出以自身的大同社会论理想。栗谷也是以《礼运》的内容为根据，提倡自身的大同社会论。但是，通过阅读《栗谷全书》，栗谷的大同社会论没有太多的直接提到。栗谷提倡的大同社会论的立场从向宣祖呈上《圣学辑要》的内容中在《圣贤道统》处确认大致的内容。在此以下是栗谷所叙述。

于是，有圣人者首出庶物，聪明睿智，克全厥性。亿兆之众，自然归向。有争则求决，有疑则求教，奉以为主，民心所向，即天命所眷也。是圣人者，自知为亿兆所归，不得不以君师之责为己任。故顺天时，因地理，制为生养之具。于是，官室衣服，饮食器用，以次渐备，民得所需，乐生安业。而又虑逸居无教，近于禽兽，故因人心，本天理，制为教化之具。于是，父子君臣夫妇长幼朋友，各得其道，天叙天秩，即明且行。而又虑时世不同，制度有宜，贤愚不一，矫治有方，故节人情度时务，制为损益之规。于是，文质政令，爵赏刑罚，各得其当，抑其过，引其不及，善者兴起，恶者惩治，终归于大同。圣人之继天立极，陶甄一世，不过如此，而道统之名，于是乎立。圣人之能为大君者，以其道德能服一世故也，非有势力之可借。故圣人即没，则必有圣人者代莅天下，随时变通，使民不穷。

根据黄义东的观点，栗谷的力作《圣学辑要》是在《大学》的"明明德""新民""止于至善"的基础上根据"格物""致知""诚意""正心""修身""齐家""治国"的理论体系构成的。采用同样讨论的展开方式在《圣学辑要》的第七篇的《为政功效》中提出了"天下平"的理念以后，在第八篇的《圣贤道统》中通过提出"大同"的理念来做了最后的结尾。大同世界的具体内容包括伦理世界的具体体现和社会福利的实现两个部分。但是真正的大同世界的具体体现则是在道义基础上的实际的利益，伦理只有在某种经济基础下才有可能实现。

大同社会就是把具有宗教性，哲学性，伦理性，文化性的世界和把具有政治性，社会性，经济性的世界合二为一成极高次元的"至善"的理想世界。同上特征大同社会将经世论范畴内讨论的问题明示性的加以告知。经世论是指为了正确的经营国家或者社会而提示的具有政治性，社会性，经济性，文化性的多种方面的关于实践性的问题意识，同时也指包含有伦理性和思维性的意识。朝鲜时代的性理学者们会把与经世论相关的问题意识以各种上疏文和时务策等的形式呈给他们的王。栗谷的大同社会论就是想将儒教的政治思想具体的表现出来，并将这种理念和方法进言给他们当时朝鲜的宣祖君主那里，这些都在栗谷著述的《圣学辑要》里面具体的阐明了。

可是栗谷对小康社会的描述要多于对大同社会的描述。栗谷提示的"小康社会"带有双重的性格。为了更方便的加以说明栗谷提出了"小康"和"少康"这两种形态的概念。据此，在本书中既有如《礼记·礼运》中用"小康"来表记的形式，又有与此不同用"少康"表现的情况。从整体上来看《栗谷全书》这本书时，可以确认一个事实那就是在对此概念的运用上比起前者来栗谷更愿意用后者。但是后者在《礼记》里面一个也找不到，这也是需要特别加以记录的一个事项。"小康"虽然是朝鲜的士大夫们经常使用的一个概念，但是栗谷比起一般通用的"小康"这个概念反而更愿意使用和强调"少康"这个概念。

尽管这样但是栗谷并没有在书中对这两个概念的不同点做出说明。正因为如此在对"小康"和"少康"这两个用例的相互同一性和差别性上想准确的加以确认时还是有一定难度和限度的。在对这个问题的考虑上姜正仁是代表性的研究者。他的研究在表明栗谷想定的"小康"和"少康"这两个的差异点上有了更准确的焦点。姜正仁的研究注意到了在此之前任何人都没有注意到并深入研究的事项，因此评价说他在对栗谷提出的大同社会论和小康社会论的研究的外延拓展上做出了贡献。总结他的主要观点如下：

栗谷把传统上的"大同"和"小康"概念统合使用的同时，又将"少康"比作就好像汉高祖和唐太宗在位统治期间的一样加以肯定并使用。例如在《圣学辑要》里面登场的大同概念当然指的是传统的大同的概念，同时也包括了树立伦理秩序的小康的概念。所谓的"小康"的最大值就是"大同"。但是栗谷本身又从来没有用过"小康"这个用语。《圣学辑要》里提及到的"小康"要么是在表现宣祖的话时引用的要么就是在引用程明道的话的情况下才使用的，栗谷从来没有为了提示自己的意见而采用"小康"来表现的这种情况。在使用它的替身"少康"来表现的情况足足达到了十多次。但是栗谷说的"少康"的内容可以从三大方面来加以区别。第一个就是百姓多少感觉到了安康的状态，第二个就是将中国夏代重新复兴的君主的名字，第三个就是在霸权政治的漩涡中非常出色的君主讨论到"不是很满意的政治"的状态。

如此，阐明了"大同"和"小康"还有"少康"的相互关系和区别点的姜正仁的研究确实做了非常有意义的分析。但是从"大同"和"小康"的整体概念上来说时应该更有必要加强对"大同"意义的强调。可是又不能否定根据栗谷的整体概念又诞生了新的"大同"的意义。尽管如此,虽然"小康"没有完全包括在"大同"里面,而且它也没有得到栗谷的选择,但是"小康"的意义仍旧有效这一点我们不能不注意到。但是笔者认为应该从反而因为栗谷而受到注目的"少康"的概念为什么会得到提示这个问题开始有必要思考思考。

首先作为人名的意义。历史上有过的"少康"这个人物是从穷氏手中重新夺回权利并复兴了夏朝的夏朝的第六代帝王的名字。他的祖父是仲康,他还有一个叫作太康的哥哥,太康对政事一点也不关心,沉迷于打猎和玩耍,所以最后被穷氏赶下台。虽然仲康和他儿子的大臣在后面但是也没能挡住一个国家的衰退。在这种危机下是"少康"实现了国家的复兴。因为栗谷而受到关注这一点和历史人物"少康"的复兴对当代的君主宣祖来说带有期待这一点重叠了起来。更巧合的是这个人物的名字和百姓们感受到的"稍微安康的状态"以及君主建立的"还算安康的政治"的意义相吻合的这一点做了暗示。

特别是栗谷作为创建"少康"政治的历史人物他举了晋文公,晋卓公,汉高祖,汉文帝,唐太宗,宋太祖的例子。这一点栗谷在以后的朝鲜士大夫和儒教读书人的意识世界里公布并传播了。栗谷死后与他一样对"少康"的意义加以关注的代表人物是同春堂的宋浚吉(1606—1672)。他判断自己所在的时代应该是要具体体现少康的时期。他说:"虽然不奢望能有三代圣贤来辅佐,但是如果有像管仲,诸葛亮,王猛,苏卓这样的人才来一起治理国家的话,内能治理国家,外能击退外敌平定混乱,复兴国家并能创造出'少康'社会。"① 还有正祖时作为少论的名将而活跃的曹允大(1748—1813)批判自身的时代时说"现在既不能与唐虞三代的政治相提并论,又赶不上汉代或唐代的'少康'政治"。

从整体上来看以上概念的举例时,"小康"虽然说的是夏,殷,周三代的政治,"少康"则是特指汉代或唐代一时实现的历史性的复兴和暂时性的平和。最终可以确认的是《栗谷全书》从最初就在很多文集里出现

---

① 《同春堂集》卷4,疏箚,〈申乞解职疏〉,"三代贤圣之佐,虽不可望,而如得管葛王苏之材,与之有为,犹可修攘兴拨,措世少康。"

的"少康"的概念并不是"小康"的误字，以前我们没有做任何的反省就把它这么认为了。现在正好算是纠正以前与此相关联的一些错误的解释的好机会了。

夏朝的"少康"将处于危机中的国家实现了复兴，同样汉文帝和唐太宗也是在实现"少康"社会上做出了巨大的贡献，实际上能感觉到正是有了这样的想法才使栗谷对"少康"加以强调。从历史上的事例来看，相隔很近的时代里实际存在的汉文帝和唐太宗受尽苦楚费劲劳力最终实现了社会政治的安宁，那朝鲜的君主又怎么可能实现不了呢，对此也可以看作是 提示给朝鲜君主的模范。

总而言之笔者认为超越"少康"实现"小康"，从那儿又重新超越"小康"到达"大同"这个正是栗谷大同社会论的目标。这样的圆形栗谷诊断说当代朝鲜的现实是经过"创业期"，实现"守成期"，又到达"更张期"，这样的历史意识和轨道一起进行。就算这样说朝鲜的创业期就是"大同"，守成期就是"小康"，更张期就是"少康"也不是合适的话。笔者认为朝鲜的"创业期——守成期——更张期"一个个去效仿"大同——小康——少康"才能实现理想目标。

特别是栗谷强调当下时代只有实现历史的复兴才算得上是"更张期"。有同样思维的起源是在朝鲜初期的儒家学者阳村权近那里可以找到。早先阳村权近就把自身的时代规定为"守成期"，这个是政治的"毕张"里相对应的时期的规定里有过，还有就是汉唐时代的"少康"的政治性具体的意义和周朝"少康"的政绩里也提示过①。栗谷认为从时期上来说排在前面的阳村的时代如果符合"守成期"的话，那自己所在的时代规定为"更张期"也并不是没有道理的。还有前面的"守成期"虽然已经在施行政治性制度和法令，但是这些也并不是都是没有弊端的，他觉得顺应时代的潮流更张的到来是必然的。

栗谷借用董仲舒（公元前170？—公元前120？）的话对"更张"的内容做了如下说明。"据董仲舒言，调不好琴瑟声的时候必须要松开琴弦重新绑好才能演奏。政治也一样如果管理不好时必须要施行改革重换之后

---

① 《阳村集》卷33，杂著类．策题类，〈策题〉，"然启方继禹，有扈已叛，又不数世，而有羿，浞之祸，及少康既壮，仅复旧物，自后贤君无闻焉"参照。

才能管理。"①　总之就像琴瑟声调不好时必须要重新绑弦才能演奏一样，在政治上如若不更张就不行的时代那就可以看做是"少康"。

但是在讨论大同社会论的过程中，栗谷和当代的君主宣祖站在对立的立场上有不同的想法的问题的根源在"小康"。因为就像前面看到的这个社会的主要特征是君主的世袭和他的正统性的确保上。如果要维持王朝社会体制那么君主的立场当然是不得不对"小康"加以重视。但是栗谷比起王朝的正统性这种带有外在性世袭的惯行的政治性意义更加重视理想政治的具体实现这种理念本身。栗谷对"小康"的议论的本身极度排除是有理由的。

栗谷对大同社会的认识跟《礼记》规定的大同社会论有一部分内容是有差别的。不仅如此，正如前面姜正仁指出的内容一样栗谷的关于大同社会的内容跟《礼记》所提到的种类"小康"的一部分特征是一样的。由此可见这种观点已经在朝鲜初期形成了。阳村提示的关于三代的理想所涉及的部分表现的更加清晰。他说"自古以来拥有天下和国家并能长久的施行善政和享受安定的时候不会超过三代。从禹王、汤王、文王、武王开始都是托圣人的福通过创业开创了后代，那些子孙们会长期的传承下来。②" 阳村虽然没有把这个时期清楚地提到是称为"大同"还是称为"小康"，但是就像栗谷那样"小康"包括在"大同"的概念的整体里面，并可以看作是另一个侧面的新提出来的现实性的"大同"的理想。

另一方面姜正仁分析出来的栗谷大同社会论的特征大体如下。大同社会也是像小康社会一样形成了初步性形态的私有财产，由此引发的纷争若是避免不了的话，解决这个纷争的方策就是儒教的人伦秩序，社会的更张可以看成是在人伦秩序的基础上发生的。还有在涉及到关于君主的禅让和世袭这个最敏感的事例之一时，在大同社会论里有意识的排除了对此的说明这是事实。正是因为这个特征栗谷很自然的在看天下的公共性和所有权立场上的观点也是把这一点排除在外了。

如果否定当代君主的世袭并反对当下的体制的话，曾有过一句话就可

---

① 《栗谷全书》卷25，《圣学辑要》，〈为政下〉，"董氏曰：琴瑟不调，甚者，必解而更张之，乃可鼓也。为政而不行，甚者，必变而更化之，乃可理也。"

② 《阳村集》卷33，杂著类．策题类，〈策题〉，"自古有天下国家，而能长治久安者莫三代若也。盖由禹汤文武皆以圣人之德，创业垂统，克开厥后，宜其子孙传世之久也。"

以定为逆谋罪的这种界限很敏感的案例。有过关于大同社会的立场与逆谋相关联的具体性的历史事件。那就是在宣祖22年1589年繁盛的郑汝立（1546—1589）的己丑狱死事件。他结成的"大同契"是否定当代社会抵抗体制的象征。栗谷比较之后的避开了这种问题。

但是笔者并不认为栗谷完全没有提到大同社会的禅让的特征。前面关于大同社会论栗谷的言论中"因此如果圣人已经离开了这个世上，那就必须有别的圣人出来来代替他们来面对天下随时变通而不使百姓贫穷。"说过这样的观点对此应该加以深思。"圣人"时代的连接那就是别的"圣人"而不是圣人的子嗣，这个观点非常明确。栗谷只是避开提到关于禅让和世袭直接性的概念而已，他仍然从理想上来看大同社会里的禅让，不看不行。

在这一点上"大同"和"小康"仍然是区分开的，"小康"也是和"少康"区分开来的。"少康"的最大值是"小康"的话，"小康"的最大值就是"大同"。还有"大同"在最后阶段里具体的实现了才是社会的理想，"少康"和"小康"也是社会性的理想。理想社会的理念性目标是从内在性侧面来说志向要一直向着"大同"。在栗谷看来，他认识到自身生活的当代朝鲜的现实是在此期间要先具体实现"少康"这个状况。

四 大同和小康或王道与霸道的调和

栗谷在对大同社会的哲学性谈论提示上比起"大同"或者"小康"来说对"少康"的意识的阐述才是最引人注目的。决定性的理由是栗谷把当代的现实看做是"更张期"，因为打开此难局的方法要在君主的实践里找。栗谷在《栗谷全书》到处强调了君主的经世性实践。社会的一切都落在君主的开心和关怀以及具体性的经世实践上，取决不定的话是不行的，这就是栗谷的立场。

那么能说大同社会是最初的世界的样子吗？若不是如此的话那么最初的世界又是怎样的状态呢？对此《礼记》和栗谷的观点是不相同的。虽然《礼记》关于天下是确保了公共性的大同社会是最初的社会的表象，但是栗谷将大同社会以前的处于自然状态的世界看作是在别的道路上。即使如此栗谷看到的最初性社会也不指称为马克思（Karl Marx，1818—1883）想的原始共产制社会和理想世界。栗谷虽然认定在比大同社会往前有原始共同体社会,但是这个社会被规定为各个方面都没有从未开的原始性里摆脱出来。那从未开的自然状态里摆脱出来的文明化社会就是大同社会。这样栗谷的观点一定程度上解开了《礼运》是道家的著作的误解,同时也为了方便避开与道家世界观的摩擦。

这样看来栗谷所谓的大同世界就可以说成是文明的顶点,此文明不仅是实现了物质性的发达,所有精神文化的总体可以称为文明的尺度。特别是通过仁义的道德也没能使精神文明得以发展的话,物质性发展的综合再怎么快也不能把它评价为真正的文明。儒学性思维里跟这一样创造出文明并启发再往下就是存在就是"圣人"了。历史性脉络里"圣人"就是促进"大同"和"小康"时代发展的人物。

栗谷比起对"大同"和"小康"的社会现象提出来讨论,相对性的更加关注创造出那个社会的文明并进行启发的"圣人"。"圣人"不仅存在于实现"公共性的确保"的时代里,还是世上所有权强化,国家的区分和集团的分裂加速化的情况下将最好的劳力庆祝在"公共性的确保"上的人物。"圣人"不仅存在于"大同"的时代,而且也是存在于"小康"时代的真正的主体。

栗谷在关注"圣人"的存在的同时将"大同"和"小康"的相关讨论很自然的转换到王道政治的问题上去了。生出来一条从"禅让"和"世袭"的辩论诘难里摆脱出来的活路。由"禅让"和"世袭"大变而成的"大同"和"小康"的两个社会现象是从此开始可以通过被称为"王道"的这个单一的窗口可以讨论了。在这个地方栗谷将"王道"和与它形成对比的"霸道"的关系进行了讨论。栗谷到处对"王道"的具体实现进行了讨论,甚至连在提到《老子》注解书《醇言》里也提示了"王道"的目标。不仅如此在《醇言》里对"大同"和"小康"的概念一个地方也没有提及。

"王道"的理想是儒家企划的经世具体实现的最大目标。在栗谷看来"王道"是以内圣外王的升学为基础通过对民生和百姓的教化来实现的。栗谷说"凡是实行仁义的都是实行了天意,救活并教养百姓是'王道'的具体实现。"仁义道德和"王道"的具体实现要相互连接并理解。总而言之"王道"的始作是从解决老百姓的衣食住行的经济问题开始,"王道"的结论是归结到把百姓从伦理的层面上提升到教化的结果上。①

对此进行对比的是孟子说的"霸道"。孟子说若是"王道"是仁德的具体表现,那"霸道"就是假装扮演仁德的。② 将仁推出来虽然看起来是向往"王道",这实际上是霸权者的实力主义成为现实化的时候,我们将此称为"霸道"。正因为跟"王道"相比而具有的这些特征让注视着"霸道"的那些视线在传统上没有得到那么肯定。那虽然借助了仁义的名字却没有找到道德的线头,不能恢复先王的道,虽然私下里实现了功利却停留在了根源问题上。③

不能完全认为栗谷在"霸道"的肯定性方面一点也没有。④如果时代被矛盾和不条理充满着昏乱加重的话,对此的立场是一定部分的实力主义的行使是必要的。它作为儒家性实力主义的一个典型,公利的自身的理念性地盘时常准备着。由此确认了礼仪和利益的关系是有相互补充的特征。承认一部分的"霸道"的栗谷虽然知道霸道的界限,但是他也在探寻可能以肯定结果出现的历史性复兴和"暂定的平和"的可能性。这种思维将"霸道"和"少康"的概念连接了起来。"暂定的平和"若不进入"少康"的话历史的束缚就不会结束,这是因为栗谷的现实主义立场是这样的。

栗谷将"王道"和"霸道"进行区分,关于对典型性人物的结束如下。虽然多数是长篇文章但是想直接引用栗谷的立场来加以确认。

(1) 以前五帝和三王天资聪明智慧,他们接受了天命成为了皇帝成为了老师,他们让争夺得以停止,让人们生活的更好更繁荣,教导人类繁衍,太阳,月亮和五个星座都按照轨道行驶,五行根据时间行驶,天和地根据指定的位置非常的安全,人也树立起来自己的情理。这个就是所谓的才智突出施行"王道"的人。

---

① 黄义东,《栗谷哲学研究》,首尔:经文社,1987,167 页。
② 《孟子》,〈公孙丑上〉,"孟子曰:以力假仁者霸,霸必有大国,以德行仁者王,王不待大。汤以七十里,文王以百里。以力服人者,非心服也,力不赡也;以德服人者,中心悦而诚服也,如七十子之服孔子也。"参照。
③ 姜正仁,前揭书 16 页参照。
④ 이와 같은栗谷의立场은孔子의管仲 评价로부터起因한다。《论语》,〈宪问〉,"子路曰:桓公杀公子纠,召忽死之,管仲不死。曰:未仁乎?子曰:桓公九合诸侯,不以兵车,管仲之力也。如其仁!如其仁!"参照。

（2）商朝的太甲和周朝的成王资质并不如五帝和三王，如果没有圣臣的辅助典型的颠覆的话谁来救呢？想推倒国家的那些进谗言的人们必定会挑起事端。但是太甲让伊尹负责政事，成王让周公负责政事，道德得到培养，学业得以奠定，大业得以完成，这就是所谓的把政事交给仁德的大臣的"王道"实行者。

（3）①晋代的文公因为一次战争霸业得以扩张。
②秦国的悼公三次出兵让楚国得以屈服。
③汉代的高祖花费五年才取得帝业。
④汉代文帝用无声的感召让监狱里不再有犯人。
⑤唐代太宗取得霸业实现了太平。
⑥宋代太祖继承了紊乱的五季之后平定了混乱的世界。

这些帝王的才能平定战乱绰绰有余，智慧让他们在任用人时游刃有余，只是很可惜的而是虽然他们亲身去实行并用心体会先王的道但是最终也是没有得以恢复。虽然国家富强百姓繁荣了但是却没有听到得以教化的话，这个就是所谓的才智突出实行"霸道"的人。

（4）①齐国的恒公离不开音乐声和美色。
②汉代的昭烈在军中非常忙碌，大腿上的肉都在马鞍上磨坏了，如果没有善良又有才能的大臣辅佐的话，恒公有可能成不了皇帝，刘备连拥有一小块土地都很难，但是因为恒公任用了管仲，刘备任用了诸葛亮，所以诸侯归顺，也立下过统一天下的功劳，占领了汉中和西川将汉代的国门连接了起来。只是可惜的是管仲不懂圣贤的道理，诸葛孔明也没有逃脱申不害和韩非子这样的法家的不正之风功烈到此为止。这个就是所谓的委托老实人的实行"霸道"的人。（这篇引用文的符号是笔者为了解释起来方便而随意使用的。）

看这篇引用文可以确认，实行"王道"的人物类型有两种，而实行"霸道"的人物类型也有两种。引用文（1）的情况是自己自身很有睿智可以直接行使"王道"，引用文（2）的情况是利用出众的大臣的辅助来实行"王道"。引用文（3）的情况是通过自身的政治性权能来直接实行"霸道"，引用文（4）的情况是通过出色的大臣的辅佐来实行"霸道"。总之，（1）直接实行"王道"的人物是五帝和三王，（2）通过出色大臣的辅佐来实行"王道"的是商朝的太甲和周朝的成王，（3）直接实行

"霸道"的是晋文公,晋悼公,汉高祖,汉文帝,唐太宗,宋太祖等六人。(4)通过出色的大臣的辅佐来实行"霸道"的人物是齐桓公和昭烈帝(刘备)。

但是"霸道"即使外形上再像"王道"只要有一个方面不符合就不是"王道",之所以这样规定是因为它是在哪个标准上引起的,行为动机的问题和密接相连带,那个是本来的单纯的心引起的"公共性确保"的结果,或者是个别的私人的欲望引起的"公共性确保的结果",标准问题成为了评价的尺度,在此标准下栗谷把齐桓公,晋文公和唐太宗的政绩进行了如下批判。"像齐桓公和晋文公这种情况,本来就是为了天下二维,那这些不都是应该公众于天下吗,但是仔细推敲他们的内心就会发现他们很多私下的意思就会出来,唐太宗也是虽然他振发精神努力从政创造了太平盛世,但是他最后也是没能摆脱掉从他的个人意愿里出来"。

栗谷通过"霸道"从社会的状况和政治的局面里来确定"暂定性的平和"的效果,他还指出来了"公共性确保"的不足问题正是"霸道"的主要界限点。虽然他出于忧患意识对处于"更张"的状态的"霸道"的一部分加以了容忍,但是他还是强调不能抛弃真正的"王道"的理想。可以看出栗谷在现实的基础上摸索理想,在现实中寻找理想的实践性基础。由此可以确认栗谷的特征是在现实世界里摸索"王道"和"霸道"的调和。

通过以上观察可以了解到栗谷的大同社会论是在提到"理气之妙"的存在论性思维方式的基础上成立的。他的意义在于提示了理论和实践,礼仪和实利,伦理和经济等各个方面并不是只是相互对立的,也有可能和谐的在同一条路前进。因为这种意义打开了"大同"和"少康",还有"王道"和"霸道"这种"理想"和"现实"的问题相互调节的可能性。

五　总结和现实意义

大同社会是东方经世论的最终目标。在《礼记·礼运》中记载了大同社会的相关内容,并引起了众多拥有经世思想的政客及文人们的关注。《礼记》中提出了"大同"和共同"小康"的社会面貌。"大同"是指,在确保公共性的前提下而形成的社会,即全民公有的社会,而"小康"

社会却出现了以礼义为衡量尊卑贵贱和分配财产的私有制现象。因此，传统上"小康"被认为是一种消极的社会现象的典型，而只有"大同"一直被认为是应该达到的理想的社会发展目标。

但是，生活在朝鲜中期的栗谷李珥则提出了除"大同"和"小康"以外的另一种社会发展目标——"少康"，进而扩展了大同社会论及相关哲学理论的外延。栗谷认为，在实现君王所欲求的"小康"社会之前，实现"少康"是更加切实和必要的。这一思想缘于栗谷自身所处的历史环境——"更张期"。即使重新制定所有的制度规范并不能影响圣人的政治，但是实现与汉唐时期带领国家实现中兴的经世君王——汉高祖，汉文帝，唐太宗比肩的政治环境的可能性是存在的。不过，栗谷的立场则是，即使是在实现"少康"的状态下也不能抛弃"大同"的理念。虽然比"少康"高一阶级的是"小康"，比"小康"高一阶级的是"大同"，但是，不管是"少康"还是"小康"都应将最终的目标设定为"大同"。

为了实现这一目标，要努力确保公共性。这一点是栗谷为了对自身所处的时代进行改革所提出的方案。为了"加强公共性"，首先，经世家门通过努力维持内心的公平来完成心理上的"加强公共性"，为了王道政治，必须在以民为本的而多个领域中实现"加强公共性"。"加强公共性"的问题与社会，政治，经济，文化，宗教，伦理等所有领域有着紧密的联系。大同理念就是在全方位的领域行使自身的意义。

本文局限于只关注了经世的问题和与其相关的几个因素。尽管如此，本文可以确认两点，（1）栗谷所提出的如若将大同社会设定为最终目标，要首先且必须实现"少康"；（2）从经世论的侧面阐明了"加强公共性"的问题是经世论的第一原理。栗谷通过大同社会理论所提出的各种方案具有时代性。不仅是在栗谷所生活的时代，在我们生活的现代社会同样具有实际性。如此看来，栗谷所提出的大同社会论的实际性观点属于大同社会论的哲学意义的范畴。

下面提出几点实际性意义来结束本文的论述。

（1）关于经世的主体的反省应具有实际性。
（2）关于名分与实质的一致应具有实际性。
（3）解决民生问题与实现国家福利方面应具有实际性。
（4）在确立与维持言论公共性的方面应具有现实性。

（5）通过政治与道德一体化，在加强政治公共性方面应具有现实性。

（6）关于生产，分配，消费等 经济的公共性确立的实际性。

（7）对外国家观的公共性确立的和平志向的实际性。

那么，韩国现在的状况是处于"少康"社会，还是处于只需要实现"小康"社会的时期，还是处于先行实现大同这一理想目标的时期？

在中国毛泽东曾提倡大同社会并将其作为自身的政治目标，而将改革开放引入社会主义社会的邓小平强调的却是比大同社会更现实的小康社会。那么，现在韩国的状况如何？我们也要从我们生活的时代的时代性重新审视我们的社会。

孔子之梦和君子人格
——通过对《论语》的个人理解

韩国安东大学韩中儒教文化研究中心　李承模

一　序言

不久前，首尔的一个公共厕所里面发生了一件陌生女性被凄惨杀害的事件。清早，正在登山的中年女性无缘无故就被杀害了。父母利用暴行杀害孩子的事件发生了，孩子杀害父母的事情也发生了。我们的社会就像一个在比赛谁更残忍的竞技场一样。不仅如此，在住宅小区里跳楼自杀的公务员准备生，从楼上坠落到了一个路过的公务员的头上，也就导致了两人全都死亡的不幸下场。每年，有很多的就业准备生由于压力大而自杀，无数的年轻人因不能就业而自杀，无数的中年人因生活贫困而自杀，无数的老人因不幸的老年而悲观的自杀。因此，大韩民国被冠上了"自杀共和国"不光彩的名誉。这是我们的社会的一个方面；除此之外，两极分化的加深，离婚率的增加，性暴力的增加，自杀的增加，家庭暴力的增加，虐待儿童的增加，等等引起社会混乱的事件每年都在增加。青年失业问题，合同工问题，老龄化问题，教育问题等等现象，虽然不能把这些事情都一一拿出来谈论，但是我们的社会从整体上看可以说是不健全的社会。

即使是我们的社会在发展生长的前端，但是，许多人依然都在辛苦的生活着。尽管我们所期待的美好的世界已经渐渐到来，并达到指标，但是实际上进入了生活越来越艰难的可怕的世界。从人的口中，最终还是说出了"我们的世界是个不能让人信任的世界"的话。"地狱朝鲜（Hell 朝鲜)"这个新生词①的出现意味着"韩国是地狱",许多人只要有能力有机会的话就想逃离韩国。作为世界上最凶恶的法则的"非正式"法则成为了生活在这个时代中的年轻人的脚镣,他们放弃了很多而生活着。现在的年轻人已经超越了三抛、五抛(三抛:放弃恋爱,放弃结婚,放弃生育;五抛:放弃恋爱,放弃结婚,放弃生育,放弃人际关系,放弃住房)的时代,而纷纷进入了把所有的都放弃的N抛时代。

即使是这样,需要把国民的生活作为最优先的政治圈又分为了左右两派,这反而更加加深了国民之间的矛盾。政府不和国民进行沟通,只是一个劲的推到一边,这种无视"法律和原则"的非正常行政机构还在继续。已经形成既得权的人们正在建立一个普通人不可接近的他们自己的圈子。教育部以大学教育改革的名义作为统治大学就业率的指标的,是对探索人类文化的理想的发展方向的人文学的考核。大学不是真理的殿堂,而变成了一种追求利益的企业集团。舆论媒体连续多日报道了青年失业的问题以及大学生们不管再怎么努力也是很难就业的问题。"经济困难就业难,别去多想别的了,就好好学习吧!如果不那样的话,你们就会成为失败者的。"用这样缠绵细语来统治,管束,压迫学生们,资本主义管理体系把学生们都关了起来。大学生本应是三三五五汇集起来冷漠批判、诉说实事、讨论正义、引领未来的主力军,却像是在沙漠中寻找绿洲一样,没有多余时间观看周围左右的情况,只是向着前方一直奔跑,最终精疲力尽而倒下。

人们总是梦想着生活在一个"和谐社会,互相互助"的世界。但是,现实中和我们所想的总是向相反的方向进行着。当今混乱的社会中还有希望存在吗?我们要建立的社会是什么样的社会呢?为了回答这些疑问,我们需要冷静客观的来看一下我们的社会。但是,一天一天艰辛的生活着的人们似乎看起来没有什么多余的心思来关心社会问题。所以,需要担当这个任务的人就是可以摸透批判这个时代,并能探索新的可发展性的君子似的知识分子。从现在算起,生活在2500多年前,生活在礼乐没落,社会秩序正处于崩溃的春秋时代的孔子,他强调人的价值,追求和世界融洽,

---

① "三抛一代"、"N抛一代"是韩国青年人自嘲的话语。作为"地狱(hell)"与"朝鲜"的合成词,"hell朝鲜"指的是"地狱般的韩国"。这些词汇表达了韩国青年人的不满与绝望、愤怒。源自网络,最近出现于媒体。《Daum百科辞典》,http://100.daum.net/encyclopedia/view/47xxxxxxd736。

他利用君子的样子来寻找并纠正混乱的时代可发展性。

　　笔者根据这个想法来看看打开儒教思想的孔子的人生，并通过他的人生和思想，我们需有个反省自己行为的时间。翻开《论语》，它里面有表现出孔子的梦想和希望的语句。在这些语句中体现了他对实现"道"的渴望，对实现"仁"的渴望，模仿"圣人"面貌的渴望，对"君子"一样的人生的渴望。笔者通过孔子的这种渴望，来看一下他为什么在黄昏之年历经艰险周游列国呢，孔子一生中想实现的是什么？然后再看一下，可以实现孔子的梦想的君子又是什么样的人。最后思考一下，生活在现代社会里的君子的面貌是什么的。

　　首先，需要说明的是：笔者初次通过"道"和"仁"的关系来查看"孔子思想的理论体系"，之后又通过它来准备理解儒学的原型的文章。但是，有几个问题得不到论证而战战兢兢的时候，过了一段时间就迎来了本次学术会。所以就一边阅读《论语》，一边东拼西凑没有条理的写下了这篇文章，然后又仓促把它整理成论文的形式并写下了这篇发表。这篇文章不是以某个问题为中心来论证的文章，而是笔者对《论语》中显露出的孔子的思想，而按照自己的想法来判断想象，一边写下的文章。所以，很多地方没能脱离本人的主观想法的局限。虽然这样的主题很简单，但是也有可能成为深刻的主题。借此文章的机会，认为也是我们重新来思考一下孔子的面貌和儒学的原型的机会。

二　怀抱橡树和蝴蝶花的银杏树

　　早晨，去校园的时候看见了一个很新奇的现象。银杏树中间长了一棵橡树，在它们中间又有一棵蝴蝶草开花了。银杏树，橡树和蝴蝶草，它们各自守护着自己的生命，它们共同生存并不排斥，并互相成为对方的一部分共同生存下去。还有比这更美丽的场景吗？《中庸》里面曾说到，"万物并育而不害。" 和谐的共同生存是生命的特征。

　　可以把这样的特征叫作"裨補生命"。"裨補"在词典里的含义是，"把微弱或者不足的地方来补充完整"①。所有的生命体都不是完美的存

---

① 《Daum 百科辞典》，http：//dic.daum.net/word/view.do?wordid＝kkw000121806&supid＝kku000152625。

在。自己不能独立的生存下去。所以，生命体之间的关系是互补，互助，互守的关系。地球上有成千上万的生命体，这些生命体互相成为对方的一部分，并建立着生命的纽带。因此，所有的生命体是完全相互依存的存在。自然界中没有独立存在的，所有的存在是成为相互的原因和结果，实现整体的和谐，并以此来建造美好的地球这个共同体。

"万物没有矛盾，不互相排斥，互相照顾紧抱在一起的话就会实现自然而然的融洽"这是自然的本性。古人认为这种自然的本性是"道"。《道德经》中曾说道："道生一，一生二，二生三，三生万物，万物负阴而抱阳，冲气以为和。"①《周易》中也说道："天之道，有变化，赋予了它们走向各自正确的道路的本性，可以维持和谐舒适安定。"②古人观念中的"道"是宇宙万物的根源，是万物的生成，变化和发展的内在的力量。再就是，万物不休止的调和而实现均衡，这是自然的规律。银杏树以母亲的胸怀怀抱着生命体。银杏树的这种品格也就和自然而然实现融洽的"道"的品格是一样的。

礼乐的秩序崩溃，战争不止，生命的纽带被割断，人们为了个人的利益，互相排斥斗争，所谓的"道"就没有了，那么在这样的社会里面，我们来思考下孔子是带着什么样的想法而活着呢？他一边说"15岁的时候立志于学习，50岁的时候方才知道道运行的规律"，一边在55岁黄昏的年纪忽然又走向"求道"的道路的理由又是什么呢？不辞14年漫长的岁月里经历的所有艰辛，而顶着世界的严酷风波而生存下去的理由又是什么呢？他走遍列国并说服各国的君王，对弟子们讲"仁""礼"和"义"的理由又是什么？讲"圣人"的面貌，讲"君子"的人生的理由又是什么呢？

有一天，孔子和子路，冉求，公西华，曾析等四个弟子一起的时候，就提问到："如果可以理解你们的人，你们会怎么做呢？"然后，他的四个弟子就各自回答道：

---

① "道生一，一生二，二生三，三生万物。万物负阴而抱阳，冲气以为和。"（《道德经》42章）。

② "乾道变化 各正性命 保合大和 乃利贞。"（《周易·干卦》）。

① 子路："诸侯被夹在各国之中，遭受大国家的侵略，甚至于遭受饥饿，如果让我管理那个国家，我可以只用三年的时间使百姓们勇敢地去面对战争，并可以让他们知道生活的方向。"

② 冉求："如果让我管理国土六七十里或是五六十里的国家，我只用三年的时间就可以让他们过上丰足的生活。但是，必须用礼乐教化来等待君子实行。"

③ 公西华："我不敢说我可以，但是会学习的。我想作为一名在宗庙里祭祀或者是诸侯们拜见天子的时候把礼服和礼帽整理好的这样的小事的人。"

④ 曾晳："晚春时节穿着春天衣服的成年人五六名和孩子六七名等在游泳，雨雾里吹着风，唱着歌即将回来。"

孔子听了这些弟子们的回答后说道："我将和曾晳一同。"孔子问这四个弟子的政治抱负的时候，子路强调的是"军队"，冉求强调的是"让百姓富有"，公西华强调的是百姓"要知礼"，曾晳强调的是让百姓"平安的生活"。在此之中子路，冉求，公西华的回答综合起来就是治理国家的方法。使国防坚固，使经济发达，建立道德社会，在这样的基础上就可以实现和谐社会使百姓们平安的生活。但是，重要的是四个弟子着重的部分都是不同的。子路，冉求，公西华分别是重视国防、经济、道德，曾析是重视"人的生活"的。虽然不能从重视的部分不同来看价值问题，但是可以造成很大的结果。如果把价值中心放在人的方面上，那么，无论做什么事情都要以人为中心并且首先要考虑到人的生活。但是如果把价值的中心放在国防、经济、道德上的话，人就会被遭到冷落。如果重视国防，就会有很多人为了国家而牺牲；如果重视经济发展的话，人就会被忽视；如果重视道德的话，（比如：占据绝对位置的道德观念或者意识形态）人们的自由思想就会受到压制。

孔子周游天下的时候说："大江流水滔滔不绝，世界的一切万物都是这样流逝的，有谁能改变的了呢？"又说到"禽兽和人不能融洽的，我不和世人一起的话，又能和谁一起呢？天如果有道，我就不和你们一起来改变这个世界了。"这句话显示出了孔子周游世界的理由。孔子的想法是：世界纵然很混乱，那是没办法的，不是人的力量可以左右的了。但是，世上如果没有道的话，孔子就会一直为了改变这个世界而努力到底的。这句话可以理解成"世界如果成为和谐社会的话，我就不会为了改变这个世界而周游世界了"的意思。《中庸》里面，孔子说道："道远离人了吗？人们实现道的同时，远离人的不能说是实现了道。"① 这句话所说的"道"到底是"和谐"，"融洽"，或者是理解成"和谐的社会"。孔子的思想虽然看来非常复杂，但是可以明确的一点就是，他没有脱离一个中心，这个中心就是对"人"的关心。

在人生活的世界中没有比人更重要更有价值的理念了。我们要思考一下：人上面有国家，人上面有政治，人上面有经济，人上面是否有意识形态。政治，经济，社会，教育，道德，制度等全都是为了使人更有效率的活下而存在的。因此，这所有的都是以人和人的生活为中心的时候，方才能具有存在的价值。即使是国防坚固，经济发达，进行伦理道德教育，依旧是出现贫富差距深化，造成两极分化，财产倾斜现象的话，竟连许多人的基本生存也不能操办好的话，人们互相排斥产生矛盾斗争，生活在猜忌中的话，那么政治，经济，道德等又有什么意义呢？即使是国防坚固，经济发达，强制道德发展，也不能说是达到了真正的和谐。

提到孔子，首先让人想到的就是"仁"。"仁"字从字面上看，是一个人怀抱着两个人的样子。这个样子就和我们在前面看到的银杏树怀抱着橡树和蝴蝶草的样子很像。清代谭嗣同解释说"仁字是人和数字二组成的字，也就是互相融洽在一起的意思。"② "仁"包含离得很近的人可以共存并和谐的生活下去的含义。孔子把这种"仁"作为自己思想中心的"人"、"人的生活"思想的核心，并且认为"和谐的生活的人生"是自己思想的最高的价值观。

自然的"道"可以帮助永不停息的万物生长，并让他们和谐的生存下去。孔子曾梦想过生活在通过"仁"将自然之"道"实现于人类社会的和谐，人们可以和谐共存共同发展的一种社会。自然的"道"就像母亲的怀抱一样把生命体拥抱起来，把社会成员拥抱起来，人也要以母亲的

---

① "道不远人。人之为道而远人，不可以为道。"（《中庸》13章）。
② "仁，从二从人，相偶之义也。"《谭嗣同全集》卷1，〈仁学〉，新华书店，1954年，3页。

胸怀来拥抱别人。究竟有没有"和谐"理想的道德价值观呢？"和谐"把对人的关心，理解，照顾，爱等所有的道德伦理性的价值都隐藏在了里面。所以，孔子为实现"和谐社会"平生周游了天下，并为了把实现这样的社会的方法告诉世人而竭尽了全力。

"穿着春衣，和人们一起在沂水边游泳，雨雾中夹杂着风，边唱着歌边回来"，在曾析的回答中可以感受到悠闲的生活。孔子有时被炙热的阳光横穿，有时被冰冷的霜打，忍受暴风雨而走遍天下，是否在他心中也做着这种共同生活社会的梦想呢？人们嘲笑他"分明是不可能，仍旧继续"① 执意坚持走的路，被世界上"不能实现和谐社会啊"② 的气愤所纠缠的同时，仍然保证说："君子在追求和谐的社会的途中虽然都退缩了，但是我绝对不会退缩的。"③ 不管是什么时候他都傻傻追求着，离音乐很近，一边歌唱，一边为实现梦想而活着。一边想着实现人和人的生活，一边张锣打鼓的唱着歌的滋润的人生，为了建立这样的世界而讲"仁""礼""圣人""君子"的人生。

三 如果有可以理解我的思想的人

孔子曾说："世界上如果能实行道的话，我就不和你们来改变这个世界了。"无论是什么时候都做着为实现"道"的世界的梦想，并为了实现这个梦想而活着。但是《论语》中没有明确的说出实行"道"的世界是什么样的。孔子是何等想实现的世界在《礼记·礼运》篇里的如下文章里体现了出来。

昔者仲尼与于蜡宾，事毕，出游于观之上，喟然而叹。仲尼之叹，盖叹鲁也。言偃在侧曰："君子何叹？"孔子曰："大道之行也，与三代之英，丘未之逮也，而有志焉。大道之行也，天下为公。选贤与能，讲信修睦，故人不独亲其亲，不独子其子，使老有所终，壮有

---

① "子路宿于石门。晨门曰，奚自？子路曰，自孔氏。曰，是知其不可而为之者与？"（《论语·宪问》）。

② "子曰：道其不行矣夫！"（《中庸》5 章）。

③ "君子遵道而行，半途而废，吾弗能已矣。"（《中庸》11 章）。

所用,幼有所长,矜寡孤独废疾者,皆有所养。男有分,女有归。货恶其弃于地也,不必藏于己;力恶其不出于身也,不必为己。是故,谋闭而不兴,盗窃乱贼而不作,故外户而不闭,是谓大同。"

在这个文章中孔子一边感叹大道消失的当时的社会面貌,一边对自己的弟子子游说明关于以前大道盛行的社会面貌。这个文章中孔子说到:"大道盛行的时期虽然没有能涉及到三代圣贤,但是还是想跟随着他们来实现的社会。"所以,在这个文章中体现了孔子曾经梦想的世界的面貌。大道实行的社会简单的说成是家家户户都不需要关门的社会,人们都可以互相信任互相依赖的社会。孔子认为当时的社会是个"世界上没有道"的社会,总是渴望"世界有道"的社会。所以,孔子总是怀着"如果是早晨能听到道,晚上死了也无憾了"[1]的信念,从而周游了列国。这里的"道"是指人类社会的秩序,即可以认为成"共同生活的社会"的意思。所以,这句话可以理解成孔子"有一天如果共同生活的社会可以到来的话,自己死了也无憾了"的意思。

孔子模仿自然的和谐,想来实现人类的社会的和谐,也想通过"天道"来实现"人道",在交织的关系中一起生存下去。这样的社会就是孔子追求的大同社会。孔子的梦想不是说让所有的人都可以过上大富大贵的幸福社会,也不是托马斯·莫尔(Thomas More)所说的理想国度,也不是马克思(Karl Marx)所说的以劳动者为中心的理想社会,他的梦想只是敞开大门就可以安心生活的社会。这样的社会就像母亲的胸怀一样温暖的社会。人们都可以互相信任依赖的社会,不管是谁都不让他孤立存在的和谐社会。

孔子说过"大凡在世上能相遇或是不能相遇都是时代的运气(夫遇不遇者,时也)。"[2] 恐怕是孔子认为自己生活的时代不是他展开自己的理想的时代。他胸怀实现和谐社会的抱负,为了实现那样的社会他胸怀对自己的学说的强烈信念。但是,这个世界并没有理解他,只是让时间这样的流逝了。孔子将近70岁的年纪,背离自己的梦想回到了故乡。有一天,

---

[1] "子曰,朝闻道,夕死可矣。"(《论语·里仁》)。
[2] "夫遇不遇者,时也。"(《孔子家语·在厄》)。

孔子对着流动的溪水感叹:"流逝的时间像猛烈流动的溪水一样,真是昼夜不休啊!"①,只是对像流水一样流逝的岁月的空虚的感叹,是对短暂的人生的凄婉,对没能实现的人生道路的空虚的婉转的表现。时间蹉跎的流逝,孔子也到了和世界离别的瞬间了。孔子在离世那天前清晨背着手拄着拐杖,在门前悠悠的溜达着,喃喃自语:"泰山就将要倒下了啊,顶梁柱也将倒下了啊。"永远和这个世界将要离别的孔子,一边低着头左右徘徊,一边又想这些什么呢?是为了不能实现的梦想而悲痛?还是对不能理解自己思想的这个世界的抱怨呢?

　　孔子到了子贡面前感叹道:"世界上道已经消失很久了,没有一个人相信我的话啊!"这句话里隐藏着很多意思。接近黄昏年纪的老人自己不能在这个世界上逗留多久了,感觉到再也不能实现自己的理想了。所以,他认为或许在自己离开这个世界以后,能够出现可以理解接受自己学说的人,并希望他们能像自己一样为了改变这个世界,为了实现自己梦想的大同世界而不停止的努力。体现出孔子的这种希望的章节是《论语·学而》篇里的第一章的第一句。杨朝明主编的《论语诠解》中对〈学而〉篇里的第一章进行了如下解释。

　　　　如果我的学说被社会普遍接受,在社会实践中加以应用它,那不是很令人感到喜悦吗?即使不是这样,有赞同我的学说的人从远方而来,不也是很快乐吗?再退一步说,不但社会没采用,而且也没有人理解,自己也不怨愤恼怒,不也是有修养的君子吗?②

　　孔子希望实现"道"的世界,胸怀实现和谐世界的抱负,以及希望有真正和自己的志向一样的人,希望能有和自己谈论真理学问的人。但是,孔子周游天下的时候,竟然在跟随他的无数的弟子中也没有一个真正理解孔子的人。只有孔子曾经非常喜欢的弟子颜回能理解他的理想和抱负。但是,他比孔子还提早离开了这个世界。

　　如果在孔子离开这个世界以后,又出现了第二个、第三个和颜回一样

---

① "子在川上曰,逝者如斯夫!不舍昼夜。"(《论语·子罕》)。
② 杨朝明主编,《论语诠解》,山东友谊出版社2012年版,第4页。

的人，能理解接受自己的想法，并活在这个世界上的话，相信在不久的将来自己不能实现的梦想会实现的。所以，《论语·学而》篇里的开头就写道："理解我的思想的人从远方找我来的话，我岂能不高兴呢？"我们写文章的时候，序论部分有时说明整体的背景，有时介绍文章的目的和意义。孔子的弟子为了把老师的学说和文化理想传给后代于是就编撰了《论语》，《论语》里面的第一句话就是对孔子一生的概括。这么重要的一本书，开题不会无缘无故地把一个没有内容，不重要的话放在开头。这句话应该是对孔子一生的概括①。里面也记录着孔子的理想以及抱负之类的内容。认为这个章节记录的是孔子的梦想以及弟子们接受并要实行他的理想的内容。把这篇文章里揭示出的孔子的梦想整理成如下内容。

① 如果世人能接受我的学说就好了。

② 或许我的学说不被世人接受，那么有可以理解我的思想并实践的人就好了。

③ 或许我的学说被实践的时候，人们虽不能理解，但，还是希望有不抱怨我，而继续进行实践的君子就好了。

孔子为了向世界告知自己的学说，进行了永不停止的挑战，为了遇见可以理解自己学说的人，他周游了天下；即使是没有出现理解自己学说的人，他也还是没有放弃。甚至于他人生的最后的一瞬间，也还是希望自己死后能有像自己一样的，不在乎残酷风波和火辣的眼光的，为了实现理想而努力的人能出现，来替他实现非常渴望的世界。

四 如果能遇见君子的话

孔子生命的最后一瞬间，所期待能够代替自己实现梦想的他"某个人"是什么样的人呢？在《论语》看来，这个人就是孔子费尽口舌所说的"君子"。所以，孔子"虽然不能让我遇见圣人，那么让我遇见君子也行啊"②。这句话体现了孔子的梦和希望。

---

① "《论语》里面的第一句话就是对孔子一生的概括。这么重要的一本书，开题不会无缘无故地把一个没有内容，不重要的话放在开头。这句话应该是对孔子一生的概括。"沈敏荣，《仁的价值与时代精神》，人民出版社2012年版，第20—21页。

② "圣人，吾不得而见之矣，得见君子者，斯可矣。"(《论语·述而》)。

1. 圣人

首先我们来看一下"圣人"的含义的吧！荀子曾说："圣人是道的极点"①，汉代王充说："可以实现太平的人就是圣人。"② 把这样的含义综合起来，圣人就是追求万物和谐而效仿"道"的本性，内在上揭示上天赋予的道德，外在上可以创造包容万物的社会的人。从大的方面看，和孔子所认为的圣人是一样的。《论语》中关于圣人的故事共出现了四次。其中，通过如下的章节可以从侧面看出孔子对圣人的看法。

子路问关于君子的问题，孔子回答："陶冶自己需要虔诚。"子路又问道："只要那样做就可以了吗？"孔子回答："陶冶自己要使人们平安。"子路又重复问道："只那样做就可以吗？"孔子回答道："陶冶自己要使百姓平安，陶冶自己给百姓带来平安的事情，即使是尧王和舜王也是感到很难的事情。"③

在这篇文章中孔子说人最难实现的境界就是"使人平安的事情"。孔子认为人追求的最高境界就是"使人平安的生活的事情"。换种说法，圣人就是创造可以使所有人都能和谐生存的社会，可以使每个社会成员都能平安生活的人。所以，"儒家中所说的'圣人'是可以从内在上陶冶品德，外在上可以实现政治性和社会性成就。"④ 圣人就是已经效仿"天道"而实现了"人道"的人。上天的"德"是实现和谐社会的人。孔子的这种思想虽然很单纯，但又是非常难以实现的理念。孔子见过像尧王和舜王的圣人，但是即使连他们也是很难实现孔子的"使人平安"的境界的。所以，孔子说："我从来没敢说过自己是圣人，我怎能担当得起圣人和仁者呢？"⑤

圣人的境界和孔子的"大同社会"是有相关联的，并由此看出，这是孔子不敢把自己和圣人放在同一位置上的原因。在孔子看来，圣人不只是顺从了天道的人，而是在人类社会里可以实现天道使所有的人过上和谐

---

① "圣人者，道之极也。"（《荀子·礼论》）。
② "能致太平者，圣人也。"（王充，《论衡·宣汉》）。
③ "子路问君子。子曰，修己以敬。曰，如斯而己乎。曰，修己以安人。曰，如斯而己乎。曰，修己以安百姓。修己以安百姓，尧舜其犹病诸。"（《论语·宪问》）。
④ 조원일，〈孔子의 聖人觀 研究〉，《东西哲学研究》제67号，2013年，278页。
⑤ "若圣与仁，则吾岂敢？"（《论语·述而》）。

生活的社会。即孔子要建立自己所希望的大同社会。他追随的尧王和舜王，实现比较安定的社会，使百姓们可以平安的生活。自己可以像尧王和舜王一样，实现比较安定的社会并且使人平安的生活的时候，方才是可以算是登上了圣人的行列。但是在春秋乱世，孔子根本就没能实现自己的理想，人们依然是在混乱中过着艰难的生活。因此，虽然在我们看来，一生为了实现自己理想而孤军奋战的孔子，已经算得上是个圣人了，但实际上孔子并不认为自己可以登上圣人的行列。这样的想法不是对自己谦虚的评价，而是隐藏着他对于现实的悔恨。

根据孔子的思想，我们世界上所说的圣人，无论是耶稣还是释迦牟尼，他们都不是伟大的圣人。他们只是为人们提供了可以依靠的精神家园，修道之后到得道，以及在现实中提供走向幸福道路的方法。但是他们没能改变这个世界和社会，这是人们依旧感到身体上的苦痛并艰辛生活着的原因。孔子说自己"不能担当圣人"的理由，也许就是因为他自己一生都没能实现梦想的大同世界而使人们依旧艰辛的生活的原因。

2. 君子

虽然孔子赞扬圣人的功绩，却很难达到圣人的境界。所以，他想到比圣人更高一层的君子的人格。① "虽然孔子在当时的现实中没能找到'圣人'，但是他认为现有的'君子'或者是'善人'等都是可以实现'圣人'的线索的所在。"②孔子的观念中圣人已经是建立了和谐社会的人，君子是为了建立这样的社会而努力的人。虽然达到圣人的境界非常困难，但是君子是任何人都可以通过修养来到达的境界。孔子曾经想通过这种君子的人格来实现自己的理想。因此，"孔子的思想中学习和修养的最终目的不是成为'圣人'，而是成为'君子'的。"③孔子虽然不是圣人，但是如果所有人都可以拥有君子的人格的话，那么这些人聚集起来就可以自然而

---

① "儒家的理想型人格是圣人。但圣人的境界太完美和至高无上，现实中很难达到。"孔子虽然将圣人作为最高层次的理想人格，但在《论语》中关于"圣人"的论述出现不多。孔子最终追求的境界是圣人，但弟子们将孔子视为圣人，因此孔子实际教育弟子的是要做一个君子。李俊熙，"论语中的君子人格境界"，《中国文学研究》第44辑，2006年，143页。

② 오재 환，"孔子的圣人观研究"，《东西哲学研究》第67期，2013年，272页。

③ 최진식，"君子与小人的行为方式比较：《论语》中的君子与小人"，《中国人文学会2009年新春学术大会论文集》，2009年，224页。

然的实现和谐的社会了。

《论语》中的"君子"的含义从大的方面分两种。一种是具有身份和职位的人,另一种是有道德和学识的人。但是从《论语》看来,孔子曾经对"君子"需要具备的条件或者品德说过无数次。君子的含义复杂的原因就是孔子把君子当成做人的标准,涉及最多的就是道德性的根本,是以实践仁的基准来衡量君子的品德和为人的原因。所以,君子的品德是以人生的态度,行为为标准和管理的方法等多方面上体现出来的。①在多种品德中君子需要具备的最重要的品德在以下几个方面体现了出来。

第一,需要具备纠正混乱的世界,并可以安宁生活的"济世安民"的文化理想。这是君子的品德,其余所有的品德是为了实现这种理想而所需要的品德。如果没有这样的文化理想的话,即使是具备再多的品德也不能叫作君子。这样的文化思想,在面前提到的《论语·宪问》文章里面体现了出来。子路问孔子的时候,孔子说:"修养自己要虔诚,修养自己使人们安宁,修养自己要使百姓安宁的生活。"这篇章中孔子说出了君子的具体义务。君子首先要修养,修养的目的就是要使人安宁的生活。圣人是已经实现"使人安宁"的目标的人,并具有君子的这种文化理想,并为了实现那个理想而不休止的进行修养努力的人。所以,孔子曾说:"君子只是追求的道,不是追求的吃的东西。"②孔子的弟子子夏说:"君子通过学习可以实现道。"③君子需要怀有"济世安民"的抱负,应当积极地来关心世界的事情。要胸怀使"人安宁的生活"的文化理想。怀有"安人"的文化理想和"济世"的热情是君子所需要具备的基本品格。

第二,君子应当怀有担当社会的责任,需要具有主观的独立人格。关于原宪提问道的羞愧,孔子回答道:"国家有道的时候,接受俸禄。国家没有道

---

① 《论语》에서 孔子가 말한 君子는 매우 다양한 의미를 내포한다. 그 가운데 君子의 중요한 덕목을 살펴보면 대체적으로 다음과 같다. "务本" "主忠信" "过则勿惮改" "无求饱, 无求安" "敏于事, 慎于言" "不器" "先行后言" "周而不比" "不违仁" "周急" "文质彬彬" "知礼" "坦荡荡" "恭, 慎, 勇, 直" "内省不疚" "成人之美" "和而不同" "泰而不骄" "怀德" "上达" "不出其位" "修己以安人" "固穷" "义之与比" "义以为质" "义以为上" "群而不党" "谋道不谋食" "贞而不谅" "畏天命" "安贫乐道" "学以致其道"。

② "子曰,君子谋道不谋食。"(《论语·卫灵公》)。

③ "子夏曰,百工居肆以成其事,君子学以致其道。"(《论语·子张》)。

的时候，这是件羞愧的事情。"① "如果儒生希望安宁闲暇的生活，那么就不能足以称为儒生了。"② 这些话中孔子提到了："君子的责任"。孔子认为的君子就是应该关心国家的命运，并付出最大力量来对社会责任的。如果社会很混乱也不尽最大的社会责任，并依然很保守的话，那么这就是君子的耻辱。"仁"也就和"羞愧"是一样的，属于孔子重视的范畴。比如，孔子说"知道羞愧就等于和勇气更近了一步。"③ "要知道自己行为的羞愧"④。

孔子曾希望，自己追求的理想能在有生之年实现。但是，在礼乐崩溃混乱的世界里，使他的理想很难实现。孔子的知道这种现实就一边说道："我知道是不能实行道了"⑤，"如果道不能实行的话，我要就坐船从大海上出去了。"⑥ 一边说出了对不能理解他的现实的不满。但是，孔子说："芝草和兰花长在很深的树林里，即使人们不知道，它依然会喷发出香气。用这样的比喻来形容，君子修道积德时即使处于非常困难的情况，也不能改变忠义。"⑦ 同时，警告丢弃志操被潮流卷走的君子的人生，说："鸟可以选择树，但是树不能选择鸟。"⑧ 同时不追求荣华富贵，不管是什么时候都可以保持一种核心的独立人格。

五 现在这个位置的君子

孔子认为如果有人可以理解自己的思想，并在社会中去实践它的话，总有一天理想会实现的。孔子离开人世已经有2500多年的岁月了。以当时孔子曾经梦想的社会面貌，来看一下我们现在社会的面貌。

（1）是所有的人共同生存的社会吗？天下为公吗？

---

① "宪问耻。子曰，'邦有道，谷，邦无道，谷，耻也。''克伐怨欲不行焉，可以为仁矣？'子曰，'可以为难矣，仁则吾不知也。'"（《论语·宪问》）。
② "士而怀居，不足以为士矣。"（《论语·宪问》）。
③ "知耻近乎勇。"（《中庸》第20章）。
④ "行己有耻。"（《论语·子路》）。
⑤ "道之不行也，我知之矣。"（《中庸》第4章）。
⑥ "道不行，乘桴浮于海。"（《论语·公冶长》）。
⑦ "芝兰生于深林，不以无人而不芳，君子修道立德，不谓穷困而改节。"（《孔子家语·在厄》）。
⑧ "鸟能择木，木岂能择鸟乎。"（《史记·孔子世家》）。

（2）选择了贤能和有能力的人来治理天下了吗？选择与能吗？

（3）人们互相信任并和睦的生活着吗？讲信修睦吗？

（4）人们像爱自己的父母和孩子一样，爱邻居家的父母和孩子吗？

（5）人不独亲其亲，不独子其子吗？

（6）老人们可以安度晚年了吗？使老有所终吗？

（7）年轻人可以充分发挥自己的力量了吗？壮有所用吗？

（8）儿童可以快乐地成长吗？幼有所长吗？

（9）光棍汉，寡妇，孤儿，孤寡的人，残疾人，病者等都可以得到抚养了吗？矜寡孤独废疾者皆有所养吗？

（10）男人都可以尽到自己的职责，女人都可以安心的结婚了吗？男有分，女有归吗？

（11）国家的财货都浪费在无用的地方了吗？货恶其弃于地吗？

（12）讨厌不劳动而得，只为自己干活吗？力恶其不出於身，不必为己吗？

（13）权谋不通吗？谋闭而不与吗？

（14）掠夺财物，杀人的事出现了吗？盗窃乱贼而不作吗？

（15）家家户户的大门都不用关吗？外户而不闭吗？

窥视下我们现在的社会，即使有这样的疑问，也还是没有鼓起勇气回答。韩国社会从外表上看非常华丽，但是内在存在着很难治疗的程度的矛盾。看看我们的社会不用太费脑筋就有可以想起到：一等至上主义，利己主义，伦理和道德堕落的社会。想起被不法，偏法，逃法主宰的正义倒塌的社会。想起贫富差异加深，离婚率、自杀率等增加，性暴力，杀害亲属等犯罪剧增的社会。想起青少年问题，以及青少年失业问题严重的社会。孩子杀害父母，父母杀害孩子等违背道德的行为也在一直在发生着。不仅仅是性暴力，无条件杀人事件等，这样犹新的事情发生。不能放心的在路上走动，也不能放心的敞着大门。现在的信用成为了担保生命一样危险的事情。本来是为了生存而选择的社会，反倒是成为了威胁生命的最可怕的存在。如果社会原有的功能就是让每个社会成员互相依靠生存的话，那么我们现在的社会已经完全丧失了原有的功能。

高层大楼上比比皆是，高级轿车嗖嗖的奔驰，霓虹灯闪亮的夜晚灯火，这样的社会是发达的社会吗？我们的社会从外表上看起来，是相当进步的，但是正如乐溺所提到的，"如滔滔江水流动那样，社会发展的潮流也只是所有的事物都跟随流动罢了，而没有谁能改变这种社会发展的潮流"，和以前相比现在一点也没有进步。现在，我们在这样充满绝望的现实中生活着。这样的时代最需要的就是可以直观的看待这个时代的人，并且能够探索时代的新功能的知识分子。即孔子所说像君子一样的知识分子。但可惜的是，可以引领这个时代的知识分子都已经被专业意识的狭窄视野而封闭了，他们不知不觉就顺应时代的潮流而生活着了。

顺应时代的潮流而生活着，体现了典型的"商人的现实主义"。台湾的新儒学者徐复观先生说过："商人的现实主义，是把一切利益归结到金钱的利益上，而金钱的利益又只凝缩到当下的一刻。"①顺应陷入"商人的现实主义"的时代而活着的人，他们认为知识是创造经济价值的手段。许多知识分子顺应时代的潮流，追赶社会的风潮，这就是他们丧失对现实的批判精神的原因所在。杜维明知识分子说过："首先应当注意的即是站在自我意识较高的水平，关切国家天下大事，而在历史和文化智慧的导引之下，不丧失高瞻远瞩的批判精神。"②知识家应该适当的脱离现实的圈子，并要带着批判的精神展望未来。不要去顺应时代的潮流，而是要不辞逆行的辛苦才行。

现代新儒学者熊十力说了以下的话：

> 夫无超世之量者，必无超世之识。无超世之识，则不足与究真理。昧真理故，斯眩于目前得失。苟且随俗，不敢违众而独有所主。无所主故，即偷活人间，而无所谓愿力。③

知识分子的基本品格就是社会的良知。知识分子不能被眼前得失而诱惑，不能被政治权利以及经济权利等外在力量而左右。孔子说："君子追

---

① "商人的现实主义，是把一切利益集结到金钱而金钱的利益，又只凝缩到当下的一刻。"《徐复观文录选粹》，台湾学生书局，1980年，43页。
② "首先应当注意的即是站在自我意识较高的水平，关切家国天下大事，而在历史和文化智慧的导引之下，不丧失高瞻远瞩的批判精神。"岳华，〈儒家传统的现代转化〉，《杜维明新儒学论著辑要》，中国广播电视出版社，1991年，204页。
③ 熊十力，《十力语要》，155页。

求义气，小人追求利益。"① 又说："君子虽然想着道德，但是小人却想着安逸生活的地方。"② 这是对追求利益的知识分子的警告。但是，现实离我们很近，理想却很遥远。眼前最重要的还是现实生活，不是理想的生活。如果一只脚站在现实上，另一只脚站在理想上的话，那么就不能往前发展，只能是在现实和理想之间徘徊。走在现实上的一只脚，如果向理想一端倾斜的话，就有可能放弃现实中的艰辛而活着。所以，这就是我们在选择理想时候的困难所在。

但是无数的人并不向现实妥协，而是为了追求理想辛苦活着的。孔子和他无数的弟子们是如此，现代的儒学家们也是如此。梁漱溟一生为了自己的信念不低头，而为了儒家的大义而孤独寂寞的活着。钱穆，张军励，唐君毅，牟宗三等在香港建立了新亚书院，和近代资本主义斗争了一生。他们之中，我们可以联想到在飞沙漫天的田野上弯着腰走动的老人的面貌。如果想努力学习孔子的样子，最求孔子所梦想的世界的话，那么这个时代的君子，至少要在现实社会中扎根，从宏观的观点上把重视人生活的儒家大义当作是最上策而生活着才行。即使有时受到政治和社会的压迫，即使是时代不认可自己，但也要保持像绝壁的松树刚直不阿高傲的姿态，忍受世界的严酷风波并保持君子的姿态而活着。弗罗姆（Erich Fromm）说过："我确信我们的未来会有很多最优秀的人才会意识到现实的危机，并为新人道主义的人类科学而投入自己的精力。"③

梁漱溟在 1920 年的《东西文化及其哲学》中预言到："世界的未来文化是中国文化的复兴。"④因为他认为资本主义化的西方文化已经显露出了它不可治愈的弊端，所以到了一定的时候，以儒教为中心的中国文化会复兴起来的。21 世纪初的今天，就像看到了梁漱溟的预言可以实现似的。从外在上看，儒学正接受着前所未有的瞩目。看起来孔子的思想又要被重新强调了。但是，儒学研究家们都不把人的价值当成儒家的最重要的原有任务，不去真挚的引领时代，不去探索时代的新的功能的话，这样的儒学研究有什么意义呢？

---

① "君子喻于义，小人喻于利。"（《论语·里仁》）。
② "君子怀德，小人怀土。"（《论语·里仁》）。
③ Erich Fromm 著，차경아 译，《拥有还是存在》，1996 年，237 页。
④ 梁漱溟：《东西文化及其哲学》，商务印书馆 1999 年版，第 203 页。

青台的李颙一边尖锐的批判到:"当时的儒学家对现实的关心和参与的时候,把儒学原有的传统都丢掉了,只是陷入了空疏的'道学'里面。"又一边批判到:"儒学只是有个虚名,实际名存实亡了。('儒之所以为儒,名存而实亡矣。')"① 现在究竟改变了多少?是否是只有那些少数的儒学知识分子或者儒学专业的人认为重要呢?如果是那样的话,儒学就会丧失社会作用,并脱离儒学的原有含义。它不仅仅是作为一本经传和古籍的作用,也不是每当需要的时候,才去在书架上查找的儒学,而是要使它变成一直放在人的旁边的儒学。

儒学的复兴不仅仅是说要宣传儒家的思想,而是要真正的理解并接受孔子的思想。就像孔子认为会有人能接受自己的学说一样,并在不久的将来会实现他梦想的大同世界,同样也会有个人出来为这个时代而苦闷反省,并且把时代引导到新的价值体系之中去。这或许就是孔子所希望期待的君子似的人物的面貌吧?孔子对子夏说的那些话又再次浮现在我面前:"你要成为像君子一样的儒士才行,不要成为像小人一样的儒士。"②

六 思考孔子之梦

回顾一下礼乐秩序崩溃的春秋末期时代,在高低不平的田野着急赶路的老人的样子就浮现出来了:受到世界恶毒的眼光,历经风雨的考验,仍然是随心所欲的吟诗唱歌的白发老人。孔子长久的人生的路程像傻子一样,始终如一永不改变的追求自己的理想的道路。但是,孔子生活的时代不是实现他的理想的好"时机"。世界上的人们没有理解孔子,执政者也没有为孔子提供展开他理想的舞台。

孔子直到离开世间的最后一瞬间,也没有放弃他渴望的世界的希望之绳。他相信如果有谁能好好理解它并实行它的话,总有一天他梦想的世界会到来的。但是过了2500多年以今天,孔子梦想的世界还是没有到来。我们依然是同样的苦恼着,做着同一个世界的梦想,就像曾经嘲笑孔子周

---

① "儒之所以为儒,名存而实亡矣。"郑炳硕,〈李二曲의儒学의本质에 대한반성의 논의와 명체적용〉,《东洋哲学研究》제59辑,2009年,411页。再引用。

② "女为君子儒!无为小人儒!"(《论语·雍也》)。

游天下的先辈一样，到现在也是有无数的人在嘲笑儒学和儒学专业的人做着无用的事情。现在我们可以做些什么呢？至少作为学习孔子，喜欢孔子的人，稍微有点良知的话，为了孔子最后一瞬间的希望，有个人可以理解他的理想，是否是应该为了实现他的理想而不休止的努力的来继承一点孔子的遗产呢？

　　孔子一生遭受了无数的痛苦周游广大天下的理由是什么？他讲"仁"，讲"礼"，讲"义"的理由是什么？他所想走的道路，他想创造的人文世界又是什么呢？"实行天道的社会""和谐的社会""共同生存的社会"等都是我们一直在讲并希望的，但也是孔子很久以来给我们的作业。怎么做才能把这个作业解答出来呢？我们的苦恼需要从这里开始。像怀抱橡树和蝴蝶草的银杏树一样的共同生存的世界，为了让这样的社会扎下根儿，我们要去拥抱艰辛生活着的人，为了实现生命的融洽而思考这个世界，思考这个社会，思考人生，并摸索这个社会的新功能，继承孔子的遗产，那么就应该会有向着我们所渴望的和谐世界更进一步的方法吧？

探赜中华文化走向的脉络
——兼谈复兴中华文化的基本思路

中国孔子基金会 彭彦华

近代中国的落后，是不争的事实。但也并非像某些玄奥的理论论证的那样是由某种中华文化的本质注定的。黑格尔断定中国是"仅仅属于空间的国家"，停止在历史的起点上，没有发展。因为中国的伦理政治文化缺乏自由精神或精神的自我意识。中国文明暂时的、历史中的相对落后，在他那既普遍适用又难以落实的想象推理中变成一种宿命。黑格尔作为西方资本主义扩张、帝国主义与殖民主义、欧洲中心主义的最博大系统的代言人，他的理论证明中国永远停滞与落后的目的是想证明西方永远发展与先进的"奇迹"或"神话"，他所代表的西方中心主义思想，将现代中国与中华文化置于一种尴尬的状态。如果中华文化的本质决定中国的停滞与落后的命运，那么，只要在文化上依旧是中国，中国就不可能进步或现代化，而中国一旦要发展或现代化，就必须全盘否定中华文化，于是，中国就失去了文化认同的身份，现代化的中国也不再是中国。黑格尔的思路在现代西方思想中具有典型性。他们在西方中心主义的前提下对中华文化的封闭、落后、停滞、衰败的思考，旨在用中国"理所当然的失败"证明西方"理所当然的成功"，并通过文化本质主义将这种优胜劣败的秩序在观念中固定下来。马克斯·韦伯假设文化对人与历史命运的塑造起作用，探讨所谓"西方个性"与"亚洲个性的结构"，他认为西方之所以胜出，是因为新教伦理塑造了现代资本主义，尽管亚洲社会、政治、文化具有各自不同多样性与复杂性，但都缺乏新教伦理与资本主义精神。韦伯的问题的设定中，已包含着问题的回答。儒教中国没有西方的精神，可如果中国具有西方精神，中国岂不就是西方了吗？他们不是在思考中国，而是思考中国与西方的不同，不是在思考中国如何现代化，而是在思考中国如何西方化。他们为中国的现代化设定的选择是，或者现代化或者要中华文化，如果要现代化就不能要中华文化，如果要中华文化就不能要现代化。

而事实上，中华文化从未停止过它对世界文明的贡献。从秦汉至大唐，中华文化创立了华夏文化圈、文言文、儒家思想、家族与政治伦理、太学与科举制度、统一货币、土地制度与税制等在整个东亚与部分东南亚地区一体化。从盛世大唐到宋元时代，中华文化转动世界，不仅启发了西方的现代化，而且准备了东亚现代化的文化资源。从 16 世纪末开始，世界进入资本主义时代后，中国自身经历了衰落与磨难，中华文化从一种强势文化转变为弱势文化。中华文化的生命力终于在 21 世纪伊始迎来了伟大的复兴，并昭示了西方模式之外的世界现代化的另一种模式。

一 从秦汉至唐宋的近千年里，以中国为中心，整个东亚与东南亚部分地区都经历了一个"华夏化"的文化同化过程

公元前 331 年，亚历山大东征到兴都库什山，在今天阿富汗建立了"极远的亚历山大城"，此后的希腊化时代，从地中海到伊朗高原，以亚历山大亚里为中心形成了一个相对一体化的世界。一个世纪以后，秦始皇统一六国，书同文，车同轨，华夏九州也成了一个政教文物一体化的世界。在这两个世界之间，是从小兴安岭一直到喜马拉雅山的一系列横贯中亚、辉煌隆起的大山，像一道由雪峰与高山森林树立的天然长城。只有那些险隘的山口，维持着两个世界间微弱的交通。马其顿帝国在瞬间建立又在瞬间破裂，罗马帝国继承了它的西半部，安息骑兵杜绝了他们东扩的幻想。中华帝国延续下来，由秦入汉。大汉帝国的天下向西北扩张，一直到中亚，两个世纪的交通从"丝绸之路"开始，长安到罗马。然后就是漫长的 20 个世纪。罗马帝国分裂之后，再也没能在旧址上重整。秦汉、隋唐、宋元、明清，其间虽有阶段性的分裂动乱，但广土众民、天下一统，不仅是一贯的思想，也是现实中的常态。从张骞出使西域到马戛尔尼出使中国，这 20 个世纪是"世界走向中国"的时代。秦汉帝国与罗马帝国是纪元前后世界的两个中心，秦汉帝国的版图约为 390 万平方公里，罗马帝

国的版图约为450万平方公里，但秦汉帝国的可耕地面积却是罗马帝国的8倍。秦汉帝国的农业优于罗马帝国，罗马帝国的贸易可能比秦汉帝国兴盛。两个帝国都在修筑宫殿、城市、帝国大道，将帝国军队派往边境政府那些觊觎帝国财富与土地的"野蛮人"，两个帝国都试图在自己的版图上建立共同的价值与信念基础、共同的语言文化传统与统一的政治经济制度，两个帝国都曾创造过稳定的政治、富足的经济与繁荣的文化，两个帝国也都先后陷入分裂和战乱。伟大的笈多王朝在此后的一段时间里将印度变成世界的中心。正是借着如此强大的国力，他们的高僧来到中国，用佛教武装灾难中的中国人的精神。使中华文化曾一度出现"坐享千古之智""人耕我获"的佳境。

如果说秦汉帝国只是当时世界的两个中心之一，盛世大唐则是世界的中心。罗马帝国衰败以后，便再也没有复原，秦汉帝国的遗产被完整地继承下来。三个世纪的战乱之后，隋唐重新统一了中华。在秦汉帝国的版图上重建了一个胡汉混血、梵华同一的世界帝国。长安是世界之都，宫墙御道、街市佛寺，东西10公里，南北8公里。比我们今天看到西安城墙圈出的地界大得多。四邻藩邦归附贡献，万里商贾远来贸易。波斯的流亡公子贵族、大食的药材宝石商人、日本的留学生、东非或爪哇的"昆仑奴"，居住在同一座都市里；康国、吐蕃的马匹、皮毛，阿拉伯的鸵鸟，天竺的孔雀、白莲花，波斯的铜器、树脂，林邑的大象、爪哇的犀牛、拂林的水晶玻璃、高丽的纸，陈列在同一处市面上；佛教徒、道教徒、景教徒、摩尼教徒、拜火教徒与前来避难的伊斯兰教徒在毗邻的寺庙里礼拜。长安是帝国之都，有世界胸怀与气象。阿富汗人与叙利亚人骑着波斯战马在大唐军队里服役，近10万大食番商则在广州城里居留。广州、扬州是市民的城市。波斯舶、大食舶、昆仑舶，停在城外珠江面上，暖风温润，夹着岸边荔树黄花的芬芳与居家沉醉的人烟味儿；扬州位于长江与运河交接处，比广州更近于帝国中心也更繁华，歌台舞榭，胡姬当垆。大道如青天，李白仗剑远游的那些年里，中国就是世界！

大唐中国是世界文明的中心，其文治武功，影响西到印度、波斯，东及朝鲜、日本。西北天然屏障的大山被超越，征战、和亲、贡纳、贸易曾经将大唐势力远播到吐蕃与波斯，直到"安史之乱"，才中断了大唐国力向西北的扩张。

中华文化在东亚传播同化，由中国而朝鲜、日本，越南而南洋诸岛，华夏文化圈到唐代已基本形成。越南很久以来就接受了中华文化的影响，大唐疆域的南界已经深入，北越基本上是汉化地区。李朝建立，尊崇儒学，开科取士，以汉文为通用语文，将中国的制度与法律，文字与文学全盘搬到越南。曾经的"华夏化"与目前的"西化"或"现代化"，是个同类概念，它包括语言、思想、制度、器物不同层次同化过程，一体化的文言文、儒家思想、家族与政治伦理、太学与科举制度、货币土地制度与税制等等。

公元第一个千年，整个东亚与东南亚部分地区都经历了一个"华夏化"的文化同化过程，以中国为中心形成了一个超越政治国家与民族、超越战争与敌意的"华夏文化圈"。礼制天下、世界大同的儒家思想，为这个文化圈奠定了普世主义理想，汉字为这个文化共同体提供了语言基础，建立在儒学科举、唐朝律令、汉传佛教基础上的共同的政教制度，为这个文明类型创立了统一的制度体系。此阶段中华文化对世界最大的贡献，是创立了一个代表着当时最先进文化的"华夏文化圈"。

二 从盛世大唐到宋元时代，中国的文化国力影响，逐渐超出东亚"华夏文化圈"，通过启发西方的现代化运动，最后影响到全世界

唐宋中国五百年，不仅是中国文明自身历史的峰巅，也是同时代世界文明的峰巅。我们在器物、制度与思想三个层次上理解文化的概念。一个国家强大了，其文化国力自然会影响并塑造其他地区与国家。不管是卡尔·马克思的理论还是马克斯·韦伯的理论，不管是大唐中国还是今日美国，国家强大，文化国力自然溢出国界。国家的文化国力，是个跨文化概念，我们在跨文化的公共空间中清醒地清理中华文化的世界影响，希望能够为我们民族的复兴发掘文化资源。英国史学家阿克斯勋爵曾说："所谓世界通史，我的理解是，它不同于所有各国家的历史的组合，不是一盘散沙，而是一个连续不断的发展过程；不是记忆的负担，而是启人心智的智慧。它贯通上下古今，各民族的历史在这之中只起补助说明的作用。各民族历史的叙述，不是根据它们本身的情况，而是根据它们同更高的历史发

展过程相关联的程度来决定,即根据它们对人类共同的财富所作出的努力的时间和程度来决定。"

中华文化在世界历史上的影响主要表现在两个方面,一是在公元第一个一千年形成了覆盖整个东亚,远播南洋与塞北的华夏文化圈;二是在第二个一千年启发了西方的现代文明,并完成自身从相对比较中的衰落到由边缘而中心的复兴。

汉唐中国,从世界的中心之一到世界的中心。千年帝国持久的文化影响,不仅在东亚塑造了一个地域广阔的华夏文化圈,而且将文明的种子远播到连当时的中国人都无法想象的地方。恒逻斯战役(755)之后,中国工匠流落到中亚西亚,不久造纸术就由西亚传播到西班牙。1150年,西班牙出现欧洲第一家造纸厂。宋人毕昇发明了活字印刷术,至少在13世纪朝鲜已学会用金属活字印刷朝文书籍。又过了两个世纪,德国人古腾堡才用活字印刷出欧洲的第一本书《古腾堡圣经》。宋朝军队曾用火药打败金人,蒙古军队围攻开封,守城金军用"震天雷",可能是原始的火炮,13世纪的英国哲学家罗杰斯·培根曾将火药的秘密配方用暗码记在自己的书里,1326年,佛罗伦萨市政会宣布了造炮的命令,同年德·米勒梅特作的爱德华三世画像上就出现一门金光闪闪的铜炮。《梦溪笔谈》详细说明指南针在风水术中的应用,《萍洲可谈》《梦粱录》中记载"舟师识地理,夜则观星,昼则观日,隐晦则观指南针"。三个多世纪以后,葡萄牙亨利王子的舰队装上了磁罗盘与船尾舵。地理大发现开始,西方进入现代文明时代。英国著名哲学家弗朗西斯科·培根在《新工具》中写道:"……印刷术、火药和磁铁。因为这三大发明首先在文学方面,其次在战争方面,第三在航海方面,改变了整个世界许多事物的面貌和状态,并由此产生无数变化,以致似乎没有任何帝国、任何派别、任何星球,能比这些技术发明对人类事务产生更大的动力和影响。"

如果说盛世大唐是世界文明的中心,宋元中国则是转动世界的轴心。大唐衰败之后,阿拔斯王朝曾经一度独领世界风骚,《一千零一夜》里著名的哈伦·拉希德统治下的巴格达变成世界之都。但是,很快中华帝国又在故土上复兴了。唐强宋富。在西方的现代化之前,宋代中国是世界上最"现代"的国家。人口增长快,社会规模大,文官制度确立,城市发达,经济市场化,技术先进……

宋代中国是世界上人口最多、人民生活水平最高的国家，它有最完善、最有效的文官制度，有最大的城市与最大规模的贸易，有世界上最先进的科学技术，17世纪最博学的英国人培根对那些改变世界的发明的"起源……模糊不清"，20世纪他的同胞李约瑟用毕生的精力研究中国科技史，证明那些伟大的发明都来自宋代中国。然而，幸福到苦难的转化往往在一瞬之间。蒙古征服对西方来说是个发展的机会，对中国却是灾难。随着蒙古大军，从中亚到南欧的冒险家、商人、传教士，赶着骆驼骑着马，或乘季风航船，涌向大汗的国土——中国。中国是世界财富的源头，人源源不断地流向中国，洗劫或贸易，或洗劫式贸易，财富又源源不断地从中国流出，丝绸之路海上与陆上的那些商镇，在蒙古劫难后迅速恢复繁荣，中国是它们的财富的源头。

在那个波澜壮阔的时代里，中国是转动世界的轴心。从孟加拉湾一直绵延到鞑靼海峡横贯中亚的大山界限被超越了，东西两个世界进入一个蒙古帝国的版图。蒙古铁骑以战争的方式创造了旧大陆的"世界和平"，人从西方流向东方，物资从东方流向西方。不论是现实中的世界市场还是观念中的世界地理，中国既是这个世纪的起点，也是这个世纪的终点。蒙古帝国开放了世界，旅行与贸易、观念与知识，即开始了一场革命；全世界都在动，只有中国不动，它是一个将耗尽自己力量转动世界的、即将被奴役的轴心。

宋元时代开始，中国的文化国力的影响，开始超出东亚华夏文化圈，通过启发西方的现代化运动，最后影响到全世界。中华文化对西方现代的影响，经历了从器物到制度到思想的三个阶段，"东学西渐"与"西学东渐"的过程上基本相同。首先是中国的科技发明促成了文艺复兴与地理大发现，然后是启蒙思想家塑造的中国开明君主制度与孔夫子哲学的典范影响到西方政教改革与革命。世界文明是个由不同国家民族不同力量在不同领域的相互创造生成的相互依存的系统，现代化既不是西方独自的发明创造也不可能为西方所独享。

中华文化从未停止过它对世界文明的贡献。作为转动世界的轴心的中国，衰落的时代也没有最后到来。当西班牙菲力二世在更大地域上复兴了罗马帝国的国力时，明代中国依旧是世界上最先进的国家。就华夏文化圈而言，郑和远航代表着中华文化远播东南亚的高峰，在以后的几个世纪里，中国向东南亚的移民、贸易，使整个东南亚地区成为华夏文化圈的边缘，只是西方扩张才使这种文化同化力量受到抑制。明清帝国进入中国帝制时代的终结期。从马可·波罗离去到马戛尔尼来华这 500 年间，中华文化影响的主要收获在西方的现代化。

三　从 16 世纪末开始，中国自身经历了衰落与磨难，中华文化从一种强势文化转变为弱势文化；21 世纪伊始，中华文化迎来了伟大的复兴，并昭示了西方模式之外的世界现代化的另一种模式

从 16 世纪末叶开始，世界进入资本主义时代后，中华文化由于封建统治者抱残守缺和封闭自守，才落后于快速发展的西方科技文明，从一种强势文化转变为弱势文化。18 世纪 20 年代以后，清朝政府长期奉行一条闭关自守，拒绝学习外国先进文明，也拒绝改变自己的政策，结果导致政治腐败，科技落后，经济落后，经济凋敝，国势衰微，在外国侵略者面前割地赔款，丧权辱国，使曾经是世界上先进国家的中国落伍了。

中国从发动世界的轴心逐渐变成被西方中心冲击带动的边缘，它不仅降低了中国的国力，也一度动摇了华夏文化的价值与世界影响。我们承认中国在近代的落后，但是，既不能将这种落后的时段在历史中加长，也不能将落后作为非历史的所谓文明本质在观念中绝对化。

中国在比较文明史视野内的相对落后，并不像流行观点想象得那么久。明末中国仍是世界上经济技术最发达，生活水平最高的国家。康乾盛世清朝的国力并不亚于汉唐盛世，也不亚于正如日中天的英国。马戛尔尼访华时，中国仍是世界上最大的政治实体，中国的国民生产总值仍居世界第一，人均收入在平均水平上也不落后于欧洲，即使在启蒙运动的"百科全书"时代，中国出版的书籍总数比整个欧洲还多。康乾盛世之后，中国开始衰落，主要原因除了中国内部的问题，如人口膨胀超出农业经济的限度，帝制周期性的政治腐败，一个重要的原因就是西方的工业革命打破了世界平衡。

满清帝国最后一个世纪痛苦的衰落，是在西方的冲击下发生，在与西方的比较中显现的。东西消长，大国沉浮。鸦片战争以后，中国的文化国

力基本上停止了它两千年持续不断的世界影响。衰落在屈辱与抗争中到来，但是，中华文化的生命力却没有就此完结，它已经经历了许多劫难，迎来过一次又一次的光荣复兴。这一次衰落，终将证明的，不是中华文化沉寂与败落，而是中华文化的生机与活力。

中华文化的复兴从华夏文化圈的边缘开始。19世纪中叶西方资本主义扩张达到高峰的时候，世界格局发生了一系列将改变未来的事件。欧洲内部出现了《共产党宣言》，预示着一个世纪以后世界范围内对抗西方资本主义阵营的出现；印度爆发了雇佣军起义，印度一个世纪的独立运动从此开始；中国的太平天国起义，是中国现代革命的起点，最终将在帝制废墟上建立一个共和国；日本"明治维新"也在世纪中叶开始，它使日本迅速变成一个现代化的国家。东方现代化运动中最初成功的，不是与西方对抗的东方国家，而是主张"脱亚入欧"的日本。

英国在其扩张的高潮的19世纪，自称是亚历山大与罗马帝国的继承人，日本在二战期间幻想用武力在华夏文化地域基础上建立"大东亚共荣"，也自称是汉唐文明的真正继承者。中国创立的华夏文化圈为日本在东亚与东南亚扩张提供了帝国主义战争意识形态的基础。从世界格局内看，华夏文化圈的复兴从日本的现代化开始。传统观点认为，日本的成功完全在于摆脱华夏文化。这种观点既有西方中心主义的现代化理论的影响，又有华夏文化普遍失败的背景，看上去是合理的。但是，如果华夏文化国家在世界现代化运动中的成功者不只日本，还有后继的"四小龙"，中国，西方中心主义的现代化理论与华夏文化普遍失败主义观点就都变得可疑。

日本的现代化是第一波，华夏文化圈内的现代化第二波在亚洲"四小龙"的崛起中到来。20世纪90年代，新加坡和台湾地区、中国香港、韩国的人均收入已与西方发达国家不相上下。全世界除了西方文化圈（包括西欧、北美、澳大利亚与新西兰）外，只有华夏文化圈内的国家，不仅成功地完成了现代化，而且开辟了另一种现代化模式。东亚现代化在几个华夏化的国家相继获得成功，使世界开始关注这种成功的文化基础及其个性。只有华夏文化的儒家传统，才可以为这些崛起的东亚与东南亚国家提供共同的文化基础与解释性理由。华夏文化不仅可以完成现代化而且可以开创不同于西方的另一种现代化模式。华夏文化的复兴不仅在历史中挑战了西方在世界现代化运动中的权力中心,而且在理论上挑战了从黑格尔到韦伯形成的西方中心主义的现代文化理论。

华夏文化圈开始了它的现代化复兴,从边缘逐渐走向中心。日本的经济发展90年代出现停滞,"四小龙"也受到金融风暴的冲击。但这既不能阻碍华夏文化复兴的大潮,也不能动摇人们对华夏文化的现代化信念,因为中国的现代化复兴最终开始了。30多年来中国经济一直保持着高速增长,如果按照日本与"四小龙"的经验,这种经济高速增长可以维持近半个世纪,那么,到21世纪中叶,中国的综合国力有望重新成为世界之强。

学术界一直在比较中日现代化历程的差别,为什么日本成功了,中国失败了,日本迅速而顺利,中国缓慢而曲折。这种研究将着眼点放到日本社会结构,文化价值与中国的不同之处,因为其前提是中国失败了。如果假设中国的现代化成功,问题可能就是中日文化的共同背景了。这个文化背景无疑就是华夏文化。日本成功了,四小龙成功了,中国正在以更大的力量更大的规模崛起,它将最后最有力地证明华夏文化的创造力。

只有中国的崛起,才能最终证明华夏文化圈在世界文化格局中的复兴及其永恒活力。如果相信韦伯的观点,文化传统决定现代化,那么华夏文化决定了中国独特的现代化。如果相信马克思的观点,经济基础决定上层建筑,现代化的中国将使中华文化越发强盛,中国不断加强的国力正在复兴着中华文化,并重新开始贡献世界。中国曾经创建了华夏文化,这种文化为东亚国家的现代化准备了必要的文化基础或底蕴,这是中华文化传统的活力所在,华夏文化圈的复兴从边缘向中心,中国的现代化将开辟不同于西方的华夏文化模式,这是中华文化的创造力的体现。中华文化从未停止过它对世界文明的贡献。在公元第三个一千年到来的时候,中华文化将以现代化的方式影响世界。

复兴中华文化,实现中国梦,是历史赋予我们这一代和后几代人的一项重要历史使命。既要在社会和经济发展水平上赶上世界先进水平,也要在文化上保持自己的独特性,使中华文化继续保持世界主流文化之一的地位,能长期与西方文化并行发展。要达到此双重目标,烛照着我们前行的依然是鲁迅先生所倡导的中国文化发展的基本思路——"明哲之士,必洞达世界之大势,权衡较量,去其偏颇,得其神明,施之国中,翕合无间。外之既不后于世界之思潮，内之仍弗失固有之血脉，取今复古，别立新宗。"

温习中国历史，可以看到，中华民族经历了几千年时间的考验和兴衰变化，而一直能稳固地聚集在一起，并保持一个伟大民族的生机。中华民族的历史从来没有中断过，经历风雨沧桑，有过兴旺发达和一时衰落的历史命运。中华民族在近代几乎遭受过所有列强的欺凌和宰割，并没有被任何一个侵略者完全吞并或消灭，可见中华民族是具有强大活力的民族，这和中华文化中的优质联系在一起。习近平总书记讲，中华民族创造了源远流长的中华文化，也一定能够创造出中华文化新的辉煌。

为此，笔者认为，如要复兴中华文化，应该继承与创新相结合，引进与输出相结合。

四 正确处理继承与创新的关系，是繁荣和发展中华文化的关键，同时也是保持中华文化传统的关键

习近平在参加纪念孔子诞辰 2565 周年国际学术研讨会开幕会上强调，不忘历史才能开辟未来，善于继承才能善于创新。只有坚持从历史走向未来，从延续民族文化血脉中开拓前进，我们才能做好今天的事业。中华文化积淀着中华民族最深沉的精神追求，包括着中华民族最根本的精神基因，代表着中华民族独特的精神标示，是中华民族生生不息、发展壮大的丰厚滋养。中华传统文化石我们民族的"根"和"魂"，如果抛弃传统、丢掉根本，就等于割断了自己的精神命脉。要坚持马克思主义的方法，采取马克思主义的态度，坚持古为今用、推陈出新，有鉴别地加以对待，有扬弃地予以继承，既不能片面地讲厚古薄今，也不能片面地讲厚今薄古。

继承与创新是相辅相成的互依关系。继承的目的是使社会稳定和谐，变革、创新的目的是使社会发展进步。继承是尊重传统，尊重历史，尊重祖先的智慧。因为传统是历史长河中积累起来的智慧，经受了时间的检验，而且为人所熟悉，给人以安全感和实在感。纵观历史，没有传统作为依托，任何创新都难成功。因此，传统是创新的基础，同时也是创新成功的保障。梁启超在《新民说》一文中，论述了一个民族的保守性与进取性相互调和的必要性，他说："世界上万事之现象，不外乎两大主义：一曰保守，二曰进取。人之运用两大主义者，或偏取甲，或偏取乙，或两者

并起二相冲突，或两者并存而相调和。偏取其一，未有能立者也。"①

文化的民族性是世界文化繁荣发展的根基。只有保留自己的民族性，才有可能长期与世界其他民族的文化平起平坐。如果丧失民族性，将会成为其他民族文化的附庸，永远低人一等。孙中山在《三民主义·民族主义》讲演中说："我们要知道世界主义是从什么地方发生出来的呢？是从民族主义发生出来的。我们要发达世界主义，先要民族主义巩固才行。如果民族主义不能巩固，世界主义也就不能发达。"② 也就是说，要发展世界文化，先要复兴自己的文化。

当前中国正处于大变革、大转型时期，同时又受到全球化浪潮的冲击，因此，"保守"优秀传统的意义更为深远：首先，有利于维护社会稳定和谐，保障改革开放正常有序的进行；其次，有利于保持本国、本民族文化的独特性，不被西方文化所同化或淹没；第三，具有经济上的独特意义，例如韩国，由于传统文化保护较好，"每年都有大量的国内外游客到韩国传统的文化景点旅游，其经济效益也很可观"③。

弘扬中华优秀传统文化，要处理好继承和创造性发展的关系，重点做好创造性转化和创新性发展。中华优秀传统文化与社会主义市场经济、民主政治、先进文化、社会治理等还存在需要协调适应的地方。创造性转化，就是要按照时代特点和要求，对那些至今仍有借鉴价值的内涵和现代表达形式，激活其生命力。创新性发展，就是要按照时代的新进步新发展，对中华优秀传统文化的内涵加以补充、拓展、完善，增加其影响力和感召力。

保守优秀传统文化的方式有多种：其一，凡是与现代化没有冲突的传统文化，都应加以保留，如与现代化没有冲突或冲突不大的岁时礼仪、人生礼仪、年节风俗及各种祭祀仪式等。日本是世界上最发达的国家之一，但日本保留传统文化之多却令人惊奇。例如，日本保留的传统祭祀名目繁多，有睡猪祭、温泉祭、豆腐祭、雏祭、裸祭、水口祭、开河祭、开山祭、求雨祭、樱花祭、梅花祭、文化祭、音乐祭等等④，并以此吸引了大

---

① 《梁启超选集》，上海人民出版社1984年版，第212页。
② 何星亮：《保守性与进取性——日本民族性探索之一》，《世界民族》，1999（1）。
③ 孙中山：《三民主义民族主义》，人民出版社1956年版，第632页。
④ 陈蓬：《东西文化是互补的——访汉城国立大学教授金光忆》，《光明日报》1999.11.09。

量游客。英国和法国也十分注重自己的传统文化，在风俗、语言、建筑等方面努力保留自己的传统，以与其他国家相区别。

其二，有利于社会稳定和发展的优秀伦理道德和风尚要加以弘扬。例如，中国传统文化中的"仁"一般解释为"爱人"，也就是人与人之间平等相待，互尊互敬。它是儒家思想的核心观念，也是中国古代传统文化模式的核心观念，就值得大力提倡。再如中国的家庭伦理、道德观念、价值观念，是维护社会稳定、人际关系和谐的重要因素，都应加以弘扬。此外，少数民族中有许多优秀传统风尚，如塔吉克族路不拾遗、夜不闭户；哈萨克族、柯尔克孜族等的相互济助、扶弱帮穷习俗都应加以继承和提升，使其升华为更高一级的文明。

其三，要大力弘扬中国传统的人文精神。所谓人文精神，是指对人的生命存在和人的尊严、价值、意义的理解和把握，以及对价值理想或终极理想的执着追求的总和。人文精神不仅仅是道德价值本身，而是人之所以为人的权利和责任。每一个民族均有自己的人文精神，人文精神是一个民族文化的精髓。弘扬人文精神有助于培养和熏陶人的独立性和创造性，同时也能够引导创新活动始终沿着造福于人类的方向发展。张立文认为，儒学作为中国传统文化的核心，其人文精神主要表现为5个方面：忧患精神、乐道精神、和合精神、人本精神、笃行精神。① 它们不仅适用于过去，而且适用于现在，应该大力弘扬。

其四，通过立法程序，保护传统的各类有形和无形文化的传承和发展，以免其衰落和消亡。目前中国只有有形文化保护法即《中华人民共和国文物保护法》，没有无形文化保护法。而在日韩等国，对无形传统文化的保护倍加重视，并有专门法律加以保护。如果国家不通过立法形式加以保护，不在财政上予以支持，完全通过市场调节和自负盈亏经营是很难维持具有民族特色的各种戏剧、舞蹈、工艺和体育活动等生存的，并有可能逐步消亡。我国应参照日本和韩国的有关法律，立法保护优秀传统文化。

创新与继承相辅相成，继承不反对创新，创新有利于更好地继承。保守主义者希望传统与现实相互适应，在审慎和渐进中变革。近代西方

---

① 张立文：《儒学的人文精神》，《光明日报》2000.02.22。

"保守主义"的先驱、英国著名学者布尔克（Edmund Burke）在其名著《法国革命的反思录》中说："一个国家若没有改变的能力，也就不会有保守的能力。没有这种能力，它将不免冒着一种危险：即失去其体制中它所最想保存的部分。"①

中国著名哲学家冯友兰先生一生追求的理念是振兴中华，希望古老的文明之邦走上现代化的道路，用他自己的话说，即"旧邦新命"，也就是尊重传统并弘扬传统，但不因袭传统，而是适应时代前进的要求，吸收新思维、新概念，对传统进行新诠释，推陈出新，从而丰富中华文化的内容。②

文化创新的形式多种多样，一是在传统文化的基础上增加新的内容。例如，在前述儒学的人文精神基础上必须吸收当代的民主、科学精神，丰富和发展中国的人文精神，以适应当代世界；二是文化再造，使传统文明升华为现代文明。近几年来，一些民族地区也积极对自己的文化进行再创造，以促进旅游业的发展；三是转换功能，使某些传统文化在现代社会中具有新的功能。

五 在全球化的过程中，要维护中华文化作为世界主流文化之一的地位，应在"引进"的同时，主动向外输出，尤其应注重输出民族性较强的优秀传统文化，为世界文化作出应有的贡献

"引进"与"输出"是一对结构，但两者并不矛盾。引进是为了发展自己的文化，赶上或超越发达国家；输出是让世界了解自己的文化，扩大自己的影响，使中华文化在世界文化中占有较高的地位。

一个民族是否善于引进、采借先进民族的文化，决定着该民族社会和文化发展的速度。在当代世界，只有大量引进世界上的先进文化尤其是物质文化和科技文化，并进行加工和改造，使之与本民族的固有文化融为一

---

① 布尔克：《法国革命的反思录》（企鹅丛书本），余英时：《中华文化与现代变迁》，台湾：三民书局1995年版，第106页。

② 《传统与创新——冯友兰学术思想研讨会召开》，《光明日报》2000.12.29。

体,才能有可能复兴自己的文化。鲁迅先生曾倡导"拿来主义",在他看来,民族生存发展是第一位的,如果不学习西方先进文化,中国将失去世界。

在世界民族之林,日本人可以说是历史上最善于吸取国外先进文化的民族。它具有海绵一样的吸收能力,多方位、多层次地吸取先进文明。日本之所以能从一个文化后进的国家,在不太长的时期内发展成为高度发达的现代强国,其主要因素之一是善于吸取先进文明,并加以选择、改造和融合。正如美国著名文化人类学家本尼迪克特曾指出:"在世界历史上,很难在什么地方找到另一个自主的民族如此成功地有计划地吸取外国文明的"[1]。美国著名学者赖肖尔认为,日本人在吸收外来文化时,"首先借用外国技术、制度和文化,然后同化它,使其变形,继之在此基础上创造出新的独自的制度和文化特质。"[2]

日本人成功的经验十分值得中国人学习,我们既要保留优秀的传统文化,又要引进国外的先进文化。这样才有可能在实现现代化的前提下,保留自己文化的特性。

引进国外先进文化,应该有目的、有计划、有步骤地吸取。一是要多元地引进世界上最先进的科学与技术,不能照搬某一个国家的模式;二是要进行改良和应用创新,在吸取外来文化的基础上,进行改进,使之更趋完善,更适合于中国人,更适合于世界市场的竞争。

从文化性格来看,中华文化是内向型文化,古代我国文化的传播有两大特点:一是无意识的传播,是周边国家自愿前来学习或自愿接受所造成的,并不是中国人主动向外输出的结果;二是传播到世界各国的主要是技术文化,如古代的四大发明。相比较而言,西方文化是外向型文化,主动输出自己的文化,尤其是精神文化输出更为明显。例如,近两千年来,为数众多的基督教传教士到世界各国传教,特别是近代以来,几乎所有国家和地区都有西方的传教士,使基督教遍布世界各地。再如近几十年来,美国不断把自己的价值观念和人权思想输出到非西方国

---

[1] 本尼迪克特著:《菊与刀——日本文化的类型》,吕万合译,商务印书馆1990年版,第41页。

[2] 赖肖尔著:《近代日本新观》,卞崇道译,生活·读书·新知三联书店1992年版。

家。由于中西两种文化的差异，同时也由于近代以来西方国家在经济上处于支配地位，西方文化的输出和扩张不断增强，使西方文化成为现今影响最大、辐射最广的文化，致使当代世界国际间的各种规则和国际法均以西方文化理念和价值为准绳。而中华文化近一百多年来影响力逐步减弱，辐射范围日益缩小。

在全球化浪潮下，中华文化只有主动地向外输出，传播中华文化的理念和价值观，扩大自己的影响力和辐射范围，才能使中华文化被世界吸收。

中华文化是在长期历史积淀中形成的，其中包含着许多中国人特有的智慧，有些对解决全球化时代人类面临的共同问题有重要的参考价值。中国主动向外输出自己的文化，不但应该，而且必要，理由有二：其一，中西两种文化虽然类型不同，但可以互补。中华文化重视人与人之间的关系，西方文化重视人与自然的关系。有些学者认为，中华文化所走的路向是人文哲学，西方文化所走的路向是自然哲学。中华文化的成就是"成人之性"，而西方文化的成就是"成物之性"①。两者均有不足，两者交流与互补确有必要。正如国学大师王国维所言："余谓中西二学，盛则俱盛，衰则俱衰。风气既开，互相推动。且居今日之世，讲今日之学，未有西学不兴而中学能兴者，亦未有中学不兴而西学能兴者。"②

其二，在当代世界，西方文化主导下，以个人主义为取向的价值观，刺激了"自我中心主义"的膨胀，误导了现代人的基本行为方式和道德心态，不仅导致了西方现代社会和现代文化的内在分化与冲突，而且导致了国与国之间、地区与地区之间的冲突日益复杂化和多样化。尤其是经济全球化的浪潮下，竞争有余、互助不足。而中华文化的核心是"和"，"和"乃和平、和解、和睦、和谐、和美、和合之谓。在传统的中华文化中，无论是哲学、文学、医学还是农学等，都以"和"为最高境界。求稳定，求和谐，求平安，相互忍让，互助互爱，以"和为贵"，均是中华文化"和"的思想体现。这一"和"的思想，对于竞

---

① 金耀基：《从传统到现代》，广州文化出版社1989年版，第173页。
② 《观堂别集·国学丛刊序》。

争激烈、矛盾重重、冲突频繁的当代世界来说，是十分需要的。化解世界各种危机，缔造一个和平、和睦、其乐融融的人类理想社会，十分需要中华"和"的文化。

一些有眼光的西方学者已经认识到：中国哲学中"天人合一""万物并育而不害"的智慧，为解决人与自然环境的协调和可持续发展提供了正确的指导思想；孔子提倡的"己所不欲，勿施于人"，应该成为处理人与人之间关系的基本准则；在处理不同民族国家和不同文化的关系时，现实的最佳选择就是中国人讲的"和平共处""和而不同"，如此等等。应该说这些认识基本上是符合实际的。但是，在中国以外的世界，有这种认识的毕竟还只限于少数学者，远不是大多数人的共识。中国文化要真正走向世界，让世界上大多数人都能够认识到它的宏富和精美，还需要我们作长期艰苦的努力。

融入全球化潮流的中国文化，获得了与世界各民族文化平等地进行交流、对话的机会。这种交流不是单向的，而是双向的。一方面以西方文化为主流的世界各民族文化通过各种渠道大量传入中国，另一方面中国文化也可以利用各种现代传媒手段传向全世界。历史上的中西文化交流就是双向的，有"西学东渐"，也有"东学西渐"，今天同样应该是中西文化双向交流。但直到目前为止，这种双向交流是很不平衡的。一百多年来，中国人一直在向西方学习，不论是通过"走出去"还是"请进来"的方式，中国人学习西方文化的态度是很认真的，学习成绩也是不错的，以至今天中国的物质文化、制度文化和精神文化，在很大程度上都已经"西化"了。相对于西方文化的输入来说，中国文化向世界传播的情况却差很远，影响十分微弱，除了少数汉学专家之外，大多数西方人由于语言文字的隔阂，对中国文化的了解相当肤浅，甚至还有许多误解。为此，中国政府委托国家汉办从2004年至今，在全球123个国家和地区已建立465所孔子学院和713个中小学孔子课堂，开展汉语教学和文化交流活动。全球化给中国文化走向世界提供了难得的历史机遇，包括互联网在内的各种现代传媒手段，都可以为我所用，作为对外传播中国文化的渠道。目前中文网站在国际互联网上只占1%，而中国人口却占全球的1/5，比例极不相称。今后我国要大力发展信息产业，扩大中文网站，让中文成为世界上最重要的网络语言之一；同时也要利用英语等国际网络语言来宣传中国文化。目前我国在世界各地举办了许多"中国文物展""中国画精品展""中国电影周"，以及中国艺术团体的友谊演出等对外交流活动，都扩大了中国文化的世界影响。我们还要主要通过中国学者自己的努力，把中国文化精品翻译介绍给外国读者，让东方文化智慧为全人类所共享。

21世纪是中华民族复兴的世纪。中国人和全世界华人对中华文化的认同感就建立在民族复兴的基础上。这是一百多年以来人们饱经忧患和痛苦得出的结论。一个富强、文明、民主的中国屹立于世界的东方，这就为中华优秀文化的发扬提供了一个宏大的舞台。如果没有强盛的综合国力作为依托，中华文化在世界上将会变得黯淡，必然失去认同感的立足点，这是一个朴素而坚实的真理。20世纪初，我国现代文明的启蒙者鲁迅先生曾经提出向外国"拿来"优秀文化，作为本民族前进发展的借鉴，并为清除本民族文化糟粕和改造"国民性"提供思想武器。经过了一百年，到了21世纪，不能只有"拿来主义"，还应当加上"送去主义"；现在已经具备将中国优秀文化"送去"国外，使世界逐渐了解她，并逐渐拓宽她在世界活动空间的条件。正如季羡林先生所说："我虔诚的希望，人类能聪明起来，认真考虑我的'东西文化互补论'。"①

习总书记在系列重要讲话中广泛引用中华传统文化经典，这充分体现了中国领导人重构话语体系的强烈自觉意识。他讲，现在国际舆论格局总体是西强我弱，我们往往有理说不出，或者说了传不开。习近平强调，要"着力打造融通中外的新概念新范畴新表述，讲好中国故事，传播好中国声音"，增强在国际上的话语权。

可以预见，在新世纪里，世界优秀文化和民族主体文化的内在融合，有望将中华文化提到一个新的高度，使它增添新的内容。民族主体文化的创新与发展，与世界优秀文化的互补，促进人类的进步，这就是21世纪中华文化走向的一种预测。著名哲学家罗素在《中国问题》一书中曾说："我相信，假如中国人对西方文明能够自由地吸收其优点，

---

① 季羡林：《拿来和送去》，《季羡林漫谈人生》，百花文艺出版社2000年版。

而扬弃其缺点的话,他们一定能从他们自己的传统中获得有生机的成长,一定能产生一种糅合中西文明之长的辉煌之业绩。"① 我们期待着这一天的出现。

---

① B. Russell. The Problem of China. London：George Allen，1992. 金耀基：《从传统到现代》,广州文化出版社 1989 年版,第 42 页。

战国时期的禅让思潮与"大同""小康"说
——兼论《礼运》的作者与年代

中国人民大学国学院 梁 涛

讨论子游学派,不能不提到《礼记·礼运》篇。因为思想史上有《礼运》作于子游的说法,而子游又被看作与思孟属于一系。如近代学者康有为说:"著《礼运》者,子游。子思出于子游,非出于曾子。颜子之外,子游第一。"①"子游受孔子大同之道,传之子思,而孟子受业于子思之门。"②郭沫若也说:"子思之儒和孟氏之儒、乐正氏之儒应该只是一系。孟氏自然就是孟轲,他是子思的私淑弟子。乐正氏当即孟子弟子乐正克。但这一系,事实上也就是子游氏之儒。""《礼记·礼运》一篇,毫无疑问,便是子游氏之儒的主要经典。"③ 郭店竹简出土后,一些学者重提思孟道统问题,认为子游与思孟为一系,而《礼运》(包括《礼器》、《郊特性》等篇)当为子游所作。④ 这样,《礼运》的作者与年代又成为人们关注的问题。近些年不断出土的竹简材料中,虽然没有发现《礼运》一篇,但其中大量论述禅让的内容却与《礼运》存在密切联系,为我们探讨《礼运》的成书提供了可能。本节拟结合新出土的竹简材料,将《礼运》放在战国禅让思潮的背景下进行考察,力图对围绕《礼运》的种种争论性问题有一根本解决。

---

① 康有为:《万木草堂口说·礼运》。
② 康有为:《孟子微·序》。
③ 郭沫若:《十批判书·儒家八派的批判》,第131—133页。
④ 姜广辉:《郭店楚简与〈子思子〉——兼谈郭店楚简的思想史意义》及《郭店楚简与道统收系——儒学传统重新诠释论纲》。

一　"大同""小康"释义

历史上,《礼运》篇之所以受到人们的关注并引起种种争议,就在于其"大同""小康"说,而破解其思想,首先要从这里入手。其文云:

> 大道之行也,天下为公,选贤与能,讲信修睦。故人不独亲其亲,不独子其子,使老有所终,壮有所用,幼有所长,矜寡孤独废疾者,皆有所养。男有分,女有归。货,恶其弃于地也,不必藏于己;力,恶其不出于身也,不必为己。是故,谋闭而不兴,盗窃乱贼而不作,故外户而不闭,是谓大同。

对于"天下为公",郑玄的解释是:"公犹共也。禅位授圣,不家之。"故"天下为公"实际是指禅让而言。对于这一点,孔颖达说得更明确:"天下为公,谓天子位也。为公,谓揖让而授圣德,不私传子孙,即废朱、均而用舜、禹是也。选贤与能者,向明不私传天位,此明不世诸侯也。国不传世,唯选贤与能也。"① 孔颖达释"天下"为"天子位",释"为公"为"授圣德,不私传子孙",认为"天下为公"指天子禅让其位,而"选贤与能"指诸侯不世袭其国。这种解释虽过于具体,但基本上是符合原意的。宋末元初人陈澔说:"天下为公,言不以天下之大,私其子孙,而与天下之贤圣公共之。如尧授舜,舜授禹,但有贤能可选,即授之矣。"② 依然是从禅让来理解"天下为公"的。

如有学者所指出的,天下乃中国特有的"世界"观,③ 它不仅指日月

---

① (唐)孔颖达:《礼记正义》卷二十一,见阮元校刻:《十三经注疏》下册,中华书局影印本,1980年。

② (元)陈澔:《礼记集说》卷四,中国书店1994年版,第185页。

③ 关于天下问题,参见梁漱溟:《中国文化要义》,载《梁漱溟学术论著自选集》,北京师范大学出版社1992年版,第332页。邢义田:《天下一家——中国人的天下观》,载刘岱总编:《中国文化新论根源篇——永恒的巨流》,台湾联经出版事业公司1983年版,第425—478页。赵汀阳:《天下体系:帝国与世界制度》,《世界哲学》2003年第5期。尤西林:《阐释并守护世界意义的人——人文知识分子的起源与使命》第四章第二节《有别于国家的"天下"社会》,河南人民出版社1996年版,第125—149页。

所照、人迹所至的普天之下，更重要的，它还是一种政权形式，一种"中央——四方""天子——诸侯""华夏——夷狄"的政治框架，① 故"得天下"即得天下的统治权，而"失天下"即失去对天下的统治。同时，由于儒家主张以王道得天下，天下还指天下之民，尤其指民心、民意。如，"以善养人，然后能服天下，天下不心服而王者，未之有也。"（《孟子·离娄下》）"取天下者，非负其土地而从之之谓也，道足以壹人而已矣。……得百姓之力者富，得百姓之死者强，得百姓之誉者荣。三得者具而天下归之，三得者亡而天下去之。"（《荀子·王霸》）故天下实际是指领土、政权、人民三者一体的政治组织或"世界"政府。而"公"字，据学者考证，其本义可能是对贵族、诸侯的尊称，后把社会政治共同体以及与此相关的东西也称之为"公"，如"公家"（《新序·刺奢》）、"公田"（《诗经·小雅·大田》）、"公货"（《逸周书·允文解》）、"公仓"（《商君书·农战》）、"公法"（《管子·五辅》）、"公事"（《礼记·檀弓下》）等等，故"公"有与"私"相对的共同、公共、普遍之义，如"天下非有公是也，而各是其所是"（《庄子·徐无鬼》），"凡万物异则莫不相为蔽，此心术之公患也。"（《荀子·解蔽》）由此又引申出公平、公正之意，如"治事公，故国无阿党义"（《晏子春秋·内篇问上》），"故蓍龟，所以立公识也；权衡，所以立公正也；……凡立公，所以弃私也"（《慎子·威德》）。《韩非子·五蠹》说："背厶（私）谓之公，或说，分其厶以与人为公。"又说"自环者谓之私"。故"天下为公"首先是指对此"世界"或天下的统治权不"自环"、独占，而是与天下之圣贤"公共之"，具体讲，就是"禅位授圣，不家之"。在古人看来，"天下非一人之天下也，天下之天下也。"（《吕氏春秋·孟春纪·贵公》）"立天子以为天下，非立天下以为天子也。"（《慎子·威德》）故"尧有子十人，不与其子而授舜；舜有子九人，不与其子而授禹，至公也。"（《吕氏春秋·孟春纪·去私》）"古有行大公者，帝尧是也，贵为天子，富有天下，得舜而传之，不私于其子孙也，去天下若遗躧。"（《说苑·至公》）

---

① 孔子讲"天下有道，则礼乐征伐自天子出；天下无道，则礼乐征伐自诸侯出"（《论语·季氏》），孟子讲"以文王之德，百年而后崩，犹未洽于天下"（《孟子·公孙丑上》）。这里的"天下"不仅仅是指地理环境，同时还指政权组织和政治秩序。

这里的"公"是公平、公正之义，而"天下为公"或实行禅让即是公平、公正的。

由于"天下为公""选贤与能，讲信修睦"成为社会的基本原则，贤能之士积极投身于天下的治理，"故人不独亲其亲，不独子其子……"需要说明的是，在早期儒家那里，孝悌其实也属于"为政"活动，"或谓孔子曰：'子奚不为政？'子曰：'《书》云："孝乎惟孝，友于兄弟，施于有政。"是亦为政，奚其为为政？'"（《论语·为政》）故在孔子看来，"孝乎惟孝，友于兄弟"就是为政，是平治天下的一部分。只不过在"天下为家"的时代，孝悌往往始于"亲亲"，而《礼运》则提出"不独亲其亲，不独子其子"。由于这种差别，一些学者故对这段文字产生怀疑，认为是来自墨家的兼爱思想。① 其实"不独"就是不仅仅，它是说人们不能仅仅停留在"亲其亲""子其子"之上，而要以"壮有所用，幼有所长，矜寡孤独废疾者，皆有所养"为更高的理想，这与儒家的一般主张并无本质的不同。自孔子创立儒学起，就一方面执着于孝悌的血缘情感，另一方面又将其扩充、提升为普遍的仁爱之情，将"亲亲"与"爱人""孝悌"与"泛爱众"统一起来，确立了由孝及仁，由身、家及天下的实践路向。所以孔门虽然强调"孝悌也者，其为仁之本与"（《论语·学而》），但也不乏"四海之内皆兄弟也"（《颜渊》），以及"老者安之，朋友信之，少者怀之"（《公冶长》）的社会理想。孟子主张"老吾老以及人之老，幼吾幼以及人之幼"，由仁心推及仁政，并描绘出"五亩之宅，树之以桑，五十者可以衣帛矣。……谨庠序之教，申之以孝悌之义，颁白者不负戴于道路矣。老者衣帛食肉，黎民不饥不寒"的理想蓝图（《孟子·梁惠王上》）。这些都说明超越"亲其亲""子其子"，实现更高的社会理想，乃是儒家的共同主张，而并非《礼运》的独创。之不过《礼运》的社会理想，不是通过"亲亲"的扩充，不是经过"辟如行远必自迩，辟如登高必自卑"（《礼记·中庸》）的外推过程，而是以"天下为公，选贤与能"为条件，认为通过禅让，破除了己身、己家的"小我"，达到视天下若一家的"大我"，才有可能实现"矜寡孤独废疾者，皆有所养"

---

① 金德建：《〈礼运〉和墨家思想的关系》，见《先秦诸子杂考》，中州书画社1982年版，第212—222页。

的社会理想，一定程度上将"亲亲"与"泛爱众"对立起来，这样又使其具有与孔孟不同的思想特点。《礼运》的这种思想特点，可能与其重视禅让以及其所处的时代有关，而不一定要归于墨家。郭店竹简《唐虞之道》说："尚德则天下有君而世明，授贤则民兴效而化乎道。不禅而能化民者，自生民未之有也。"认为只有实行禅让，才能使民"化于道"，达到天下大治，与《礼运》的思想倾向是一致的。《唐虞之道》为儒家著作，说明儒家确有重视禅让的思想，这种思想的形成，虽不排除与墨家的相互借鉴、影响，但它主要还是属于儒家，是儒家某一历史时期思想的反映。

根据上面的分析，"天下为公"主要是对禅让而言，指不"自环"、独占天下的统治权，同时它还蕴涵着天下一家，人人为公的社会理想：在政治、伦理上，"人不独亲其亲，不独子其子"；在经济上，则财富共享，"货，恶其弃于地也，不必藏于己；力，恶其不出于身也，不必为己。"对于《礼运》的这段文字，《说苑·至公》的一则故事似可作其注脚："楚共王出猎而遗其弓，左右请求之，共王曰：'止，楚人遗弓，楚人得之，又何求焉？'仲尼闻之，曰：'惜乎其不大，亦曰：人遗弓，人得之而已，何必楚也！'仲尼所谓大公也。"楚共王认为"楚人遗弓，楚人得之，又何求焉"，是以楚人为"公"；孔子主张"何必楚也"，则是以天下为"公"，故孔子为"大公"。需要说明的是，这种"公"或财富共享其实也是与禅让密切相关的。竹简《唐虞之道》说："唐虞之道，禅而不传。尧舜之王，利天下而弗利也。禅而不传，圣之盛也。利天下而弗利也，仁之至也。"可见禅让的根本精神就是"利天下而弗利"，即将利益归于天下，而不是当作一己之利。在这种精神的鼓舞下，人们不再斤斤计较一己之私利，而是关注天下之公利，货物担心它遗弃在地上，而"不必藏于己"，人人参加劳动，而"不必为己"，所以，财富、利益上的"公"也是通过禅让实现的。与"天下为公"的"大同"相对，"天下为家"的"小康"则是：

今大道既隐，天下为家，各亲其亲，各子其子，货力为己，大人世及以为礼，城郭沟池以为固，礼义以为纪。以正君臣，以笃父子，以睦兄弟，以和夫妇，以设制度，以立田里，以贤勇知，以功为己。

故谋用是作，而兵由此起。禹、汤、文、武、成王、周公，由此其选也。此六君子者，未有不谨于礼者也。以著其义，以考其信，著有过，刑仁讲让，示民有常。如有不由此者，在执者去，众以为殃，是谓小康。

由于"天下为家"，实行世袭，在政治、伦理上，"各亲其亲，各子其子""城郭沟池以为固，礼义以为纪"；在经济上，"货力为己"，财产私有。面对现实，人们不再沉醉于高远的道德理想，而是选择平凡、朴实的礼对社会进行重新整合，礼成为社会的最高原则。如果违背了礼，即使是统治者也可以被驱逐。所以在放弃了禅让后，小康社会又肯定了"革命"的合法性，以作为对"大人世及（世袭）"可能产生的种种弊端的制度性防范。

综上所论，"大同""小康"首先是指两种不同的政权形式，其中"大同"是指"天下为公"即禅让，而"小康"是指"天下为家"即世袭。对于"天下为公"，思想史上两种不同的诠释是值得注意的。一种是与后世的民主政治联系起来，将"天下为公"解读为"大众公选"。如近代康有为说："天下为公，选贤与能者，官天下也。夫天下国家者，为天下国家之人公共同有之器，非一人一家所得私有；当合大家公选贤能，以任其职，不得世传其子孙兄弟也。"[1]"公天下者莫如尧舜，选贤能以禅让，太平大同之民主也。"[2] 当代学者中也有人认为，《礼运》篇的思想表明儒家主张建立"民权的大同世界"[3]。其实，如前面分析的，"天下为公"作为一种政治理念主要是指禅让而言，而禅让与其说是一种民主选举，不如说是一种"察举"，它实质是古代部落酋长考察、选拔接班人的一种方式。历史上禅让的情况往往是："舜耕于历山，陶埏于河浒，立而为天子，遇尧也。"（郭店竹简《穷达以时》）"古者尧之与舜也，闻舜孝，知其能养天下之老也；闻舜悌，知其能事天下之长也；闻舜慈□，

---

[1] 康有为：《礼运注·叙》。
[2] 康有为：《孟子微·总论》。
[3] 参见徐顺教：《〈礼运〉大同与孙中山的"天下为公"》，收入中国孔子基金会编辑：《孔子诞辰2540年纪念与学术讨论会论文集》，上海三联书店1992年版。

知其能为民主也。"（郭店竹简《唐虞之道》）故孟子曾深有感触地说："以天下与人易，为天下得人难。"（《孟子·滕文公上》）可见，"为天下得人"才是禅让的关键，其目的是让天下于有德的人。同时，"天下为公"虽然承认"天下为天下之天下"，但具体实现的方式则是"选贤与能"，故真正享有统治权的只是少数"贤能"之人，它更接近柏拉图式"哲学王"的政治理想，而与近代民主政治存在一定距离。与此不同，一些学者则强调"天下为公"与后世君主制度是相辅相成的，认为"中国古代的公天下论集中回答了设君之道、为君之道和择君替君之道等重大政治理论问题，它既论证了人类实行君主制度的必然性与合理性，又为君权的存在与行使设置了条件和规范"。"翻阅历代众多文献所见，在中国古代社会，不仅没有任何学派、任何思想家提出过立君旨在为一家一姓一人的观点，而且许多帝王将相也标榜'天下为公'。"[①] 诚然，作为一种被后世普遍接受的政治理念，公天下论也经历了一个发展演变过程，在世袭君主制度形成后，"天下为公"主要在于阐明国家、社稷重于君主，君权具有相对性；君主要维护正义，赏罚公平，平均利益和财富等等。它虽具有规范君权、谏诤君主、品评政治、批判暴政的功能和作用，但一般并不直接涉及禅让的问题。而《礼运》的"天下为公"不仅与"天下为家"根本对立，而且具体就是指禅让而言。如果忽视了"天下为公"的这种具体内涵，而简单与后世的粉饰、标榜之辞混同起来，同样有失片面。

其次，"大同""小康"还指两种不同的社会形态，"大同"指"天下为公"的理想社会，"小康"指"天下为家"的现实社会。大同社会"选贤与能"，实行禅让，人人为公，"不独亲其亲，不独子其子"，人们共同劳动，财富共享，自然达到大治。小康社会"天下为家"，实行世袭，人人为己，"各亲其亲，各子其子"，财产私有，"货力为己。"不得已而"刑仁讲让"，"礼义以为纪。"需要说明的是，《礼运》虽将"大同""小康"分属于上古和三代，但主要还是将其作为价值理想和社会现实看待的，作者用"大道之行"和"大道之隐"分别对其加以限定，正说明了这一点。诚如有学者所分析的，"如果以'大同'指上古之五帝，

[①] 张分田：《中国古代"公天下论"的构成》，载《新哲学》第2辑，大象出版社2004年版。

以'小康'指三代之英之禹、汤、文、武、成王、周公,则首段显有今不如古之意矣。但下文说'礼'之起源一段,又谓古时未有宫室、衣服、饮食,有圣人起,然后文物备而礼乐兴,则是言今胜于古也。同在一篇之中,何以前后自相矛盾至此耶?故知'大同'者,但为一种最高的理想之政治,并非指上古五帝之世。必如此解,乃不至与下文矛盾,亦不至如老子、庄子之以上古为至德之世,为已过去之黄金时代,而直为憧憬中之乌托邦。"[1] 故"大同"虽有历史事实为依托,但并非一种实有的形态。《礼运》提出"大同",主要在于赞美古代的禅让制度及其所产生的社会效果,以与"天下为家"的"小康"形成对立,这可以说是理解"大同""小康"的关键所在。

还有,"大同""小康"指两个不同的历史阶段,"大同"指"大道之行"的上古理想时代,"小康"指"大道之隐"的禹、汤、文、武、成王、周公时代。从这一点看,《礼运》与老、庄一样都持一种历史退化论,特别是《礼运》在"城郭沟池以为固,礼义以为纪……"一段提到:"故谋用是作,而兵由此起。"(郑玄注:"老子曰,法令滋章,盗贼多有。")似乎"大道既隐"之后,着意倡导礼义反而引起社会的混乱,近于老子"失道而后德,……失义而后礼。夫礼者,忠信之薄,而乱之首"(《老子·三十八章》),故历史上不少学者斥其为老、庄言论。如宋代黄震说:"篇首之意,微似老子。"[2] 元陈澔说:"大约出于老、庄之见,非先圣格言也。"[3] 清陆奎勋说:"以五帝为大同,三王为小康,盖缘汉初崇黄老,故戴氏撮录五子之大旨,而附录为圣言,不可信也。"[4] 当代学者中也有将"大同"归于道家思想的。[5] 其实如上面分析的,《礼运》"大同"主要是一种价值理想,而不是实有形态,它突出、强调的是禅让的政治理念,而道家虽然以上古为"至德之世",但往往对禅让持批评态度,视其为虚伪、造作之举,所以《礼运》与老、庄在历史观上虽有某

---

[1] 蒋伯潜:《诸子通考》,浙江古籍出版社1985年版,第386—387页。
[2] (宋)黄震:《黄氏日抄》卷十八,文渊阁四库全书本。
[3] (元)陈澔:《礼记集说》卷四,第186页。
[4] (清)杭世骏:《续礼记集说》引,《续修四库全书》第一○二册,经部。
[5] 董楚平:《"礼运大同"考原》,载《中国文化研究集刊》第3辑,复旦大学出版社1986年版;收录《农民战争与平均主义》,方志出版社2003版,第125—134页。

种相近之处,甚至就是受了其思想的影响,但决不能将"大同"简单归于道家。至于"故谋用是作,而兵由此起"两句,据学者考证,并不见于《孔子家语·礼运》篇,所以不排除是后人窜入的可能。① 即使不是后人窜入,从《礼运》的内容看,丝毫也没有菲薄礼义的意思。《礼运》的基本思想倾向是:面对逝去的禅让"大同"时代,虽无限留恋,但又无可奈何,同时在世袭"小康"既已到来的情况下,不得不积极寻找对策,以礼作为调节社会矛盾的手段,故对礼的来源、根据、性质、作用作了集中论述。从儒学史的发展来看,《礼运》的思想虽然显得较为特殊,但它显然还是儒家作品,是儒家某一历史时期思想的反映。

二　竹简所见之战国中期的禅让思潮

既然《礼运》与禅让有关,其"大同""小康"说主要反映的是政权形式的问题,那么,要说明其作者和年代,首先要对禅让思想的演变做一番考察。如有学者指出的,禅让作为一种历史事件,在上古父系氏族社会中确实存在过,然而人们对禅让的回忆、记录、认识和评价,往往因观点、立场、时代的不同而不同,② 禅让的"意义"和"价值"乃是层累地造成的。所以后人关于禅让的种种记载,不是也不可能是对上古禅让事件的"原样"再现,而是夹杂了记述者的主观意图和倾向,是以事实为依托的"借古讽今",是"俱道尧舜,而取舍不同"。

作为儒学的创始者,孔子对上古的禅让事件显然有所了解。《论语·尧曰》篇说:"尧曰:'咨!尔舜!天之历数在尔躬,允执其中。四海困穷,天禄永终。'舜亦以命禹。"何晏《论语集解》说:"天之历数在尔躬……言天位之列次当在汝身。"所以《尧曰》篇记录的正是尧禅让舜时的言论,后来舜禅让禹时也说了同样的话。孔子还称赞,"巍巍乎,舜禹之有天下而不与焉。"(《论语·泰伯》)杨伯峻先生认为"与"读四声,

---

① 武内义雄:《礼运考》,载江侠庵编译:《先秦经籍考》上册,商务印书馆1931年版,第204—213页。
② 郑杰文认为,禅让学说经过了"禅让天命说""禅让贤德说""禅让德运说"三个阶段的历史演化,并指出禅让学说发展演化的原因在于社会政治形势的变化,和其所依据的理论基础的更改。见《禅让学说的历史演化及其原因》,《中国文化研究》2002年春之卷。

"这里含有'私有''享受'的意思。"① 应该也包括不私传子孙，实行禅让。不过孔子虽然肯定尧舜禅让，但并不是以尧舜时代为社会理想，而是提出"郁郁乎文哉！吾从周"（《论语·八佾》）；孔子改革社会的方案也不是"天下为公"，实行禅让，而是"克己复礼"，"礼乐征伐自天子出"。孔子生活的时代，似乎还没有出现提倡、宣扬禅让的社会条件。孔子真正影响后世的是下面的言论：

子曰：雍也可使南面。（《论语·雍也》）

雍，孔子弟子冉雍，字仲弓。冉雍以平民身份而可以据天子位，② 这在三代世袭社会中是难以想象的。孔子这里虽然仅仅是赞叹之词，未必可以据以为实，但显然已肯定了禅让贤能的思想。

孔子之后，平民思想家墨子更为明确地肯定了尧舜禅让："昔者舜耕于历山，陶于河滨，渔于雷泽，灰于常阳。尧得之服泽之阳，立为天子，使接天下之政，而治天下之民。"（《墨子·尚贤下》，《尚贤上》《尚贤中》所述略同）作为下层民众的代言人，墨子的一个重要主张就是"尚贤"，"尚贤者政之本也"。（《尚贤上》）认为"大人之务，将在于众贤"，"虽在农与工肆之人，有能则举之，高予之爵，重予之禄，任之以事，断之以令。"（同上）其具体措施是："选择天下之贤可者，立以为天子"，"又选天下之贤可者，置立之以为三公"，更进一步，"又选择其国之贤可者，置立之以为正长"。（《尚贤上》）。需要说明的是，尚贤的思想虽然产生较早，有"尊贤"（《左传·僖公二十四年》）、"择贤"（《左传·襄公三十一年》）、"赏其贤"（《左传·昭公元年》）、"明贤"（《国语·周语中》）、"进贤"（《国语·齐语》）、"敬贤"（《国语·晋语一》）、"推贤"（《国语·晋语四》）、"选贤良"（《国语·晋语七》）、"知贤"（《国语·晋语九》）、"求贤人"（同上）等等，但一般只适用于天子以下和择立太子，墨子则将其发展到极致，认为连天子也要通过选贤产生。所以墨子的

---

① 杨伯峻：《论语译注》，中华书局1980年版，第83页。
② 郑玄引包咸注："包曰：可使南面者，言任诸侯之治。"刘向《说苑·修文》："当孔子之时，上无明天子也，故言雍也可使南面，南面者天子也。"或说南面亦兼天子、诸侯言之。

禅让说实际是其尚贤说的延伸，二者是联系在一起的，可称为"禅让尚贤"说。墨子（约前479年—前394年）生活于新旧革替的春秋战国之际，在他之后，禅让学说经历了怎样的发展？然而令人遗憾的是，记录春秋史实的《左传》终于周贞定王二年（前467年），而周显王三十五年（前334年）六国以苏秦为纵长之后，详细的史实才记于《战国策》等典籍，"自《左传》之终以至此，凡一百三十三年，史文阙轶，考古者为之茫昧。"[①] 幸而有地下竹简的出土，才使我们有可能重新了解、认识这段"茫昧"的历史。

1993年出土的郭店竹简中，有《唐虞之道》一篇，它"高扬了儒家'祖述尧舜'、'爱亲尊贤'、'天下为公'、'利天下而弗利'的思想，显示了先秦儒家在战国时期崇尚'禅让'政治理想、反对父子相传之'家天下'的昂扬思想风貌"[②]。竹简明确提出："禅也者，尚德授贤之谓也。"（第20简）可见较之墨家，竹简的不同之处是提出了"尚德"，其禅让说是从"尚德"与"授贤"来进行立论和说明的。竹简说："尧舜之行，爱亲尊贤。爱亲故孝，尊贤故禅。孝之杀，爱天下之民。禅之传，世亡隐德。"（第6—7简）"爱亲"与"尊贤"，是古代政治思想中的一对基本矛盾，以何者为重，往往体现为不同的治国路线。刘向《说苑·政理》云："尊贤，先疏后亲，先义后仁也。此霸者之迹也。……亲亲者，先内后外，先仁后义也。此王者之迹也。"竹简主观上试图将"爱亲"与"尊贤"相统一，显示了其基本的儒家立场，但它同时又看到"爱亲"与"尊贤"可能蕴涵的矛盾，则是其时代性的反映。竹简认为"爱亲故孝"，但"孝之杀，爱天下之民"。为了天下民众的利益，适当地减杀孝也是合理和应该的。所以《唐虞之道》的"孝之杀，爱天下之民"与《礼运》的"人不独亲其亲，不独子其子"一样，都是对禅让精神的概括和颂扬。至于"尊贤故禅"，虽与墨家可能有一定联系，但这并不意味着竹简的思想可以简单归于墨家。在竹简这里，禅让不仅是"尚贤使能"的客观需要，同时还是"利天下而弗利"崇高道德精神的体现，二者相互联系，分别构成禅让的必要性和可能性，而它们又是与儒家倡导的仁、义联系在

---

① （清）顾炎武：《日知录》卷十三《周末风俗》，岳麓书社1994年版，第467页。
② 李存山：《读楚简〈忠信之道〉及其他》，《中国哲学》第20辑。

一起的:"孝,仁之冕也。禅,义之至也。六帝兴于古,咸由此也。爱亲忘贤,仁而未义也。尊贤遗亲,义而未仁也。"(第7—9简)所以竹简《唐虞之道》应为儒家作品,是儒家的政治理念的反映。[①] 它的发现使我们了解到,墨子之后禅让学说在社会上有进一步发展,儒家学者也投身到对禅让的宣传、鼓动之中,同时也为其思想学说注入新的内容,如"利天下而弗利"的"大同"理想等等,《唐虞之道》、《礼运》均是这一背景下的产物,反映的是儒家对于禅让的立场和态度,所以如有学者所指出的,"把天下禅让于贤才而不是传位于子,这是利天下而不利一己之私的至圣至仁之举。这也是儒家崇尚的'人不独亲其亲,不独子其子','天下为公,选贤与能'的理想社会说之由来。很显然,'唐虞之道'正是《礼记·礼运》篇借孔子之口描述的'大同'社会实行的所谓'大道'。"[②]

早在《唐虞之道》材料公布时,已有学者指出,战国中期政治思想中出现过一股禅让思潮,[③]而《上海博物馆藏战国楚竹简(二)》(下简称《上博简(二)》)的出版,无疑为这一推论增加了有力的证据。《上博简(二)》中有《容成氏》一篇,此篇是讲上古帝王传说,起于容成氏等最古的帝王(整理者估计约二十一人),止于武王伐商终克之,"三代以上,皆授贤不授子,天下艾安;三代以下,启攻益,汤伐桀,文、武图商,则禅让之道废而革命之说起。前后适成对比。"[④] 其文云:

> 容成氏、……尊卢氏、赫胥氏、乔结氏、仓颉氏、轩辕氏、神农氏、樟氏、垆毕(从辵)氏之有天下也,皆不授其子而授贤。其德酋清,而上爱下,而一其志,而寝其兵,而官其材。(第1—2简)

---

① 《唐虞之道》属于儒家目前已得到多数学者的认同,较详细的论证,可参见王博:《关于〈唐虞之道〉的几个问题》,《中国哲学史》1999年第2期;丁四新:《郭店楚墓竹简思想研究》第八章第四节《爱亲与尊贤的统一——郭店简书〈唐虞之道〉思想析论》,东方出版社2000年版,第359—387页。

② 彭邦本:《楚简〈唐虞之道〉初探》,《郭店楚简国际学术研讨会论文集》,第266页。

③ 刘宝才:《〈唐虞之道〉的历史与理念——兼论战国时期的禅让思潮》,《人文杂志》2000年第3期。

④ 马承源主编:《上海博物馆藏战国楚竹书(二)》,上海古籍出版社2002年版,第249页。

古代学者常常通过先王来表达其政治理想，《容成氏》提出尧以上约二十多位上古帝王，"皆不授其子而授贤"，这样，禅让的政治主张不是因而有了更充足的"历史根据"吗？如果将《容成氏》的古史传说体系，与后来流传的炎黄古史传说体系作一个比较的话，不难发现二者的区别在于，一个重禅让，一个重世袭。在炎黄古史传说体系中，只有尧、舜实行禅让，其余从黄帝以下到尧以上，都是传位于子孙，而不是传贤的。[①] 在《大戴礼记·帝系》中，甚至尧、舜也被分别说成是帝喾、颛顼之后，在这种以黄帝为始祖的大一统帝王世系中，实际已排除了禅让的可能和意义。以《大戴礼记·帝系》《五帝德》为代表的炎黄古史传说系统可能形成于战国后期，反映的是当时民族融合、国家统一的政治形势；而《容成氏》的古史传说系统则形成于战国中期以前，是与当时出现的禅让思潮相呼应的。在《唐虞之道》中，只提到"六帝兴于古，咸由此（注：指禅让）也"，而《容成氏》则将上古实行禅让的帝王扩大到二十余位，这即便是"托古改制"的需要，也说明它对禅让的肯定和认同是十分突出的。

有学者已注意到，《容成氏》（还有《唐虞之道》《子羔》）认为三代之前有一个禅让时代，并肯定它是大同之世，与《礼运》是一致的。其实除了基本观点外，二者在许多论述上也是可以互相沟通的。例如，竹简在论述上古实行禅让的至德之世后，接着说，"于是乎喑聋执烛，鼓瑟，跛躃守门，侏儒为矢，张者卜宅，偻者坟数，瘿者煮盐，疣者渔泽，□弃不□。凡民俾者，教而诲之，饮而食之，思役百官而月请之。"（第2—3简）使我们了解到，原来《礼运》所谓"矜寡孤独废疾者，皆有所养"，是指让残疾之人皆能从事力所能及的工作，还要"教而诲之，饮而食之"，有专门的机构（"百官"）月月询问之，而不仅仅是一般性地施舍供养，《礼运》下文说"男有分（郑玄注：分犹职也），女有归"，看来是将"矜寡孤独废疾者"也包括在内了。竹简称，"尧戔㐌而时时宾（？），不劝而民力。"（第6简）也可以证明，《礼运》"力，恶其不出于身也，不必为己"一句，是指由于实行禅让而导致的人人为公的客观效果，后人笼统地讨论《礼运》是否有公有制的思想，是不符合原文的具

[①] 见姜广辉：《〈容成氏〉的思想史意义》，《中国社会科学院院报》2003年1月23日。

体语境的。① 至于竹简"于是乎不赏不罚,不刑不杀,邦无饥人,道路无殇死者。上下贵贱,各得其所。四海之外宾,四海之内贞。禽兽朝,鱼鳖献,有无通"(第4—5简)的论述,也可以使我们对《礼运》"是故,谋闭而不兴,盗窃乱贼而不作,故外户而不闭,是谓大同"一段,有更为直观的理解。如果将二者作个比较就可以发现,竹简主要是通过叙述历史来表达自己的观点,内容较为细致、具体,而《礼运》的"大同"、"小康"则更像是对前者的理论概括和总结,因而显得要抽象,同时,《礼运》的主要内容已转向对"小康"之世礼的论述。二者虽有这些差别,但在肯定、赞美古代禅让"大同"之世上,则是一致的。

《容成氏》的学派归属,目前学术界除儒家说外,还有道家、墨家不同说法。将《容成氏》归于道家,主要是《庄子·胠箧》提到的"至德之世"有容成氏、大庭氏、伯皇氏、中央氏、栗陆氏、骊畜氏、轩辕氏、赫胥氏、尊卢氏、祝融氏、伏羲氏、神农氏等等,竹简的上古帝王体系与其相似。但这种相似也可能像《礼运》的情况一样,是受道家历史观影响的结果,竹简吸收、借鉴了道家的历史材料来表达自己的观点,或者"容成氏"的古史系统本来就是当时在社会上广泛流传、被大家普遍接受的公共知识体系,各家都可以用来表达自己的观点、主张。老庄通过这一知识体系表达的是"鸡狗之音相闻,民至老死而不相往来"的社会理想,且对"尚贤"的政治实践有直接批评,而《容成氏》表达的恰恰是"不授其子而授贤"的政治理念,二者的差别十分明显。至于将竹简归于墨家,虽不完全排除这种可能,但同样根据不足。② 在我们看来,竹简论及尧舜禅让和汤武革命,而这些都是早期儒家的基本内容,③ 将其归于儒家是可以成立的。《容成氏》与《唐虞之道》一样,都是战国时期儒家宣传禅让的作品,之不过《容成氏》采用了叙述历史的方式,在体裁上显得

---

① 董楚平:《"天下为公"原义新探》,《文史哲》1984年第4期;收入《农民战争与平均主义》,第135—145页。

② 墨家说的根据主要有:一,竹简批评桀"为桐宫""为瑶台",纣"为九成之台""为酒池",和墨家非乐、节用的主张一致;二,墨家在楚地广为流传;三,墨孔具道尧舜,对汤武革命也是认同的。见赵平安:《楚竹书〈容成氏〉的篇名及其性质》,《华学》第6辑,紫禁城出版社2003年。

③ 清末宋恕说:"儒家宗旨有二:尊尧舜以明君之宜公举也;称汤武以明臣之可废君也。三代下,二者之义不明,而在下者遂不胜其苦矣。"

较为特殊而已。

在《上博简（二）》中，还有《子羔》一篇，记述了孔子答弟子子羔问禹、契、后稷"三王"和尧、舜之事。此篇在公布时，排列的简序可能有误。裘锡圭先生对简序进行了重新排列，认为9至13号诸简应移至1号简之前，7号简与篇末的14号简可以拼合为一简。这样，《子羔》篇的基本内容是：子羔问孔子，禹、契、后稷"三王之作也"，他们是凡人所生，"其父贱不足称也与？"还是他们是天帝之子（"天子"）？孔子肯定禹、契、后稷均为天帝之子，并讲述了他们三位的降生神话。这样又引出作为凡人之子（"人子"）的舜是如何居有帝位的问题。孔子承认古代存在一个"善与善相受也"的禅让时代，尧见舜贤，故让位于舜。在传说中，禹、契、后稷均为舜臣，故简文最后以"舜其可谓受命之民矣。舜，人子也，而三天子事之"（第7、14简）之语作结。"此篇主旨在说明一个人是否有资格君天下，应决定于他是否有贤德，而不应决定于出身是否高贵；跟《唐虞之道》一样，也是竭力鼓吹尚贤和禅让的。"[①] 其中谈论禅让的一段说：

> 子羔曰："（舜）何故以得为帝？"孔子曰："昔者而弗世也，善与善相受也，故能治天下，平万邦，使无有小大肥饶，使皆得其社稷百姓而奉守之。尧见舜之德贤，故让之。"子羔曰："尧之得舜也，舜之德则诚善与？伊（抑）尧之德则甚明与？"孔子曰："钧（均）也。舜啬于童土之田，则……"（第1、6、2简）[②]

所谓"弗世"也就是不世袭传子。竹简认为上古不私传子孙，而是"善与善相受也"，"故能治天下，平万邦"，显然是将其作为大同理想社会看待的。竹简还提出，尧之所以能得舜，除了舜的德"诚善"外，还因为尧之德"甚明"，二者是缺一不可的，这对于禅让说无疑是一个很好

[①] 裘锡圭：《新出土先秦文献与古史传说》，《北京大学中国古文献研究中心集刊》第4辑，北京大学出版社2004年；及《谈谈上博简〈子羔〉篇的简序》，载朱渊清编：《上博馆藏战国楚竹书研究》续集，上海书店出版社2004年版。

[②] 简序依陈剑说调整，见氏著《上博简〈子羔〉、〈从政〉篇的拼和与编连问题小议》，"简帛研究"网站 www.jianbo.org，03.1.9。

的补充。子羔在后面还问道:"如舜在今之世则何若?"(第8简)然而令人遗憾的是,这一关键的内容,却因为竹简残缺而无从了解了。《子羔》采用孔子答弟子问的形式,显然应该属于儒家,是孔门后学子羔一派宣扬禅让的作品。

从上引出土材料可以看出,战国中前期宣传禅让已不是个别现象,墨家、儒家包括纵横家都参与其中,形成一股颇有影响的思潮。至于这一时期何以出现了较为流行、较为宽松地讲论"禅让"说的大环境,李存山先生认为,"这与当时已经不再'宗周王',而七国之间完全靠武力来统一天下的形势也尚不明显有很大的关系;与当时'士无定主',孔门后学的思想更少束缚,因而更加解放、昂扬、甚至激进也有很大关系。从《容成氏》所云'尧以天下让于贤者,天下之贤者莫之能受也。万邦之君皆以其邦让于贤'来看,当时儒家的'禅让'之说除了道德理想主义的思想成分外,似也对现实寄予了通过'禅让'而在七国中出现一个贤明的君主,从而取代周天子为王的希望。"[①] 需要补充的是,战国前期虽然承春秋政制,实行一种世袭的君主政体,但君主的地位和稳定性明显不及后世,并不时有君权旁落的现象出现,这一背景无疑对禅让说的流行有推波助澜的作用。这一时期的"权力转移"事件,如三家分晋(前403年)和田氏代齐(前386年),其主角都是以"德""贤"相号召的,客观上也需要一种禅让说为其张目。

一种思潮的兴起,往往以社会需要为条件,反过来,它又左右、影响了人们的思想行为,战国中前期的禅让思潮对当时的政治实践也产生了深刻影响。据《战国策·秦策一》,秦孝公"疾且不起(注:孝公卒于前338年),欲传商君,辞不受",应是禅让的较早实践。所以法家后来虽然对禅让极尽攻击之能事,但其早期却是持肯定态度的。商鞅说:"尧舜之位天下也,非私天下之利也,为天下位天下也;论贤举能而传焉,非疏父子而亲越(远)人也,明于治乱之道也。"(《商君书·修权》)可见,禅

[①] 李存山:《反思经史关系:从"启攻益"说起》,《中国社会科学》2004年第3期。

让说在当时法家治下的秦国也有流传，① 秦孝公欲行禅让，可能就是受其影响。除秦孝公外，魏惠王也欲传国于惠施。②《吕氏春秋·不屈》记载此事："魏惠王谓惠子曰：'上世之有国，必贤者也。今寡人实不若先生，愿得传国。'惠子辞。王又固请曰：'寡人莫有之国于此者也，而传之贤者，民之贪争之心止矣。欲先生之以此听寡人也。'惠子曰：'若王之言，则施不可而听矣。王固万乘之主也，以国与人犹尚可。今施，布衣也，可以有万乘之国而辞之，此其止贪争之心愈甚也。'"值得注意的是，惠施虽然谢绝了惠王的让国，但其理由并不是禅让有什么不妥，相反认为"以国与人犹尚可"，可见禅让的观念多么深入人心。不过禅让虽然讲起来容易，但真正实行却并非易事，所以惠施又提出"有万乘之国而辞之"，"止贪争之心愈甚"，这种"禅让辞让"说也是当时纵横家的重要理论。后来魏将公孙衍鼓动史举游说魏襄王禅位于魏相张仪，其理由就是"王让先生（注：指张仪）以国，王为尧、舜矣；而先生弗受，亦许由也"（《战国策·魏策二》）。不过当时秦孝公等人虽然都有禅让的言行，但真正将其付诸实践，在当时产生极大反响，并决定、影响了禅让思潮以后发展的，是燕王哙禅让相子之的事件。据《史记·燕召公世家》记载，"鹿毛寿谓燕王：'不如以国让相子之。人之谓尧贤者，以其让天下于许由，许由不受，有让天下之名而实不失天下。今王以国让于子之，子之必不敢受，是王与尧同行也。'燕王因属国于子之，子之大重。"这里燕王哙被描写成毫无主见的昏庸之辈，其禅让仅仅是受了策士鹿毛寿等人的欺骗，是不够全面的。③ 其实，燕王哙让国是当时禅让大环境的产物，因而有着多方面的复杂动机和原因，除了纵横家的鼓动之外，更重要的，恐怕还是想通过禅让选择一位贤明之君，使燕国在当时激烈的国际竞争中立于不败之地，所以实在是"利天下而弗利"的高尚之举。然而事实是无情的，燕王哙因禅让而身死国亡，无疑为那些宣扬禅让的人敲响了警钟，此后不仅纵横家很难再用禅让游说帝王，就是儒家学者也暂时放弃了"大

---

① 此点李存山已指出，见上引李文。
② 惠施于公元前 343 年初至魏国；公元前 341 年劝魏惠王"折节而朝齐"而得到信任；公元前 322 年张仪为魏相，被逐。故惠施欲传国惠施事当在公元前 341 年至前 322 年之间。
③ 刘宝才认为"《燕世家》的那段描写是不可信的"，"反映的是中国封建社会皇帝世袭制度已成定局时人们的观念，而不是战国中期的历史真相。"见上引刘文。

同"理想，① 一度轰轰烈烈的禅让思潮逐渐走向低潮。

作为经历了燕国让国事件的儒家学者，孟子对禅让的态度是有代表性的。当弟子万章问："人有言：至于禹而德衰，不传于贤而传于子，有诸？"孟子回答："不然也。天与贤，则与贤；天与子，则与子。"（《孟子·万章上》）孟子这里所说的天，是一种命运天，它是指人力无法抗拒的客观形势以及偶然性等等，② 所以在孟子看来，"授贤"和"传子"并非绝对的，而是随客观形势的变化而变化。当初舜让国于禹，舜死，天下之民皆从禹，所以就禅让；后来禹让国于益，但禹死，天下之民从禹之子启，而不从益，所以就传子。可见，禅让与传子只是外在形式，并非主要的。而真正重要的是行王道、仁政，得天下之民的拥护，所以说："唐、虞禅，夏后、殷、周继，其义一也。"（同上）孟子态度的这种变化，显然是有鉴于燕国的"让国"悲剧，所以要对理想与现实、禅让与传子进行新的整合，不再强调禅让与传子的差别，而是突出了王道、仁政的作用，并认为"惟大人为能格君心之非。……一正君而国定矣"（《孟子·离娄上》），将教育、引导君主作为首要问题而凸显出来。战国后期另一位儒家学者荀子也对禅让持否定态度，其《荀子·正论》篇说："世俗之为说者曰：'尧舜擅让。'是不然。天子者，势位至尊，无敌于天下，夫有谁与让矣？"并对"死而擅之""老衰而擅"一一进行了批驳，其结论是"夫曰尧舜擅让，是虚言也，是浅者之传也，陋者之说也，不知逆顺之理、小大、至不至之变者也，未可与及天下之大理者也"。荀子是曾亲历

---

① 战国以后，禅让学说仍有所发展，如董仲舒再传弟子眭弘宣扬汉家应效尧禅位于贤人（《汉书·眭弘传》），宣帝时盖宽饶鼓吹汉当禅让（《汉书·盖宽饶传》）。昭宣以后，学者虽不再敢言禅让，但又提出"更受天命"的问题，如元帝时翼奉言迁都以"更受天命"（《汉书·翼奉传》），成帝时谷永劝帝纳贱民妇生子以承"贱人当立"的"更受命"历运（《汉书·谷永传》），哀帝时有夏贺良用其师甘忠可之说，为汉家改历，称"陈圣刘太平皇帝"以重新受命（《汉书·李寻传》）。刘向《说苑·至公》假托秦博士鲍白令之向秦始皇进言："天下官，则让贤是也；天下家，则世继是也。故五帝以天下为官，三王以天下为家。"这一时期的禅让学说，与当时社会上广泛流传的五德终始说（包括"灾异谴告说"）联系在一起，发展为一套关于帝王德运终始循环的学说，有学者称为"禅让德运说"。钱穆认为，"王莽失败后，变法禅贤的政治理论，从此消失，渐变为帝王万世一统的思想。"《国史大纲》（修订本）上册，商务印书馆1995年版，第153页。

② 孟子所说的天有道德天、命运天和自然天等不同的含义，参见第八章第一节：《竹简〈穷达以时〉与早期儒家天人观》。

了燕国的让国事件的,《韩非子·难三》说:"燕王哙贤子之而非孙卿,故身死为僇。"当时风华正茂、二十岁左右的荀子正游历燕国,目睹了燕王哙禅让的一幕,① 其对禅让的批判显然是有感而发的。需要说明的是,在《荀子·成相》篇中有"尧让贤,以为民,泛利兼爱德施均","尧授能,舜遇时,尚贤推德天下治"之类肯定禅让的说法,"成相"是一种文学体裁,指演说歌谣,今本《成相》篇是荀子学派收集同类文学体裁的合集,而非一篇作品,② 所以可能是这个原因,它保留了以前曾在社会上流传的歌谣、言论。

儒家之外,道家庄子一派对禅让也持批评态度。《庄子》一书中多有对禅让批评、讥讽的言论,如"舜以天下让其友北人无择",北人无择说:"'又欲以其辱行漫我。吾羞见之。'因自投清泠之渊。"(《庄子·让王》)一切历史都是当代史。庄子一派的态度之所以如此激烈,显然是因为当时种种禅让言论已达到甚嚣尘上,无以复加的地步,庄子的态度正好说明当时确实有一个宣讲禅让的大环境存在。不过道家虽然对禅让持否定态度,也主要是因为在他们看来,禅让有虚伪、造作、不自然之处,并不等于他们肯定"天下为家"的世袭制度。与道家相似,后期法家也对禅让持否定态度。韩非曾从"唯物"的观点对禅让进行了解构,认为古代生活条件艰苦,即使贵为天子,其待遇连今天的看门人也不如;还要日夜辛劳,比劳役俘虏还辛苦。"以是言之,夫古之让天子者,是去监门之养,而离臣虏之劳也,故传天下而不足多也。"(《韩非子·五蠹》)所以禅让并非"利天下而弗利"的高尚之举,而只是特殊历史条件下的产物。既然时移势易,流行于古代的禅让在今天自然也就不适合了。韩非还将尧舜禅让归结为武力逼迫:"舜逼尧,禹逼舜,汤放桀,武王伐纣。此四王者,人臣弑其君者也,而天下誉之。"(《韩非子·说疑》)韩非否定禅让是要强化专制王权,使权力牢牢掌握在君主手里,所以其肯定的显然是"天下为家",实行世袭了。

综上所论,公元前316年燕王哙的"让国",应是战国禅让学说发展中里程碑式的事件。在此之前,禅让说风行一时,墨、儒、法、纵横等家

---

① 参见拙文:《荀子行年新考》,《陕西师范大学学报》2000年第4期。
② 廖名春:《荀子新探》第二章《著作考辨》,台湾文津出版社1994年版。

都大讲禅让，出现了"禅让尚贤"说（墨家）、"禅让贤德"说（儒家）、"禅让辞让"说（纵横家）等不同观点，与之相应，在政治领域也出现了禅让的种种实践。燕王哙禅让失败后，禅让学说则渐趋低潮，不仅儒家内部的孟、荀转变了对禅让的态度，道家、后期法家也对"让天下"进行了讽刺、抨击。虽然各家各派甚至是前后不同阶段，对禅让的看法大异其趣，但却"俱道尧舜"，只是"取舍不同"而已。因此，虽然根据民族学、人类学等材料，禅让作为一种历史事件在古代社会曾经普遍存在过，[①]但尧舜禅让的具体面貌，其所体现的"意义""价值"却是不断被赋予上去的，历史事件本身与人们对其的认识、评价是既有联系又有区别的。[②]所以战国时期出现的禅让说，并不是对古代禅让事件的直接反映，而是当时人们对于禅让问题态度的反映，是"借古讽今"的特殊表达形式。明确这一点，对于我们讨论《礼运》等篇的年代十分重要。从上引几篇文字看，竹简《唐虞之道》整篇鼓吹禅让，认为"不禅而能化民者，自生民未之有也"（第21简），如此肯定禅让的思想，显然应该产生于禅让学说处于高潮的燕王哙让国之前；《容成氏》虽以上古与三代对比，其主旨仍是鼓吹和肯定禅让，故其年代应与《唐虞之道》相近，在公元前316年以前。《礼运》篇的情况有所不同，它虽然肯定、赞美禅让的"大同"之世，但又对它的逝去无限感慨，认为"今大道既隐，天下为家"，历史已进入世袭的小康。所以在《礼运》全文中，关于"大同"的内容只在文章的开头做了简单描述，而全文更多讨论的是当禅让的时代已逝去、小康之世来临时，如何治国平天下的问题。《礼运》的这种态度不是偶然的，而是应与禅让在现实实践中的挫折密切相关，反映了燕王哙让国

[①] 对于禅让制度，学术界一般是从军事民主制来进行说明，可参见杨安平：《关于尧、舜、禹"禅让"制传说的探讨——兼谈国家形成的标志问题》，《中国史研究》1990年第4期。此外，徐中舒根据契丹、蒙古和满族的民族学材料，认为所谓禅让制度就是原始社会的推选制度，见《论尧舜禅让与父系家族私有制的发生和发展》，《徐中舒历史论文选辑》下册，中华书局1998年版，第971—993页。陈明引用制度经济学理论，认为金属工具尚严重短缺的冷兵器时代不具备攻城略地的实力，各方只有偃武修文，平心静气地讨论共处之道。共主只是召集人，其权力只能以同意为基础，见《〈唐虞之道〉与早期儒家的社会理念》，《中国哲学》第20辑。

[②] 从这一点看，"禅让贤德"说与"禅让篡逼"说虽然在价值判断上截然对立，但却都是有一定根据的。因为禅让贤能即使在历史上客观存在，在具体实行中却未必不是以实力为基础的，这在进入阶级社会时，尤为明显。只是人们根据自己的需要，作了不同的"取舍"而已。

失败后一些儒者对禅让的反思和对现实问题的思考。《子羔》篇由于文字残缺较多,问题较复杂,其中子羔问"如舜在今之世则何若"?若孔子的回答是禅让,则其年代可能与《唐虞之道》相近;若否,则可能与《礼运》相同。以上几篇的年代虽稍有差别,但都与战国中前期出现的禅让思潮有关,是这一思潮由盛到衰的记录和反映。

三 《礼运》的思想特征与成书年代

根据以上所论,《礼运》之所以是一篇奇特的作品,其"大同"说之所以在思想史上不断引起争议,就在于它是特定历史时期的产物,是与战国中前期的禅让思潮密切相关。由于文献失传,这一曾影响广泛的思潮逐渐被人们遗忘,而以后的儒家学者又调整了其政治理想,故使《礼运》"大同"说显得"来历不明",因无法与后世儒家的主张相协调而倍受质疑。例如,《礼运》从禅让看待历史,故以尧舜等上古禅让之世为"大同",禹、汤、文、武、成王、周公世袭之世为"小康",二者适成对比,故其眼中的历史是断裂、退化的。而以后儒家学者由于不再强调禅让与世袭的差别,而是突出王霸之辨,认为王道、仁政是由"尧以之传之舜,舜以之传之禹,禹以之传之汤,汤以之传之文武周公"(韩愈《原道》),禹、汤、文、武、成王、周公恰恰成为王道政治的代表,原来"断裂"的历史重新得到连续、统一。由于儒家历史观前后这种变化,《礼运》将禹、汤、文、武、成王、周公归于"小康",在后人眼里便显得不可理解。所以不断有学者主张,《礼运》可能存在着错简,应将"小康"一段"禹、汤、文、武、成王、周公,由此其选也。此六君子者,未有不谨于礼者也"二十六字,移至"大同"一段"不必为己"之下,"是故谋闭而不兴"之上,这样才能文意通顺。①岂不知《礼运》以禹、汤、文、武、成王、周公为"小康",正是其时代特征的反映,若人为地改为"大同",反而掩盖了历史的真相。又例如,《礼运》由于突出禅让,故提出

---

① (清)邵懿辰:《礼经通论》,见《皇清经解续篇·三礼类》,台湾艺文印书馆 1986 年版;徐仁甫:《〈礼运·大同小康〉错简补正》,《武汉日报》1947 年 3 月 11 日;永良:《〈礼记·礼运〉首段错简应当纠正》,《西南民族学院学报》1996 年第 6 期。

"人不独亲其亲"和货"不必藏于己",而随着禅让实践的失败,儒家学者不再执着于乌托邦理想,而是从修身、齐家、治民之产等切实可及的事务入手,逐步实现王道理想。由于政治理念的这种变化,《礼运》的"人不独亲其亲"和货"不必藏于己"便不容易被理解,甚至被怀疑为墨家或道家的思想。岂不知儒学发展史上也曾存在过一个更激进、更具理想主义的时代,《礼运》的上述言论只有从这一时代中去寻找答案,若简单地将其"著作权"转让他人,反而混淆了事实的真相。

《礼运》是特定时代的产物,是对已逝去的禅让思潮的理论总结,也是对未来社会的规划和预言。所以有关礼的论述占了全文的大多半篇幅,这一部分内容也颇具特色,有助于我们对其作者和年代做出进一步判断。《礼运》提出:"夫礼,先王以承天之道,以治人之情。"可见其谈礼,一是讲形上根据,二是讲人之情,而这两个方面也是密切相关的。在《礼运》看来,礼本来就是满足"情"的需要而产生的:

夫礼之初,始诸饮食,其燔黍捭豚,污尊而抔饮,蒉桴而土鼓,犹若可以致其敬于鬼神。

礼在字源上是指古代祭祀鬼神的礼节仪式。《说文》:"礼,履也。所以事神致福也。从示从豊。"而《礼运》更强调的是礼用来满足神灵的感性需要。在古人看来,鬼神、先祖与活着的人一样,有着情感、生理的需要,因此"饮食"便成为祭祀者和被祭者首先关注的问题。古代物质条件简陋,人们简单地用火烧了黍米和肉来吃,在地上挖坑蓄水用手捧着喝,抟土做鼓椎和鼓来敲,仍然可以向鬼神表达敬意。当时没有宫室,人们冬天居住在洞穴里,夏天居住在搭起的巢穴里。不会用火熟食,茹毛饮血。没有丝麻,用羽毛和兽皮遮身。后来有圣人出来,教人利用火,铸造器用,营造台榭、宫室,并发明种种熟食的方法,"以炮,以燔,以亨,以炙";煮染丝麻织成布帛,"以养生送死,以事鬼神上帝。"因此,礼的产生并非偶然的事件,而是文明的积累和成果,是贯穿于整个生活的有机形式。但是礼"治人之情",并非是对"情"的简单否定,更不是放纵情欲,而是效法天地的运行,呈现出秩序性与和谐性来。

是故夫礼，必本于大一，分而为天地，转而为阴阳，变而为四时，列而为鬼神。其降曰命，其官于天也。夫礼必本于天，动而之地，列而之事，变而从时，协于分艺，其居人也曰养，其行之以货力、辞让、饮食、冠昏、丧祭、射御、朝聘。

"大一"亦作"太一"，是指天地未判之前的宇宙本体，也即是道。[①]孔颖达疏曰："大一者，谓天地未分，混沌之元气也。极大曰天，未分曰一，其气极大而未分，故曰大一也。"郭店竹简《老子》丙篇后有《太一生水》一篇，提到"太一生水，水反辅太一，是以成天；天反辅太一，是以成地"（第1简）。在"太一"与"天地"之间加入了水，提出了"水反辅太一"的思想，是当时一种较为独特的宇宙论。有学者指出，太一与老子的道存在密切联系，是战国时期道家学者着力阐发的概念。[②]《礼运》提出太一，可能就是受到道家思想的影响，是利用道家的形上学为礼寻找根据。在其看来，太一生成万物乃是一和谐、有序的过程，人也是在这一过程中产生的，"人者，其天地之德，阴阳之交，鬼神之会，五行之秀气也。"但天地的运行是自然、"无心"的，而人生天地之间，能够自觉地取法天道，"以天地为本，以阴阳为端，以四时为柄，以日星为纪，月以为量"，体现出目的性和能动性来，"故人者，天地之心也，五行之端也，食味、别声、被色而生者也。"真可谓天地无心，而以人为心。而圣人着力倡导的礼义正是取法天道，以"治人之情"的结果："故礼义也者，人之大端也，所以讲信修睦，而固人之肌肤之会，筋骸之束也。所以养生送死，事鬼神之大端也。所以达天道，顺人情之大窦也。""大同"的乌托邦是破灭了，但通过礼，依然可以实现"天下一家"的社会理想："故圣人耐以天下为一家，以中国为一人者，非意之也，必知其情，辟于其义，明于其利，达于其患，然后能为之。何谓人情？喜怒哀惧爱恶欲，七者，弗学而能。何谓人义？父慈，子孝，兄良，弟悌，夫义，

[①] 《吕氏春秋·仲夏纪·大乐》："道也者，至精也，不可为形，不可为名，强为之名，谓之太一。"

[②] 许抗生认为太一源于老子的道，见《初读〈太一生水〉》，《道家文化研究》第17辑。李学勤认为《太一生水》可能是关尹一派的著作，但又认为太一的概念，并非道家独有，《礼运》的太一是来自《易传》的太极，见《荆门郭店楚简所见关尹遗说》，《中国哲学》第20辑。

妇听，长惠，幼顺，君仁，臣忠，十者，谓之人义。讲信修睦，谓之人利。争夺相杀，谓之人患。故圣人所以治人七情，修十义，讲信修睦，尚辞让，去争夺，舍礼何以治之？"

从《礼运》的内容以及有关礼的论述来看，它与历史上的子游氏之儒有一定联系，其作者可能是子游学派的不知名学者。① 这是因为，首先，《礼运》托名子游与孔子的问答，而托名者显然应该是子游的弟子或与其有一定关系的人。值得注意的是，《礼运》直呼子游之名"言偃"，而不称其字，与《论语》等书体例不符，这说明，它似乎不应是出于子游（约前506—前445年）弟子之手，而应是子游学派后期学者所为。

其次，孔门后学中子游比较重视礼，对礼有独特的理解，《礼运》有关礼的论述，应该就是对其思想的进一步发展。据《论语》，子游反对子夏弟子只注重"洒扫应对进退"的做法，认为是"末"，而他自己更重视"本"（《子张》）。从他的有关论述来看，他所理解的"本"应该就是指礼化民易俗，平治天下的功能和作用：

子之武城，闻弦歌之声，夫子莞尔而笑曰："割鸡焉用牛刀？"子游对曰："昔者，偃也闻诸夫子曰：'君子学道则爱人；小人学道则易使也。'"子曰："二三子！偃之言是也。前言戏之耳！"《阳货》

子游用礼乐教化武城之民，正是其重视礼之"本"的反映。《礼运》篇反复强调礼的作用是"讲信修睦，尚辞让，去争夺"，显然是与此一致的。子游还十分重视情，是孔门的"性情"之儒。《礼记·檀弓下》记载了他的一段话："子游曰：礼有微情者，有以故兴物者。有直情而径行者，戎狄之道也。礼道则不然。人喜则斯陶，陶斯咏，咏斯犹，犹斯舞，舞斯愠，愠斯戚，戚斯叹，叹斯辟，辟斯踊矣。品节斯，斯之谓礼。"子游认为，礼是出于情的需要，是情的节文。这与《礼运》礼"顺人情之大窦也"，"所以持情而合危也"的说法，显然存在前后连续的关系。

---

① 武内义雄说："《礼运》之作者不明，固不在言，谓为子游所作，殆不可靠，然而系于子游学派所作，则不难想象也。""孔门中通礼者子游，子游之下有檀弓，其后有荀子，此是儒家礼学一派发展之路径，最为明了者也，而荀子后学之作《礼运》篇，托于子游乃极自然之事矣。"见《礼运考》。

还有，郭店竹简中有《性自命出》一篇，据学者研究，应为子游氏儒的作品。① 如果将二者作一比较，就可以发现其思想有许多可沟通之处，如二者都重视性和情，《性自命出》提出"喜怒哀悲之气，性也"。"好恶，性也。"又认为"情生于性"；《礼运》则提出"何谓人情？喜怒哀惧爱恶欲"，二者思想基本是一致的。又比如二者都重视礼，重视礼对情的塑造、培养，《性自命出》提出"礼作于情，或兴之也"，"始者近情，终者近义"，认为一方面礼的制作要符合情，另一方面情的表达又要符合义；《礼运》则提出"礼之初，始诸饮食"，又主张"圣王修义之柄、礼之序，以治人情。故人情者，圣王之田也"。与前者思想十分相近。

此外，《礼运》中有关阴阳五行的内容，也有助于我们对其年代做出进一步判断。我们知道，阴阳与五行本属两种不同的文化体系，它们在彼此独立的状态下，各自经过了长期的发展过程，最终才走到了一起。由于古人认为四时的推移是阴阳流行的结果，故五行说要与阴阳说合流，往往选择时令作为结合点。白奚先生曾以《管子》一书为例，对阴阳五行的合流进行了考察。据他的研究，《管子》中论及阴阳五行合流的文章可分为两组：一组以《幼官》、《四时》为代表，采用了"播五行于四时"的做法，用五行配东南中西北五方，又用四时配东南西北四方。另一组以《五行》为代表，它用五行等分一岁之日，从四时的每一时里扣下若干天留给中央土，将一年分成五个七十二日，配以木火土金水五行。但不论是哪一种，都是力图将阴阳和五行有机地结合起来。② 可以看到，《礼运》与《幼官》等篇一样，都是采用的"播五行于四时"的方法：

> 故天秉阳，垂日星；地秉阴，窍于山川。播五行于四时，和而后月生也。
> 故圣人作则，必以天地为本，以阴阳为端，以四时为柄，以日星为纪，月以为量，鬼神以为徒，五行以为质，礼义以为器，人情以为

---

① 廖名春：《荆门郭店楚简与先秦儒学》，《中国哲学》第 20 辑；陈来：《儒家系谱之重建与史料困境之突破——郭店楚竹书与先秦儒学研究》，《郭店楚简国际学术研讨会论文集》，第 562—570 页。

② 白奚：《中国古代阴阳与五行说的合流——〈管子〉阴阳五行思想新探》，《中国社会科学》1997 年第 5 期。

田，四灵以为畜。

白奚认为，《幼官》等篇应是齐宣王、湣王时期一批佚名的齐人稷下学者所作。《礼运》有与其相同的阴阳五行说，年代也应与其相近。齐宣王、湣王在位时间为公元前 319 年至前 284 年，这与前面我们关于《礼运》年代的判断基本是一致的。

前面说过，一些学者出于重建孔孟"道统"的需要，往往将《礼运》"大同"归于孔子，[1] 认为孔子传道于子游，故《礼运》成于子游（或其弟子）之手，建构出孔子——子游——子思——孟子的道统谱系，从康有为、孙中山、郭沫若一直到今天的一些学者，无不持这一看法。而这一新"道统"的建立，显然是要在儒家内部重新发现一个民主政治的源头，从而为维新改良、民主革命乃至呼唤民主改革寻找理论根据，可谓用心良苦，诚意可嘉。但从我们前面的考察来看，孔子虽然对禅让持肯定态度，但在其生活的时代，禅让作为一种社会思潮还没有出现。虽然儒学史上的确存在过一个宣讲禅让、"大同"的时期，但那并非仅仅是孔子倡导的结果，更主要的乃是当时的社会历史条件使然。当时宣传禅让的也不只有孔门一家，其他如墨家、早期法家、纵横家等也都参与其中。儒家内部讲禅让的也不只有子游氏一派，至少我们现在知道，子羔、子思等派也有类似的思想。更重要的，《礼运》不是对禅让、"大同"的礼赞，而是为其唱出的一曲挽歌。《礼运》的真正意义不在于其提出的"大同"理想，而在于"大同"理想遭到暂时挫折、失败后，不是消极悲观，怨天尤人，自暴自弃，而是根据时世的变化对理想做出重新选择和调整，在理想与现实

---

[1] 《孔子家语·礼运》篇说："孔子为鲁司寇，与于蜡。"孔子为司寇时约五十二岁，而子游少孔子四十五岁，此时仅七岁，所以关于《礼运》"大同"思想的争论，往往是围绕孔子是否可能为子游讲述"大同"之义展开的。三、四十年代，两种截然相反的意见展开激烈争论，钱穆、梁漱溟、吴虞等据《家语》，认为孔子不可能为童稚之年的子游讲论"大同"；郭沫若、吕思勉则认为："《家语》伪书，本不足据"，"孔子晚年要同门弟子谈谈大同小康的故事，是没有什么不可能的。"（《十批判书·儒家八派的批判》）六十年代古棣、任继亦就此展开激烈辩论（二文分别见《光明日报》1961 年 5 月 24 日和 1961 年 9 月 15 日）。高葆光、裴传永则通过详尽的考证，分别得出肯定和否定的结论。分别见二人所著：《礼运大同章真伪问题》，《大陆杂志》（台湾）第 15 卷第 3 期，1957 年；及《"礼运大同"思想之我见》，《山东大学学报》1999 年第 3 期。

之间保持一种平衡与张力，以及所表现出的通达、乐观、务实精神。这既是《礼运》时代特征的反映，也是在"全面建设小康社会"的今天，对《礼运》一种更符合其历史原意的解读。

先荀后孟的由来与兴起

山东社会科学院国际儒学研究与交流中心 李 玉

历史上关于孟子荀子学术地位的比较，既有孟荀并尊，也有尊孟贬荀与扬荀抑孟，而史籍中"孟荀并称"的两种提法即"孟荀""荀孟"则为孟荀比较提供了较为直观的判断。在"孟荀并称"中，"荀孟"即先荀后孟的提法，没有按照年代先后排序，自觉地将荀子序位提到孟子之前，从而带有了重荀乃至扬荀的意味。宋代晁说之在《儒言》中提及"世有荀、孟之称"①，明代李贽认为"荀与孟同时，其才俱美，其文更雄杰，其用之更通达而不迁……故曰荀孟"②。搜寻史籍发现，汉晋时期，"先荀后孟"开始出现，并逐渐形成"荀孟""孙孟"等固定称谓，体现了这一时期思想潮流的变化情况以及儒学自身的取舍和趋势。

一 《史记》之孟荀并尊

西汉司马迁撰《史记》，有四处文字并提孟子、荀子。具体如下：

"荀卿、孟子、公孙固、韩非之徒，各往往捃摭春秋之文以著书，不可胜纪"③

"孟子荀卿列传第十四"④

"然齐鲁之间，学者独不废也，于威、宣之际，孟子、荀卿之

---

① （北宋）晁说之：《景迂生集》卷五《儒言》，吉林出版社 2005 年。
② （明）李贽：《李贽文集》第二卷《藏书》上，社会科学文献出版社 2000 年。
③ （西汉）司马迁：《史记》卷十四《十二诸侯年表》，中华书局 2013 年。
④ （西汉）司马迁：《史记》卷七十四《孟子荀卿列传》。

列，咸遵夫子之业而润色之，以学显于当世"①。

"猎儒墨之遗文，明礼义之统纪，绝惠王利端，列往世兴衰，作《孟子荀卿列传》第十四"②。

《史记》专设"孟子荀卿列传"并提孟荀，并强调二者在儒学承继发展中的地位，"然齐鲁之间，学者独不废也，于威、宣之际，孟子、荀卿之列，咸遵夫子之业而润色之，以学显于当世"③，孟荀并称于是成为后世史书中的惯用语法，对此，康有为在论及孟荀这两支孔门后学时就指出："太史公以孟子、荀卿同传，又称孟子、荀卿之徒以学显于当世，自唐以前，无不二子并称。"④

为何将二者并提立传？司马迁在《太史公自序》中说得很清楚，即"猎儒墨之遗文，明礼义之统纪，绝惠王利端，列往世兴衰，作《孟子荀卿列传》第十四"⑤，故而在《孟荀列传》中，司马迁以孟子之言强调好利之弊，又推崇荀子之"推儒、墨道德之行事兴坏，序列著数万言"⑥，正如清梁玉绳所指"盖上二句指荀卿……下二句指孟子"⑦。不过，司马迁在《孟荀列传》中详孟略荀的做法，使人们对其孟荀并称的用意产生了不同的看法，人们推测司马迁是否另有"正锋侧笔"的深意，"所谓'正锋'就是同尊孟荀，此乃明里的做法；所谓'侧笔'就是更钟情于孟子，此乃暗里的做法"⑧。而清代清如先生（恽敬之舅郑环）则直接指出司马迁此举"是以荀卿形孟子，以诸子形孟子、荀卿，故题曰《孟子荀卿列传》"⑨，即是传以荀子来陪衬孟子，以诸子来陪衬孟荀，其依据在于

---

① （西汉）司马迁：《史记》卷一百二十一《儒林列传》。
② （西汉）司马迁：《史记》卷一百三十《太史公自序》。
③ （西汉）司马迁：《史记》卷一百二十一《儒林列传》。
④ （清）康有为著、楼宇烈整理：《桂学答问》，中华书局1988年版，第31页。
⑤ （西汉）司马迁：《史记》卷一百三十《太史公自序》。
⑥ （西汉）司马迁：《史记》卷七十四《孟子荀卿列传》。
⑦ （清）梁玉绳：《史记志疑》卷三十六《太史公自序传》，中华书局1981年版，第1481页。
⑧ 杨海文：《司马迁对"孟荀齐号"语法的确立》，《邯郸学院学报》2012年第4期。
⑨ （清）恽敬：《大云山房文稿初集》卷二《孟子荀卿列传》，世界书局1937年版，第41页。

"盖太史公于孔子之后,推孟子一人而已。而世主卒不用……然世主所以不用孟子者,何也?陷于利也,而不知即所以亡故。以梁惠王言利发端,又引孔子罕言利,以明孟子之所祖"①。但是,详孟略荀就意味着更尊孟子吗?康有为虽对司马迁略写荀子颇有异议,"史公叙《孟荀列传》,详于孟子,以孟子能得大旨,开口便辟惠王之言利也。然荀子以儒辟墨,其功最大,史公叙之太略"②,但并不影响他对孟荀并尊的判断,还认为司马迁此举是对战国以来孟荀并尊的沿袭,"孟、荀并尊,已在战国时,而太史公并传,非谬论也"③,同样地,比康有为稍早的谢墉在《荀子笺释序》中也指出,"太史公作传,论次诸子,独以孟子、荀卿相提并论……盖自周末历秦、汉以来,孟、荀并称久矣。"④可见,详孟并不能视为更为尊孟。

其实,从史籍记载来看,《史记》之前的史籍对儒家人物的并称多见"颜闵""冉闵",《史记》最早出现孟荀并称,这不应是偶然的。将秦汉史籍按作者年代排序,发现这样一个现象,即董仲舒、韩婴、司马迁三个同时期⑤的人物同时关注荀子。三人似有交集,"武帝时,婴尝与董仲舒论于上前,其人精悍,处事分明,仲舒不能难也"⑥,司马迁在《太史公自序》中曾提到"余闻董生曰"⑦,尽管不能证明二者有过直接交流,至少表明司马迁撰《史记》时就对董仲舒的言论有所知晓,这三个人物同

---

① (清)恽敬:《大云山房文稿初集》卷二《孟子荀卿列传》,世界书局1937年版,第41页。
② (清)康有为:《南海师承记》,《康有为全集》(第二集),中国人民大学出版社2007年版,第229页。
③ (清)康有为:《孟子微·序》,《康有为全集》(第五集),中国人民大学出版社2007年版,第411页。
④ (清)谢墉:《荀子笺释·序》,见(清)王先谦撰,沈啸寰、王星贤点校:《荀子集解·考证上》,中华书局1988年版,第12—13页。
⑤ 董仲舒(公元前179—前104年),司马迁(公元前145—前90年),《韩诗外传》作者(多认为是韩婴)生卒年不详,据《史记·儒林列传》载"孝文帝时为博士,景帝时为常山王太傅",(汉武帝)"即位,赵绾、王臧之属明儒学,而上亦乡之,于是招方正贤良文学之士。自是之后,言诗于鲁则申培公,于齐则辕固生,于燕则韩太傅。"
⑥ (东汉)班固:《汉书》卷八十八《儒林传》。
⑦ (西汉)司马迁:《史记》卷一百三十《太史公自序》。

时对荀子感兴趣,董仲舒曾"作书美孙卿"[1],司马迁则为荀子立传,韩婴辑《韩诗外传》所用材料则大量征引《荀子》[2],而比三位稍后的刘向则完成了《荀子》一书的校雠事宜,并"昧死上言"[3]。这是巧合?应该不是。司马迁《史记》为荀子立传并非只出于个人喜好,更多地是顺应历史形势。西汉初年,对秦亡的反思、新王朝初立急需礼仪规范等现实,使不少儒者开始关注荀子礼治思想,但汉初几位统治者都信奉黄老思想,倡导与民休息,儒家的礼治始终搁置而不得进用。汉文帝、汉武帝时期,随着黄老政治弊端的逐渐显现,社会秩序因缺乏规范而出现混乱状况,于是在思想领域中开始尊崇儒术礼治,因而,董仲舒、司马迁、韩婴等在这一时期不约而同地关注荀子并非偶然,是有其现实原因的。礼论作为荀子思想的重要内容,"西汉以前,尽荀子之礼学"[4],"礼"作为司马迁在《史记》中着重阐扬的内容,无论《礼书》是否为司马迁所撰,《史记·八书》将《礼书》列为第一篇就可看出司马迁对"礼"的重视程度,从而更能理解《太史公自序》中所说"明礼义之统纪"之旨意[5]。因此,尽管在《孟荀列传》中详孟而略荀,但《史记·礼书》则是对荀子礼论的具体阐发,唐代司马贞在《史记索隐》中指出"太史公取荀卿礼论之意,极言礼之损益,以结礼书之论也"[6],如此来说,司马迁在《史记》中将孟荀并称是将孟荀并尊而言的,即"孟荀齐号"[7]。司马迁以"孟荀

---

[1] (西汉)刘向:《荀卿新书》,见(清)王先谦:《荀子集解》,中华书局1988年版,第558页。

[2] 据张小萍:《荀子传经考》(浙江大学博士论文,2013年)统计:汪中《荀卿子通论》统计《韩诗外传》征引《荀子》44处,严可均《荀子当从祀议》统计征引40余处,杨筠如《荀子研究》统计《韩诗外传》与《荀子》重复53处,张西堂《荀子真伪考》统计重57处,金德建《韩诗内外传的流传及其渊源》统计重54处,徐复观《两汉思想史》统计亦重54处。

[3] 刘向(公元前77—前6年),"所校雠中《孙卿书》凡三百二十二篇,以相校除复重二百九十篇,定著三十二篇。"(《荀卿新书》,见(清)王先谦:《荀子集解》,中华书局1988年版,第557页。)

[4] (清)康有为:《康南海先生讲学记》,《康有为全集》(第2集),中国人民大学出版社2007年版,第112页。

[5] (西汉)司马迁:《史记》卷一百三十《太史公自序》,第3314页。

[6] 《礼书》一篇作者是司马迁还是褚少孙存有争议,但无论作者是谁,至少是秉承了司马迁撰《史记》的旨意而作。

[7] (清)梁玉绳:《史记志疑》卷三十六《太史公自序传》,中华书局1981年版,第1481页。

并称",不仅突出了孟子、荀子在当世的学术地位,也强调了孟荀在儒学承继发展中的"并尊"地位,对后世影响甚大。

二 先荀后孟之兴起

在《史记》中还有一处孟荀并提之处,即"荀卿、孟子、公孙固、韩非之徒,各往往捃摭春秋之文以著书,不可胜纪"[1],司马迁在谈到采摭与运用《春秋》之文著书时,有意将荀子排在孟子之前,这样,在"孟荀"之外孟荀并称又有了另外一种形式即"荀孟"。司马迁显然没有按照生卒年代(公孙固、孟子、荀子、韩非)进行排序,而是按照他看重的四人在《春秋》传扬过程中的地位进行的排序。在这里,司马迁给后世提供了新的撰文范式,即在"孟荀齐号"之外,可采取"先荀后孟"的形式强调荀子的地位以及思想观点。

《史记》之后,"先荀后孟"开始较多地出现,王充在《论衡》中较早将"先荀后孟"固定为"荀孟"、"孙孟"等称谓。与司马迁"孟荀齐号"所强调的孟荀二人在儒学传承中的并尊地位不同,"先荀后孟"有意地侧重强调荀子,带有更多的扬荀意味在其中,东汉王充则以"荀孟"对照"孔墨",指出:"贤圣不空生,必有以用其心。上自孔墨之党,下至荀孟之徒,教训必作垂文"[2];汉魏之际徐干的《中论》强调"先荀后孟",即"予以荀卿子、孟轲怀亚圣之才,著一家之法,继明圣人之业"[3],并尊称荀卿为"荀卿子",在孟子之前更加强调荀子,并明确地表达对荀子的仰慕之情,"君以为纵横之世,乃先圣之所厄困也,岂况吾徒哉!有讥孟轲不度其量,拟圣行道,传食诸侯,深美颜渊、荀卿之行"[4]。

不过,由汉魏至两晋,孟荀并称所强调侧重的思想内容也发生了很大变化,展现出从阐发荀孟思想观点到推崇荀孟风尚节操的变化趋势。汉魏时期,"先荀后孟"较多地出现在观点性阐发中,引征并评论荀孟思想,王充在《论衡》中阐释了董仲舒与荀孟人性论的关系,"董仲舒览孙孟之

---

[1] (西汉)司马迁:《史记》卷十四《十二诸侯年表》。
[2] (东汉)王充:《论衡》卷二十九《对作篇》。
[3] (清)严可均:《全三国文》卷五十五《中论序》。
[4] (清)严可均:《全三国文》卷五十五《中论序》。

书，作情性之说，曰：天之大经，一阴一阳；人之大经，一情一性。性生于阳，情生于阴。阴气鄙，阳气仁。曰性善者，是见其阳也；谓恶者，是见其阴者也。若仲舒之言，谓孟子见其阳，孙卿见其阴也。"① 两晋时期，"荀孟""孙孟"似乎成为两晋时人的习语，世人开始推崇"孙孟之风"。西晋时，王沈与傅玄的书信中说"省足下所著书，言富理济，经纶政体，存重儒教，足以塞杨、墨之流遁，齐孙孟于往代"②。李重在奏疏中以"孙孟之风"赞颂霍原，"（霍）原隐居求志，笃古好学，学不为利，行不要名，绝迹穷山，韫韣道艺，外无希世之容，内全遁逸之节，行成名立，搢绅慕之，委质受业者千里而应，有孙孟之风，严郑之操"③。这一趋势与汉晋时期思想潮流、社会风尚的变化密切相关。魏晋以来，九品中正制的实行，使官吏选拔靠家世门第和人物品评，受到玄学的影响，人物品评逐渐出现了重情性、重风神的发展趋势，故而这一时期注重对荀孟德行风尚节操的赞扬。

三 "先荀后孟"之影响

"先荀后孟"重在扬荀，其一直影响到隋唐，以至出现"孔墨荀孟"之称，"以尧舜汤武居帝王之位，垂至德以敦其风；孔墨荀孟禀圣贤之资，弘正道以励其俗"④，唐代不少文人亦有"荀孟"的提法。对此，康有为曾言"唐以前尊荀子，唐以后尊孟子"⑤，并分析了这一变化的原因，"孟子性善之说，所以大行于宋儒者，皆由佛氏之故。盖宋儒佛学大行，专言即心即佛，与孟子性善暗合，乃反求之儒家，得性善之说，乃极力发明之。又得《中庸》'天命谓性'，故亦极尊《中庸》。然既以性善立说，则性恶在所必攻，此孟所以得运二千年，荀所以失运二千年也"⑥。

---

① （东汉）王充：《论衡》卷三《本性篇》。
② （唐）房玄龄：《晋书》卷四十七《傅玄传》。
③ （唐）房玄龄：《晋书》卷四十六《李重传》。
④ （唐）令狐德棻：《周书》卷四十六《孝义传》。
⑤ （清）康有为：《万木草堂口说》，《康有为全集》（第二集），中国人民大学出版社2007年版，第185页。
⑥ 同上书，第181页。

汉晋时期，"先荀后孟"出现并逐渐引人关注，究其原因，与这一时期的思想潮流、儒学发展乃至统治者的治国方略不无关系。西汉中期以后，统治者开始奉行"霸王道杂之"的治国方略，孟学迂远，荀学切用；就社会风尚来说，魏晋时期，社会动荡，个性解放，任情悖礼，汉代建立起来的旧有礼制造成了不少"情礼冲突"，因此，"缘情制礼"成一时风尚，儒家礼仪得到恢复和施行，以致"荀以制度赞惟新，郑冲以儒宗登保傅"①，故而，以礼为核心的荀子思想在汉晋时期盛行是孟子不可比拟的；就思想学术来说，儒学相对低落，玄佛兴起，空谈玄虚之风盛行，荀学诚朴笃实之精神恰与之形成鲜明对照，从某种程度上，正可视为是儒学在面对空前挑战时的应对与自救；就儒学内部发展来看，汉代是经学繁荣的时代，"荀卿之学，出于孔氏，而尤有功于诸经"②，这注定了荀子在秦汉时期后学繁多，远非孟子所及；而到魏晋时期，受到社会现实的影响，儒家着重强调外部较为实用制度的建设，"偏重于应用而略于高层次的精神追求，亦即重于实际应用的礼学和易学，而弱于心性修养的'内圣之学'，孔孟以来强调的'修己以安人'、'存心养性'等注重内在心性修养和道德境界，追求道德人格的完善等精神指向，没有得到整个社会的普遍关注，甚至没有形成发挥这种精神的自觉意识"③，荀子礼学思想自然受到格外关注。

---

① （唐）房玄龄：《晋书》卷九一《儒林传序》。
② （清）汪中：《荀卿子通论》，见（清）王先谦《荀子集解·考证上》，中华书局1988年版，第21页。
③ 刘学智主编：《中国思想学说史·魏晋南北朝卷》绪论，广西师范大学出版社2008年版，第15页。

德福一致与道德信念
——孔、孟、荀的思考与启示

山东社会科学院国际儒学研究与交流中心　路德斌

反思说来，对道德信念的最大颠覆即是来自德与福的背离或不一致。也许不能否认，在生活中确会有极小数人能够谨守"德操"并始终不渝，"富贵不能淫，贫贱不能移，威武不能屈"；但是就社会大众而言，我们却很难设想在德与福的经常性背离或不一致的境况下，在满目所见总是"为恶得福，善者有殃"①的际遇中，大多数人还依然能够做到"恒心"稳固而不会动摇。事实上，这是不可能的。而一个国家或社会的存在及正常运转是不可能成立在只有极少数人道德高尚而大多数人却无所不为的基础上的，所以归根结底，如果说对一个社会而言，总有那么几个核心的问题是攸关其生死存亡的，那么毫无疑问，德福问题便就是这核心的问题之一，无法回避，必须面对。

问题如此重要，所以中西方许多重要的思想家都有讨论德福问题，并都在想方设法寻求解决问题的途径和方案。比如在西方康德的思想体系当中，就有一件颇值得玩味的事情发生，原本在其《纯粹理性批判》中被怀疑、被驱逐了的上帝，结果在他的伦理学中，在实践理性中，又不得不将它请了回来！为什么？当然就是为了这个"德福一致"。因为康德最后很无奈地发现，唯有上帝才能提供可靠的保证，才能让"德福一致"圆满落实。可见在康德心目中，"德福一致"是多么的重要，以至于为了它，宁可把自己的理论体系置于一个逻辑上所不允许的"矛盾"当中。以上帝来保证德与福的一致性，这也正是西方基督教传统中的处理方式。

---

① 《荀子·尧问》。

在中国，在孔子之前，"德福一致"也是由一个至高无上的位格神来保障的，中国人称之为"天"。与殷商王朝宣称"有命在天"的观念不同，周初的统治者在总结夏、商两代"惟不敬厥德，乃早坠厥命"①的教训基础上，提出了"以德配天"的主张，曰："聿修厥德，永言配命，自求多福。"② 曰："皇天无亲，惟德是辅。"③ 将德与福直接关联，认为唯有修德，才会有福，才能配享天命。然而令人称奇的是，西周末年开始的那场"怨天""骂天"思潮似乎从根本上动摇了"天"在人们心目中的权威地位，从那以后，中国的文化在孔子引导下开始走上了一条非神的、以人为本的传统。

"天"被骂倒了，那么"德福一致"还能够实现吗？又该如何实现呢？思想家们开始了新的思考。在儒家孔子的观念体系中，德与福的关系是在以下两个维度上被审视和把握的：

第一个维度，也即是经验的、以"得"为"福"的维度。在这个维度上，孔子视德福为二，德是德，福是福，修德在人，祸福在天，即其所谓："死生有命，富贵在天。"④ 颜回是有德的，然而"不幸短命死矣"⑤；伯牛也是有德的，但是却得恶疾而亡。祸福无常如此，让孔子也不免悲叹："亡之，命矣夫！斯人也而有斯疾也！斯人也而有斯疾也！"⑥ 死生寿夭是这样，富贵穷达在孔子的眼里也同样如此，有德者未必通达，不仁者也未必不富，"回也其庶乎，屡空。赐不受命，而货殖焉，亿则屡中。"⑦ 颜回庶几圣道，却常身陷贫困；端木赐不安本分，却能财货丰盈。所以他又说："譬使仁者而必信，安有伯夷、叔齐？使知者而必行，安有王子比干？"⑧ 总之，在孔子看来，这一切皆是在"天"在"命"，非人力所能为，更与德行高下无关。由此可见，孔子所谓"天"或"命"显然已非西周时期那个"惟德是辅"的位格神了，一如孟子之所言："莫之为而为

---

① 《尚书·召诰》。
② 《诗经·大雅·文王》。
③ 《左传·僖公五年》引《周书》。
④ 《论语·颜渊》。
⑤ 《论语·先进》。
⑥ 《论语·雍也》。
⑦ 《论语·先进》。
⑧ 司马迁《史记·孔子世家》。

者，天也；莫之致而至者，命也。"① 神秘，但已确然不同。那么对于这样一个"天"或"命"，人们应该持怎样一种态度呢？孔子的教诲是：知其无可奈何而安之。

第二个维度，则是道德的、"心"的维度。世俗生活中德与福的经常性背离或不一致并未让孔子陷入焦虑和绝望当中，因为在孔子看来，人虽然无法主宰世俗生活中的德福关系，然而人作为道德主体，却有完全的能力透过"心"而在其道德生活中超越世俗并从而实现一个更高层阶的德福一致，这个层阶用后儒的话说，即叫"孔颜乐处"。《论语》中这样记载：

> 贤哉，回也！一箪食，一瓢饮，在陋巷。人不堪其忧，回也不改其乐。贤哉，回也！（〈雍也〉）
> 君子食无求饱，居无求安。（〈学而〉）
> 君子谋道不谋食，……忧道不忧贫。（〈卫灵公〉）
> 饭疏食，饮水，曲肱而枕之，乐亦在其中矣。不义而富且贵，于我如浮云。（〈述而〉）

不难发现，在这里，孔子眼中的"福"显然已非世俗的富贵之"福"，而是通过"心"，升转超越，以"德"为"福"。在孔子看来，并非只有富贵利禄之"得"才是福，道德之"得"更是福，而且是更大的福。这种"福"带给人的不是生理上的一时满足，而是富贵之福所无法企及的一种具有永恒价值和意义的大快乐。并且，由于此"福"之种子即在人心当中，也即是那个孕育着无限生意的"仁"，所以此福之得与不得，完全取决于人自己，"仁远乎哉？我欲仁，斯仁至矣。"② "为仁由己，而由人乎哉！"③ 求仁得仁，仁即是福，得"仁"即是得福。德与福之间的此种圆满合一之境，正是那个为后儒津津乐道、找寻不辍的"孔颜乐处"。在这样一个"乐处"面前，世俗生活中那些由"命"由"天"而

---

① 《孟子·万章上》。
② 《论语·述而》。
③ 《论语·颜渊》。

来的遭遇，无论是生死寿夭，还是富贵贫贱，都如同浮云一般，随风飘过，无影无踪。正因为如此，所以君子能够"固穷"，仁者可以"无忧"；绝粮七日，仍弦歌不绝；箪食瓢饮，却乐在其中。即便是在生死关头，同样能够乐道而不惧——"无求生以害仁，有杀身以成仁"①。

继后的孟子遵循了孔子对德福问题的解决之道，但在概念和理路上更加清晰和条理。《孟子》有言：

求则得之，舍则失之，是求有益于得也，求在我者也；求之有道，得之有命，是求无益于得也，求在外者也。（〈尽心上〉）

体有贵贱，有小大。无以小害大，无以贱害贵。养其小者为小人，养其大者为大人。（〈告子上〉）

有天爵者，有人爵者。仁义忠信，乐善不倦，此天爵也；公卿大夫，此人爵也。（同上）

欲贵者，人之同心也。人人有贵于己者，弗思耳。人之所贵者，非良贵也。（同上）

在这里，孟子其实是将"福"分作两类，一类是"在我者"，另一类则是"在外者"。"在我者"之福即是德之福，具体而言，指的就是"不忍人之心"，也即恻隐、羞恶、辞让、是非"四端"，因其如人之四体一般是人人生而固有的，所以得与不得，取舍在我，求则得之，舍则失之；"在外者"之福指的则是世俗的富贵利禄之福，与孔子一样，在孟子看来，此福之得与不得，"非人之所能为也"，当然，因此也与人的德行无关，而是取决于"莫之为而为"的"天"和"莫之致而至"的"命"。这是从实然的角度说，而从应然的角度说，孟子认为，"在我者"是"大体"，是"天爵"，是"良贵"；而"在外者"则是"小体"，是"人爵"，是"非良贵"。人之为人，应该修其"在我者"（德）而俟其"在外者"（命），因为"大体""天爵""良贵"之所在即是人之所以为人的本质之所在，也是人的价值和意义之所在，因此与"在外者"相比，更加可贵，更值得追求，当然也会给人带来更大的福乐，故孟子有言："万

---

① 《论语·卫灵公》。

物皆备于我矣,反身而诚,乐莫大焉!"① 而"在外者"对人来说,既不可求,也不当求,所以孟子对待它的态度也和孔子一样:"俟之",可也。

单就德福问题而言,毫无疑问,孔、孟的工作即是想通过对德福关系的梳理以及"以德为福"的升转和超越来消解世俗生活中德福背离给人的道德信念所带来的冲击和挑战,从而实现一个人人有德、天下有道、长治久安的和谐社会。初衷是没有问题的,然而效果会怎样呢?对此,孔、孟自己当然是抱着满腔的热忱和殷切的期待。但是,在另一位大儒荀子看来,这种努力却是很难获得成功的,因为从生活的现实性上说,这一"以德为福"的解决之道使得道德的坚持变成了一项非常艰难因而也只有极少数人才能做到的事情。孟子自己不是也说过吗?"无恒产而有恒心者,惟士为能。若民,则无恒产,因无恒心。"② 事实上,一个社会的和谐与秩序正是建立在"民"也即大多数人而不是极少数人的道德、起码是合道德基础上的。正是有见于此,所以在德福问题上,荀子并没有沿着孔、孟"以德为福"的理路继续前行,而是回过头来重新面对、重新思考和解决世俗的德福一致问题。

那么,在荀子的思考理路中,德福背离是如何避免、德福一致又是如何保障并实现的呢?

思索可见,在荀子的思想架构里,能够担当德福一致之保障的首先不可能是"天",因为在"天"的去神性化问题上,荀子比孔、孟走得更远,也更加彻底,他的"天"已然是一个完完全全的自然之天,非灵非神,自在自为,人世间的一切如祸福吉凶、富贵贫贱等等,皆非其所为,亦非其所能为;其次也不可能是"心",因为不管是道德心,还是认知心,心都不具备作为一个保障者所必需的那种使德福关系只能一致、不能背离的客观的主宰或约束能力。所以到头来,在荀子眼中,能够担当保障责任的其实只有一个,那就是"礼义法度"。

与孔、孟不同,荀子并不认为世俗生活中的祸与福是"非人之所能为也",相反,在他的观念理路中,福之得与不得与人的作为直接相关。这可以从以下两个层面去梳理、去审视:

---

① 《孟子·尽心上》。
② 《孟子·梁惠王上》。

第一个层面，即是人与天（自然）的关系层面。当然，在这个层面上，人的祸福并不与人的德性相关，而仅仅是与人的知性相关。他在《天论》篇中这样说："天行有常，不为尧存，不为桀亡。应之以治则吉，应之以乱则凶。强本而节用，则天不能贫；养备而动时，则天不能病；修道而不贰，则天不能祸。故水旱不能使之饥，寒暑不能使之疾，祅怪不能使之凶。本荒而用侈，则天不能使之富；养略而动罕，则天不能使之全；倍道而妄行，则天不能使之吉。故水旱未至而饥，寒暑未薄而疾，祅怪未至而凶。受时与治世同，而殃祸与治世异，不可以怨天，其道然也。"也即是说，在人与自然的关系中，人只要能够充分发挥其理性之知性功能，认识天地万物之自然规律并加以裁制和利用，用荀子的话说，即所谓"制天命而用之"，那么，人便可远离祸患贫病而得到富全吉祥。一句话，在这个层面上，吉凶祸福并不在于天道之变化，而是取决于知性（荀子称之曰"辨"）之运用和表现。

第二个层面，也即是人与社会的关系层面，德福关系即是在这里表现。质言之，在这个层面上，德福应该一致，而且必须一致，否则，道德必濒临崩溃，社会亦必因此而陷入混乱和危局。而在荀子眼里，唯一能够为德福一致提供保障的就是礼法。这里，我们先读荀子的一段话，他这样说：

> 人生而有欲，欲而不得，则不能无求；求而无度量分界，则不能不争；争则乱，乱则穷。先王恶其乱也，故制礼义以分之，以养人之欲、给人之求，使欲必不穷乎物，物必不屈于欲，两者相持而长，是礼之所起也。故礼者，养也。（〈礼论〉）

这其实是关涉德福问题的一段经典论述。养者，即福也。在荀子看来，礼法从其根源处说，原本就是因人的福求而产生，亦是为人的福求而存在。无礼法，人的福求便没有保障；而无福求，礼法便也就失去了其存在的理由和意义。当然，事实上，对幸福的追求是每一个人天生而自然的本能和愿望，是不能"去"也不能"寡"的，因此对人及其社会而言，礼法的存在其实是必须的。那么，礼法究竟是根据什么来为人们的福求提供保障的呢？概括言之，有两条，一是"德"，二是"能"。而在两者当中,"德"则是更为基础和根本者。所以,在荀子这里,礼法与德、福是内在统一的,礼法的根本目标就是要在世俗生活中保障德与福的始终一致而不背离。他这样说:

> 一物失称,乱之端也。夫德不称位,能不称官,赏不当功,罚不当罪,不祥莫大焉。(〈正论〉)
>
> 礼以定伦,德以叙位,能以授官。(〈致士〉)
>
> 无德不贵,无能不官,无功不赏,无罪不罚。朝无幸位,民无幸生。尚贤使能而等位不遗,析愿禁悍而刑罚不过。百姓晓然皆知夫为善于家而取赏于朝也,为不善于幽而蒙刑于显也。(〈王制〉)
>
> 德必称位,位必称禄,禄必称用,……自天子通于庶人,事无大小多少,由是推之。(〈富国〉)
>
> 论德而定次,量能而授官,皆使其人载其事而各得其所宜。上贤使之为三公,次贤使之为诸侯,下贤使之为士大夫。(〈君道〉)

《荀子》中相关的论述不胜枚举,甚至可以说是贯穿荀书始终。总之,在荀子看来,就一个国家或社会的正常运转和发展而言,一方面,德福一致并非是无关紧要、可有可无的,而是应该而且必须的,因为它是道德与秩序的基础,正其所谓:"一物失称,乱之端也。"另一方面,对于这种世俗的德福关系,人也并非是无能为力的,人有能力通过礼法而在德与福之间建立起一种应然而必然的现实关联——为善者得福,为恶者有殃。在礼法的保障之下,"天下晓然皆知夫盗窃之人不可以为富也,皆知夫贼害之人不可以为寿也,皆知夫犯上之禁不可以为安也。由其道,则人得其所好焉;不由其道,则必遇其所恶焉。"[1] 于是乎,一个期盼中的生活状态由是以成——个人德福两全,社会正理平治。礼法之用若此,难怪荀子会慨叹:"礼者,人道之极也!"[2]

不过,作为一个彻底的无神论者,荀子并不否认在德福关系中亦有偶然性和力所不能及者。就个体而言,每一个人本来就是一个有限的存在,

---

[1] 《荀子·君子》。

[2] 《荀子·礼论》。

很多事情尤其是生死寿夭问题并不在其完全可控的范围之内，总会有难以预料或不遂人愿的事情发生；而就社会来说，尤其在如同中国这样几千年一贯不变的君主专制社会里，"法不能独立"①，礼法的功用会因着当政者或管理者的个性差异而有程度不同的表现。所以在实际生活中，德福背离的情形肯定会时常发生，甚至在君主无德、天下无道的时期还会普遍存在。这一些对智力和能力都有限的个体而言，显然是会无可避免地遭遇到。所以荀子也讲"命"，称："节遇，谓之命。"②杨倞注云："节，时也。当时所遇谓之命。"表面上看，这与孔、孟所谓"命"或"天"区别不大，但实乃有本质的不同。孔、孟是将世俗生活中的祸福主权完全送给了"命"或"天"；而荀子则不然，他只是将不遇之"命"视为偶然，而且在他眼里，礼义法度之运用和落实正是要在最大程度上减少和避免这种偶然性的存在，从而最终在一个善有善报、恶有恶报的现实性中实现一个"人载其事而各得其所宜"的公正、有序、和谐、富强的理想社会。

---

① 《荀子·君道》。
② 《荀子·正名》。

熊十力哲学本体论思想概述

山东社会科学院国际儒学研究与交流中心 李 军

熊十力的本体论明显来自于王阳明的"心即理"的心性论传统。熊十力一生重复得最多的就是"吾学贵在见体",即是站在传统儒家哲学的立场上,重新寻找人的本质和宇宙本体,重建本体论,重建中国文化的主体性。

杜维明在他的论熊十力的一篇文章中说:

"梁漱溟致力于将儒家价值落实于乡村改革,冯友兰致力于将儒家价值形成一套新的政治意识形态,这两者熊氏都能欣赏,然而,他相信他自己所作的哲学努力:重新复现儒家的生机,以为建造新本体论的睿见而扎根,是更为基本的文化课题。纯粹以一个具有实感的思想家来探究本体论的睿见,完全撇开直接涉入政治与社会的行为,在熊氏看来是可以站得住的智识立场。"[①]

这段话点明了熊十力的工作与其他人的不同之处:在熊十力看来,不同文化路向、人生态度,反映了不同的本体意识。只有在这个问题上将不同文化的特点分析清楚,才有可能在更深的层次上了解各个文化,做好吸收与转换的工作。

---

① 杜维明:《探究真实的存在:略论熊十力》,《当代新儒家》,第 265 页,生活·读书·新知三联书店 1989 年。

一 本体论

熊十力经常说的一句话是："吾学贵在见体"。"体"即是本体，所以熊十力的学说可以说就是有关本体论的哲学。他说：

> 哲学，自从科学发展以后，它的范围日益缩小。究极言之，只有本体论是哲学的范围。除此以外，几乎皆是科学的领域。虽云哲学家之邃思与明见，不止高谈本体而已，其智周万物，尝有改造宇宙之先识，而变更人类谬误之思想，以趋于日新与高明之境。哲学思想，本不可以有限界言，然而本体论究是阐明万化根源，是一切智智（一切智中最上智，复为一切智之所从出，故云一切智智）。与科学……自不可同日而语。则谓哲学建本立极，知识本体论，要不为过，夫哲学所穷究的，即是本体。……本体是不可当作外界的事物去推求的……然而吾人的理智作用，总是认为有离我的心而独立存在的物质宇宙，若将这种看法来推求忍耐个体，势必发生不可避免的过失，不是把本体当作外界的东西来胡乱猜拟一顿，就要出于否认本体之一途。所以说，本体不是理智所行的境界。我们以为科学、哲学，原自分途。①

那么本体是什么呢？熊十力说："仁者本心也，即吾人与天地万物所同具之本体也。盖自孔孟以迄宋明诸师，无不直指本心之仁，以为万化之源、万有之基，即此仁体，无可以知解向外求索也。"②

从熊十力以上的解释中，我们可以看出他有关哲学本体论的思想包括以下几方面的内容：

第一，哲学就是本体论。熊十力反对当时西化派所宣扬的科学主义倾向，提出应当将科学与哲学区分开来。科学的任务是用理智去认识外在的客观世界，获得关于客观外界的具体知识，得到应付自然的技能。而哲学

---

① 熊十力：《新唯识论》语体本，卷上，湖北十力丛书版1947年版，第2页。
② 同上。

"所穷究的是宇宙真理，不是对于部分的研究"，"他底领域根本从本体论出发而无所不包通"，达到对于宇宙人生之源的认识。有关区分科学与哲学认识之不同的思想倾向，在梁漱溟的《东西文化及其哲学》一书中就已有体现。比如他对理性与理智两种知识的区分便表明了这一点。1923年发生的"科学与玄学论战"中，以张君劢为代表的玄学派便极力强调两者的界限。熊十力的《新唯识论》的哲学体系也正是在1923年开始构筑的，因此熊氏有关这一方面的思想也说明了反对科学主义的思潮在当时是保守主义者的共同的思想倾向。

熊十力认为，科学与哲学的不同，首先在于两者所研究的对象不同。科学的对象是外在的客观世界，而不是万有的根源，因此熊十力说它是"部分的研究"；而哲学的对象是"万化根源"的宇宙真理，也是对人生之全体的终极意义的探究。哲学就是本体论。其次哲学所使用的方法与科学不同。科学所使用的工具是理智，而哲学的工具"全仗着他底明智与神悟及所谓涵养等工夫"，即直觉和通过道德修养所取得的悟性。另外他认为由于科学是人的理性所为，因此摆脱不了功利主义的束缚，而哲学是超越利害计较的，因此才有可能达到对宇宙真理的认识。

第二，本心即本体。熊十力哲学体系中的"本体"的性质是什么呢？他说："仁者本心也，即吾人与天地万物所同具之本体也"。在他看来，哲学讲的本体就是本心，就是自孔子孟子一直到宋明理学所讲的"仁体"。作为本体的本心由于是万有的根源，因此它可以在不同的场合下以不同的方式来表现：传统哲学中所说的"天""命""道""性""理""仁""明德""智"等等，其实都是本心的别名。熊十力所讲的，即是传统儒家所强调的人之道德本性。本心不是生理学意义和知识论意义上的"心"，而是道德的源泉、是唯一真实的自我、是生命的本质存在。另外，本心不仅是生命的本质存在，而且是宇宙万物的存在的根据。

熊十力的本体论明显来自于王阳明的"心即理"的心性论传统。对于王阳明和熊十力来说，万物的本体不是如西方哲学所认为的那样，是客观的存在物，而是体现为生生不息的变化过程。而这一生生不息并且和谐完美的过程实际上是人所创建的人文世界，是人所理解建构的意义世界。人心将外部世界理解为生生不息和谐完美的世界，并与万物同体。与传统儒学一样，熊十力的本心并不是认知意义上的心，而是道德之心。

二 以"体用不二"立宗

儒家形而上学的重建和强调哲学与科学的界限问题,在熊十力之前就被梁启超和梁漱溟等人注意,从而为现代新儒家的共同持有。熊十力哲学的最大特点,在于对"体用不二"的论证与阐发,并由此达到对中国哲学特点的把握。他对"体用不二"的论述,由本体论而人生论,而政治论,最终成为其哲学中最重要最具特色的部分。

熊十力说:"《新论》本为发明体用而作",① "本书根本问题,不外体用",并认为:"学者如透悟体用义,即于宇宙人生诸大问题,豁然解了,无复疑滞"。②

中国哲学本来就有"体用一源"的传统。如魏晋玄学时期王弼就有"本末不二"的提法;范缜在他的《神灭论》中提出"质用不二",唐代崔憬进一步以形质为提,其功能为用的观点;华严宗创始人法藏的"理体事用,体用相即"的说法;宋明理学关于"太极""理气""阴阳"问题的一些说法和王夫之的体用思想都在实体与功能、属性的意义上强调其内在的统一。近人又将其与西方哲学中的本体与现象的关系与之相比。熊十力对体用范畴作了明确的规定,他说:

"体用二字,从来学人用得很泛滥,本论在宇宙论中谈体用,其义特殊",具体说来,"宇宙实体,简称体;实体变动,遂成宇宙万象,是为实体之功用,简称用。此中宇宙万象一词,为物质和精神现象之通称"。③

因此可以看出,熊十力是在宇宙本体论的意义上使用这一范畴的。用西方哲学的术语来说就是本体与现象的关系。他说:"哲学上的根本问题,就是本体与现象,此在《新论》即名之体用。"④ 但熊十力反对西方

---

① 熊十力:《十力语要初续》,香港东升印务局1949年版,第5页。
② 熊十力:《新唯识论》语体本,卷上,湖北十力丛书版1947年,"初印上中卷序言"。
③ 熊十力:《体用论》,上海龙门联合书局1958年版,第311页。
④ 熊十力:《十力语要》卷一,第29页。

哲学将体与用割裂开来的倾向，认为西方人"俨有实体与现象二名，俨然表有两重世界，足以证其妄执难除，东土哲人只严体用，便说的灵活，便极应理"。

熊十力认为，本体与现象，或说体与用之"不一不异""体用不二"的关系，是中国哲学中一个基本的特征和普遍的思维方式，贯穿并制约着中国文化的其他方面。在宇宙论中，表现为体用不二；在人生论中，便是天人合一；在政治学说中，是道器合一，"不舍器而求道，亦不至睹器而昧于其原，如此方是本末不遗。"[①] 中国哲学这种特点，既不同于将本体与现象割裂开的西方哲学，也与现世与出世截然对立的佛教哲学相异。熊十力认为，中国哲学的体用合一传统，既无宗教之迷，又可以避免沉沦于功利主义，可以成为今后中国的文化发展中的主流，更好地处理好与西方文化的关系，建构起新的哲学体系和民族文化。

熊十力认为，儒家的体用学说与中国哲学的其他流派所说的体用关系不同，比如佛学将体用比喻成为无与有的关系；或者将其看作是派生的，是亲与子的关系等等。他在对这几种观点的批判中论述了他的"体用不二"的思想。

1. 全体成用——非"能生"与"所生"

熊十力指出，对本体和现象关系的一种流行的观点是认为二者是"能生"与"所生"的派生关系。这在西方哲学家的体系中常常可以见到。熊十力认为："这种错误，似是由宗教的观念沿袭得来，因为宗教是承认有世界或一切物的，同时又承认有超越世界或一切物的上帝。"本体派生现象的哲学观念是由上帝创造世界的观念转变而来的，二者一来便将体与用割裂开来，"体"的概念成了在现象之外存在的东西。由绝对和无限变成了一个有限的概念。他认为本体是一个"无定在而无所不在"的，不是离"用"而另外有一个被称之为"体"的东西；也不由"体"派生出来"用"。熊十力用"即体即用"和"全体成用，全用即体"来描述体用的这种"不一不异"的关系，说明体既不是时间上在先，派生出用，也不是逻辑在先而凌驾于用之上。实体即功用，不可与功用外求实体。这一结论可以从以下几层意思去理解：

[①] 熊十力：《体用论》，上海龙门联合书局1958年版，第108页。

第一，不可把本体视为时间在先的存在，认为是先在的本体产生出现象。本体与现象不是派生的关系。

第二，大用即本体或说"全体成用"。功用或现象就是本体自身的表现性套或存在状态，熊十力说："须知实体是完完全全的变成了万有不齐的大用，即大用之外无有实体。"他经常用大海与众沤的关系来比喻本体和现象。除了众沤之外没有大海，大海即是由众沤形成的。

第三，即用即体。从上面两点可以得出结论，这就是不可将体用看作是"两片事物"。熊十力解释说，体用即是可分的，又是不可分的。从可分的一面来看，

> 体无差别，用乃万殊。于万殊中，而指出无差别之体，故洪建皇极，而万化皆由真宰，万理皆有统宗。本无差别之体，而显万殊之用。①

用是多，体是一，用是千差万别的，体是差别中的统一性。万殊乃是我们认识一切的基础和前提，因此有必要对体用进行分疏；从不可分的一面看，用不是体，但不可离用求体，因为本体成为万殊的用，即"一一用上，都具全体，故即用显体"。② 因此体用是一件事物的两个方面，而不是两个不同的事物。

2. "云何知有实体？以万变不是从无生有故"

熊十力反对佛教哲学认为本体为空，现象界为幻为假的观点。他指出，持"有生于无"的虚无主义者，大约分为两派：一派是极端派，另一派是非极端派。所谓非极端派，就是"一方面依据常识，不否认宇宙万象为实有。但未能透悟本体，而妄计有生于无。魏晋玄学之徒，多属于此派"③。而佛学则是"于万有之外，妄拟一个至无的境界"④。

虽然佛学大乘空宗也承认现象界的存在，即"假有"，甚至说："宁

---

① 熊十力：《新唯识论》，第111页。
② 熊十力：《新唯识论》，第114页。
③ 熊十力：《体用论》，第3页。
④ 熊十力：《体用论》，第68页。

可怀我见，如须弥山大，不可持空见而自高慢"。① 但熊十力认为，佛家所说的真如本体，是寂静无为的，与儒学所说的创生本体截然不同。佛学对真如本体的规定中，无法说明现象界的产生和存在。佛学的真如本体"自同虚空一般，虚空是无起作的，无生化的，而所谓宇宙万象或诸色种种，虽相依虚空故有，毕竟不是虚空自身的显现，以虚空是无生化故"。② 这样一来，形上的本体与形下的现象界成为两片事物。等于是在现象界之外，妄添了一个至静至无的本体。这种导致"体用两橛"、"求体废用"结果的"体"，只能是一个"死体"。

熊十力强调，我们必须将现象（功用）看作上本体（实体）自身的显现。在大乘空宗看来，真如即使诸法实性，但不能说诸法是真如本体的真实显现，这只能说是一种"不离不杂"的性质，而不能说是"不一不异"，因此在体用之间，最终是相互隔绝而不能融合。

熊十力将佛学与儒学进行比较，指出："佛氏谈本体，只是空寂，不涉生化；只是无为，不许说无为而无不为"，③ 因此就要视现实人生为苦海，就要出世；而儒家则是"特别在生生化化不息真机处发挥"，因此就以显示人生为对为好，强调自强不息，积极入世。

3. 翕辟成变

以上熊十力从体用关系不是有无和派生关系两方面来说明体用不二的道理，而"翕辟成变"说，则是他从正面说明实体与功能、恒常与变异的关系。他说："从来谈本体真常者，好似本体自身就是一个恒常的物事。此种想法，即以为宇宙还有不变者，为万变不居者之所依，如此则体用自成二片。……须知，本体自身即此显为变动不居者，非离变动不居之现象而别有真常之境可名本体"。④ 熊十力认为，并非不变的本体变化出万有，而是本体自身就体现为变化的万有。这一变化，就是通过"翕"、"辟"两个方面的相互作用来实现的。

《易传·系辞上》说："夫坤，其静也翕，其动也辟，是以广生焉"。熊十力借用这两个字来指本体所具有的两种"势用"。熊十力解释说，翕

---

① 熊十力：《体用论》，第4页。
② 熊十力：《新唯识论》，第133页。
③ 熊十力：《新唯识论》，"印行十力丛书记"。
④ 熊十力：《略论新论旨要—答牟宗三》，《学原》1948年第二卷第一期。

是指一种摄聚的势用。他说："我们要知道，本体是无形相的，是无质碍的，是绝对的，是全的，……"。"但是，本体之显现为万殊的功用，即不能不有所谓翕。这一翕，便有成为形质的趋势。易言之，即由翕而形成一实物了。……"。"这个摄聚的势用，是积极的收凝，因而不期然而然的，成为不量的形向。物质宇宙，由此建立。……"。"然而当翕的势用起时，却别有一种势用俱起"，这种势用"是能健以自胜，而不肯化于翕的。申言之，即此势用，是能运于翕之中，而自为主宰，于以显其至健，而使翕随己转的。这种刚健而不物化的势用，就名之为辟"。①

关于翕与辟的关系，熊十力说："翕和辟，本非异体，只是势用之有分殊而已"。作为本体自身具有的两种功用，翕辟是同时起作用的。如果是挚友健动（辟）而没有摄聚（翕），就会是"莽莽荡荡，无复有物"。也就是说，本体健动的性格会无所显发；另一方面，只有翕而没有辟，就会是完全的物化，宇宙只是死物。因此，作为实体本有的两种功能，在时间和空间上都是分不开的。辟是能变，生成一种动势；翕而成形，便有了千差万别的事物。

熊十力用"心"与"物"来说明辟与翕。他将使物化之翕属"物"，物物而不为物用的辟属"心"，心具主宰义。他举例说，这就如同心与身的关系。心是可以主宰身的，是可以进行判断的。二者同样是相辅相成的，没有物化的宇宙，生命本体也就无从显发；而没有生命本体的想念，物质界就会成为一团死物，不具有任何意义。

熊十力的"翕辟成变"说，特别强调功能与本体的统一，反对割裂体用，即"从用显体"，"功能即本体"。他强调此生生不息变动不居的万法现象即是真如本体；还强调本体即为运动、变化，生灭不已。这表现出熊十力对主动、活动和变化精神的追求。这不仅是佛学与道家主静崇无的精神正相反对，对宋明理学也是一种超越。宋儒所主张的超乎现实世界生灭变化之上的寂静的理世界，在熊十力那里，只是一种空洞的形式。

熊十力的体用论一方面接受了宋明理学家重视《易传》的传统，又进一步将其提高到超越《论语》的地步。他将心性本体的性格解释成为具有一种活生生的生命力量，而不是宋明理学的冰冷僵硬的死框架。

---

① 熊十力：《新唯识论》，第57页。

《易》的生生不息动态过程与刚健进取的人生态度，成为其心性本体的主要内容。另外熊十力的翕辟成变的思想也是受到法国哲学家伯格森的影响。伯格森认为，生命本体如同一座正在喷发的喷泉，泉水向上喷发就像是生命本体的运动，而落下来的水珠就是凝聚的物质。受伯格森等西方人本主义哲学家的影响，熊十力哲学中的人本主义、强调动态和感性的特点，体现了他的传统儒学透出的现代内容。

三 熊十力哲学本体论评价

熊十力的本体论哲学思想，重点在于他企图解决"形上迷失"的问题。他的全部工作，就是面对西方文化的冲击，在传统道德价值、生存意义和形上意义崩溃的时刻，重建中国传统文化中的形上智慧。杜维明在谈到熊十力的哲学思想时总结说：

> 熊氏的著作里给我们带来了一个启示：任何现存的世界都和意义底结构紧密地关联在一起，而意义结构则常是超越时空的象征系统。他的这项认识乃根据一项信念，即认为一个人并不是一个可以孤离于历史根源的自我圆满的实体，而是一个源自过去并继续和当今世界发生联系的关系中心。知识分子，作为自觉地反映其时代精神的发言人，必能忽略这些制约其思考方式的过程，模塑其行为态势的过程，与造成其精神方向的过程。……循此思路，即使全然相信传统已濒于消失，为了创造性的适应，仍有必要去了解传统的内在动源。熊氏处理这问题的概念并不只是辩解的；他以为，肯认儒家思想的义理，特别是其本体论上的睿见，是有助于现代中国知识分子自尊的重建。同时，抉择辨析中西价值取向的根本差异，对于吸收新价值与保存旧价值而言，是绝对必要的。①

熊十力一生重复得最多的就是"吾学贵在见体"。他所谓"见体"，

---

① 杜维明：《探究真实的存在：略论熊十力》，《当代新儒家》，生活·读书·新知三联书店1989年版，第265页。

即是站在传统儒家哲学的立场上,发掘包括原始儒家、道家、佛学与宋明理学的思想资源,重新寻找人的本质和宇宙本本体,并阐明二者的关系,最终达到重建人的道德自我,重建本体论,重建中国文化的主体性的目的。与梁漱溟致力将儒家价值落实于乡村建设与改革、冯友兰企图将儒家价值形成一套新的政治意识形态相比,熊十力认为他在重新建立儒家道德本体论上所做的努力,是一种更为基本的工作,是民族复兴和文化复兴事业的基础。

与国粹派和孔教运动人士不同,熊十力之所以采用认同儒家传统中的宗教道德象征来作为其本体论的内容,是因为对当时西化运动中甚嚣尘上的科学主义思潮的反动所致。20世纪初,科学主义在中国是以一种"逾越本分的科学概念"而出现的。这种思潮认为,科学是一种无所不包的自然系统,不只提供给我们有关自然宇宙的客观真实,还可以解释人生和社会现象。科学主义是唯一的方法,是了解人生和世界唯一有效的方法论。[①] 这成了西化派重要的基础理论之一。

但在五四运动后,产生了反对科学主义的思潮。梁漱溟出版了《东西文化及其哲学》一书,开始区分科学与哲学的领域。1923年发生的"科学与玄学论战",争论的要点就在于是否要将属于自然系统的科学与属于玄学的人生观加以严格的区分。梁漱溟相信道德真实是科学实证的方法无法得到的,只能靠直觉和心灵来证得;张君劢认为生命的领域可以分为两部分:一个是自然的领域,另一个是人事的领域。科学可以在前者的研究上提供方法,但对后者却无能为力。他认为在人生问题上,根本的了解是直觉的理解方式。熊十力则从本体论和方法论两方面对这个问题作了论证。

熊十力对西方传统形而上学的批判,可以归结为对自然本体论的批判。按照新儒家区分事实世界和意义世界的思考方式,形而上学研究的应当是超越的价值世界。形上学探求的是真与善、存在与价值的统一,而不是某种纯粹的客观本质。他反对实证主义的思考方式,不同意西方传统形上学将本体当作是离我心而外在的事物,和那种凭理智向外追求的进路。在熊十力看来,宇宙本体是不能脱离显示的生活过程和我们自己的生命体

[①] 见郭颖颐:《中国现代思想中的唯科学主义》,江苏人民出版社1989年。

验,真正见到宇宙人生的真相的哲学家,不能同科学家一样将真与善"分作两片说"。他认为,宇宙秩序即是伦理秩序,也就是人的本质。熊十力正是从这一基本原则出发而构建其形而上学理论的。

熊十力还从认识方法上来对这两个不同的世界加以区分。他严格分别哲学之知与科学之知,认为是分属不同层次的认识。在自然科学领域内,需要向外探索,以理性思维为主要方法;在哲学范围里,需要的是反省内求,起作用的是一种超理智的觉悟。前者为"量智",后者是"性智"。性智是对"体"的认识,属"德行之知";量智是对"用"的认识,属"见闻之知"。量智只是一种向外求理的工具,如果用在日常生活的宇宙,即物理世界上,就是恰当的;而如果在解决形而上学的问题时也用它作工具,将本体当作外在的事物用理智去得到,就会产生错误。

将儒家的宗教道德伦理象征作为形上本体内容的工作,自梁漱溟就已开始。但熊十力关于这个问题的看法,与梁漱溟有些不同。这可以从以下几方面看出:

第一,梁漱溟说自己的思想是来自阳明后学,但他的心性论更接近孟子所说的"恻隐之心",以道德情感立论。他虽然试图通过伯格森的生命哲学建构自己的本体论,以此作为其心性论的形上基础,但梁漱溟的心性论与本体论并未统一。其本体论最后落实于佛教的真如本体,而不是儒家的道德伦理象征。

熊十力第一次在现代哲学的意义上,将儒家的宗教道德象征提升到本体论的高度。因为熊十力相信,为了创造性地适应现代的世界,就必须要了解传统的最终的源头。这在超越的层面上可以帮助中国知识分子自尊的重建;同时在现实的层面上,也有助于了解新价值的本质,吸收其精华。

第二,熊十力的心性论中的"本心"概念,来自王阳明的"良知",是一种道德理性或道德自我。熊十力将其提高到本体论的高度加以讨论。在熊十力看来,人性善的意义是不是像孟子所说,具有某种先验的道德情感,而在于人心中具有一种道德理性。它具有主宰、统辖人的情感欲望等感性活动的特性。本心的这种特性可以使其呈现出一种奋进不止、创造进化的过程。他曾批评宋儒"多半过恃天性",认为:

> 他们以为只不后天底染污减尽,天性自然显现,这天性不是由儿

女创出来的。若如我说，成能才是成性，这成的意义就是创。而所谓天性者，恰是创出来的。①

因此，梁漱溟是将人性之恶的起源归于理智分别的结果。由于理智的分别作用产生了物我、人我种种计较，便产生私心私欲。所以在他看来，道德修养就意味着放弃良知的分别作用，如宋明理学那样，向本心那圆满无缺的原始状态复归。梁漱溟比较注重自然，熊十力更强调人为，试图通过强调道德主体的创造、转化功能对西方哲学的吸收。这一思想为以后的现代新儒家学者所继承和发挥。

熊十力哲学中最有特点的部分，是有关"体用不二"的思想及其论证方式。他说自己的哲学是"以体用不二立宗"，又说："学者如透悟体用义，即于宇宙人生诸大问题，豁然解了，无复疑滞"。②

很多研究者都发现，熊十力的本体论（存有论）思想，是来自《易经》的观点。在《易经》中，最能启发熊十力的是有关"大化流行"的本体论思想。同熊十力早年学习的唯识论的观点相反，在《易经》中，现象并非暂住、无常和虚幻的，而是肯定了大化流行的真实。他认为，超越的本体并不是寂静的存在，而是一个生生不息之流。在他的哲学中，本体与现象、实体与功能，是一种"即体而言，用在体。即用而言，体在用"的不可分开为两件事的关系。

体用是中国哲学史上一对涵义较为确定的哲学范畴，"体用不二"也同样是中国传统哲学中的一个普遍命题，成为一个无须论证的结论。但是熊十力对体用不二命题的反复论证，是处于中西文化比较的大背景下，对儒家哲学的高度总结。在熊十力看来，体用不二乃是儒家哲学的基本特征，也是儒家哲学的优点和长处所在。体用不二作为一种普遍的思维方式，它贯穿于中国哲学的各个方面，形成了一种与西方哲学相异的哲学传统。熊十力说："于宇宙论中，悟得体用不二，而推之人生论，则天人为一，无宗教之迷，无离群、遗世、绝物等等过失，亦不致沦溺于物欲而丧其灵性生活，人生终不昧其性故。推之治化论，则道器为一，……不舍器

---

① 熊十力：《十力语要》卷四，第451页。
② 熊十力：《新唯识论》（语体文本），"初印上中卷序言"。

而求道，亦不致睹器而昧于其原，如此方是本末不遗。"① 在他看来，以体用不二为特点的中国哲学，与将本体与现象、理性与感性对立起来的西方哲学；将现世与天国、此岸与彼岸划然分开的基督教和佛教哲学在这个问题上明确区分开来了。在对体用问题的讨论中，熊十力表面上是对佛学，而实际上是对西学的批判，② 便具有不同于传统体用问题讨论的意义与内容。作为一位现代哲学家，熊十力试图站在现代哲学的高度，以批判的眼光回顾中国古代哲学的发展，并与西方哲学加以比较，从中进行评判取舍，最终达到重建传统以适应社会变革的需要，应付西方文化的挑战。

但是熊十力有关本体论的思想中，也包含着困惑与矛盾。这是因为他所面对着的现实世界本身就蕴涵着深深的矛盾。而这正好说明了他的哲学思想触及到了时代的脉搏。

首先就是体用之间关系的矛盾。熊十力哲学阐发了儒家的道德主体就是宇宙万物的存在本体的思想。他认为本心为体，一般意义上的心物皆是其用，两者的关系是体用不二，用皆是体的体现。熊十力的《新唯识论》的主旨在"摄用归体"，即是他只承认"本心"、"本性"的唯一真实，而将宇宙万象视为这一真实本体的表现。他说："本论摄用归体，（用即是体之显现，非别异于体而自为实在的物事，故用应摄入体，不可将体用折成二片。）故说功能即是真如；……"③ 又说：

〈新论〉要义有三：一、克就法相而谈，新物俱在。（心起，即物与即起；心寂，即物亦俱寂。）二、摄相归体，则一真绝待。物相本空，心相亦泯。（所谓遮法相而证实体者，即此旨）三、即相而显体，则说本心是体，虽复谈心未始遗物，然心御物故，即从物从心，融为一体，岂有与心之对峙之物耶？④

但如果沿袭儒学"以仁为体"的传统，就会产生有他所批判的"科学一层论"变为"道德一层论"的可能。因此，熊十力为了贯彻圆融不二的体用论，就必须从另一方面，也就是摄体归用一面立论。一方面摄用

---

① 熊十力：《体用论》，第108—109页。
② 李泽厚在《中国现代思想史论》中《略论现代新儒家》一文中说："在表面上，他是在批判佛学，实质上却是针对西学的"。《中国现代思想史》，东方出版社1987年版，第270页。
③ 熊十力：〈新唯识论〉语体本，卷中，第66页。
④ 熊十力：〈新唯识论〉语体本，卷下之二，第43页。

归体，一方面原体显用。虽然他极力论证体用不二的说法，在体与用之间，仍然存在着巨大的矛盾。熊十力本人也觉察到这一点，所以在他解放后出版的《原儒》、《明心篇》和《乾坤衍》等著作中，对他一贯主张的"以仁为体"的思想提出了疑问。并将"摄用归体"与"摄体归用"对立起来。他在《乾坤衍》中，将"摄用归体"说成是佛学与道家的观点，认为从儒学中只能得出"摄体归用"的结论，强调"现象真实，万物真实，人生真实，世界真实"。①但因他的哲学从根本上说，还是以摄用归体为其哲学的主旨，强调心本体对现象界的统摄与涵盖，最终以道德至上论的理路解决体与用、内圣与外王、玄学与科学和道德与知识的矛盾。

其次，如有学者所说，遵循现代新儒家哲学的发展线索上看，熊十力也存在着"立体"与"开用"两方面的不足。就"体"而言，熊十力的哲学认为本体论是与道德形而上学密切相关的，但他的哲学始终停留在将道德形上学与宇宙本体论很好地结合起来。熊十力对人生本质和道德本性的思考，开启了以道德性质的"心体"、"性体"作为本体的现代新儒学的精神方向，然而因为西方哲学的知识与方法的缺乏，始终未能超出他早期已经形成的《新唯识论》的哲学体系，达到贯通中西哲学的道德形而上学。这一方面的工作，是由他的学生来完成的。

熊十力的体用论之"用"的一面，主要的还是强调道德的实践，没有将其内容扩展到人类现代生活的各方面。因此他的有关"用"一面的具体内容不能适应现代世界和现代生活。这是因为熊十力的道德本体与主体合一的本体论与现代多元社会（表现在本体论上为多元多用）从根本上不适应。"体"不能仅仅局限于单维的道德本体和道德主体，中国文化也不能狭隘地理解为儒家、《易》学的单元一本。必须尊重人的社会存在的多样性、丰富性、完整性，尊重中国文化基因的多维性、多元化、多走向，肯定一体多元与多体多元。就"用"的一面而言，如李泽厚所说，

"由于对现代自然科学以及与之密切相关的近代西方文明缺乏了解，对这个物质世界由大工业带来的改造历史的状况缺乏足够认识，不仅使熊的'外王学'和'量论'（认识论）写不出或写不好，而

---

① 熊十力：《乾坤衍》，台湾学生书局1983年版，第304页。

且使他的这种本应向外追求和扩展的动态的、人本的、感性的哲学仍然只得转向内心，转向认识论的'冥悟证会'的直觉主义和'天人合一'的精神境界。现实的逻辑逼使这个本可超越宋明理学而向外追求的现代儒家，又回转到内收路线，终于成为'现代的宋明理学'（新儒学）了"[1]。

---

[1] 李泽厚：《中国现代思想史论》，东方出版社1987年版，第276—277页。

康有为《大同书》的女性观

山东社会科学院国际儒学研究与交流中心　李文娟

屈指算来,康有为(1858—1927)是历史上为数不多的关注女性生存状态的思想家之一。其《大同书·去形界保独立》一篇专论女性,细数女性之苦、女性之功、抑女之害、女性独立之制。通过此篇,不仅能管窥晚清女性生活之貌,也能深切感受到康有为对旧社会女性处境的同情与救赎之意。

一　晚清时期女性的处境

自宋代起,"男尊女卑"的思想不断得到强化,推崇女子寡居守节。明清时期更是在制度层面将女性视为男性的附庸,女性丧失独立的人格,身上被套牢层层枷锁。清朝末期,随着西方思想观念的涌入,欧美各国女性改革运动的思潮传入我国,禁锢中国女性近千年的封建礼教观念受到冲击。作为社会改良运动的倡导者,以康有为等人组成的维新派批驳封建专制制度对女性的伤害,压抑、控制、愚弄、封闭、囚禁、束缚,使得女性失去自立、自主、自由,他们极力号召开女智、兴女学、立女权。

随着中国女权的启蒙,晚清社会女性生活中出现了诸多新变化:

一是办女校,倡女学。尤其是在上海等南方沿海城市,开始推行新式教育,提倡女性求学读书。女子学堂的出现,对于数千年以来就被剥夺了平等教育权的女性来说,是一次基于不平等的解放。[①] 第一个中国人自己开办的女子学堂称"经正女塾",由元善等人 1898 年在上海创办,但一

---

① 李庆华:《论清末女学》,《湘潭大学社会科学学报》2002 年第 26 期。

年以后便遭受政治压力而被迫停办。即便如此，其影响却是不可低估的。它的出现开创了中国人自办女学的开始。随后，上海的爱国女学、北京的京师女子师范学堂、天津北洋女子师范学堂、南京旅宁女学等陆续创办，掀起了晚清女子教育的初盛局面，同时也产生了第一批走出国门、负笈东瀛、求学救国的现代知识女性。在严峻的民族危机面前，初步觉醒的中国妇女同胞第一次意识到自身的力量和家国的责任。

二是废缠足运动。女性缠足肇始于南唐一宫嫔窅娘，其以帛缠脚是为讨李后主欢心，奈何其他妃嫔争相效仿。至北宋时，扩大至贵族妇女和妓女缠足穿"弓鞋"，获取"金莲"美誉。到了元代，女性已经普遍缠足，蔚然成风。明代则更甚。清代，竟然发展到了以脚大为耻、脚小为荣的地步。从这里来看，中国女性从肉体到心灵，从心理到生理，都经受着传统礼教的奴役和束缚。1840年鸦片战争以后，中国接连受到外国列强欺侮，屡遭重创，有些人分析国家的衰弱原因在女子缠足上，因此开始批判这一陋习。"戊戌变法"期间，康有为曾奏请禁缠足，虽没有得到施行，然而在女性当中开始出现抗拒缠足的意识。1899年，一些觉醒的女性积极倡导废缠足运动，在上海创办天足会，这是第一个号召妇女不缠足的民间社团组织。《天足会报》《大公报》等一些报纸开始宣传缠足的害处："第一件伤身体……缠了足，血脉便不流通，行走不便，日久便生成肝郁的毛病；第二件操作不便，女子出家后要管理家务，一缠足，路走不稳，便生出来种种麻烦；第三件妨害生育，缠足女子受胎之后，会有难产的危险，小孩生下来，也单弱不强壮。"[①] 1901年，慈禧迫于政治压力，颁布懿旨下令废止缠足："至汉人妇女，率多缠足，行之已久，有乖造物之和。此后，缙绅之家，务当婉切劝谕，使之家喻户晓，以期渐除积习。断不准官中胥役藉词禁令扰累民间。"禁缠足是女性解放身体的第一步，女性自立的尊严得到初步提升。

其三，参与社会活动，自谋职业。各通商口岸的建立，促使一些沿海城市的工商业急剧发展，亟需大量工人，很多女性走出家门，参与到纺织厂等工厂作业中，依靠自己的劳动养家糊口，扩大了社会接触面。这批女工成为近代第一批独立的职业女性。另外，还有些知识女性参与到国际社

[①] 《戒缠足说》，《大公报》1902年6月17日。

会活动及公益活动中。1898年，美国旧金山发生大地震，以中国上层社会妇女为主的慈善团体积极出面赈济灾区的华人同胞。1907年，我国江北地区遭受水灾，中国妇人会义不容辞，出面募捐，彰显出女性救国救难的力量。与此同时，愈来愈多被传统思想束缚的女性开始走出闺阁，融入社会大家庭，投身于自身解放甚至民族解放的革命大军中。

在这一系列的社会变革中，女性陆续走出家门、进校读书、参与社会活动、与男性交往等等，无论是在受教育程度还是婚姻选择上都更具有了一定的选择性，男尊女卑观念随之受到震撼和动摇。女性在行动上开始对家庭伦理观念进行变革，开始踊跃求学，甚至随父或夫留学深造，不断提高自身素质，谋求自立和自强。但是，这只是社会的部分现象，仍然有许多女性被禁锢在封建家庭中不能自主，她们任劳任怨，甚至饱受凌辱。康有为在《大同书》中提到，"若夫以良家女贪重金而卖为人妾，又误落无赖之手，辗转鬻卖而堕落为妓，流离远方，无亲可依，饮酖吞金而死或抱恨而死者，里巷相触，举目皆是，百千万亿不可胜道也。"① 再论其妹出嫁之日，遭到宾客闹婚，"终夕勒索，丑言恶气，妇若不应，扯其衣饰，焚以炮爆，甚或以热水火钳烫其手足，至于面损足伤，以为欢笑"，"吾为大愤，然既作人妇，在人檐下，岂得不勉强赔饷哉"。② 康有为对这种歧视、残害女性的旧风俗表现出愤恨，但也束手无策，力不从心。可见礼教旧道德之根深蒂固，难以消除。尽管女学兴起，但是女子教育充满了浓厚的封建色彩，仍以传统"三从四德"《女孝经》《女四书》《内则衍义》为修身课程。在社会上，女性仍然不得仕宦、不得科举、不得参政、不得为公民、不得干预公事、不得为学者、不得自立、不得自由。从这种情况来看，晚清女性仍未走出封建桎梏的牢笼。

二 康有为对女性劣势地位的剖析

女性劣势地位的产生，被认为与传统儒家思想有关。康有为澄清孔子

---

① 康有为撰，姜义华等编校：《康有为全集》第七集，中国人民大学出版社2007年版，第59页。

② 同上书，第62页。

思想倡导的是"女子之平等自立之大义"。《大同书》言:"此孔子之垂教,实千圣之同心,以扫除千万年女子之害,置之平等,底之大同,然后无量年、无量数之女身者庶得免焉。"①"考孔子之世亦多出妻,而韩非子称'太公老妇之出夫也',则古者夫妇不合,辄自离异,夫无河东狮吼之患,妻无中庭相哭之忧,得人道自立之宜,无终身相缠之苦。乃俗儒妄为陈义之高,至女子皆为终身之守,虽遇盗贼狂狡,既已误嫁,饮恨终天,无自援救。"② 大意是,孔子之世,夫妇关系相对平等自由,后世俗儒妄自设定过高的理义,致使女性受到"既嫁从夫""从一而终""烈女不事二夫"等残酷礼教观念的束缚,没有自立自由之身,不得任公事,不得为仕官,不得为国民,不得预议会,甚至不能事学问,不得发言论,不得达名字,不得通交接,不得预享宴,不得出观游,不得出室门,甚至束其腰,缠其足,蒙盖其面,雕刻其身,这等无辜受屈,无罪受刑的境遇,对女性来说可谓"无道之至"③ 矣。

康有为认为,男尊女卑的现象并非常态,而是女性为保全人种、繁衍人类退而求其次,后因大势所压、旧俗所积,致使男权至上,女性遂失去独立之人权。人类之初,婚姻未定,不知谁实为父,故人皆以母姓相传。然而,"女子交合既杂,生人不多,生子亦弱,养子艰难,无人相助,求食不给,成人亦难,人类不繁,且无从与禽兽敌矣"④。按照康有为的说法,女性地位受到抑制,乃是"义所自出"⑤。此"义"出自四个方面:一是以父氏相传,可以亲父子,无数男子以亲结合可获得强力来对抗洪水猛兽的威胁。二是以男性传宗,可以结合成宗族。三是固定夫妇,可以确保种族稳固。四是固定家庭,可以使后代得到更多的人照顾,得以获得强健的身体,更易繁衍生息。所以,在上古时期,物资缺乏、生存条件恶劣的情况下,为保全人种、繁衍人类之大事,不能实现男女平等。为此,孔子等圣哲先贤制定夫妻平等的礼仪以保护女性。无奈男性凭借强力凌暴弱质,视积习为理所当然,将女性据为一己之私,甚至以女性为奴、为囚、

---

① 康有为撰,姜义华等编校:《康有为全集》第七集,第74页。
② 同上书,第60页。
③ 同上书,第53页。
④ 同上书,第69页。
⑤ 同上书,第71页。

为玩具，恣意责罚鬻卖，致使女子养成顺服、隐忍的性格。

康有为提出"女子最有功于人道"。他用大量篇幅论述女子之功，肯定女性对创造人类文明做出了最大贡献。他指出"火热熟食""调味和羹""范金合土""织缝之事""蚕桑之业""编草为席，削木为几，合土为盂，洼土为杯"以及"图写禽兽，抚造草木，描写人物，模范山水"等等全都是女子所首创，即人类的衣食住行和文化都是由女子最早精心创造出来的。康有为之所以这样认为，是因为他想到上古时期男子逐兽远游，上述有关文明之事"非逐兽与攻，血溢不止者所能为也"，而女子基本上负责家务之事，像文字、术数、音乐、图画、扁丝等文化，更不可能是逐兽远游的男子所能创造的，而只能是由安静细腻，闲逸在家的女子所创造。然而，古史中所记载的全是男子之事功，而女性寥寥，甚至无人提及，致使女性的功劳被泯灭，确实非常悲哀。

康有为强烈谴责对女性的不公平待遇，并极力拯救之。他对女性遭遇抱不平："故以公理言之，女子当与男子一切同之；以实效征之，女子当与男子一切同之。"① 又言："吾今有一大愿为同时八万万女子拯沉溺之苦，吾今有一大欲为未来无量数不可思议女子致之平等大同自立之乐焉。"② 康有为倡导男女平等，夫妇齐同，他多次提到"妻者齐也"这句话，认为这是圣哲仁人为除旧弊而明平等之风，同情女子身小体弱而有意引导世人平等相待。

按照康有为的推理，当人类不再受到物资匮乏、生存环境的威胁，女性势必要摆脱附庸，寻求自身的独立，甚至要求获得平等的权利。那么，女性如何才能得到与男性同等的地位和权利呢？康有为所取的路径是"解禁变法"③。解禁，即解"幽囚"之禁。"除幽囚之苦，于人道既仁。"中国礼教森严，大多数女性困顿家中，不得出入、游观、交接、宴会，男女不得接见，偶然见到女子，便有很多人评头论足、肆口妄言，更或恶意中伤。另一方面，女性活动范围仅限于家族当中，不能增长见识、开阔心胸，也不能强健身体，纵使才华横溢终不能为社会所用。在康有为看来，

---

① 康有为撰，姜义华等编校：《康有为全集》第七集，第53页。
② 同上。
③ 同上书，第73页。

如果能够为无数量女性解除"幽囚"之苦,便是尽了仁道。"变法",则分为三个阶段。第一阶段为"据乱世",解放被囚困、被刑禁的女性。第二阶段为"升平世",允许女性自由交接、宴会、出入、游观。第三阶段为"太平世",女性可以像男子一样,参与选举,可以获得仕宦、议员、公民等身份。

三 《大同书》设想的女性之理想状态

康有为所设想的女性之理想状态,乃是《礼记·礼运》论大同之制所讲的"女有归"。郑玄注:女有归,乃是"皆得良奥之家"。孔颖达云:"女谓嫁为归。"孙希旦解:"女有归者,嫁不失时也。"① 三者都是从女性适嫁作为最理想之状态。然而,康有为解读:"'归'者,岿然独立之象,所以存其自立之权也。"② 他认为孔子为女性设定的最理想状态是要求得"独立"。

"人求独立,非学不成。"③ 康有为认为,女性获得独立的首要条件就是要有学问才识。一方面,女性没有才识学问,则不能陶冶情操,不能开拓胸襟,容易嫉妒偏狭,乖戾愚蠢,煽于风俗。另一方面,女性身为母体,不论男女均始于胎教,大多成于母训,如果没有一定的学识,不利于人种改良。所以,"女子所以能自立者,亦以其学问才识备足公民之人格,故许享有独立之权;若其未能备足公民之人格,则暂依附于夫以得养赡,亦人情也。且使女子欲求得独立之权,益务向学,则人才日增,岂不美哉!"④ 康有为承认,如果女性学识没有达到较高的程度,人格不能健全,在这种情况下妄加引导女性独立,纵容其"背夫淫欲之情"⑤,将会使得世道大乱。维新变法中,康有为进呈《日本变政考》时,极力陈述普及教育、兴办女学的思想。他本人也积极投入到兴办女学的实

---

① 孙希旦:《礼记集解》(中),中华书局1989年版,第582页。
② 康有为撰,姜义华等编校:《康有为全集》第七集,中国人民大学出版社2007年版,第58页。
③ 康有为:《康有为大同论二种》,生活·读书·新知三联书店1998年版,第171页。
④ 同上书,第210页。
⑤ 同上。

践活动中，携同长女康同薇、康广仁夫人黄谨娱开办女子学堂，与梁启超、元善等人一起担任教习工作，培养出一批卓有成就的女性知识分子。

"人人有天授之体，即人人有天授自由之权。"① 康有为认为，自由之权乃是生而俱有，剥夺女性自由之权，乃是违背天理。"凡为人者，学问可以自学，言语可以自发，游观可以自如，宴饗可以自乐，出入可以自行，交合可以自主，此人人公有之权利也。禁人者，谓之夺人权，背天理矣。"他倾向于赞同中国女性应该像欧美女子那样，于学问、言语、宴会、观游、择嫁、离异等方面取得自由，尤其是婚姻自由之事。他认为，婚姻之事不能强行拌合，应该由其自由抉择。"夫妇为终身之好，其道至难，少有不合，即为终身之憾，无可悔改。父母虽极爱子女，然形质既殊，则爱恶亦异，故往往有父母所好而为子女所恶者，父母所恶而为子女所好者。……女子既全无自主之权，又无文学、技艺、知识，一切听他人播弄，其惨剧岂复可言哉！"② 进一步而言，康有为更加反对女性为男子苦守。"若其为害，则有四焉：一、苦寡妇数十年之身，是为害人；二、绝女子天与生育之事，是为逆天；三、寡人类孳生之数，是为损公；四、增无数愁苦之气，是为伤和。夫以人权平等之义，则不当为男子苦守。"③

"以女子为公民，太平之第一义也。"④ 康有为认为，天下为公之世，凡属人身，皆为公民，女性也应与男性一样属于公民之列。即是公民，就应享受公民之待遇。"公民"一词源自希腊城邦制度，城邦公民之人的特性：共同参与政治生活。亚里士多德认为公民乃是城邦中的精英团体，妇女、儿童不具有公民身份。19世纪，欧洲道德哲学家西塞罗打破了亚里士多德公民身份的精英路线，使公民面向全体，公民具有平等的参与公共事务的权利。⑤ 随着西方政治思想的传播，我国知识界首先使用"国民""新民""公民""国人"等词语，这些说法都包含着近代西方公民要素，

---

① 康有为：《康有为大同论二种》，第174页。
② 康有为撰，姜义华等编校：《康有为全集》第七集，第59页。
③ 同上书，第73页。
④ 同上书，第57页。
⑤ 冯建军：《古典共和主义公民身份与公民教育》，《高等教育研究》2013年第6期。

尤其是参与政治的权利和身份的自由。康有为所认同的"公民",可以"预公议""供赋税""任国事",这些女子都应该有权利享有。判定是否为"公民"的标准不是男女性别,而是才能,"若行有玷缺而才不能供国事者,则无论男女皆不得为公民"①。

围绕着为女性争取"求学""独立""自由""公民"等权利,康有为设定出"女子升平独立之制"②的条目:

1. 设立女学,章程与男子学校同。女子卒业大学及专门学校者,皆得赐出身荣衔,如中国举人、进士、外国学士、博士之例,终身带之。

2. 学问有成,许选举,应考,为官,为师,但问才能,不加禁限。

3. 女子中有愿充公民、负荷国务者,听其充补。其才能、学识足为议员者,听其选举。

4. 法律上应许女子为独立人之资格,所有从夫限禁,悉为删除。

5. 欧美风俗从夫性者,悉加禁改,还本人之姓名。

6. 婚姻皆听女子自由,自行择配,不须父母尊亲代为择婿。

7. 国家当设媒氏之官,选秀才年老者充之,兼司教事。

8. 女子有出入、交接、游观、宴会,皆许自由,惟仍须二十学问有成之后乃得此权。

9. 女子既为独立之人,其旧俗有缠足、细腰、穿耳鼻唇以挂首饰者,及以长布掩面、蔽身,加锁于眉中、印堂者,悉当严禁,科以削减名誉之罚,或罚赎锾。

10. 女子既与男子各自独立,凡行坐宴会,皆问爵德年业,不必拘左右前后;或以一女间配一男之例,皆过存畛域,易启轻贱及淫乱之心,宜行变改。

11. 女子与男子衣服装饰当同。古者以女子为男子私有之物,务在防淫,故不能不别其衣服也。美国则民主与百姓服色从同,未闻不便于治道,益以昭其平等。宜定服装之制,女子男子服同一律。既无形色之分,自无体制之异,如是而后女子之为师,为长,为吏,为君,执职,任事,乃不异视。

---

① 康有为撰,姜义华等编校:《康有为全集》第七集,第56页。
② 同上书,第75页。

12. 男女婚姻，皆由本人自择，情志相合，乃立合约，名曰交好之约，不得有夫妇旧名。

13. 男女合约当有期限，不得为终身之约。又凡人之情，见异思迁，历久生厌，惟新是图，惟美是好。如昔时合约，已得佳人，既而见有才学尤高，色相尤美，性情尤和，资业尤富者，则必生爱慕，必思改交。已而又有所见，岁月不同，所好之人更为殊尤，则必徇其情志，舍旧谋新。两人永好，固可终身；若有新交，听其更订；旧欢重续，亦可寻盟；一切自由，乃顺人性而合天理。

14. 婚姻期限，久者不许过一年，短者必满一月，欢好者许其续约。

15. 立媒氏之官。凡男女合婚者，随所在地至媒氏官领收印凭，订约写券，于期限之内誓相欢好。

16. 女子未入学及学问未成不能领卒业凭照者，不能自立须抑夫养者，不用此权。

在百余年后的今天，我们再来看这些在当时近乎理想化的条目，前十一条几乎都已实现。不禁感叹，仅仅百余年，中国女性便逃出了千余年封建桎梏的牢笼，女性的地位发生了翻天覆地的变化。感叹之余，不禁为生活在今天而感到唏嘘和幸运。现代女性可以自由求学、社交，自由选择婚姻和生活方式，与男性共同享有公民参政议政的权利，也同样肩负着保家卫国的责任和义务，女性的独立自主为自己赢得了社会的尊重。从这里来看，康有为的预设具有长远的前瞻性和很大的进步性，他为女性的发展开辟出一条可行的路径，其理论和实践对中国女性地位的提高做出了不可磨灭的贡献。

其局限性在于，他的思想看似脱离婚姻层面去谈女性的独立，而事实上也只是谈到了女性在婚姻上的独立，对于女性超越婚姻层面的发展尚没有清晰的认识。在有些学者看来，康有为的"男女婚姻，皆由本人自择，情志相合，乃立合约，名曰交好之约，不得有夫妇旧名""男女合约当有期限，不得为终身之约""婚姻期限，久者不许过一年，短者必满一月，欢好者许其续约"等论断具有空想性，甚至十分荒谬。其实，他的理论建立在男女一切等同的基础之上。就目前来看，女性在学识、社交、职业、参政议政等诸多方面仍然受到许多限制，要想达到男女真正等同尚需时日，所以，康有为的预设还有待时间来证明。他自己也说，这些预设都是"专为将来进化计"①。还有学者认为康有为的女性观具有矛盾性,其提倡男女平等、一夫一妻制,自己却先后娶了六个妻子:大夫人张云珠、二姨太梁随觉、三姨太何旃理、四姨太市冈鹤子、五姨太廖定徵、六姨太张光。如果仔细分析,他的行为与思想并不矛盾。虽然强调一夫一妻制,但是康有为所认为的婚姻关系建立在个人好恶的基础上,没有预设伦理道德的限制,曾言"昔时合约,已得佳人,既而见有才学尤高,色相尤美,性情尤和,资业尤富者,则必生爱慕,必思改交",认为"一切自由,乃顺人性而合天理"。问题在于他的思想太为激进,与身为其妻子的六位传统女性完全不对等。所以,康有为的婚姻是激进的婚姻自由的思想与守旧的传统社会(与女性思想观念不对等)结合下,旧道德与新道德碰撞的产物。

---

① 康有为撰,姜义华等编校:《康有为全集》第七集,第79页。

儒家孝亲敬老文化在当代社会的实践

山东社会科学院人口学研究所　田　杨

中国于 2000 年迈入老龄化社会，现在正处于老龄化逐步加深的阶段。伴随人口结构老化的还有生育率低、社保制度滞后等问题，这些都成为横亘在养老和未来社会发展面前的严峻挑战。习近平提出，"敬老爱老是中华民族的传统美德。要把弘扬孝亲敬老纳入社会主义核心价值观宣传教育，建设具有民族特色、时代特征的孝亲敬老文化。"[①] 建设孝亲敬老文化需要两个方面的基本条件。一是主观意愿方面，即人们对孝亲敬老价值观的认同，及在此基础上的道德培养和强化；一是客观环境方面，在充分考虑时代背景的前提下，打造孝亲敬老精神可以落地发展的社会环境和条件，通过完善制度建设提供家庭养老支持和发展的持续动力。

一　儒家传统思想中的孝亲敬老文化

儒家传统文化的核心是家文化，而亲敬老文化是家文化的根。中国传统社会是以血缘关系为纽带连接起来的宗法社会，家庭伦理是社会伦理的基础和原型。孝作为一种伦理观念和道德价值标准，成为家庭伦理的根本和核心。"夫孝，德之本也，教之所由生也……人之行，莫大于孝。"（《孝经》）韩国的童蒙读物《童蒙先习》总论中也写到，"唯孝为百行之源。"[②]

[①] 习近平《在中共中央政治局第三十二次集体学习时的讲话》（2016.5.27）。
[②] ［韩］成百晓译注：《童蒙先习·击蒙要诀》，［韩］传统文化研究会 1998 年版，第 29 页。

《孝经》作为集中阐述儒家孝思想的著作,对"孝子事亲"的内容进行了全面的概括。"身体发肤,受之父母,不敢毁伤,孝之始也。立身行道,扬名于后世,以显父母,孝之终也。夫孝,始于事亲,中于事君,终于立身。……孝子之事亲也,居则致其敬,养则致其乐,病则致其忧,丧则致其哀,祭则致其严。五者备矣,然后能事亲。"(《孝经》)《童蒙先习》则将孝和不孝的行为具体地列举了出来。"孝子之事亲也,鸡初鸣,咸盥漱,适父母之所,下气怡声,问衣燠寒,问何食饮,冬温而夏清,昏定而晨省,出必告,反必面,不远游,游必有方,不敢有其身,不敢私其财。人子之不孝也,不爱其亲,而爱他人,不敬其亲,而敬他人,惰其四肢,不顾父母之养,博弈好饮酒,不顾父母之养,好货财,私妻子,不顾父母之养,从耳目之好,以为父母戮,好勇斗狠,以危父母。"①

孝道可分为肉体和精神两方面的实践。冯友兰认为,"肉体方面又可分为三方面:一为养父母之身体;二为念此身为父母所遗留而慎重保护之;三为生育子嗣延续父母之生命。"② 对此的论证有:"有事,弟子服其劳;有酒食,先生馔。"(《论语·为政》)"父母全而生之,子全而归之。"(《礼记·祭义》)"不孝有三,无后为大。"(《孟子·离娄上》)

但孝道的关键在于"敬",物质供养是较低层次的,精神层面的尊敬、顺从才摆在孝的首要位置。"孝有三:大孝尊亲;其次弗辱;其下能养。"(《礼记·祭义》)儒家孝道把尊敬父母视为孝的最高境界。"孝子之至,莫大乎尊亲。"(《孟子·万章上》)"今之孝者,是谓能养,至于犬马,皆能有养,不敬,何以别乎?"(《论语·为政》)"众之本教曰孝,其行曰养。养可能也,敬为难。"(《礼记·祭义》)"曾子曰:孝子之养老也,乐其心,不违其志,乐其耳目,安其寝处,以其饮食忠养之。孝子之身终,终身也者,非终父母之身,终其身也。是故父母之所爱亦爱之,父母之所敬亦敬之。"(《礼记·内则》)曾子对孝道提出了具体要求:孝敬父母是终身的任务,而且不仅要敬爱父母,还要敬爱父母所敬爱的。儒

---

① [韩] 成百晓译注:《童蒙先习·击蒙要诀》,[韩] 传统文化研究会1998年版,第29—31页。

② 冯友兰:《中国哲学史》(上),华东师范大学出版社2011年版,第204页。

家孝道强调对父母的顺从,"不违其志"。"不得乎亲,不可以为人;不顺乎亲,不可以为子。"(《孟子·离娄上》)顺从的态度在父母有过失需要谏言时表现得尤为突出。"父母有过,谏而不逆。"(《礼记·祭义》)"从命不忿,微谏不倦,劳而不怨,可谓孝矣。"(《礼记·坊记》)"事父母几谏,见志不从,又敬不违,劳而无怨。"(《论语·里仁》)"子之事亲也,三谏而不听,则号泣而随之。"(《礼记·曲礼下》)"父母之行,若中道则从,若不中道则谏,谏而不行,行之如由己。不谏非孝也;谏而不从亦非孝也。孝子之谏,达善而不敢争辩。"(《大戴礼记·曾子事父母》)总之,对于父母的过错,做子女的只能劝,不能指责,而且还应该更加孝敬父母。

儒家传统孝道思想要求孝亲行为是一个持续不断的过程,不只是父母在世的时候,哪怕在过世后,也要"事死如事生,事亡如事存"。(《礼记》)"父在,观其志;父没,观其行;三年无改于父之道,可谓孝矣。"(《论语·学而》)

传统儒家思想里,"家"的功能不只是延续子嗣,还包括经济、社会甚至政治方面的功能,是一个具有绵延性的事业社群①。因此,荣或辱都是以"家"——家庭、家族或宗族为对象而不仅以个体为对象,"一人得道,鸡犬升天"抑或"一人犯罪,株连九族"。古人重家重孝,因为附加在"孝"上面的"家"的责任非常重。"家"共同体运转的主轴集中体现在纵向的父子关系上,受这种传统价值观的影响,东亚的家庭制度多以亲子为轴心,强调孝道和反哺。西方社会也肯定家庭伦理关系的重要性,重视子女对父母的照顾和关爱,但西方的家庭制度多以夫妇为轴心,子女对父母没有赡养的义务,不存在"孝"的道德基础。

二 孝亲敬老道德的培养:家庭私德与社会公德的统一

儒家孝道的有效性建构在义务论框架基础上②。韦伯在《儒教和道

---

① 穆光宗:《家庭养老制度的传统与变革》,华龄出版社2002年版,第341页。
② 李晨阳:《道与西方的相遇:中西比较哲学重要问题研究》,中国人民大学出版社2005年版,第104页。

教》一书中也多次提到孝的"义务"和"无条件"的特征①。"虔敬地顺服于权力的固定秩序优先于一切之上,个人的理想便是促使自己形成一个在各方面普遍调和均衡的人格,达到此目标的手段是戒慎而理性的自我控制。"②

人类是依赖性的理性动物,群居共处才能生存和发展,因此产生秩序,世界各大文明都以此为发端③。罗素曾指出,孝道不是中国独有,但随着文明程度的增加,其他国家的家族关系逐渐淡漠,中国却依然保存着这个"旧习惯"。同时他强调,"孝道和族权是儒家伦理中最大的弱点",因为孝道教导人们对某一部分人履行特别的义务,而将其他人置之度外,这种家族意识削弱了人们的公共精神④。

地理环境是经济条件的产物,经济环境又成为社会制度的基础。中国是个大陆国家,依靠农业来维持生存,家庭成员不得不生活在一起,家庭又组成了家族,家族利益至高无上。中国社会在血缘基础上建立起来,血亲关系是家国同构社会的基础。传统孝文化是中国社会发展水平和文明程度的产物。为了家族的延续、调节内部成员关系、凝聚和管理"家"共同体,"孝"成为最核心的家庭伦理规范,产生了家训、宗规和族训等。传统孝思想在维持家族和社会秩序方面起到了重要的作用。韦伯曾指出,"家内孝道有助于氏族组织的强固凝聚",但这种氏族凝聚性以及政治与经济组织形式全然固着于个人关系上,缺乏真正的共同体,"所有的共同体行为全都受到纯粹私人的、尤其是亲属关系的涵盖与制约"⑤。韦伯以柏拉图的《理想国》为例,指出古希腊哲学家也想做到与儒教伦理同样的事。但生活在海洋国家的希腊人靠贸易为生,社会组织不是基于家族利益而是以城邦的共同利益建立起来的。家产制下,父亲的权威天然地高于

---

① [德]马克斯·韦伯:《中国的宗教:儒教与道教》,康乐、简惠美译,广西师范大学出版社2016年。"恭顺(孝)为社会基本义务"(第219页),"对父母亲的无条件的孝道"(第220页),"孝被认为是无条件的纪律之奉行的试金石与保证,是官僚制最重要的身份义务"(第221页),"孝的义务具有无条件的优先性"(第227页)等。

② 同上书,第304页。

③ [美]麦金泰尔:《依赖性的理性动物》,刘玮译,译林出版社2013年。

④ [英]罗素:《中国问题》,学林出版社1996年版,第29—30页。

⑤ [德]马克斯·韦伯:《中国的宗教:儒教与道教》,康乐、简惠美译,广西师范大学出版社2016年版,第318—319页。

儿子，地位的等级决定了一部分人要无条件地履行其"子民"的义务；但对古希腊来说，自由城邦的基本课题是"公民"的义务。柏拉图在《理想国》中十分明确地把"城邦"理解为一种公共生活的共同体，并且认为人们之所以组成这样一个共同体，就是因为彼此相互需要①。此外，阿伦特也认为，在古希腊，私人领域与公共领域的区分对应于家庭与城邦的区分，前者是自然共同体，后者是政治共同体；家庭共同体是源自生活的需要，具有一种必然性和不自由，只有驾驭和超越家庭生活的需要，才能进入公共领域②。

中国漫长的古代社会中，在对家庭、家族、宗族感情的认同基础上，作为人伦规范的孝道也成为社会共同体的行为规范，公私领域合一，人们的观念中没有对"公德"与"私德"的明确划分，始终是不自觉地在"家天下"的范畴内理解和履行自己的道德责任，并无完备的公共道德意识③。康有为在《大同书·己部 去家界为天民》中写道，"中国长于自殖其种，自亲其亲，然于行仁狭矣，不如欧美之广大矣。仁道既因族制而狭，至于家制则亦然"④。梁启超最早提出私德和公德的划分。他在《论公德》中说，"人人独善其身者谓之私德，人人相善其群者谓之公德"⑤。他以利益指向和道德外在表现的范围为依据划分私德与公德，把利己行为称为私德，把利他的社会行为称为公德。同时，梁启超也指出，"私德公德，本并行不悖者也。然提倡之者既有所偏，其末流或遂至相妨"，"偏于私德，而公德殆阙如"⑥。刘清平（2004）认为，儒家伦理由于强调家庭私德至高无上而具有压抑社会公德的负面效应。儒家伦理中，只有家庭私德才能构成伦理生活的最高价值，享有不可侵犯的至上地位；相比之下，包括恻隐仁爱在内的社会公德仅仅具有派生从属的依附意义⑦。

---

① ［古希腊］柏拉图：《理想国》，郭斌和、张竹明译，商务印书馆1986年版，第58页。
② ［美］汉娜·阿伦特：《公共领域与私人领域》，载《文化与公共性》，汪晖、陈燕谷主编，生活·读书·新知三联书店1998年版，第70页。
③ 阎孟伟：《和谐社会呼唤公德》，《道德与文明》2011年第3期，第98页。
④ 中国古文在线（http：//www.guwen-online.com/article-66507.html）。
⑤ 梁启超：《新民说》，宋志明选注，辽宁人民出版社1994年版，第16页。
⑥ 李华兴、吴嘉勋编：《梁启超选集》，上海人民出版社1984年版，第213—214页。
⑦ 刘清平：《儒家伦理与社会公德：论儒家伦理的深度悖论》，《哲学研究》2004年第1期，第37页。

受西方文化的影响，家族制度下的孝文化受到质疑、批判和解构，其主旨在于将个人从传统的家族和国家共同体里独立出来，从无条件的义务中还原个体的主体性，使其具有平等的尊严和地位。尤其孝道在父权的基础上衍生了夫权，女性缺乏平等的社会地位，自身价值难以完全实现。但所谓传统，是指产生于过去但对今天仍然发挥作用的文化资源，因为有其积极性，所以被（选择性）继承下来[①]。

家庭私德与社会公德，血亲关系基础上的"家"共同体以及真正的社会共同体，其关键在于处理好特殊性和普遍性的关系。西方社会注重社会成员的平等关系，认为普遍性"敬老"应为基础思想，在此基础上可以追求家庭内部"孝亲"的特殊性。而儒家传统思想注重由己及人，"老吾老以及人之老"。即认为私德是公德的基础，修身才能平天下。在"大道既隐"的情况下，"各亲其亲"虽然不是理想状况，但也是合理的。儒家伦理提倡的孝亲敬老等道德规范本身，在经过扬弃之后，可以成为一些具有正面价值的家庭美德。今天的国家、社会这个大共同体的稳定、发展仍然要以家庭这个小共同体的建设为迁移和基础。虽然现在家庭已经核心化、小型化了，但家庭是社会的细胞，仍然延续抚养、教化、赡养的功能，家庭建设搞好了，我们的社会才能和谐。我们要结合现代生活实践，以一种符合现代社会发展的方式，把家庭私德与社会公德内在地统一起来，建设和培养具有时代特征的孝亲敬老文化，使其在当前的公民道德建设中健全地发展。

三 孝亲敬老的制度支持：建立家庭发展和养老支持体系

思想和文化的传承并不意味着全盘接受，要寻求其适应社会变迁的现代化发展。传统孝德向现代孝亲敬老文化的转型是社会变迁和发展做出的客观要求，"孝"需要新的存在形式。现代社会对家庭养老支持提出了要求，孝德实践的途径和方式也日益多样化。如何在实践过程中赋予孝文化以现代意涵，形成具有时代特色的孝亲敬老文化，是摆在我们面前的一个基本又重要的课题。

---

① 肖群忠：《儒家道德的当代价值》，《中国德育》2014年第8期，第37—38页。

当前，中韩两国都面临少子老龄化的社会挑战。这就要求，除了子女的主观性养老意愿，还要充分考虑当前社会客观环境。如前所述，儒家孝思想在强调家庭养老责任方面起到了重要的作用。家庭或是家族作为一个自给自足的存在，担负着养老资源供给的绝对性作用，即便是现在也是重要的供给主体。但现代社会家庭规模变小，传统社会的多子女家庭正在被核心家庭取代。相对于多子女家庭，核心家庭的人力资源和其他相关资源相对匮乏，面临着养老资源短缺的现实问题。此外，子女因为学习、工作、结婚等原因长期离家，中老年夫妇独守家庭的空巢现象普遍存在。人口从乡村向城市的转移已经越来越严重地影响到农村社会的家庭养老问题，这在中国和韩国都已经表现得相当突出。随着社会的发展，家庭养老功能的弱化成为不可避免的趋势。

工业化伴随着传统家庭的解体，"现代社会保障制度是农耕社会向工业社会发展的产物"①。产业化发展和社会保障制度的建立使得西方社会较早从家庭手里接过养老的责任——主要是经济上的供养，同时社会化养老方式的发展和公共养老资源的积累使得社会的养老功能得到极大的发展。同时，由于西方社会崇尚个性独立和个人自由，自主养老成为主要模式，家庭养老几乎被社会养老和自我养老所替代。西方是虽然少见家庭养老模式，但家庭养老的支持是普遍存在的。政府担负着构建老年福利服务传递体系的重要责任，营造符合时代特征的养老支持体系和替代机制，这也是西方社会带给我们的启迪。

可以说，传统孝思想对家庭责任的强调，减少了人们对国家福利的期待，忽视了老年人对公共服务的需求，一定程度上延缓了老年人公共服务的发展。养老，家庭支持和社会支持都必不可少。随着时代的变化，养老完全可以从封闭的家庭空间内释放出来。尽管这冲击着传统家庭养老模式，但并不意味着孝思想的弱化。相反，孝的精神应该从家庭这个狭小的空间扩展到人本主义、平等主义的公共领域内，发展成为一种"公共善"。随着社会的发展和养老资源提供者的多样化，除家庭成员外，老年人自身、政府、社会其他成员共同提供养老资源的方式日趋现实化。结合

---

① Rimlinger, Gaston V., *Welfare Policy and Industrialization in Europe, American and Russia*, New York: John Wiley, 1971, p. 7.

时代特征，孝行的表现形式可以多元化。孝的本质，即子女对父母的奉养责任不会因时代变化而变质，但孝老的表现形式不应停滞。

孝道作为父权制度的产物，一直以来，东亚社会中老年人的照顾主要由女性家庭成员来承担。现代社会，女性经济独立意识和社会参与的增多，对传统的家庭照护方式形成一定冲击。尤其是老年人生活不能自理需要长期照护时，社会化的长期照护显得日益重要。随着服务产业的发展以及人们价值观的变化，老年人照护出现从女性家庭成员逐渐向市场转移的趋势。商品化的照护劳动并不意味着孝道价值观的根本性质发生了变化，只是孝行的方式发生了变化。如果说从前非正式照护领域内，子女是照护老人的绝对性行为主体，如今是通过购买服务的方式由直接照护转变为照护监管。子女直接照顾父母自然是最理想化的养老方式。子女身体力行可以带给老年人更多的温暖和归属感。但现实情况决定子女有心无力——自身的发展需求、子女的发展需求、父母的生活需求，很难平衡职场和亲情、上一代与下一代照顾时间的分配和精力投入。另一方面，随着服务业水平的提高和服务领域的多元化拓展，针对老年人口提供商品和服务的老年服务业兴起，在传统的家庭非正式照护体系外产生了正式的照护体系。养老职能的转移只是社会分工细化的一种表现，养老的现代化并不会改变子女奉养这个本质问题。子女可能不亲自照顾老人，但通过负担老年人照护服务费用，确认服务质量，可以做一个尽职的监护人。特别是那些生活不能自理的老年人，长期卧病在床，需要专业人员指导和护理，家庭成员不能承担的或是家庭外部可以提供更好的照护服务时，"商品化的孝"也是合理的选择。

2008年，韩国长期照护保险制度在"国家替您行孝"的口号下正式实施。在使用费用方面，政府负担80%，个人负担20%。长期照护制度的实施意味着孝的社会化，也意味着孝的商品化。但孝的规范并未变，变化的是孝行方式。当传统的孝亲敬老陷入困境时，国家有责任出台并不断完善福利政策，政府有必要提供养老支持和替代性公共服务。由于非正式领域内女性的照护劳动多是出于义务，一定程度上会带来或加剧代际矛盾。在正式推行长期照护保险制度之前，韩国保健福利部通过试点工作证明，长期照护服务可以减少家庭内的抚养负担，改善家庭关系，促进家庭和睦，提高家庭成员的生活满意度。长期照护服务被认为是"孝道商品",是国家营造替代机制进行家庭发展和养老支持的福利制度。

家庭养老至少包括两代人,因此就家庭养老的支持而言,应综合考虑家庭的整体利益和发展禀赋。一定程度上,在孝亲敬老文化下,改善家庭的生存和发展条件就是提高老年人的养老待遇,支持家庭的发展就是支持家庭养老功能的持续发挥。

四 结语

作为社会一员,"家家有老人,人人都会老"。孝亲敬老的精神和行为不只是局限在有血缘关系的家庭、家族内部,推己及人,可以泛化到整个社会,由家庭孝老扩展到社会孝老。孝精神,不仅是维持家庭、家族代际关系的道德规范和准则,也是构建理想社会以及社会代际关系和谐的道德规范和准则。正如孔子描述的理想中的大同社会的景象:"人不独亲其亲,不独子其子,使老有所终,壮有所用,幼有所长,鳏寡孤独废疾者皆有所养。"当代社会,孝亲敬老文化的实践对于解决家庭赡养和老年人社会保障、妥善处理代际关系、保持社会和谐稳定以及建设小康社会等问题均有重要的现实意义。

儒家的自由观念及其人性论基础
——与西方自由主义的比较

山东社会科学院国际儒学研究与交流中心　郭　萍

目前的中国，不论儒家还是自由主义者都发生了严重的分化，各自出现了不同价值倾向的内部派别，包括自由主义儒家和儒家自由主义。尽管前者在儒家中不是主流，后者在自由主义者中也不是主流，但这种现象毕竟已经逼显出了一个亟待思考的问题：儒家和自由主义者究竟如何看待自由？儒家思想和自由主义理论之间究竟是什么关系？为此，有必要对儒家与西方自由主义的自由观念及其人性论基础进行审视，辨明差异，寻求共识，尝试对自由观念做出更具超越性的解读。

上篇：西方自由主义的自由观念及其人性论基础

西方自由主义基本上是一种政治哲学，即是一种形而下学；但它有其形而上学的基础，尤其是人性论的基础。但"性恶论"并非自由主义人性论的全部，正如"性善论"并非儒家人性论的全部。将西方历史上三种形态的自由主义及其人性论基础加以梳理，可以窥探出西方自由主义的特点及其与儒家思想的某些相通之处。

（一）古典自由主义（Classical Liberalism）

古典自由主义的早期代表是约翰·洛克（John Locke），其政治哲学的思想主要集中在《政府论》一书中。为了论证"人生而自由"，他提出了古典自由主义的人性假设：人天生是自私的。作为一个典型的经验主义者，洛克所说的"天生"（natural）是与其"自然状态"（the state of nature）说相匹配的，是基于对人类原始状态的一种尽管非历史性的、却是经验性的假设，而不同于欧陆的先验理性主义者，如康德所说的逻辑上先于任何经验的"先验"（transcendental）或"先天"（apriori）的预设。在"自然状态"下，人所具有的趋利避害、保存自身的"自私"本性并不是什么"原罪"，而是人所享有的"自然权利"、"自然自由"。他说："上帝既创造了人类，便在他身上，如同在其他一切动物身上一样，扎下了一种强烈的自我保存的愿望。"①这类似于荀子的性恶论，"今人之性，生而有好利焉"（《荀子·性恶》）②，尽管荀子是在否定的意义上使用"恶"的；但事实上，儒家从来不否认人的"自我保存的愿望"。

那么，"自然权利"指的是什么呢？在洛克看来，就是财产权。他所说的"财产"（拉丁文 proprius、英文 property）不仅仅指物质财产，而是指自我的"所有物"（property），包括拥有"生命（life）、自由（liberty）和财产（estate）"。他说："人类对于万物的'财产权'是基于他所具有的可以利用那些为他生存所必须，或对他的生存有用处之物的权利。"③这里，生命是基础，自由是核心与实质，而私产（estate）则是生命与自由的物质保障。最后这一点其实是与孟子"制民恒产"的思想相通的："民之为道也，有恒产者有恒心，无恒产者无恒心。苟无恒心，放辟邪侈，无不为已。及陷于罪，然后从而刑之，是罔民也。"（《孟子·滕文公上》）④

那么，这种自然权利和自然自由如何得到保护和落实呢？优先依靠"自然法"，即"理性"。"自然状态有一种为人人所遵守的自然法对它起着支配作用；而理性，也就是自然法"⑤"人们在自然法的范围内，按照他们认为合适的办法，决定他们的行动和处理他们的财产和人身，而无须得到任何人的许可或听命于任何人的意志。"⑥自由亦然，"人的自由和依照他自己的意志来行动的自由，是以他具有理性为基础的，理性能教导他

---

① 洛克：《政府论》上篇，瞿菊农、叶启芳译，商务印书馆1982年版，第74页。
② 《荀子》，中华书局1988年版。
③ 洛克：《政府论》上篇，第74页。
④ 《孟子》：《十三经注疏·孟子注疏》本，中华书局1980年版。
⑤ 洛克：《政府论》下篇，第4页。
⑥ 洛克：《政府论》下篇，第3页。

了解他用以支配自己行动的法律,并使他知道他对自己的自由意志听从到什么程度。"[1]因此,人依靠"自然法"——理性实现着"自然权利"和"自然自由";如果没有理性,人就没有自由。这样的"理性"其实是另一种意义上的人性,这就犹如荀子所讲的人性,既有负面价值的"性恶"一面(就意欲而论),也有价值中性的、与"物之理"相对的"人之性"一面(就认知能力而论),"凡以知,人之性也;可以知,物之理也"(《荀子·解蔽》);后者甚至具有更加根本的意义,使"塗之人可以为禹",因为"今使塗之人者,以其可以知之质、可以能之具,本夫仁义之可知之理、可能之具,然则其可以为禹明矣"(《荀子·性恶》)。

基于这种自由观念,古典自由主义者不同程度地倾向于"自由放任主义"(法语 Laissez faire),对政府的存在和作用极其警惕。洛克认为,政府的主要作用、甚至唯一作用,就是在个人财产受到侵害时执行法律的惩罚权利,而任何过多的干涉都是对个人自由的侵害。

对此,古典自由主义的集大成者约翰·密尔(John Stuart Mill)(或译穆勒)做了精致系统的论证,并明确提出:只有在某个人的行为无疑可能或已经造成对他人的危害时,集体才有理由对其行为加以干涉;否则,任何人和任何团体在思想自由、言论自由、宗教自由等方面均无权干涉。他所指的自由"是指对于政治统治者的暴虐的防御"[2]。古典自由主义者一致将国家(政府)视为消极的存在者——"被动的执行者"和"守夜人"。这一点成为他们与新自由主义(New Liberalism)在政治主张上的主要区别之一。

古典自由主义的基本思想在西方资本主义早期的经济理论和伦理学说中得到了充分贯彻并有所发展。亚当·斯密(Adam Smith)的《国富论》从经济理论上发挥了古典自由主义的主张;而在人性预设上,他又做了进一步地补充,强调自私固然是人的本性,但并不是人性的全部。"无论人们会认为某人怎样自私,这个人的天赋中总是明显的存在着这样一些本性,这本性使他关心别人的命运,把别人的幸福看成是自己的事情,虽然他除了看到别人幸福而感到高兴以外,一无所得。这种本性就是怜悯或同

---

[1] 洛克:《政府论》下篇,第39页。
[2] 约翰·密尔:《论自由》,许保骙译,商务印书馆1959年版,第1页。

情,就是当我们看到或逼真的想象到他人的不幸遭遇时所产生的情感。"①"这种情感同人性中所有原始情感一样,决不只是品行高尚的人才具备的。"②人们之间的关系越密切,互相间的同情就越强烈;反之,则越淡漠。这种关于人性的双重倾向的观点,与荀子的思想、甚至整个儒家的"仁爱"观念都是具有相通之处的:一方面,"差等之爱"在某种意义上其实是"自私"的;但另一方面,"一体之仁"却克服和超越这种差等之爱。③

亚当·斯密对人性论做出的补充,在古典自由主义的伦理学说中也得到充分体现,杰里米·边沁(Jeremy Bentham)作为在政府政策层面上的最大代表,所建构的功利主义伦理学最重要的原理——"最大幸福原理",即以"最大多数人的最大幸福"为最高价值,这饱含着对他人"同情"的思想,并认为这种"同情"情感是推己及人、由近及远、逐步推展甚至扩及动物的。这个价值取向无论如何也不能视为与儒家的"亲亲→仁民→爱物"(《孟子·尽心上》)的价值取向截然对立的;恰恰相反,儒家的动机其实同样是"最大多数人的最大幸福"。

(二) 新自由主义(New Liberalism)

十九世纪后半期以来,出于对古典自由主义所倡导的"消极(否定性)自由"的反拨,英美哲学家格林、霍布豪斯、罗尔斯等人对古典自由主义进行了修正和改造,转向倡导"积极(肯定性)自由",这就是"新自由主义"。在伦理学层面上,新自由主义更接近儒家思想。

新自由主义的奠基人是托马斯·格林(Thomas Hill Green)。在其题为《关于自由立法和契约自由》的演讲中,通过区分"消极自由"与"积极自由",他对自由的意义做出了新的阐释:自由不仅仅是"不受强制的"、放任式(消极)的自由,更应该包括那些与"实现自我"、表现和发展个人天资能力等相关的积极自由。在这点上,孔子的"我欲仁"

---

① 亚当·斯密:《道德情操论》,蒋自强等译,商务印书馆1997年版,第5—6页。
② 同上。
③ 参见黄玉顺:《荀子的社会正义理论》,《社会科学研究》2012年第3期;《中国社会科学文摘》2012年第8期转载。

(《论语·述而》)① 或许也可以理解为一种积极自由。

格林认为,这种积极自由包含着幸福美好生活的一切因素,是人们共同向往的;而这种自由的伦理学基础,就是所谓"共同之善"(common good)。"共同之善是人们设想与他人共存的东西,与其他人共享的善,而不管这种善是否适合他们的嗜好。"②作为新黑格尔主义者,格林反对个体主义,主张整体主义,认为事实之间存在着内在联系,各种事物形成一个有机的整体。基于"共同之善"的理论预设,格林认为,在人类社会中,个人与他人之间的相互依存关系决定了个人的善也是与他人的善相互包含的,那么,每一个人所追求的善都相互蕴涵,最终共同构成一个整体的"共同之善"。这意味着,对于某个人是善的东西,对于他人也必须是善的。儒家的"人同此心,心同此理"的"至善"观念,似乎与此有类似之处。既然如此,基于"共同之善",一个人意识到自己有自由的要求,同时也意识到别人也有同样的自由要求。这让人想起孔子"己欲立而立人,己欲达而达人"(《论语·雍也》)的"推己及人"观念。

进一步说,格林认为,为了实现"共同之善",个人需要做出必要的牺牲或放弃某些个人的偏好或利益,以确保不会造成对他人实现个人之善的阻碍。因此,他首次提出了"自由的限度"问题,主张以政府干涉式的自由取代放任式的自由。而这样一来,就暗藏了由个人本位向社会本位的偏移倾向,就此而论,格林的思想究竟在多大程度上仍然属于自由主义,抑或埋下了"通往奴役之路"——从国家干预主义到国家主义——的种子,这是值得质疑的。

较之格林,里奥纳德·霍布豪斯(Leonard T. Hobhouse)的新自由主义可能更为允当一些。他重新审视了古典自由主义的自由放任原则,因为他看到了古典自由主义过分突出个人权利和个性而导致的弊端,如自由竞争造成弱肉强食、少数人集中很多财产等,这样一来,平等的缺失使自由受到侵害,个体的自由无法得到保障,因此需要国家的干涉。在坚守传统自由主义强调个人权利和个性的核心理念的同时,霍布豪斯以"社会有机"和"共同之善"为基础,提出了"社会和谐"的观念,追求经济上

---

① 《论语》:《十三经注疏·论语注疏》本,中华书局1980年版。
② Green, *Prolegomemato Ethics*(《伦理学导论》), Oxfbrd, 1883, pp. 232 – 233.

的平等，强调利益分配的公平性，主张国家通过税收干涉经济、调控市场，认为国家有义务"创造这样一些经济条件，使身心没有缺陷的正常人能够通过有用的劳动使他自己和他的家庭有食物吃，有房子住和有衣服穿"①。由于这些主张很大程度上与社会主义的诉求比较接近，故而有时又被称为"自由的社会主义"。但他并不是以社会主义来取代自由主义的理想，而是吸收社会主义的某些因素来克服古典自由主义的某些弊端，故属于新自由主义。

而更周全一些的新自由主义者，则是约翰·罗尔斯（John B. Rawls）。罗尔斯的"公平的正义"理论的先行观念是启蒙的"平等"观念，而"自由"是制度正义的结果：没有平等就没有正义的制度，而没有正义的制度也就没有自由。这种"平等"观念贯彻于第一条正义原则中；而第二条正义原则貌似在容纳某种"不平等"，其实不然，它仍然以平等为前提（地位与职位对每个人开放）；与此同时，这种"不平等"应作如下安排，即人们能合理地指望这种不平等对每个人都有利。换言之，罗尔斯正义论的核心课题是利益问题——利益的公平分配问题。这必然指向一种以利益为中心的人性论，也就是说，新自由主义所依据的人性论基础虽然与古典自由主义有明显不同，但依然没有背离人是"以利益为趋向的存在"这一基本前提。显然，这也是与荀子的性恶论相通的。

（三）新古典自由主义（Neo–Liberalism）

但新自由主义对古典自由主义的矫枉过正、尤其是对国家干预的过分强调，也是令人忧虑的。因此，新古典自由主义试图通过向古典自由主义的"复归"，克服前两个阶段的自由主义理论带来的弊端。我们可以弗里德里克·哈耶克（Friedrich August Hayek）作为新古典自由主义的代表，他所建构的"自由秩序原理"可谓是对古典自由主义和新自由主义的"否定之否定"。

哈耶克思想给人印象最深刻的地方，是高度警惕和激烈批判新自由主义所蕴涵的极权社会主义——国家社会主义倾向，称之为"致命的自负"、"通往奴役之路"。他强调，真正的、原初意义上的自由，并不是新

---

① 霍布豪斯：《自由主义》，朱曾汶译，商务印书馆1996年版，第80页。

自由主义者所鼓吹的"积极自由"的种种"自由权项",因为这些"自由权项"尽管许诺可以实现新的自由和对权力、财富的公正分配,但很可能使人们放弃原始意义上的自由,导致对真正自由的极大伤害,而使人处于奴役状态。因此,在他看来,所谓"积极自由"其实恰恰是一条"通往奴役之路"(the Road to Freedom was in fact the High Road to Servitude)。这对于今天的某些极权主义儒家和某些儒家自由主义者来说是很有警示意义的。

由于"积极(肯定性)自由"潜藏着通往奴役的危险,哈耶克再度强调"消极(否定性)自由"的价值,竭力将"自由"从新自由主义那里的"积极自由"或"新自由"(New Liberty)拉回到"消极"、"原初"的意义上。他指出,自由就是"一个人不受制于另一个人或另一些人因专断意志而产生的强制状态"[1],其最根本的特点就是反对强制(coercion)。尽管在现实政治中,一些人对另一些人施加的强制不可能完全避免,但应当尽可能地使强制减小到最低限度。为此,哈耶克重申:"今天很少有人明白,把一切强制权限制在实施公正行为的普遍规则之内,这是古典自由主义的基本原理,我甚至要说,这就是它对自由的定义。"[2]为了避免极权主义的危险,哈耶克认为,应当以遵循作为普遍原则的"公正行为规则"来促成社会秩序的自发形成。这就是他理想中的健康社会的"自由秩序原理",它基于古典自由主义的基本人性设定,兹不赘述。

下篇:儒家的自由观念及其人性论基础

以上讨论表明,自由主义与儒学之间其实存在着诸多相通之处。然而长期以来,人们习惯于将儒学与自由主义截然对立起来。这其实一种错觉,似乎儒家从来就是反对自由主义、甚至反对自由的。这种错觉缘自两个方面的误解:

一是以为自由主义是西方古已有之的东西,殊不知自由主义乃是一种现代政治哲学。将古代的中国儒学与现代的西方政治哲学对立起来,是将

---

[1] 哈耶克:《自由秩序原理》上,邓正来译,三联书店1997年版,第4页。
[2] 哈耶克:《经济、科学与政治》,冯克利译,江苏人民出版社2000年版,第436页。

"古今"对立误识是为了"中西"对立,或者说是有意无意地用"中西对抗"来掩盖"古今之变",从而拒绝现代政治文明。事实上,作为政治哲学概念的"自由""平等""民主"都是形而下学的范畴,是属于社会规范、社会制度层面的范畴,即儒家所讲的"礼"的范畴;那么,按照孔子"礼有损益"的思想(制度规范随生活方式的转换而历史地变动)、中国正义论"仁→义→礼"的核心结构,自由、平等、民主等等正是"现代儒学"的题中应有之义。

另一个误解则是将儒家等同于古代儒家,而不知道居然还有并不反对自由、乃至高扬自由旗帜的现代儒家。现代儒家难道不是儒家吗?当然是,而且现代儒家中早就有自由主义儒家,其中最典型的就是张君劢。

(一) 现代新儒家的政治自由观:以张君劢为代表

众所周知,张君劢是20世纪现代新儒家的代表人物之一,当年在"科玄论战"中以倡导"新宋学"著称;[1]但他的政治哲学却是自由主义、民主主义的,追求"个体自由"是他的价值目标。张君劢认为,中国问题的症结所在,就是个人自由与国家权力的冲突和矛盾:在君主专制下,国民唯唯诺诺,凡事必求诸自古不变的教条,毫无个体自由;而一个国家之健全与否,就在于个体是否得到自由发展。因此,他将"国民之自由发展"视为一个国家最不可缺少的;对于个体自由的尊重和保护,乃是国家政治运作的根本所在,"夫政治之本,要以承认人之人格、个人之自由为旨归"[2],一切蔑视个体人格、剥夺个人自由之举,都应当在排斥之列。

那么,如何才能使国民自由得到尊重和保护呢?通过考察欧洲现代民族国家建立的历史,张君劢指出,唯有通过民约论、国民主权论、个人自由权利论以及政府应征得被统治者同意等议论,推动民主政治运动、宪政运动,来改善国家行政,才能保护和发展个人自由。其中,有无宪法乃是个人自由是否能够得到保障的关键,因此必须要设立宪法,从法律制度上

---

[1] 参见黄玉顺:《超越知识与价值的紧张——"科学与玄学论战"的哲学问题》,四川人民出版社2002年版。

[2] 张君劢:《政治学之改造》,《东方杂志》1924年,第21页。

对个人的"生命、自由、财产"等权利加以确认和保护。因此,宪政理想成为他终身不懈的追求。为此,他翻译和介绍了大量外国宪法文献,还亲自拟定了几部很有影响的宪法草案;特别是由他起草设计的"四六宪法"被公认为中国迄今最好一部宪法,他也被公认为"中国宪法之父"。

张君劢还认为,仅以宪法来维系的"自由"是远远不够的,"真正之理性必起于良心上之自由。本此自由以凝成公意,于是为政策,为法律。"①这就将自由问题提升到了哲学形上学的高度。张君劢所创造的"良心自由"这个充满儒家意味的概念,值得我们深入探究。何谓"良心自由"?或许现代新儒家另一位代表人物徐复观的一种说法可以为之诠释:"不再是传统和社会支配一个人的生活,而是一个人的良心理性支配自己的生活,这即是所谓'我的自觉',即是所谓'自作主宰',即是所谓自由主义。"②由此可见,这种内在的、基于独立人格的"良心自由"不仅仅是张君劢个人的观点,也代表了现代新儒家在自由观念上的一种共识。简言之,"良心自由"意味着:个体的内在的精神自由、意志自由是根本的,而社会层面、政治层面的自由只是其外在的体现。

可惜张君劢没有对此进行系统的理论阐述,而是更多地投入了具体的政治主张和制度设计中。好在同为现代新儒家的熊十力、冯友兰、牟宗三等人在哲学建构上着力良多,他们试图为政治自由提供形上学本体论的证明。

(二) 现代新儒家自由观念的人性论基础:以牟宗三为典型

对于现代新儒家来说,为现代政治哲学层面上的自由观念提供形上学根据,是"内圣开出新外王"的问题。对此,熊十力、冯友兰、牟宗三等人各有理论,限于篇幅,这里仅以牟宗三的理论为例。

牟宗三以其"两层存有论"对"自由"做了观念层次上的区分:一种是超越意义上的自由,即意志自由,其根据是具有本体意义的自由意志,而不同于康德的"自由意志";一种是政治意义上的自由,即对个体

---

① 郑大华:《张君劢传》,商务印书馆2012年版,第76页。
② 徐复观:《为什么要反对自由主义》,见萧欣义编《儒家政治思想与民主自由人权》,台湾:学生书局1988年版,第291页。

权利的维护和落实。前者作为"无执的存有",是本体,是自由的本质所在,具有形上学的意义,牟宗三称之为先验的"道德良知";后者则作为"有执的存有",是末用,是作为自由意志的"道德良知"的外在化的客观形态。他说:"吾人须知'精神人格之树立'中的自由(freedom)是精神的、本原的,而其成之政治制度,以及此制度下的出版、言论、结社等自由(liberty),则是些文制的。这些文制是精神自由的客观形态。"①一方面,政治层面的自由必须以先验的"道德良知"为根本依据;而另一方面,内在于人心的"道德良知"(意志自由)也有必要进行外在化和客观化。

为什么必须进行客观化呢?牟宗三认为,儒家的传统,在内在的精神自由、意志自由方面比西方有优势;但在政治自由、政治民主方面则远不及西方,表现在中国的社会治理上"只有治道而无政道","有政道之治道是治道之客观形态,无政道之治道是治道之主观形态,即圣贤君相之形态"②。这意味着中国缺乏相应于形上自由的形下政治制度建构。但在现实生活中,这种关乎政治自由的制度建构是必需,"客观实践方面的国家政治法律(近代化的)虽不是最高境界中的事,它是中间架构性的东西,然而在人间实践过程中实现价值上,实现道德理性上,这中间架构性的东西却是不可少的"③。这就是需要由心性的"道统"开出"形式的实有"的"政统",以此规范政权,维护个体权利。

那么,如何实现由道德良知到政治自由的贯通和过渡呢?牟宗三提出了"良知自我坎陷"。他说:"知体明觉不能永停在明觉之感应中,它必须自觉地自我否定(亦曰自我坎陷),转而为'知性';……它必须经由这一步自我坎陷,它始能充分实现其自己,此即所谓辩证的开显。它经由自我坎陷转为知性,它始能解决那属于人的一切特殊问题,而其道德的心愿亦始能畅达无阻。"④政治自由、政治民主作为社会必不可少的"中间架

---

① 牟宗三:《道德的理想主义》,《牟宗三先生全集》第9册,台北:联津出版事业有限公司2003年版,第312—313页。
② 牟宗三:《论中国的治道》,见黄克剑、林少敏编《牟宗三集》,群言出版社1993年版,第246页。
③ 牟宗三:《历史哲学》,台湾学生书局1984年版,第193页。
④ 牟宗三:《现象与物自身》,台湾学生书局1984年版,第122页。

构"，只能依靠道德良知自觉自愿地"暂时先让一步"加以落实，"辩证的开显"出来。

然而，道德良知的意志自由究竟如何"坎陷"出政治自由来，这不仅是牟宗三、也是所有现代新儒家都始终未能解决的问题。这就是人们所批评的现代新儒家"内圣开不出新外王"的问题。究其原因，从形而上的本体开出形而下的政治自由，这种"形上—形下"的传统形而上学思维方式必然陷入"先验论困境"，因为现实的政治自由并非什么形上本体、先验人性的产物，而是现实生活的要求，即现代性的生活方式的要求。这就需要一种超越"形上—形下"思维方式、"面向生活本身"的思想视域，这种思想视域是原始儒家所具有的，而被后世遮蔽和遗忘了。①

（三）原始儒家与本源性的自由

孔、孟、荀的原始儒学不仅涉及形而下的政治自由问题、形而上的意志自由问题，更具有"本源性的自由"观念，这使得儒学在自由问题上具有开放性。为了更透彻地阐明自由问题，从而更真切地理解儒家的自由观念，我们提出"形下的自由"（post-metaphysic freedom）、"形上的自由"（metaphysic freedom）和"本源的自由"（source freedom）概念。

形下的自由是指的社会政治层面的自由，它基于现代生活方式所塑造的相对主体性，即是现代社会的个体性的主体性；形上的自由则是指的哲学本体论层面上的自由，它基于作为本体的绝对主体性，通常体现在人性论当中。在这个层面上，可以说，只要有主体观念，必定有某种自由观念，因为自由不外乎主体的自主意识，正如上文所引现代新儒家徐复观所说："一个人的良心理性支配自己的生活，这即是所谓'我的自觉'，即是所谓'自作主宰'，即是所谓自由主义。"②说这"即是所谓自由主义"固然不妥，但说这是一种自由观念则是毫无问题的。至于本源性的自由，则是通过追问"主体性本身何以可能"以回溯前主体性的存在而获得的

---

① 参见黄玉顺：《面向生活本身的儒学——黄玉顺"生活儒学"自选集》，四川大学出版社2006年版。

② 徐复观：《为什么要反对自由主义》，见萧欣义编《儒家政治思想与民主自由人权》，第291页。

自由，即通过获得新的主体性而获得新的自由境界。所谓"本源"是说的比"主体性"、"存在者"更优先的"存在"；如果说人性是一种主体性，而主体性是自由的前提，那么，这种存在者化的主体性或人性绝非什么先验的东西，而是源于存在的，即是源于生活的。①这正是原始儒家所固有的观念。

但这并不是说原始儒家已经具有了现代政治哲学的自由观念，因为政治自由的观念源于现代性的政治生活，即源于现代性的生活方式；但原始儒家所具有的本源性的自由观念对于形而上的意志自由和形而下的政治自由都是敞开的，即：其本源观念必然在现代性的生活方式下导出政治自由观念。惟其如此，上述现代新儒家的政治自由诉求才是可以理解的。

1. 荀子的性恶论与自由观念

学界有一种较常见的看法，认为在儒家各派中，荀子的性恶论最接近于西方近代启蒙思想，因而荀子的思想最切合于现代社会。确实，荀子的性恶论是与西方自由主义的人性论最切近的；但是，它并没有导出政治自由的观念。这是因为：政治自由的观念是现代性的生活方式的产物，而荀子所面对的却是一种前现代的生活方式——从宗法王权社会向家族皇权社会转型之际的生活方式。

但荀子的人性论却具有一种形上自由的观念。其实，荀子的人性论并不等于性恶论，他还有另外一层人性论，它甚至比性恶论更具有根本的意义。②荀子说："凡以知，人之性也；可以知，物之理也。"（《荀子·解蔽》）这里与"物理"相对的"人性"本身，并不属于善恶的范畴；不仅如此，在荀子看来，这种人性具有判断善恶、亦即判断那种关乎群体生存的利害关系的能力，使人能够做出趋利避害的自主自觉的选择，从而不仅成为人类建立礼制、而且"涂之人可以为禹"（人皆可能成圣）的先天的内在根据。这无疑是具有形上自由的意义的。

不仅如此，即便就荀子的性恶论而言，也是不可忽视的，甚至具有更其本源的意义，即蕴含着本源性的自由观念。这是因为：性恶论所导出的

---

① 参见黄玉顺：《爱与思——生活儒学的观念》，四川大学出版社 2006 年版，附论二、生活本源论。

② 参见黄玉顺：《荀子的社会正义理论》，《社会科学研究》2012 年第 3 期。

"化性起伪"思想,显然意味着主体性的重建;而获得一种新的主体性,显然意味着获得一种新的自由境界。可以设想,当这种思想视域遭遇到现代性的生活方式时,从中引出一种现代性的主体性观念、从而引出一种现代性的政治自由观念就是顺理成章的事情了。事实上,荀子之所以被人们视为更切合于现代性,正由于他对人性的独特理解,亦即把"仁爱"(善)与"利欲"(恶)联系起来:主体性仁爱中的"差等之爱"倾向必然导致利益冲突,这就是"恶",但这样的"物之理"是人们的"人之性"可以意识到的,这其实并非什么先天的判断,而是一种生活感悟;在这种生活感悟中,生成了一种新的主体性,于是这种主体性仁爱中的"一体之仁"倾向寻求解决利益冲突的路径,即根据正义原则(义)去建构制度规范(礼)。这种"去存在"、"去生活"的方式无疑就是一种本源自由的体现,即是主体的自我超越;假如荀子"在生活"的际遇、"去生活"的情境是现代性的生活方式,则其主体自由的观念必定会有政治自由的体现。

2. 孟子的性善论与自由观念

孟子思想的进路与荀子的有所不同,但同样具有形上的自由观念和本源的自由观念,这种自由观念同样是向形下的政治自由敞开的。我们甚至可以说,比起荀子来,孟子具有更鲜明的个体自由精神。

我们还是从人性论谈起。众所周知,孟子将至善的"仁义"视为人性的基本内涵,并且设置为具有本体论意义的绝对主体性。如上文所说,这与西方功利主义的自由观念背后的仁爱人性预设是可以相通的。这个占据形上地位的主体,无疑具有形上的自由,也就是说,他是自作主宰的。按照孟子的观念,不自由是由于放失了至善的"本心"、"茅塞其心"(《孟子·尽心下》),而自由的获得则是由于"求其放心"(《孟子·告子上》)——找回了放失的本心。这样的自由观念当然不是社会层面的政治自由,但显然也逻辑地蕴涵了政治自由;只不过由于这个自由主体所遭遇的不是现代性的生活方式,而是前现代的社会环境,所以孟子所表现出的自由意志,是宗法社会的、或从宗法王权社会向家族皇权社会转型时期的"大人"人格、"大丈夫"精神。

不仅如此,这种精神人格的获得过程蕴涵着本源性的自由观。这涉及对孟子人性论的重新认识。人们常将孟子人性论与宋明理学的人性论混为一谈，以为都是先验论。其实不然，孟子并未直接将"仁义礼智"视为先验的或先天的东西，而是明确地指出了这"四德"的来源或发端，即著名的"四端"——恻隐、羞恶、辞让、是非方面的情感（《孟子·公孙丑上》）。四德是"性"（人性），而四端则是"情"，即生活情境中的生活情感。从生活情感的发生到人性的确立，这就是"先立其大者"（《孟子·告子上》），即确立绝对主体性的过程。四端"德性"的获得，意味着一种新的主体性的获得；这个获得过程，是在具体的生活情境之中发生的，这就是本源性的观念，这里显然蕴涵着本源性的自由观念。

3. 孔子思想与本源性的自由观念

孟、荀的根本思想，无疑都是来自孔子的。但孔子并没有明确的形上意义上的人性论：除了一句"性相近也，习相远也"（《论语·阳货》）之外，"夫子之言性与天道，不可得而闻也"（《论语·公冶长》）。换言之，孔子更多的是本源性的、生活情境性的言说。这不仅大异于西方自由主义，也颇异于后世儒学。但惟其如此，孔子的自由观念更集中于本源自由层面；也惟其如此，孔子的自由观对于形上自由和形下自由来说更具有开放性。这是因为：愈是本源性的观念，愈具开放性，亦愈具自由度。所以，李大钊曾指出："孔子于其生存时代之社会，确足为其社会之中枢，确足为其时代之圣哲，其说亦确足以代表其社会其时代之道德。使孔子而生于今日，或更创一新学说以适应今之社会，亦未可知。"[①]这就是说，假如孔子处于现代性的生活方式中，他一定会由其本源性的自由观念中，引申出现代社会的政治自由观念；换句话说，孔子将会是一个"中国自由主义者"。

---

① 李大钊：《自然的伦理与孔子》，原载1917年2月4日《甲寅》日刊（署名"守常"）；见《李大钊全集》第1册，第246页。

孔子与《周易》的渊源述略

山东社会科学院文化研究所　刘云超

孔子是中国历史上第一位私人收徒讲学并创立学派的人。他创立的儒家学派，不但在各个学派中历史最为悠久，而且对中国传统文化的影响也最大。关于孔子和《周易》的关系，历来很多疑问。对这些疑问的追索可以带领我们冲破历史的迷雾，认清孔子和《周易》之间的密切关系。

一　孔子作《易传》么？

自汉代以来，学者将《周易》列为群经之首。司马迁、班固等人，认为《周易》中的《易传》，就是成于儒家学派的创始人孔子之手。他们把《周易》成书的过程说成是"人更三圣，世历三古"。（《汉书·艺文志》）"三圣"，就是伏羲、文王和孔子。伏羲画八卦，文王推演六十四卦并作卦爻辞，孔子作《易传》。这种观点，自汉以来，经历魏、晋、隋，一向为学者所共认。到了北宋，欧阳修开始对孔子作《易传》提出怀疑。他认为，在《易传》中，除《彖》、《象》以外，自《系辞》以下部分，不可能是成于圣人孔子之手，也不是一人所作。其中的"子曰"字样，只是听讲的人记录他们讲师说的话，与《论语》中的"子曰"专指孔子不同。当时欧阳修提出这一怀疑，表现出了他具有相当的见地和胆识。

由于中国古代典籍浩繁，因而一方面给文化的传播提供了有利的条件。但是，另一方面，也使其中的某些典籍真伪难辨。战国时孟子已有"尽信书则不如无书"之叹，后来又经历秦火，大部分古籍散佚。汉王朝建立以后，鼓励民间献书，许多古籍失而复得。但在所谓献书过程中，也有假托古人之名而鱼目混珠者，这就是后来的伪书。虽然不能说伪书本身全无价值，但如何确定其真实的作者和时代，毕竟是个大问题。《周易》虽因系卜筮之书而未遭秦火，但从西周至汉代流传至千余年，要具体确定其各个部分的真实作者确非易事。由于到了汉代，儒术被定为一尊。《周易》又是儒家群经之首，因而司马迁、班固关于孔子作《易传》的说法就无人敢于怀疑了。自欧阳修提出怀疑后，在对《周易》的作者和成书年代问题上打开了一个缺口，后世怀疑的人逐渐增多"五四"运动以后，疑古之风兴起，有的学者甚至把《周易古经》的成书年代拉到春秋时期，把《易传》的成书年代拉到秦汉之际，甚至汉昭帝宣帝之后，并且不承认《论语》中关于孔子论《易》的记载，完全否定了孔子与《周易》的关系。这样当然也就谈不上《周易》是儒家思想的源头了。

　　关于孔子与《周易》的关系问题，当前学术界仍在争论。而我们的基本观点是《周易古经》成书于西周初年，孔子晚年很重视对《周易古经》的研究，他最早把这一卜筮之书看作是人文科学的史料，从哲学、政治、伦理等方面加以阐释和发挥，并把自己研究《周易古经》的心得传授给弟子。后来的《易传》（《十翼》）虽非孔子亲手写定，正是他的后学在继承其易学思想的基础上，继续进行诠释和发挥，并吸取了其他学派的某些观点编纂而成的。我们认为，《论语》中关于孔子论《易》的记载是无法轻易否定的司马迁、班固等人对孔子和《周易》关系的记述。虽不能完全加以肯定，但也不应全部予以否定，应看作是最早记述孔子及其后学与《周易》关系的重要参考史料。从以上观点出发我们认为《周易》和儒家的关系，概括地说应当是《周易古经》是孔子创立儒家学派的主要思想源头之一，不论在思维方法，以及天道观、伦理观和政治管理决策方面都受其影响。但孔子接受《周易古经》的思想不是被动的，是主动的，是经过自己的诠释和发挥，把《周易古经》这部原属卜筮之书，转化为哲学政治伦理的著作。他的后学在他的易学思想影响下编纂成的《易传》，在诠释和发挥《周易古经》的思想时，尽量回避和淡化（不是摒弃）其中的巫术迷信成分，而着重开发其中的人文智慧。历史上把《周易古经》这部卜筮之书变为哲学著作，要应当归功于孔子。同时，孔子及其后学阐释和发挥《周易古经》的思想而成的《易传》，开发了《周易古经》中的某些智慧，因而成了先秦儒家学派传播其思维方法，阐发其思辨哲学的主要文献。如果没有《易传》留传于后世，儒家哲学的思辨功能就越发显得薄弱了。后世儒家（如宋明时期）当遇到佛、道哲学的威胁而出现危机时总是从《周易》特别是《易传》部分中寻找御敌自卫的理论武器，原因就在这里。

二 孔子喜读《周易》么？

儒家学派思想的形成，可以从"源"和"流"两个方面来考察，就"源"来说，它是植根于春秋末年的社会经济关系之中。但是另一方面，一个学派的形成还有其历史继承的思想渊源，通常称做"流"，也就是说，一个学派的形成，除了适应当时的社会经济政治状况以外，还需要从他们的先驱人物那里吸取某些思想资料。因为作为意识形态的文化现象，也和社会的物质生产一样，是不能和过去的历史一刀两断的，也是有其历史继承性的。孔子当时建立儒家学派，就注意继承了中国自夏、商、周以来，特别是西周以来的传统文化。特别强调，"吾从周。"（《论语·八佾》）就是"我要继承周代文化"的意思。在继承古代文献史料方面，司马迁说："孔子以《诗》、《书》、《礼》、《乐》教，弟子盖三千焉，身通六艺者七十有二人。"（《史记·孔子世家》）孔子也曾说："不学《诗》无以言，不学《礼》无以立。"意为：如果不学习《诗经》就不会言辞，如果不学习《周礼》就无从立身处世。可见西周以来留传下来的《诗》、《书》、《礼》、《乐》等文献是孔子教授弟子的主要教材，但这里却偏偏没有提到《周易古经》，似乎孔子当时还没有把《周易古经》作为教授学生的必读教材。不过，没有把《易》公开列为教授弟子的必读教材，并不能因此而得出结论说，孔子当时不重视《易》，也不能说孔子当年创立儒家学派时没有从《周易古经》中吸取思想资料。司马迁曾说："孔子晚而喜《易》，序《彖》、《系》、《象》、《说卦》、《文言》，读《易》，韦编三绝，"（《史记》）古时书籍写在竹简或木简上，然后用牛皮绳串编在一起。编书的牛皮绳就是韦编。这里意思就是，孔子晚年非常喜欢读《周易古经》，并且为《周易古经》写了一些解读文章，有《彖》、《系》、《象》、《说卦》、《文言》等。孔子常常翻弄《周易古经》的竹简，以至于韦编多次被磨断。"韦编三绝"后来成为中国的一句成语，表示读书极为用功。

孔子是不是序过《彖》、《象》、《文言》、《系辞》等篇,还需要进一步研究,但说他晚年喜欢读《易》,据《论语》等书的记载来看,还是有根据的。这里说他"晚年"喜《易》,并不能以此证明他青壮年时代就没有研究过《易》,甚至于说他没有接触过《易》。也不能因此说《论语》中关于孔子论《易》的话都是他晚年讲的。因为《周易古经》作为卜筮之书,在春秋时期已经广为流传,我们从《左传》、《国语》(中国春秋时期的古书)中记载的大量有关运用《周易古经》进行占筮的卦例就可以看出。当时孔子作为一位学识渊博、文献知识极为丰富的学派领袖,不可能直到晚年才接触《周易》。他所以到晚年才特别喜《易》,这和他对《周易古经》这部书的内容的理解有关。所以没有把《周易》和《诗》、《书》、《礼》、《乐》等古代文献一起作为教授弟子的必读教材,可能和《周易》这部文献资料的性质和特点有关。因为《周易》在当时主要还是一部卜筮之书,是作为沟通人神、预测吉凶的工具,而孔子对鬼神的信仰并不虔诚。但是,他却很重视《周易古经》一书中的哲理,这在当时来说,在《周易》研究中是有开风气之先的作用的。

《论语》中曾经记载孔子的话说:"加我数年,五十以学《易》,可以无大过矣。"(《述而》)这段话不但证明孔子学过《易》,而且明确表达了孔子对待《周易》的态度。孔子认为,学《易》可以使人少犯错误和不犯大的错误,也就是说,他已经不是把《周易》看作是卜筮之书,而看作是"寡过"之书。他认为易理可以指导人们的行动,而不是神的启示。孔子读《易》,重在揭示《周易》的文化内涵和深刻哲理,而并不特别宣扬《周易》预测方法也不特别推崇《周易》占筮功能。用现在的话来讲,孔子学《易》的目的是试图解决人的知行关系即认识论的问题。显然,孔子这种对待《周易》的态度在当时是高人一等的。不过,后世有的学者对《论语》中的这段记载有不同的理解,他们依据唐代陆德明《经典释文》中的一句话,认为孔子这段话的原文应当是:"加我数年,五十以学,亦可以无大过矣。"这样一来,孔子的话也就与《易》无关,从而否定孔子与《周易》的关系。不过,当今不少学者不同意这样的解释,认为以此否定今本《论语》中有关孔子学《易》的记载是缺乏根据的。总之应该说司马迁关于孔子"晚而喜《易》"的说法还是有根据的。

关于这一点,还可以从马王堆出土的帛书《周易》中找到一个有力的旁证。在帛书《系辞》卷后的佚书中，有一篇叫《要》的佚书，其中就有孔子晚年喜《易》的记载："夫子老而好《易》，居则在席，行则在囊。"简直喜到爱不释手了。《论语》中还有一段记载，也同样可以反映出孔子对待《周易》的态度。这段记载如下。子曰："南人有言曰：'人而无恒，不可以作巫医。'善夫！"还有，"不恒其德，或承之羞。子曰：不占而已矣。"(《子路》) 在这里，孔子把当时民间流传的富有哲理的格言成语，与《周易古经》中的卦爻辞相比照，以寻求它们当中相通之处。这里的意思是说，"人而无恒，不可以作巫医"这句流传于当时南国的通俗格言，和《易·恒》卦九三爻辞"不恒其德，或承之羞"表达了同样的道理，都是教人做事要持之以恒。孔子在这里，正是把《周易》中的许多卦爻辞当作古代富有哲理的格言成语来看待的。事实上也确是如此。我们知道，富有哲理的格言正是人们处事接物的经验总结，不是什么神的启示，这正说明孔子主要不是把《周易》看作是卜筮之书，而是将之看作哲学著作。所以他又明白的提出，只要人们能够掌握其中的哲理，并付诸行动，也就用不着再以这条爻辞去占断吉凶了（"不占而已矣"）。看来，孔子所以到了晚年才特别喜读《易》是有道理的，因为个人在大半生的处世接物过程中，必然要经过无数次的成败得失，然后再回过头来进行反思，将会悟出许多年轻时不易理解的哲理。特别像孔子这样绝顶聪明而又一生栖栖惶惶到处碰壁的人，晚年再回头来研究《周易》将会对其中保留下来的许多富有哲理的格言产生共鸣，被《周易》作者深邃的智慧所倾倒，以至于读《易》韦编三绝，似乎到了如痴如醉的地步，这是完全可以理解的。

三　孔子读《周易》读什么？

孔子学《易》，强调把握其中蕴含的宇宙人生的普遍规律，这是他学《易》取得的最大成果。上文说过，从春秋时起已经有人不把《周易》看成单纯卜筮之书了，特别到了春秋末年，更是如此。例如与孔子同时的晋国的太史（王室掌管历史记录的官员）蔡墨（又称史墨）说："社稷无常奉，君臣无常位，自古以然。故《诗》曰'高岸为谷，深谷为陵，三后之姓，于今为庶。'"他在引证了以上《诗经》的著名诗句后，接着又说：

"在《易》卦，雷乘《乾》曰《大壮》，天之道也。"（《左传·昭公二十二年》）。《大壮》的卦象为《乾》下《震》上，《乾》为天，又象征君；《震》为雷，又象征臣。按古人对自然现象变化的理解，冬天时雷潜伏于地下，故冬天无雷声。但随着气温的变化，雷会由地下升腾于天上，使雷声震天轰响。而《大壮》的卦象，正是象征着在一定条件下雷可以驾于天之上，正像地壳通过自身的变化，在一定条件下可以使高山变为深谷，深谷变为高山一样。以上这些变化是符合自然规律（天道）的。按照史墨的观点，人道（社会变化的规律）又是和天道相符合的。因而在一定条件，人臣也可以凌驾于人君之上，甚至取人君之位而代之。看来，在政治观点上，史墨比孔子还要激进一些。而在对待《周易》的态度上，二人同样都不是把《周易》看作是单纯卜筮之书，都注意到开发其中的哲理和智慧。都是当时试图把《周易》从卜筮之书变为哲学著作的关键性人物。而孔子超过史墨的地方正在于他已提出"不占而已矣"，就是"不占卜"的意思。这句话在我们现在的人看来并没有什么了不起，但在鬼神迷信在社会上尚居统治地位的古代，而《周易》在当时又普遍被认为是卜筮之书，在这种情况下，孔子能公然提出"不占而已矣"的观点，这在对待《周易》的态度和研究方法上，应该说有划时代的意义。关于孔子研究《周易》不是为了占筮而是为了发掘其中的哲理和智慧这一问题，除了以上《论语》中的那段记载之外，在马王堆汉墓出土的《周易》佚文中有更加明确的记载。如在上面引证过的《要》这篇佚文中，就多处反映了孔子对《周易》的看法。例如由于孔子时时刻刻将《周易》带在身边，形影不离，视为至宝。但是，自己既不相信卜筮，又不把它作为教授弟子的教材，于是引起子贡的疑问。孔子曾回答子贡说，他所以喜欢《周易》，是因为其中"有古之遗言焉，予非安其用，而乐其辞"。所谓"古之遗言"，就是保留在《周易古经》卦爻辞中的富有哲理的古代格言。所谓"非安其用，而乐其辞"就是说孔子研究《周易》，不是为了占断吉凶，而是喜欢卦爻中的哲理。子贡又追问道："夫子亦信其筮乎？"孔子一再表明其态度说"吾观其德义耳"，"吾与史巫同途而殊归"。专司卜筮的史巫很重视《周易》，孔子也很重视《周易》，这是"同途"。但史巫重视《周易》的目的是为了卜筮，而孔子重视《周易》的目的是"观其德义耳"，这是"殊归"。这里孔子喜《易》的目的是很明确的。

四 孔子也占筮么？

当然，说孔子注意开发《周易》中的哲理和智慧并主张"不占而已"，这并非说他完全反对把《周易》用之于占筮，据一些史料记载，孔子本人也进行过占筮。如在《吕氏春秋》、《说苑》和《论衡》等书中，都有孔子运用《周易》进行占筮的记载。孔子这样做和他对待鬼神的态度有关。孔子对鬼神是"敬而远之"，并不是完全摒弃对鬼神的信仰。后来《易传》中提出的"君子以神道设教而天下服"，正反映了孔子对待鬼神的观点和态度。在这里，儒家与后来的墨家和道家都不同。墨家主张"尊天事鬼"，认为"天志"最后决定一切人事。道家则公然摒弃鬼神的人格属性和对人事的支配作用，认为"以道莅天下，其鬼不神"。而儒家介乎二者之间，既不强调鬼神的人格属性和对人事的支配作用，而又主张以神道设教，即把祭祀鬼神，特别是把祭祀祖先的灵魂作为教化百姓的礼仪和使"民德归厚"的手段。就连后来坚决批判鬼神迷信的荀子也不得不承认"神道设教"，他一方面认为"善为《易》者不占"，继承了孔子"不占而已矣"的观点；但另一方面又主张，如果统治者把卜筮作为一种"神道设教"的礼仪，就能收到神道治民的功效，这就是"吉"。如果像百姓那样，真的相信卜筮是神的启示，什么事情都虔诚机械地按照卜筮的结果去做，结果只有失败，这就是"凶"。

孔子和荀子等儒家学派的代表，实际上是利用《周易》作为卜筮之书这种传统的功能，而将卜筮的结果结合具体的行事从哲理加以解释，以求符合儒家学派的观点。正因为这样，所以孔子在运用《周易》进行卜筮时，他对卦象和卦爻辞的占断和解释往往和一般人的占断解释不同。据《吕氏春秋》记载：孔子有一次占筮，得《贲》卦。孔子认为不吉利。学生子贡认为，《贲》应该是好卦，为何说不吉呢？孔子说："白就是白，黑就是黑，《贲》五色相杂，又有什么好的？"《贲》卦，在《周易》的六十四卦次序中排第二十二。"贲"就是五色相杂，有色彩斑斓的意思，一般人都认为是"吉"卦。因为卜辞是"亨，小利有攸往"。但孔子却偏认为"不吉"。他解释的根据是，由于颜色混杂，白黑不能分明。意思是说，就像一个人待人接物、发表意见，态度含混不明朗，这是不可取的，因而不能算吉卦。显然，他是按照自己的观点从哲理方面来解释卦义的。孔子虽然并不完全摒弃卜筮，但与史巫们单纯运用卜筮以决定人们行为的吉凶是不同的。这正反映了当时孔子解《易》的新观点和新方法。

《周易》作为筮占的工具，其具体操作又分为"筮"和"占"两个阶段。筮，就是运用蓍草（后世以他物代之）依照筮法进行排比得到某卦某爻。然后再由受过专门占筮训练的人，根据前面求得的卦象和卦爻辞，并结合所要筮问事项的具体情况，以预测其发展前途，并确定其当做或不当做，即前途是吉还是凶。这就是"占"，即占断。对筮和占来说，筮法是确定的，筮得的卦象和卦爻辞也是确定的。而对占来说，即对卦象和卦爻辞进行解释就不同了。占断虽然也要依据一定的规则，但因联系范围比较广泛，而且还要根据所要筮问的具体内容灵活地进行分析判断，因而不同的人往往会对某相同的卦象和卦爻辞作出不同的占断，甚至吉凶截然相反。这在《左传》、《国语》中保存下来的筮例中，大多数都有这种情况。

到了春秋末年，随着文化进一步由上层社会向普通民众下移，凡是掌握有一定文化知识的人，如孔子及其弟子们也有机会运用《周易》参与预测国家大事的占断活动。这就给《周易》诠释的泛化和广为流布创造了条件，并进步扩大了《周易》对当时学术文化的影响。据东汉时王充所著《论衡·卜筮篇》记载："鲁将伐越，筮之，得'鼎折足'。子贡占之，以为凶。何则？鼎而折足，行用足，故谓之凶。孔子占之，以为吉。曰'越人水居行用舟，不用足，故谓之吉。'鲁伐越，果克之。"鼎折足，出自《鼎》卦九四爻辞。该条爻辞全文为"鼎折足，覆公餗，其形渥，凶。"意谓煮肉用的鼎脚被折断了，肉汤被打翻，鼎身被弄得一塌糊涂，象征着前途充满险象。子贡据此占断的结论是打仗行军要用脚，现在鼎脚被折断了，预示伐越将不利。子贡的占断应该说是符合爻辞的原意的。但孔子占断的结论，却恰恰相反，认为是一个吉卦。因为他不是机械地按照爻辞的字面含义来解释，而是联系占问事项的具体内容来进行解释的。因为和越国打仗不是用陆军而是靠水师取胜。水师行军要靠舟船，是靠车马，不需要用脚，因而"鼎折足"正象征吉，而不是凶。结果鲁国取胜。事实证明，孔子的占断是正确的。

以上两条关于孔子运用《周易》进行占断的筮例，虽然史料比较晚出，但与孔子对待《周易》的态度还是符合的。它们正说明了孔子虽然并未完全摒弃占术，但他对《周易》卦象和卦爻辞的理解，主要是从哲理方面着眼，而不是机械地从占术着眼。这和他把《周易》看作是"寡过"之书，在本质上并没有矛盾。孔子从《周易古经》中吸取的智慧和哲理，正是他创立儒家学派的思想源头之一。同时也为他的后学创作《十翼》解读《周易古经》提供了理论资源。

儒商文化与企业精神

山东社会科学院经济所　王向阳

随着人类实践和认识的深化与拓展，当代的发展问题已经成为一种涉及到经济、社会、人文等多因素交织作用的现象，对于"转方式、调结构"的山东经济发展而言，培育企业文化无疑是提升企业核心竞争力、应对发展方式转换的重要内容。作为一个企业所具有的共同意志、理想与追求，企业文化是企业独特的、积极向上的品格，它能够凝聚企业员工的思想、激发企业员工的创造力。我国传统文化源远流长，其中，儒家思想历史上曾被成功地运用于经济领域，形成了独具特色的儒商文化。目前，现代企业文化的塑造仍然需要从中华优秀传统文化中汲取养分。如何运用传统儒商文化打造现代企业文化，是一个值得探讨的话题。

"儒商"的来路

"儒商"是个既古老又特殊的概念，子贡是儒商的代表人物。子贡是孔子的弟子，"孔门十哲"之一。经孔子的谆谆教导，他在人品方面从"贫而不谄、富而不骄"上升到了"贫而乐道、富而好礼"的境界，给当代企业家树立了儒商典范。尽管春秋时期不完善的市场经济因素造就了子贡，但是到后来，商人的地位日渐低下。为什么？因为国家经商了，商人们只能靠官商勾结而谋生了。后来的商人有的可以称作为"士"，"士为知己者死"，为谁死？为皇帝死。皇帝今天宴请我了，我明天跳江都行。为什么？因为他有依附关系，这个时候就没有市场的概念。中国的商人从来没有独立过，即便你同时也可能有知识分子情怀。为什么？因为你要靠体制分一杯羹给你。只有到了改革开放的时候，邓小平同志伟大的"南方谈话"真正把市场经济引进来的时候，中国的商人才有了自己的些许地位。

中国的改革开放引进了市场经济概念，接纳了现代性进程，是被动之后积极的历史姿态，产生了具有市场意义的商人阶层，有人戏称之为"土豪"。但到现在为止，问题并没有从根本上解决，要寄希望于新的改革，这是儒商面临的挑战。改革开放的近四十年，一大批受到过儒家传统文化教育的人，从机关走出来下海经商，他们经历了中国经济发展的特殊阶段，愿意回头探讨中国历史的进程，这样的人才去做了商人。然而经济周期性的波动不可避免带来"全球性的现代性困境"。从基尼系数上来看，目前贫富差距最大的是中国香港，再一个是美国，中国内地还不算贫富差距最大的，全世界人类的发展出现了贫富差距极大的现象，这带来的全球化、现代化最后都要走到现代性困境里来，在中国的当下表现得非常充分。以知识分子为代表的儒商从体制脱离，进入到市场，成为具有创造性破坏意义的企业家的出现，代表了当今中国社会的企业家精神释放。至此，完成财富积累的这代企业家已经成为改革的既得利益者。中国社会的"现代性困境"产生的危机感、贫富差距的背景下的革命情结，成为超越企业发展的重大问题，责任担当成为企业家开始考虑的社会问题。处于这样的背景，兼具传统知识分子道统责任和市场创新任务的儒商构成了中国社会的精英身份，同样成为稀缺资源。

今天我们所谈的儒商，从商的部分其实也受到熊彼特所总结的"企业家精神"的影响。熊彼特认为：把一种从来没有过的关于生产要素和生产条件的"新组合"引入生产体系是社会的创新行为，可以形成新的经济能力。由此，熊彼特把新组合的实现称为企业，把实现新组合为本职的人称为企业家。他指出，"企业家与只想赚钱的普通商人或投机者不同，个人致富充其量仅是他部分目的，而最突出的动机来自于'个人实现'的心理，即'企业家精神'，包括建立私人王国、对胜利的热情、创造的喜悦和坚强的意志"。要做到这样的"精英"行为，企业家必须具备预测能力、组织能力及说服能力。上个世纪八十年代改革开放后，一代企业家在西方企业管理理论教育下出现，一个重要特征是竞争意识越来越强，狼性越来越足，具备了十足的经济动物特征。市场意识趋利性以及对法制环境的渴求与依赖与西方企业家并无二致，这是所谓儒商的企业家特征。另一方面，随着中国经济的高速发展，社会利益诉求多元化，贫富差距急速扩大，中国毫不例外地陷入现代性困境中。由此，中国企业家面临破坏性创新道德难题。对商业伦理的呼应日益凸显，儒商，就成为一个被关注的概念。金融危机的发生，导致人类的贪婪本性暴露无遗。对所谓进步的疑问，也引起了对社会精英——企业家的质问。作为回答，西方企业家已无从担当了。靠谁呢？儒商。为什么呢？因为我们有一套历经几千年沉淀的儒学体系。从这种理论体系孕育的中国企业家既具有破坏性创新的市场精神，又背负兼善天下的儒家情怀，具有超越新教伦理背景下的西方企业家的可能性。那就是，我们是"场"的，又是"天下"的。我们是"破坏性创新"的，又是"仁义礼智信"的。这是一种历史的偶然还是必然已无关紧要。

儒商文化传统的内涵剖析

儒家学说的价值观、道德观是儒商文化的行为取向，是儒商在日常经营、生意往来和为人处事时的思维方式和处事准则，其独特的文化模式决定了传统儒商文化的如下内涵。

在企业经商思想方面。"人本"与"仁爱"是儒家思想的核心经营理念，也是诸多儒家著述中反复提到的企业精神与思想。如"樊迟问仁，子曰：爱人。"（《论语·颜渊》）"泛爱众而亲仁。"（《论语·学而》）"老吾老以及人之老，幼吾幼以及人之幼。"（《孟子·梁惠王上》）。"仁爱"来源于"人本"，儒家思想将"人"放在人类世界和宇宙的中心，进而衍生出"由己推人"的"仁爱"思想，这也是儒商所秉承的核心经营理念。只有时时刻刻以人为本，多为生意伙伴与客户着想，才能更好地发展自己所经营的事业。

在商业道德方面。儒商文化倡导经商应以"义"字为先，以义取利。孔子认为，"富与贵，是人之所欲也；不以其道得之，不处也。贫与贱，是人之所恶也；不以其道得之，不去也"。荀子也认为，"先义而后利者荣，先利而后义者辱"。由此可见，儒家思想肯定人的趋利避害性，但更强调的是"义"对"利"的决定作用，所谓"君子爱财，取之有道"。

在经商行为准则方面。"诚信"是儒家文化中十分重要的价值标准，诚实守信是儒商在经营过程中遵守的最基本的守则。《论语·学而》曰："与朋友交，言而有信。"《中庸》曰："诚者，天之道也；诚之者，人之道也。"《荀子·不苟》曰："诚信生神，夸诞生惑。"儒商讲究为人处事的"诚信"，这是他们做人做事的根本准则。体现在商业智慧上，儒商强调互惠互利。《孟子·公孙丑下》曰："天时不如地利，地利不如人和。"儒商文化崇尚"和气生财、互利共赢"的经营理念，可以说，这是一种极具长远眼光和可持续发展的商业智慧。

在敬业作风方面。儒家思想中有一种强烈的慎言笃行的实干精神。孔子为了传业布道，奔走于各诸侯国而不辞辛苦；《易传·乾·大象》曰："天行健，君子以自强不息。"这种坚韧不拔的精神体现在儒商文化中，就是一种高度敬业、踏实肯干的优良品质和经营作风。

"儒商"的归路

作为受过儒家训练的一代企业家们，完成了原始的财富积累后，"财富从哪里来？"成为儒商必须思考的问题，同时这也是全世界的一个精神问题了，几年前爆发的金融危机，促使许多人在思考这个问题。我们现在已经看到了，"现代性困境"从企业目前的伦理上来说，不可能有出路，为什么？就是竞争，就是"丛林法则"。那么在这个时候，我们也在考虑，我们是不是有自己的企业管理学。重新思考中国的经济发展，伴随的第二个问题是"我们应该往哪里去？"。在这儿我就想回到我们探讨的儒商以后的出路问题。现在出现的是世界性的失序，右翼势力的兴起、金融危机、民族冲突、生态危机在世界不同角落不断上演。目前的伦理已经不够用了，它再用简单的至善就是挣钱的理论，无法再往前走了。为什么？因为要挣钱就要竞争、要竞争就是"丛林法则"，这个东西在现代社会就被证明是有问题的，其负面性表现得无限充分，在这个时候，我们看到一些人"土豪"式的堕落、贪婪。普世价值被工具化、被神化。资本主义精神现在走到了一个困境，西方文化不是唯一的。而中国的"儒商"在这个时候提出来，就有责任价值了。

在儒家理论、伦理里，要注入市场精神。市场，是一个竞争的概念，是一个开放的概念，它最能体现自由、平等、民主、正义。一定要有市场，没有市场只有垄断，那只有极权，什么都别想。一方面，我们需要对儒家伦理的过去进行清理。从主题上来说儒家伦理是对的，它是人类共同的财富。但是，我们要反对伦理启蒙当中带来的恶果的东西。反对理论工具化，警惕宏大叙事神话导致极权现象，从而让市场蜕变为背书。从中国当下的现代性困境出发，我们是有理由提出来的。现在物质这么发达，越来越富了，却越来越不自由了。整个社会都在抱怨，互相漫骂。为什么？人的心灵失落了，没有地方可去了。那么儒商要做的就是摆脱竞争所带来的"丛林法则"。这个时候要和谐，跟自然要和谐，跟社会要和谐，跟你的竞争对手要和谐。儒商是具有儒家理论修养及天下情怀，同时具有市场创新精神的熊彼特意义上的二十一世纪企业家，是时代的精英，是社会的稀缺资源，对社会经济发展文明推进具有典范作用。

另一方面，对儒家伦理赋予新的历史含义。不可否认，市场经济培育了企业强人，促进了企业精神的建立，企业家终于作为一个社会阶层对社会发展起到了决定性作用。但是同时，操纵市场、操纵社会等负面的影响也造成了一系列的发展危机，这就是现代性困境。而且这种困境是无解的。如此下去，人类是没有出路的。所以我们现在要做的就是回到"人"本身来，回到中国的儒家伦理体系来。我们应该承认存在普世价值，但这个普世价值用什么样的词语来表达，用什么样的文化来包容，我们可以探讨。我认为儒家的"仁义礼智信"是能够包容所有自由、公平、公正、民主这些含义的。所以应该回到一个"仁义礼智信"的人性的心灵的东西。商人是人，但同时商人也是经济动物，这是马克思说过的。儒商具有现代困境的历史使命。

传承优秀儒商文化塑造现代企业精神的路径。结合当代山东经济社会发展的特点，我们应该继承和发扬儒商文化的核心精髓，塑造出适应山东经济"转方式、调结构"的现代企业精神。

继承和发扬"仁者爱人"的人本经商理念，培育以人为本的现代企业精神。培育以人为本的现代企业精神，儒商文化"仁者爱人"的人本经商理念具有十分重要的意义。事实上从长远看，以"以人为本"为价值取向的企业终究会成为优秀企业。包括企业管理者在内的所有员工，都是企业不可或缺的宝贵财富，"众人拾柴火焰高"，只有依靠每位员工的辛勤与努力，企业才能获得良好的发展。因此，企业应当时刻关注员工利益,以儒商文化中"仁者爱人"理念塑造现代企业"以人为本"的精神,使员工真正以企业为家,为企业发展尽心尽力。儒商的管理思想认为,企业要时刻考虑如何使员工由"让我干好"转化为"我愿干好",使员工在厂如同在家里一样,把厂家的事当成自家的事。

继承和发扬以义取利的商业道德,培育现代企业经世济民的社会责任感。现代企业要良性发展必然要追求利润,但不能在利益面前无所不为、唯利是图,还应当兼顾经世济民的社会责任。历史上,传统儒商早已用实际行动证明了"非义不取""达则兼济天下"的道理。现代企业应把"以义取利"、服务社会成为经营活动的根本宗旨,并将这一理念逐步内化为企业的自觉行为,更多地创造社会效益,推动社会各行各业健康稳定发展。

继承和发扬诚信的经商行为理念,将之作为现代企业的根本行为准则。儒商在商业领域所创造的令世人瞩目的辉煌成就,究其原因依托的是儒商始终坚守的从商之本——诚实守信、信誉至上。置身于现代经济发展的浪潮中,市场繁荣发展,行业竞争激烈,企业要想做到良性发展、稳步向前,就应当以"诚信"作为企业的基本准则。只有企业讲诚信,用诚信经营,企业才能以"诚"立足于市场经济,以"信"获得消费者的青睐。

继承和发扬互惠互利的商业智慧,培育现代企业"协同合作,互利共赢"的经商理念。儒商文化中互惠互利的商业智慧要求企业在经商的过程中充分尊重各方利益,取长补短。它来源于儒家思想"己欲立而立人,己欲达而达人",即在对他人的贡献中成就自己,具有报答谢恩的道德价值连接性。背离这个基础和对称连接性,在经济交往中被认为是不符合商业伦理的。在经济全球化的大趋势下,面临新的机遇与挑战,所有企业都应抱着开放的心态,在互惠互利的基础上与他人协同合作以实现互利共赢。

继承和发扬慎言笃行的传统,培育现代企业敬业务实的工作作风。"不积跬步,无以至千里"。任何一个企业从建立、成长到发展壮大都是一个漫长而艰辛的过程,离不开每一位企业员工的埋头苦干、爱岗敬业,使人人都从我做起,在平凡的岗位上做不平凡的工作。而这种敬业务实的工作作风正是培育现代企业创新精神的基础。只有敬业务实,才能在繁琐重复的工作中实干巧干、干出新意,才能为企业的发展谋求新思路、探寻新空间。

后 记

"第三届中韩儒学交流大会"是中韩两国学术界的一件盛事。在双方的共同努力下，由山东社会科学院和韩国国立安东大学主办，在山东省人民政府外事办公室、韩国驻青岛总领事馆、中国孔子基金会、中国孔子研究院、韩国国学振兴院等单位直接支援下，山东社会科学院国际儒学研究与交流中心和韩国国立安东大学孔子学院具体承办的"第三届中韩儒学交流大会"于2016年8月在山东省济南市成功举办。《儒家大同思想的现代价值》一书，即是"第三届中韩儒学交流大会"的论文结集。

"第三届中韩儒学交流大会"期间，来自北京大学、复旦大学、中国人民大学、国际儒学联合会、中国社会科学院、中国孔子基金会、中国孔子研究院、武汉大学、华东师范大学、山东大学、山东社会科学院以及韩国成均馆大学、韩国国立安东大学、韩国国学振兴院等机构的专家学者，围绕着"一带一路"发展战略与儒家大同思想的关系，深入剖析了儒家大同思想的历史意义和当代价值，儒家的大同思想的历史演变和发展，儒家大同思想的时代价值，儒家大同思想与当代世界的和平与进步，儒家大同思想对中韩两国社会和文化的影响等，在推动儒学思想的创造性转化和创新性发展上，取得了新的突破。《儒家大同思想的现代价值》一书，具体展示了中韩两国学者在儒学研究上的新成果。本书由山东社会科学院国际儒学研究与交流中心等研究人员对韩方论文进行了中文校对，《国际儒学论丛》副主编李军先生为本书的编辑付出了大量辛劳。全书由孙聚友、石永之编辑成册。

本书的出版，得到了山东社会科学院和韩国驻青岛总领事馆的大力支持。中国社会科学出版社以及责任编辑冯春凤女士,为本书的顺利出版付出了辛勤劳动。在此,谨表示衷心感谢!

编 者
2016年9月